RENÉ GIRARD

É Realizações
Editora

Copyright © Carlos Mendoza-Álvarez
Copyright da edição brasileira © 2016
É Realizações Editora
Título original: *Deus Ineffabilis - una teología posmoderna de la revelación del fin de los tiempos*

Editor
Edson Manoel de Oliveira Filho

Coordenador da Biblioteca René Girard
João Cezar de Castro Rocha

Produção editorial
É Realizações Editora

Preparação de texto
Rebeca Michelotti

Revisão
Jane Pessoa

Design Gráfico
Alexandre Wollner
Alexandra Viude
Janeiro/Fevereiro 2011

Sobrecapa
Pedro Lima

Imagem de sobrecapa
Juan Gómez
Photography, México

Diagramação e finalização
Mauricio Nisi Gonçalves

É Realizações Editora, Livraria e Distribuidora Ltda.
Rua França Pinto, 498 - 04016-002 - São Paulo, SP
Caixa Postal: 45321 - 04010-970 - Telefax: (5511) 5572 5363
e@erealizacoes.com.br
www.erealizacoes.com.br

Proibida toda e qualquer reprodução desta edição por qualquer meio ou forma, seja ela eletrônica ou mecânica, fotocópia, gravação ou qualquer outro meio de reprodução, sem permissão expressa do editor.

Este livro foi impresso pela Paym Gráfica e Editora, em setembro de 2016. Os tipos são da família Rotis Serif Std e Rotis Semi Sans Std. O papel do miolo Lux Cream 70 g, e o da capa, Ningbo Gloss 300 g

CIP-Brasil. Catalogação-na-Publicação
Sindicato Nacional dos Editores de Livros, RJ

M498d

Mendonza-Álvarez, Carlos, 1961-
   Deus ineffabilis : uma teologia pós-moderna da revelação do fim dos tempos / Carlos Mendonza-Álvarez ; tradução Carlos Nougué. - 1. ed. - São Paulo : É Realizações, 2016.
   528 p. ; 23 cm. (Biblioteca René Girad)

   Tradução de: Deus ineffabilis: una teología posmoderna de la revelación del fin de los tiempos
   Inclui índice
   ISBN 978-85-8033-272-8

   1. Teologia. 2. Religião e sociologia. 3. Deus. 4. Espiritualidade. I. Nougné, Carlos. II. Título. III. Série.

16-35817   CDD: 230
                                   CDU: 27-1

30/08/2016 01/09/2016

RENÉ GIRARD

Deus Ineffabilis

uma teologia pós-moderna da revelação do fim dos tempos

Carlos Mendoza-Álvarez

tradução Carlos Nougué

É Realizações
Editora

Este livro contou com financiamento para tradução do Espanhol para o Português da Coordenação de Pesquisa da Universidade Iberoamericana da Cidade do México.

Esta edição teve o apoio da Fundação Imitatio.

INTEGRATING THE HUMAN SCIENCES

Imitatio foi concebida como uma força para levar adiante os resultados das interpretações mais pertinentes de René Girard sobre o comportamento humano e a cultura.

Eis nossos objetivos:

Promover a investigação e a fecundidade da Teoria Mimética nas ciências sociais e nas áreas críticas do comportamento humano.

Dar apoio técnico à educação e ao desenvolvimento das gerações futuras de estudiosos da Teoria Mimética.

Promover a divulgação, a tradução e a publicação de trabalhos fundamentais que dialoguem com a Teoria Mimética.

A Dom Raúl Vera OP
a Javier Sicilia
e à menina de Villahermosa

*Dos três o nó
é profundo e terrível,
daquele contorno
não haverá sentido:
ali há um abismo
sem fundo.*

*Xeque-mate
ao tempo, às formas,
ao lugar!
O maravilhoso anel
é um broto
imóvel é seu centro*

Mestre Eckhart[1]

---

[1] Eckhart de Hochheim. *Granum Sinapis de Diuinitate Pulcherrima.* Tradução e comentário Amador Vega. In: *Tres Poetas del Exceso. La Hermenéutica Imposible en Eckhart, Silesius y Celan.* Barcelona, Fragmenta Editorial, 2011, p. 39.

sumário

13
prefácio
Andrés Torres-Queiruga

21
agradecimentos

25
prólogo

29
introdução

35
capítulo 1
por acaso haverá um futuro para todos?

95
capítulo 2
o fim dos tempos na teologia paulina

173
capítulo 3
a manifestação de Jesus na Galileia

255
capítulo 4
os modelos de teologia da revelação

333
capítulo 5
a teologia da revelação em chave pós-moderna

445
conclusão

449
epílogo

451
posfácio

459
um princípio: esperança sem esperar
João Cezar de Castro Rocha

465
glossário

481
bibliografia

501
breve explicação

503
cronologia de René Girard

507
bibliografia de René Girard

510
bibliografia selecionada sobre René Girard

517
índice analítico

523
índice onomástico

prefácio

Este livro não chega só. É o terceiro de uma série que apresenta a culminância de um longo processo. Os três livros supõem um conjunto muito denso de leituras, que mostram a um só tempo o amplo raio da reflexão e a tenacidade de um esforço mantido ao longo de quase duas décadas.

Mexicano, formado inicialmente em sua pátria, onde é membro do Sistema Nacional de Pesquisadores, o autor se doutorou na Europa (Friburgo, Suíça), local em que todo ano ministra cursos de teologia. O Atlântico, mais que oceano que separa espacialmente os dois continentes por milhares de quilômetros, é para ele lago interior, sobre o qual estende suas mãos, unindo dois mundos culturais cada vez mais interligados. De fato, a preocupação com sua cultura ameríndia, *cantus firmus* em ressonância contínua, que no princípio era fecundada sobretudo pela teologia especificamente centro-europeia, vai se completando em clara progressão com a anglo-norte-americana. Este terceiro livro é uma clara mostra desse percurso.

Todo o percurso é sustentado por uma preocupação fundamental, que o unifica e vitaliza como um rio de sangue entranhável: mostrar um Deus, o *Abba* anunciado e vivido por Jesus de Nazaré, preocupado antes de tudo e sobretudo com os pobres da terra, com o sofrimento físico e a exploração social, com os diversos e dolorosos rostos da marginalização que não cessa. Cada livro representa um passo, cuidadosamente planejado, para essa meta que, por outro lado, unifica todas as suas outras publicações, por sorte já numerosas e influentes.

Deus Liberans (Fribourg, Éditions Universtaires, 1996) foi o primeiro passo e enunciava bem seu propósito no subtítulo: *A Revelação Cristã em Diálogo com a Modernidade. Os Elementos Fundacionais da Estética Teológica.* Básico, pois, enquanto busca o lugar privilegiado e o estilo radical da revelação divina. Contextualizado na crise da modernidade, com sua consciência dos limites e a fragilidade da autonomia humana, mostra que a captação (*áisthesis*) da revelação divina não pode acontecer fora do chamado de quem sofre e do reconhecimento de todos os excluídos. Levinas, Jean-Marc Ferry e, a seu modo, Urs von Balthasar são aqui o contraponto europeu e contemporâneo ao grande clássico Tomás de Aquino e, sobretudo, à grande e rompedora iniciação autóctone de Frei Bartolomeu de las Casas, amplamente estudado.

Deus Absconditus representa o segundo passo. Importante, porque, apresentado como tese de habilitação na Faculdade de Teologia de Friburgo, deixa a descoberto o enorme trabalho de investigação que permanecerá como alimento decisivo de toda a obra. Como também aqui indica o subtítulo, acentua-se a preocupação com a atualidade concreta. Se antes falava de modernidade, de agora em diante é a pós-modernidade a que se converte no referente cultural decisivo: *Désir, Mémoire et Imagination Eschatologique. Essai de Théologie Fondamentale Postmoderne* (Paris, Cerf, 2011, com prólogo de R. Gibellini; traduzido ao castelhano: *El Deus Escondido de la Postmodernidad. Deseo, Memoria e Imaginación Escatológica. Ensayo de Teología Fundamental Postmoderna*, Guadalajara, SUJ, 2010).[1] A preocupação se concretiza em como poder falar de Deus num tempo pós-moderno, trabalhado pelo niilismo.

---

[1] Carlos Mendonza-Álvarez, *O Deus Escondido da Pós-Modernidade – Desejo, Memória e Imaginação Escatológica. Ensaio de Teologia Fundamental Pós-Moderna.* São Paulo, É Realizações, 2011.

Aprender a pronunciar seu nome numa cultura desencantada por uma profunda crise de incredulidade geral, aprendendo a escutar a voz dos mais fracos, de sorte que possa anunciar-se a salvação no tremendo paradoxo dos inocentes massacrados pela história. Vulnerabilidade das vítimas e infinita doação divina são agora palavras fundamentais, e aos pensadores anteriores se unem com especial força René Girard e James Alison.

Um estilo e dois autores cuja presença se acentuam neste terceiro tomo: *Deus Ineffabilis*. Como nos dois anteriores, o subtítulo é significativo: *Uma Teologia Pós-moderna da Revelação do Fim dos Tempos*. O contínuo da preocupação libertadora adquire neste volume final um claro acento escatológico. O fim da história e sobretudo a esperança como "contração messiânica" do tempo recebem uma atenção especial: "Aprender a invocar a Deus com esperança, no meio dos escombros da sociedade pós-moderna, é o objetivo deste livro". Nesta direção, aumenta a atenção aos estudos exegéticos sobre Jesus de Nazaré, que abarcam os amplos capítulos 2 e 3. Isso marca uma clara novidade com respeito aos dois tomos anteriores, e a ela responde a acentuada atenção à investigação em língua inglesa.

Como quer que seja, sob esta certa mudança de estilo, continua fundamental a preocupação libertadora, ainda que agora enriquecida por um novo matiz, por sua intensa e quase dolorida atenção às mais delicadas manifestações da fraqueza humana – da pobreza extrema à discriminação sexual –, tentando mostrar e fundamentar a abertura salvadora que pode oferecer a infinita e "incrível" gratuidade divina. Sabe que enfrenta uma aposta nada fácil, à contracorrente tanto dos instintos primários como das derivas opressoras da razão instrumental: "falar de Deus com esperança, sem objeto nem fundamento nem fim preciso, no meio das ruínas das sociedades de exclusão que campeiam por todo o orbe, é uma ousadia necessária e ineludível para qualquer crente dos tempos pós-modernos". E confessa que para abordá-la se apoia na experiência pessoal, iluminada pela milenar tradição bíblica e pelo aparecimento da nova civilização da razão crítica. Com este propósito, o livro atende, por um lado, à aludida intensificação na atenção à exegese, de especial relevância pelo nutrido e muito documentado estudo das novas investigações sobre o Jesus histórico; e, por outro, nutre-se da "crítica da teologia pós-moderna da subjetividade vulnerável às teologias da ação histórica do século XX que dependeram em excesso da violência como suposta lei da história".

Compreende-se que continuem, ainda mais acentuadas, a presença de René Girard, com seu desmascaramento e superação da "violência mimética", e a de James Alison, com a preciosa e sugestiva categoria da "vítima perdoadora" (*the forgiving victim*). Ambos, junto sobretudo a Levinas e Walter Benjamin, ajudam-no a tirar o máximo partido do amor libertador do *Deus Ineffabilis*, no convencimento de que a última e universal esperança de libertação é possível quando a pessoa se percebe "incondicionalmente amada por essa alteridade inefável que chamamos Deus". De uma perspectiva algo distinta, aproveita criticamente também as sugestões de John Milbank, com sua típica e polêmica tensão entre renovação e reivindicação do passado, bem como as considerações, sempre estimulantes para a teologia, de Giorgio Agamben.

Não ignora, repito, que isso é difícil, muito difícil, porque chama a "pensar a esperança sem esperar nada", a buscar abrigo e apoio em "um lugar que é não lugar, um sentido que é sem sentido, um ser que não é ente nem superente, mas abismo do ser...". Daí seu recurso a pensadores que se atrevem a navegar por tão obscuras fronteiras, onde a linguagem ameaça de naufrágio a cada passo. Fá-lo também mediante uma nova liberdade na escrita, a qual constitui um dos não pequenos méritos desta obra: repleta de fórmulas afortunadas, símbolos novos e metáforas de enorme eficácia expressiva, surpreende a cada passo com novos torneios e com a insinuação de inéditas perspectivas. Não é casual a atenção enfática que dá à criatividade imaginativa no significativo parágrafo que tem por título: "A Imaginação Poética de Jesus na Galileia: Indício de Revelação".

Fiel a esta intenção, de ângulos diversos e com recursos em incansável insistência, tenta introduzir o leitor num discurso que supere a tremenda e pertinaz "lógica da dominação". Sublinha a necessidade de partir "de baixo e do reverso", como caminho obrigatório para a "reconstituição do ser relacional das pessoas para além da rivalidade e do ressentimento, na relação pacífica e corresponsável com os outros". É preciso situar-se aos pés da história, atrás das pegadas do Nazareno, acolhendo o exemplo e a potência salvadora que brotam dele como a vítima perdoadora que "desata os nós do ressentimento".

Avisa que não há escapismo em sua proposta e apressa-se a precaver deste perigo: "Se queremos falar hoje da revelação de Deus à humanidade, no seio do mundo plural e violento próprio da história fragmentada que vivemos, havemos de deixar em suspenso por um tempo indefinido a crença num além e concentrar-nos no aquém". Depois, num parágrafo denso, expressará com mais clareza o justo sentido da proposta, atendendo tanto ao chamado que implica para os cristãos como à esperança que abre para o mundo: "Somente então, *a posteriori,* é possível afirmar como cristãos, segundo esta interpretação teológica mimética, que ao longo da história os que conseguem atravessar – no seio da experiência de acusação, rivalidade e linchamento – o muro da rivalidade e do ressentimento, ainda que seja de maneira fulgurante e provisória em suas vidas lastimadas, participam já dessa *outra* ordem de existência que é o dom da redenção acontecida em Jesus, o Cristo de Deus".

Neste esforço enfático por buscar a redenção a partir do ínfimo e a partir do último, radica o original que Carlos Mendoza, velho e querido amigo, quer trazer ao comum trabalho da teologia. Sem insistir demasiado, expressa-o abertamente. Por um lado, como não podia deixar de ser, tenta trazer daí um novo matiz, explorando nos extremos mais delicados uma nova dimensão do "fundo *teológico* do pensamento *político* antissistêmico como o legado explícito daquela opção política e eclesial da década de 1970 que foi a teologia da libertação". Por outro, tenta fazer o mesmo com o problema da revelação, tão central para toda a reflexão teológica. Neste ponto é ainda mais explícito: "Tal será o fruto desta investigação pela qual desejamos contribuir para o debate sobre uma ideia de revelação que seja pertinente para o diálogo com a razão pós-secular de nosso tempo e que, ao mesmo tempo, permita a nossos contemporâneos desdobrar o seguimento de Cristo em chave de doação amorosa no coração das sociedades violentas da aldeia global". Quanto à revelação, analisa com detalhe e finura as propostas, distintas mas com profundas convergências, de David Tracy, Andrés Torres-Queiruga e Jon Sobrino.

Em ambas as frentes, como em geral ao longo de todo o livro, seu estilo é de acolhida, não de contraposição. Acolhe com empatia construtiva e escolhe com cuidado o que lhe parece mais convincente nos diversos autores, nas diversas tendências ou nos diversos pensadores estudados, indicando a intenção expressa de prolongá--los a partir de um intenso diálogo com a "razão pós-secular".
O acento nesse ponto é constante e quase sem fissuras, ainda que em alguma ocasião use também a denominação "tempos de modernidade tardia", que talvez seja mais justa com a história da cultura e que, por outro lado, assinala bem a continuidade, não negada, com os tomos anteriores, que, sobretudo o primeiro, falam (também) de modernidade; de modernidade crítica e autocrítica, é claro.

Convém manter viva a consciência desse espírito de complementação e enriquecimento em continuidade fundamental, para que a leitura possa aproveitar todo o potencial renovador da obra. Nunca será demasiado para a teologia mais crítica o deixar-se interrogar e instruir por este propósito de ler toda a revelação a partir de seu esforço denodado por escapar a toda possível contaminação com o que, mais ou menos ocultamente, possa restar de razão dominadora, de lógica sacrifical ou até de insuficiente atenção ao clamor incessante que chega de baixo e do reverso. Nesse sentido, é inestimável o desejo de manter viva e vigilante uma consideração que se situa no mais vulnerável da subjetividade exposta, na última dor das vidas lastimadas, na doação sem busca de recompensa, na gratuidade absoluta da vítima perdoadora, quer dizer, na lógica dos pobres, marginalizados, feridos e deserdados de todos os tipos.

Nada melhor para animar a leitura atenta desta obra que, culminando o esforço das duas anteriores, constitui uma proposta unitária e, do outro lado dos enganos do poder, das miragens do mundo midiático ou da perda egoísta e obscena na banalidade do cotidiano, abre o olhar para a realidade mais verdadeira. Para a realidade da carne vulnerada, abusada e massacrada, mas que não cede ao rancor nem à violência interminável do mimético dente por dente; mas que, sendo e sofrendo-se como a mais dolorida, é chamada a ser a mais esperançada, porque é iluminada pela Promessa que não falha. A promessa indelevelmente impressa na história pelo destino do Nazareno: dura morte que, alimentada numa vida de perdão e confiança, desemboca em ressurreição. O autor o diz de modo tão belo e enérgico que prefiro deixar-lhe a palavra final: "O Cordeiro-que-reina-degolado é por isso o oximoro por excelência da potência que brota da vítima perdoadora quando ela desata os nós do ressentimento".

Andrés Torres-Queiruga
Santiago de Compostela, outono de 2013.

agradecimentos

A presente obra é fruto da investigação realizada durante o período sabático concedido pela Universidad Iberoamericana Ciudad de México. Ao longo da estada acadêmica levada a efeito na Universidade de Fordham em New York no ano de 2013, foi-me possível realizar a recompilação bibliográfica adequada e desfrutar da troca de ideias com colegas dessa universidade, em especial Elisabeth Johnson e Brad Hinze. Agradeço às autoridades dessa instituição nova-iorquina seu apoio para a solução de minha estada como pesquisador visitante.

A atmosfera propícia para o estudo das fontes, a reflexão pausada sobre os árduos temas abordados e a comunidade de vida teologal que dá sustento a todo trabalho teológico foram possíveis graças à hospitalidade da comunidade de dominicanos de St. Vincent Ferrer Priory em Manhattan, em particular ao apoio do Fr. John Langlois OP e do Fr. Walter Wagner OP, e ao acompanhamento fraterno de Robert Koopmann OSB.

As *intuições* fundamentais que jazem como um manancial nesta investigação foram desenvolvidas com colegas, amigos e companheiros de caminho na fé, pois eles me acompanharam durante estes últimos anos.

Desejo mencionar primeiro os colegas universitários, sem naturalmente esgotar a todos, com os quais dialoguei sobre os temas deste livro em diferentes momentos: o grupo latino-americano de teoria mimética formado por James Alison, da Imitatio Fundation; João Cezar de Castro Rocha, da Universidade do Estado do Rio de Janeiro; e Roberto Solarte, da Pontifícia Universidad Javeriana de Bogotá; Andreas Uwe Müller, da Universidade de Münster; Andrés Torres-Queiruga, da Universidad de Santiago de Compostela; Amador Veja, da Universidad Pompeu Fabra de Barcelona; Virgilio Elizondo e Daniel Groody, da Universidade de Notre Dame em Indiana; Agenor Brighenti e Márcio Luiz Fernandes, da Pontifícia Universidade Católica do Paraná, Brasil; Pedro Rubens e Degislando de Nóbrega, da Universidade Católica de Pernambuco, Brasil; Raimundo Sánchez, da Universidad de la Tierra em Chiapas; Nancy Pineda-Madridd, do Boston College; bem como Mónica Chávez, Mari Carmem Servitje e José Luis Caballero da Universidad Ibcroamericana Ciudad de México.

Também agradeço aos estudantes com que fui esclarecendo, passo a passo, tanto as ideias como o argumento do presente livro, no transcurso dos seminários e cursos de diversos programas acadêmicos de instituições de educação superior em teologia: o mestrado em Teologia e Mundo Contemporâneo da Universidad Iberoamericana Ciudad de México, o *bachillerato* pontifício em Teologia do Instituto de Formación Teológica Intercongregacional de México, a graduação pontifícia em Teologia da Universidad Pontifícia de México, bem como o mestrado em Teologia e Ciências da Religião da Pontifícia Universidade Católica do Paraná, Curitiba, Brasil.

Finalmente, agradeço à minha família, que, desde a infância, me ensinou a captar os lampejos do amor incondicional: meus pais, Julio e Margarita, meus irmãos, Patricia, Julio, Laura (+), Maria Eugenia e Jesús, junto de minhas avós, tias, primos e sobrinhos com os quais celebro os momentos cruciais da vida. Um caminho de descoberta da passagem de Deus por nossas histórias que prossegui com os amigos e amigas que, em anos recentes, compartilharam comigo seu talento e seu amor pela vida, o que me motivou a dedicar-me com maior paixão ao serviço de inteligência da fé: Alicia Cea, José Rubén Romero, Conrado Zepeda, Javier Sicilia, Ángel Méndez, Alejandro Maldonado, Maria Teresa Atrián, Paulo Medina, Héctor Conde, Judith Vázquez, José Bayardo, Daniel Cuéllar, Juan Jesús Vázquez, Dilson Daldoce Junior e John Chrysostom Kozlowski.

Este livro não deixa de ser um balbucio, sempre incipiente, para pronunciar o nome do *Deus Ineffabilis* no meio dos escombros da modernidade.

prólogo

Viver com esperança esta hora incerta do colapso dos sonhos modernos é um desafio crucial para todos os habitantes da aldeia global.

Costumamos ler por todas as partes notícias desalentadoras sobre o domínio da economia globalizada para benefício de uns poucos. Também vemos imagens dos efeitos devastadores do uso voraz da tecnologia que destrói o ecossistema. Com aturdimento, detectamos sinais por todas as partes da crise das democracias liberais, que não conseguem consolidar o reconhecimento dos direitos humanos para todos. E neste contexto - em si mesmo apocalíptico, próprio dos tempos moderno tardios - com frequência as religiões provocam também uma dose de desesperança pelo predomínio do fanatismo religioso em muitos de seus crentes, marcados com o *pathos* da intolerância sagrada para com o diverso, com uma síndrome de abuso do poder que se justifica numa suposta revelação divina.

Não obstante, este cenário de catástrofe, os motivos para esperar o desenvolvimento de uma etapa mais avançada da consciência espiritual da humanidade não faltam. No meio das ruínas da devastação urbana e ecológica, brotam sinais de esperança: a experiência de solidariedade, compaixão, criação e beleza que nutre o corpo anoréxico da humanidade ferida pelos totalitarismos do século passado. Não somente os sistemas políticos, aliás, mas também as ideologias religiosas e morais que viveram ocultando os deserdados da terra vêm surgir entre suas ruínas sobreviventes que transpiram dignidade e compaixão.

Do fundo dessas experiências de solidariedade e amor universal, as sabedorias e tradições religiosas da humanidade nos mantiveram atentos, com sua valiosa tradição mística de cores tão diversas, acerca do *tempo que está por chegar* como um passo para a reconciliação universal. O cristianismo de fins do século XX quis voltar às fontes para saciar a sede e o anelo de um mundo reconciliado, depois das feridas abertas pelas guerras mundiais, pelos campos de concentração e pelas ditaduras militares em todas as latitudes do planeta. E, a partir de então, como um murmúrio crescente, a voz das vítimas começou a ser escutada com sua prática e anúncio de uma "mudança de mundo" onde caibamos todos.

A teologia necessita respirar este ar fresco e vital que procede da voz de Deus, que passa através do clamor dos inocentes e dos justos de cada época da história. Seu saber não pode ser senão escuta cordial e inteligente desses *sinais dos tempos* pelos quais a humanidade vai dialogando com Deus numa multiforme sinfonia de linguagens que anelam a vida plena.

Por sua feição fronteiriça entre a razão e a fé, a teologia fundamental – como disciplina dialogante em cada modelo de racionalidade – foi a disciplina teológica que elaborou com maior atenção uma interpretação pertinente para compreender o salto *qualitativo* da história. Mudança que aconteceu graças a Jesus de Nazaré e aos que *imitam* o anúncio pacífico e não violento do mundo novo que procede do Amor sem condição nem medida que chamamos Deus.

Este livro vem somar-se às reflexões e aos debates que se deram nas últimas décadas em torno da ideia de revelação divina no seio da história. Sua aposta radica na vida entregue pelos justos e inocentes, no meio da espiral da violência, para detê-la "em seu próprio corpo", fazendo acessível para todos um novo horizonte de esperança. Se o cristianismo tem ainda algo a dizer à humanidade nesta hora do pluralismo cultural e religioso, é precisamente a verdade cordial do amor universal. Um amor de *gratuidade* que resgata a todos, a começar pelas vítimas e que inclui os verdugos, convidando-os à conversão do coração e à mudança de rumo, ou seja, à substituição de seus passos de depredação por passos de vida nova.

A atualidade da revelação para nossos tempos se cumpre então no seguimento de Cristo enquanto *imitação* de sua vida de doação, para além da rivalidade e do ressentimento. Este acontecer da redenção como dom gratuito podemos captá-lo plenamente na pregação e na práxis do Nazareno, mas podemos e devemos reconhecê-lo também na vida das pessoas justas e sábias das tradições espirituais da humanidade que nos legaram outros caminhos de compaixão.

Valham estas páginas como uma contribuição latino-americana em diálogo crítico e fecundo com outras sensibilidades e racionalidades. Em particular com o pensamento ocidental, nascido na Europa, esse outro, sempre tão perto e tão longe, com que a América toda, do Norte ao Sul, foi construindo sua própria identidade moderna ao longo de cinco séculos.

Um diálogo que há de prosseguir sem esquecer o rosto e a voz dos deserdados da terra. Aquelas vítimas sistêmicas desse grande relato de totalidade que chegou a estas latitudes há meio milênio. A sabedoria e a espiritualidade dos povos originários são, com efeito, a raiz em que o enxerto do Evangelho e da razão ocidental encontrou uma seiva vivente e deu passagem a novas mestiçagens que ainda hoje seguem seu curso para captar a superabundância do amor divino.

A revelação do fim dos tempos não é, pois, um anúncio de catástrofe, mas de esperança. Graças aos justos - que por sua prática da compaixão extrema e do amor universal "contraíram o tempo", como afirma São Paulo -, podemos espreitar um amanhã para todos.

Fica em nossas mãos e em nossa imaginação viver a existência como *presença escondida mas eficaz* do Deus vivente para que assim, apesar da depredação e da escalada da violência que campeia pelo planeta, cresça o murmúrio dos justos como anúncio de esperança.

Resta-nos seguir recriando nestes tempos do fragmento aquele dito de Jesus transmitido por João em seu Evangelho: "Eu vim para que o mundo tenha a vida, e a tenham em abundância" (Jo 10,10).

Cidade do México, 10 de junho de 2014.

introdução

Aprender a invocar a Deus com esperança, no meio dos escombros da sociedade pós-moderna, é o objetivo deste livro. A questão parece fácil de resolver se nos situamos num contexto meramente confessional, quando a força que procede da fé nos acolhe em seu regaço e nos tranquiliza. Mas torna-se difícil, quase impossível, quando vivemos o despertar da complacência depois do colapso dos metarrelatos de totalidade. Um caminho sem volta que aconteceu no século XX e que foi como uma baforada de ar gelado ou uma luz cegante que nos deixou a todos a céu aberto, feito um recém-nascido que abandona o ventre de sua mãe.

Hoje as subjetividades pós-modernas se reconhecem em parte herdeiras daqueles sonhos de onipotência e, *aquém* de sua vulnerabilidade assumida, se sabem lançadas à orfandade existencial, com a tarefa de construir com a difícil liberdade e a razão débil um habitat sustentável onde todos possamos caber.

A teologia fundamental da ideia de revelação que proporemos neste livro responde a tal inquietude pós-moderna que surge da precariedade vivenciada, da vulnerabilidade assumida e da potência descoberta por aquelas subjetividades pós-modernas em sua experiência de receber-se como dom de uma alteridade amorosa que as habita.

≈

Ao longo de cinco capítulos, construímos uma teologia da revelação pós-moderna do *fim dos tempos*. Tal será a categoria teológica fundamental tomada da escatologia hebreia e cristã. Ela guiará as reflexões que cruzarão como um rio diversos territórios disciplinares, como a antropologia, a história, a literatura, a filosofia e a teologia, para recolher a umidade que surge de suas selvas e bosques, e irrigar quanto possível suas ribeiras com a água viva que surge do manancial da revelação da Sabedoria divina.

Dessa maneira, em sua estrutura argumentativa o presente livro procederá como uma análise interdisciplinar que convida a pôr sobre a mesa comum os resultados de algumas ciências humanas: a hermenêutica bíblica, a filosofia pós-moderna, a teologia fundamental e a antropologia teológica. Fá-lo-emos em três partes distintas e em mútua relação: (i) a apresentação contextual do *pathos* pós-moderno em torno da experiência da violência global e sua superação possível no primeiro capítulo; (ii) a indagação hermenêutica sobre a ideia do tempo messiânico nos dois capítulos seguintes; e (iii) a teologia fundamental da revelação em chave de instauração da intersubjetividade por meio da gratuidade que procede dos justos da história nos dois capítulos finais.

No primeiro capítulo, apresentamos uma análise da condição pós-moderna da subjetividade como continuação do livro precedente *Deus Absconditus* (2011), mas enfatizando agora a reflexão surgida do pensamento antissistêmico. Parece-nos imprescindível mostrar os vasos comunicantes que existem entre a compreensão pós-moderna da vulnerabilidade e a potência dos pobres que surge *de baixo e do reverso* da história de dominação e exclusão. Talvez a muitos surpreenda o vínculo que estabelecemos também com a desconstrução niilista, mas nos parece ser pertinente para a compreensão interdisciplinar do complexo processo de reconhecimento das subjetividades em tempos de modernidade tardia.

O segundo capítulo assume o desafio lançado por René Girard em seu último livro para pensar o fim dos tempos a partir da ideia paulina do *Katechon*. Seguimos de perto os estudos exegéticos surgidos no contexto norte-americano porque mostraram nas décadas recentes sua grande vitalidade e agudeza para a leitura das fontes bíblicas. Será importante distinguir aqui a diferença entre o conceito protopaulino do fim dos tempos em chave apocalíptica judaica da ideia deuteropaulina da postergação da Parusia, que se conhece como escatologia. Não para desqualificar uma ou outra, mas para entender sua *continuidade na diferença* e o aprofundamento teológico que implicou tal processo de tradição cristã primitiva através da ideia-eixo do tempo messiânico.

O terceiro capítulo aborda a *imaginação poética* de Jesus em seu contexto vital e contextual, seguindo de perto os resultados das investigações sobre o Jesus histórico, em suas diversas etapas, depois de um século de debates e descobertas. O mais recente enfoque que procede da *Third Quest* introduz dois elementos de inovação: (i) uma análise retórica das perícopes que narram os encontros de Jesus com seus interlocutores; e (ii) dados arqueológicos sobre a Galileia como elemento novo para a compreensão dos ditos e dos feitos de Jesus naquela província marginal do Império Romano. Com essas considerações, é possível reconstruir a "escatologia jesuânica", sobretudo segundo as fontes sinópticas, de maneira que possamos apreciar sua conexão íntima com a teologia protopaulina.

O quarto capítulo inicia a terceira seção do livro, centrando-se na análise de três modelos de teologia fundamental da revelação propostos por autores da segunda metade do século XX: David Tracy, Andrés Torres-Queiruga e Jon Sobrino. Os três são pensadores que se situaram em contextos precisos e com interlocutores diversos, todos eles em profundo diálogo crítico com a modernidade, marcados pelo melhor espírito conciliar que caracterizou a teologia liberal europeia e latino-americana. A consideração de tais modelos sobre a teologia da revelação é imprescindível para contextualizar nossa própria reflexão, caracterizando as ideias que assumimos desses três mestres, junto daquilo que também consideramos necessário aprofundar doravante com novas ferramentas teóricas, em virtude do contexto epocal inédito em que nos encontramos no meio da crise da racionalidade moderna tardia.

Finalmente, o quinto capítulo sintetiza nossa proposta de teologia fundamental da revelação em chave de fim dos tempos. Articula-se em dois momentos constitutivos, a saber: (i) a análise das potências da subjetividade pós-moderna e (ii) a caracterização das virtudes teologais do ponto de vista da desconstrução e da contra-história, sempre a partir das vítimas e dos justos da história. Para o primeiro momento, que é de ordem antropológica e filosófica, recolhemos os traços da vulnerabilidade desconstruída, o desejo erótico-agapeico e a ontologia da doação como lugar teológico próprio do presente estágio da modernidade tardia. No segundo momento, desenvolvemos uma teologia fundamental da subjetividade desconstruída que acolhe a revelação divina a partir de suas potências de experiência. Neste marco fenomenológico e hermenêutico próprio da razão pós-moderna, propomos uma leitura das virtudes teologais em chave de desconstrução da religião sacrifical e de início de *mudança de mundo* graças à temporalidade messiânica ou *kairológica*. A centralidade da interpretação mimética da "vítima perdoadora" permitirá reconstruir a ideia de revelação segundo uma narrativa acorde com as pulsões da subjetividade pós-moderna que analisamos desde o princípio.

≈

Com este livro concluímos uma trilogia sobre a ideia da revelação nos tempos da modernidade tardia: *Deus Liberans* (1996), *Deus Absconditus* (2011) e agora *Deus Ineffabilis* (2014).

Ela é o resultado de pesquisas acadêmicas realizadas ao longo de 25 anos, orientadas pela comum tarefa de estarmos "sempre dispostos a dar resposta a tudo o que vos peça razão de vossa esperança" (ἕτοιμοι ἀεὶ πρὸς ἀπολογίαν παντὶ τῷ αἰτοῦντι ὑμᾶς λόγον περὶ τῆς ἐν ὑμῖν ἐλπίδος, 1Pe 3,15b), no contexto da mudança de paradigma de civilização em que nos coube viver.

O fio condutor da subjetividade, analisada através da lente da fenomenologia, da teoria mimética e da desconstrução niilista, deu consistência ontológica relacional a esta hipótese teológica de compreensão da condição humana aberta ao dom de Deus em seus múltiplos rostos, práticas e linguagens. Trata-se de uma expressão da teologia fundamental pós-moderna que nos parece inevitável e, sobretudo, pertinente e crível nesta hora incerta da globalização do mercado, do consumo, da mediocracia e da violência sistêmica que engendra este conjunto de fatores.

Fomos construindo esta trilogia em diálogo com colegas, estudantes e professores, das duas margens do oceano Atlântico e suas terras: em Friburgo, Suíça, em Curitiba e Recife, Brasil, em New York e na Cidade do México. Um diálogo que se trava com a colaboração de colegas de universidades estatais (Münster, Santiago de Compostela e Rio de Janeiro) e de universidades particulares (Universidad Iberoamericana Ciudad de México e Universidade de Fordham, New York). Em particular, graças ao diálogo com grupos de investigação sobre fenomenologia, teoria mimética e teologia fundamental, as intuições originais se foram perfilando para construir um argumento consistente que dê conta de como acontece a revelação divino-humana nestes tempos de desencanto e de resistência.

No entanto, os interlocutores não foram somente colegas do meio acadêmico, mas também pensadores que vivem, no meio de processos de exclusão e morte, uma esperança desconcertante e uma capacidade de inovação surpreendente, tanto no pensamento como na ação, a partir do reverso das sociedades de exclusão. Em particular, somos devedores da contribuição inestimável dos colegas de Chiapas, seja da Diocese de San Cristóbal de las Casas, seja da Universidade da Terra. Graças a elas e a eles, pudemos entrever os traços para uma compreensão da *mudança de mundo* que se gesta *de baixo e do reverso*. Através de seu agudo olhar crítico sobre os argumentos da academia e graças à sua sabedoria experiencial, estas investigações puderam enfocar com maior precisão o campo de estudo e a contemplação da incessante obra de revelação do Deus de Cristo a partir das margens da história e através dos justos e inocentes.

≈

Finalmente, esperamos que este livro suscite novas questões e contribua para o desenvolvimento de um campo de investigação para a teologia fundamental em tempos de modernidade tardia, sempre em diálogo com as outras disciplinas que analisam a questão do sentido e com as sabedorias da humanidade que vão atrás da verdade que salva.

capítulo 1
por acaso haverá um futuro para todos?

Se queremos falar hoje da revelação de Deus[1] à humanidade, no seio do mundo plural e violento próprio da história fragmentada que vivemos, havemos de deixar em suspenso por tempo indefinido a crença num além e concentrar-nos no aquém. Porque a crença escatológica lida em chave de meta-história fez das realidades *últimas* um objeto da emoção religiosa, funcionando como salva-vidas no meio do naufrágio da cristandade primeiro e depois do ego moderno.

Também havemos de assumir, com sentido crítico e ao mesmo tempo com suspeita, a orfandade moderna dos que se propõem a explicar "com certeza" o mistério da origem e do fim da vida como mero assunto de acaso ou de casualidade. A partir daí será possível perguntar

---

[1] Uma problemática de si essencial para o cristianismo enquanto a categoria "revelação" denota a vitalidade da fé como assentimento e recepção do dom de Deus. No contexto pós-moderno norte-americano, travou-se um debate sobre o sentido fenomenológico que há de mostrar esta categoria fundamental. Assim, por exemplo, veja o que afirma James Smith em seu debate com John Caputo: "Uma declaração de fé sobre a realidade da revelação não implica necessariamente qualquer pretensão à imediatez – o que seria anti-hermenêutico – nem muito menos triunfalismo nenhum, senão, muito pelo contrário, em sua hermenêutica radical segue sendo uma pretensão radicada na fé, e, como tal, alçada sempre por meio e em face do indecidível". (Tradução Érico Nogueira). J. Smith, "The Logic of Incarnation. Towards a Catholic Postmodernism". In: Neal De Roo e Brian Lightbody (eds.), *The Logic of Incarnation. James K. A. Smith's Critique of Postmoderne Religion*. Eugene, Pickwick, 2009, p. 28.

sobre o papel da liberdade humana e sua possível relação com a liberdade divina, em particular em torno do problema do mal.

Em ambos os casos, seguindo a lógica da encarnação do Verbo que é a substância mesma do cristianismo e de seu perene *esvaziamento*, havemos de manter-nos, como o grande poeta Hölderlin, na fronteira entre céu e terra, quer dizer, no seio daquela distância sempre aberta pela carne do homem e Deus:

> E os muitos que
> o olharam tiveram medo,
> quando o Pai fez
> seu melhor esforço, trazendo de fato
> o melhor para resistir aos homens,
> e cheio de dor e afetado em sua mente
> também o Filho se encontrava.[2]

E teríamos de atrever-nos a apresentar por fim as duas perguntas ineludíveis sobre o sentido do cristianismo hoje: a primeira em torno de se é razoável viver ainda uma prática cristã com representações do divino; e a segunda, em que sentido seria viável a *vida teologal* que outrora foi o código de interpretação da experiência cristã pelo qual o ser humano recebe em seus dinamismos vitais o dom divino, mas que já não responde à experiência da subjetividade desconstruída própria destes tempos do fragmento.

---

[2] A versão inglesa diz: "*And many who / Looked on him were afraid, / While the Father did / His utmost, effectivly bringing / The best to bear upon men, / And sorely troubled in mind / The Son was also.*" [T. do A.]. A este respeito, o comentário de Jean-Luc Marion designa precisamente esta fronteira da percepção do poeta de Tubinga: "A medida do céu e da terra, deuses e o homem, só é percebida pelo homem que, poeticamente, se fixa – isto é, o que por assim dizer absorve esse impacto em sua carne, ao ponto em que o humano e o divino se traduzem um no outro sem confusão nem separação. O poema é expressão direta dessa instituição de duas medidas extremas". (Tradução Érico Nogueira). Jean-Luc Marion, *The Idole and Distance. Five Studies*. New York, Fordham University Press, 2001, p. 107-08.

Porque, com efeito, no mundo católico que caracterizou o modelo de cristandade, a fé, a esperança e a caridade foram expostas como virtudes teologais em seu caráter de *fundamento* antropológico-teológico de uma relação com o divino. Tal modelo sublinhou o caráter objetivo[3] do dom de Deus e de sua recepção na vida da graça inserta na vida moral através das virtudes cardeais. Por seu lado, no mundo protestante o *realismo* da *fé* sempre se baseou no primado da Bíblia como palavra mesma de Deus, mesmo agora, nos tempos da narrativa pós-moderna,[4] com frequência apresentada como fetiche com um verdadeiro poder acima da mesma liberdade humana.

Tal *realismo cristão*, de um ou de outro signo confessional, fez-se em pedaços nos tempos modernos ilustrados pela crítica à ontoteologia iniciada por Hegel, e levada a efeito mais a adiante de maneira implacável por Nietzsche e por Heidegger. Embora essa crítica desconhecesse o sentido propriamente metafísico do ser *superessencial* do pensamento de Dionísio Areopagita, retomado por Tomás de

---

[3] Não somente o catolicismo, mas também a tradição evangélica, teve e tem ainda hoje um reflexo identitário de autoafirmação em face da suposta ameaça do relativismo pós-moderno. Veja como exemplo o seguinte comentário de um teólogo presbiteriano de popularidade no mundo de fala inglesa: "O fato é que temos duas visões diametralmente opostas da vida. Numa delas, não há centro; na outra, há – e este centro é Cristo. Numa, a vida não passa de uma sucessão de acontecimentos casuais; na outra, a vida é vivida sob a soberana tutela de Cristo. O cristianismo viça e floresce mais quando se preserva a distinção dessas visões opostas: do contrário, adoece". Numa, estamos sozinhos no universo; na outra, não estamos. Numa, a salvação é obra humana; na outra, é dom divino. (Tradução Érico Nogueira). David F. Wells, *Above All Earthly Pow'rs. Christ in a Postmodern World.* Leicester, InterVarsity Press, 2005, p. 262.

[4] Reafirma-o um famoso teólogo evangélico que pretendeu em vão integrar a pós-modernidade niilista com a interpretação da "Igreja emergente" própria desse contexto anglo-saxão da tradição evangélica: "Sim, temos de viver na narrativa bíblica; sim, dividimo-nos em várias tradições cristãs; sim, temos de aprender a viver de maneira holística. Mas sustentamos que a narrativa bíblica nos diz a verdade sobre o passado histórico, sobre Deus e o seu modo de ser e de agir, sobre nós mesmos e nossas necessidades, e assim por diante – mesmo que tal não seja nem nunca possa ser toda a verdade, a qual apenas o Onisciente pode conhecer". (Tradução Érico Nogueira). D. A. Carson, *Becoming Conversant with the Emergind Church. Understanding a Movement and Its Implications.* Grand Rapids, Zondervan, 2005, p. 145.

Aquino em plena Idade Média, ela pôs sobre a mesa a questão da suposta "objetividade" das representações do inominável. Por isso, o pensamento pós-metafísico da segunda metade do século XX até os dias de hoje tenta reconstruir uma *ontologia da diferença*, ainda a partir de uma "metafísica negativa",[5] que permita à razão, em tempos de modernidade tardia, abrir-se ao fundo inominável do real.

Por isso, já será inevitável para nós *desconstruir* aquelas virtudes teologais a um grau tal de desmontagem que mostrem apenas sua *pulsão vital* e sua possível relação com a razão e com a sensibilidade *desconstruídas* de seu anseio de poder e de saber objetivante. A partir daí, a partir desse *fundo do inominável*, fortuito e contingente próprio de toda existência e de todo pensar finitos, arriscar-nos-emos ao fim destas disquisições para mostrar a plausibilidade da ideia de revelação cristã em contexto pós-moderno. Assim poderemos *dar alguma razão* da potência da vida teologal vivenciada a partir do *Crucificado que vive* como *poder do não poder*.

Para a teologia cristã clássica que hoje se recompõe em seu aspecto teórico como uma crítica à razão moderna, seja sob a figura da *Radical Orthodoxy* ou do tomismo doutrinal, o desafio é ainda mais complicado e pouco provável de superar. Pois a razão pós-moderna os impele a deixar para trás a versão *objetivante*, tanto do divino como do humano, para recuperar talvez sua experiência originária

---

[5] Veja por exemplo o seguinte comentário do filósofo alemão Thomas Rentsch sobre a necessidade de manter a razão aberta à dimensâon do abismo: "A arrebatadora racionalidade religiosa abre uma dimensão profundíssima à razão discursiva – dimensão esta que, entendida corretamente, em vez de miná-la, robustece-a, e sem qual essa razão acaba pobre e meramente formalista, à medida que o tempo passa. Com ela, porém, se torna sensível à finitude e fragilidade de toda vida, ao caráter distante e estrangeiro do outro como prerrequisito de tudo o que é próximo, à insondável profundade de todo indivíduo e à plenitude do instante. Com isso, adquire uma consciência da infinitude e da eternidade radicadas no próprio tempo – consciência esta que, por fim, compõe uma perspectiva racional e se alonga em crítica aos erros do humano espírito". (Tradução Érico Nogueira). Thomas Rentsch, "Worin besteht die Irreduzibilität religiöser Warheitsanspruche?". In: Markus Knapp e Theo Kobusch, *Religion – Metaphysik(kritik) – Theologie im Kontext der Moderne/Postmoderne*. Berlim, Walter de Gruyter, 2001, p. 124.

de feição niilista e apofática.⁶ Trata-se de voltar, com efeito, à fonte primigênia daquela teologia que foi radicalmente aberta à contemplação do mistério da existência, superabundante e *extravagant,* como a chamam os teólogos de fala inglesa. Aquele *mysterion* do ser e do devir que pela fé chamamos *Deus Ineffabilis.*

1. Pensar o Futuro como Sobreviventes com a Memória de Nossos Mortos

Como substrato existencial de nossa reflexão, não esquecemos o contexto crucial de luta pela vida em que vivemos os seres humanos. Encontramo-nos todos na outra margem do abismo da história, como sobreviventes de apaixonadas experiências de lutas agônicas que tantos travaram antes de nós *até o último suspiro* e que muitos outros padeceram sendo aniquilados. Partimos dessa comum herança, não por um preconceito darwiniano que bem poderia explicar o *pathos* moderno da concorrência sem fim, mas por uma constatação histórica e literária dos povos a que pertencemos: estamos vivos aqui os que sobrevivemos no processo da humanização e na posterior evolução da cultura... à custa de muitos que foram aniquilados.

Não é casual então que a profundidade do pensamento, das artes e da religião se manifeste como fonte de esperança quando assume a pergunta sobre o *sentido* desta história humana malparada, cheia de claros-escuros⁷ e, apesar de tudo, *adorável,* como diria Jean-Luc

---

⁶ Experiência que G. Agamben rastreia na fase iconoclasta da literatura poética centro-europeia moderna, da "prosódia quebrada" dos hinos tardios de Hölderlin à "liturgia ateológica ou teológica" de Mallarmé. Cf. Giorgio Agamben, *El Reino y la Gloria. Por una Genealogía Teológica de la Economía y el Gobierno.* Valencia, Pre-Textos, 2007, p. 257-58.
⁷ Claro-escuro que foi pensado detidamente pela filosofia moderna – do *Dasein* à *desconstrução* – como experiência de sermos lançados no devir da existência. A este respeito, vejamos o que diz J. Caputo sobre a "teologia da cruz" em Derrida: "A verdade é que não há Verdade; o segredo é que não há segredo – nem nenhuma Verdade Secreta a que tenhamos secreto acesso, e de que sejamos secretas testemunhas. Mui diferentemente

Nancy[8] com aquele tom niilista próprio de sua *filosofia da desconstrução*. Uma existência onde o fulgor do enamorado dá lugar, cedo ou tarde, no mesmo coração à violência da cobiça.

Porque se algo importante havemos de pensar dos seres humanos em tempos de precariedade, é precisamente como alcançar a *existência autêntica*.[9] E uma das facetas mais árduas para olhar de frente o desafio desta existência é a do *sentido do sem sentido* que se revela na consciência como seu próprio abismo.[10]

---

do *Denken* de Martin Heidegger, dirigido por um poderoso *Geschick* – destino e moira –, o destino humano, no pensamento de Derrida, é 'destinerrância', isto é, destino errante, amputado do destino e da Verdade e do Ser. O corte da circuncisão em *Circonfissão* acaba sendo amputação da verdade, *sevrée de la vérité*: da Verdade do Ser ou da do Livro". John Caputo, "Toward a Postmodern Theology of the Cross". (Tradução Érico Nogueira). In: Merold Westphal (ed.), *Postmodern Philosophy and Christian Thougth*. Bloomington, Indiana Press University, 1999, p. 223. À diferença deste teólogo norte-americano que faz de Derrida um cristão similar a Agostinho, preferimos aqui manter-nos na "différance" que moldou como obra própria o pensamento do filósofo da desconstrução.

[8] Mais adiante, abordaremos detidamente as teses da *desconstrução do cristianismo* aplicadas à vida teologal que já evocamos no livro precedente. Por ora baste dizer que o pensador bordelês é quem, a nosso ver, mais rigorosamente prosseguiu o desenvolvimento da razão moderna como desmontagem, desde sua raiz monoteísta até sua secularização seguinte e o estádio atual da *desconstrução niilista*, propondo um debate com seus antecessores Jaques Derrida, Gilles Deleuze e Maurice Blanchot. Veja sobretudo seu último livro sobre a declosão do cristianismo: Jean-Luc Nancy, *L'Adoration (Déconstruction du Christianisme, 2)*. Paris, Galilée, 2010, p. 147.

[9] Um conceito heideggeriano analisado detidamente em sua gênese histórica por um filósofo mexicano da nova geração. Cf. Ángel Xolocotzi, *Fenomenología de la Vida Fáctica. Heidegger y Su Camino a Ser y Tiempo*. México, Universidad Iberoamericana/Plaza y Valdés, 2004, p. 252. Tema que depois rastreou nas obras de maturidade do pensador de Friburgo de Brisgóvia. Cf. Idem, *Fundamento y Abismo. Aproximaciones al Heidegger Tardío*. México, Benemérita Universidad Autónoma de Puebla/Porrúa, 2011, p. 203.

[10] A literatura é talvez o meio mais eloquente pelo qual se contou esta historia do *doloroso discernimento* que a consciência faz sobre o bem e o mal. Recordemos aqui uma das páginas memoráveis sobre o tema. Escreveu-a Victor Hugo ao contar o sofrimento do prefeito Madeleine para redimir seu passado como o fugitivo Jean Valjean, no fugaz momento da verdade que o persegue mas que depois voltará à sua opacidade: "Ele se levantou e voltou a caminhar. Desta feita, julgava estar contente. É nas trevas da terra que os diamantes se encontram – só se encontram verdades nas profundezas do pensamento. Julgava que, depois de descer a essas profunduezas, depois de muito claudicar no fundo mas negro dessas trevas, finalmente encontrava um diamante, uma verdade, e a tinha na palma da mão; maravilha-se ao contemplá-la". (Tradução Érico Nogueira). Victor Hugo, "Une Tempête sous un Crâne". In: *Les Misérables*, t.1, l. VII, c. III, p. 585.

Tal questionamento, traduzido ao tema da vida teologal, terá de perguntar-se cedo ou tarde sobre a possibilidade de um amanhã para todos. Como viver na fé o luto dos que morreram? Que dizer, dar esperança para os inocentes vitimados? Que significam a justiça e a caridade para com os verdugos e os miseráveis? Como transfigurar em face de Deus a dor pela ausência dos que amamos e que já se foram? Porque tais são as perguntas hoje lançadas à fé como um clamor que se dirige buscando esperança e como uma mão que se estende pedindo pão. Somente aí poderá adquirir sentido o sem sentido: no gesto originário da caridade que tudo dá.

≈

A razão moderna em seu anseio emancipador buscou suplantar aquela religião que, a seus olhos, avassalava o pensamento e a sensibilidade. No entanto, o fez com novas representações, conceitos, doutrinas, valores, instituições e modelos que, ao fim e ao cabo, tornaram ainda mais crua a realidade do sem sentido da vida. Porque o Ocidente moderno surgiu com a pretensão de substituir a imagem do Todo-Poderoso – e sempre ao mesmo tempo impotente, não o esqueçamos – Deus judeu, cristão e muçulmano, pondo em seu lugar o sujeito emancipado, guiado pela solitária luz da razão. Mas ainda piores foram os restos que ficaram do *Sapere aude* kantiano, depois de sua aventura egoica levada à saturação pela razão instrumental: um ego ensoberbecido mas incapaz de assumir seus limites, até o dia em que se enfrentou com o horror do Holocausto...

Quem de nós, filhos desse Ocidente emancipado e cruel, poderia seguir ainda esperando hoje em dia que se realize de maneira definitiva a utopia da sociedade sem classes, da economia justa e do direito respeitado para todos e cada um dos seres humanos que povoamos a face da terra? Quem ousaria hoje anunciar, depois da queda do Muro de Berlim, do colapso do Onze de Setembro e do clamor atraiçoado do levantamento zapatista, que conquistamos por fim a meta da dignidade reconhecida para todos? Quem se atreveria hoje a defender o monopólio da verdade e do sentido na ciência, na política, na religião ou na arte?

Não por capricho ou por acaso o *pathos* pós-moderno é niilista. Mas não no sentido com que o ridicularizam os poderes morais, midiáticos ou religiosos de hoje. Nem o que caricaturizam os filósofos do fim da história. Alguns autores de fala inglesa tentam assumi-lo como *relativismo perspectivista*,[11] que desafia a fé a que descubra seus próprios limites. Mas nós preferimos uma interpretação do niilismo – mais vinculada com a fenomenologia franco-alemã e com o pensamento latino-americano – enquanto congruente atitude de uma existência que assume sua solidão ontológica.

A partir de tal solidão, vivida no sempre inacabado desapego, existimos no meio dos escombros apelando à possibilidade de um encontro com os outros. Nada mais nem nada menos. Porque *aquém* de qualquer ambição de empoderamento, de reivindicação de direitos e até de qualquer vivência mística de consolação divina, aparece *o inominável do sujeito aberto*. A existência como oquidão que é boca, olhos, ouvido, nariz, tato, mão, sexo, imaginação e espírito em sua pura expectativa.

Aqui, neste "aquém" da subjetividade desconstruída, encontramo-nos sós e ao mesmo tempo acompanhados. Sós em nossa liberdade pensante, e acompanhados na sensibilidade dos outros corpos. Sós no luto, mas acompanhados de nossos mortos e dos vivos a que com pena e com gozo, entremesclados sempre, mal conhecemos e amamos. Que fique claro que não nos referimos à vivência de estarmos presos numa solidão autista ou sem saída na terrível angústia do luto. Mas sim a que nos reconhecemos como filhos da modernidade tardia vivendo a solidão que procede do ego que se

---

[11] Assim, por exemplo, o comenta o distinto professor de Fordham: "Proponho que, em vez de fugirmos, terrificados, do relativismo perspectivista, encaremo-lo de frente, para averiguar se acaso não pode ser lido como um comentário às limitações de nossa inteligência, ocasionadas por nossa finitude e natureza caída e pecaminosa". (Tradução Érico Nogueira). Merold Westphal, "Onto-theology, Metanarrative, Perspectivism, and the Gospel". In: Myron B. Penner (ed.), *Christianity and the Postmodern Turn*. Grand Rapids, Brazos Press, 2005, p. 152.

descobre lançado no abismo do devir da existência e que *aí* precisamente, nesse fundo sem fundo, intui uma presença outra que sempre o seduz e muitas vezes lhe escapa, e talvez às vezes o redima.

O *interior intimo meo* do grande Agostinho foi já, por isso mesmo, uma das nervuras que fizeram possível a fundação do Ocidente na construção de sua grande catedral do pensamento. E o *ser maior do que possa eu imaginar* do Mestre Anselmo também faz convergir, como chave de abóbada nesse nó que aponta para o infinito, aquela realidade que nos precede e ao mesmo tempo sempre nos ultrapassa. De maneira análoga, era a evocação do Nada próprio do *ser superessencial* de Dionísio Areopagita, como verdadeira pedra angular, assumida por Tomás de Aquino séculos depois, mas esquecida por seus discípulos no retorno ao pensamento doutrinal. Inefável realidade evocada sobretudo pelo Mestre Eckhart como princípio e término de todo conhecimento e paixão: fonte sempre indizível do ser; nunca ente algum; nem fundamento de nada.

Sim, o rio subterrâneo do niilismo apofático percorreu as pradarias da cristandade, deslizando depois pelos passadiços da *civitas* do Ocidente, e agora aparecendo de novo na superfície da urbe, como fuga de água no meio dos escombros das torres caídas, através do niilismo pós-moderno.

Tal será o *locus theologicus* que vamos explorar, esquadrinhar e, talvez, aprender a habitar ao longo destas páginas.

Um *lugar que é não lugar*, um *sentido que é sem sentido*, um *ser que não é ente* nem *superente*, mas abismo do ser...

E na dimensão da vida teologal própria da experiência cristã,[12] teremos de dar também este salto no vazio: uma *fé que não é*

---

[12] Até a tradição evangélica anglo-saxã buscou dar este passo para repensar sua fé em diálogo com a razão moderna do que chama "relativismo da linguagem", mas inserindo no círculo hermenêutico o Espírito Santo como "ponto de partida", nem objetivismo nem

crença que se engana anelando possuir um objeto de latria, mas *fé que é confiança incondicional no outro*. Uma *esperança que não espera nada* e, no entanto, dá todo na aposta de um amanhã. Um *amor que não é correspondido* porque não tem medida, mas só sabe ser pura doação...

Tal será o *não lugar* para falar da revelação divina no meio dos escombros da pós-modernidade.

2. De Baixo e do Reverso

O pensamento antissistêmico que brotou em fins do século XX em muitas latitudes do planeta – desde Chiapas até Cazaquistão, Burkina Faso, New York, Irã ou Índia – apresenta uma interrogação fundamental ao pensamento ocidental moderno: como pensar o mundo *de baixo e de seu reverso*.

Essa metáfora espacial indica uma subversão da razão que, em linguagem fenomenológica, Emmanuel Levinas pensou há meio século como *renversement* ou desbordamento da subjetividade. Quer dizer, como exposição do eu à alteridade máxima do rosto e do clamor do outro. Seguindo esta linha filosófica, em décadas recentes Jean-Luc Marion descreveu esse processo, mas o fez em chave heideggeriana.

---

subjetivismo da verdade e da fé, mas "pneumatismo": "Na verdade, o ponto de partida está além de nós mesmos, junto ao Espírito Santo que soberanamente no acolhe dentro do círculo fé / conhecimento. Daí que, ao considerar as pretensões da fé cristã, não sejamos nem objetivistas nem subjetivistas – somos pneumatistas. Consequentemente, entendemo-mos como seres fixados no Espírito Santo, que nos acolhe dentro do círculo hermenêutico à medida que crescemos em fé / conhecimento". (Tradução Érico Nogueira). Robert C. Greer, *Mapping Postmodernism. A Survey of Christian Options*. Downers Grove, InterVarsity Press, 2003, p. 185. Nós, em contrapartida, para evitar cair de novo na ordem das representações e conceitos sólidos, abordaremos a luz da *Ruah* divina não como claridade meridiana do conhecimento e da fé, mas como claro-escuro. Ou seja, como *resplendor* que abre um claro no meio da obscuridade e como sentido incipiente mas fugaz no permanente questionamento que brota do sem sentido.

Propõe uma ontologia, não do ser dado puro e simples, mas do ser que não se mostra senão como *étant donné*, sendo dado. Trata-se, com efeito, de um receber-se do outro de maneira permanente, inevitável, às vezes perigosa, mas sempre surpreendente.

No entanto, certa maneira de explicar o mundo da apercepção que vive a subjetividade exposta à alteridade parecia o roteiro de um drama insípido e asséptico, onde as personagens não faziam senão aparecer em cena interpretando seu papel de suposta escuta e tenteio do rosto do outro, sem que em nada se comovessem suas entranhas, nem sua mente nem seu coração. Faltava na reflexão o elemento imprevisível do desejo como *pulsão e anelo*, que fizesse ressoar no palco o aturdimento entremesclado com os rumores e com a serenidade que vivemos todos os sujeitos na consciência quando nos surpreende a experiência de aprendermos a estar uns com os outros.

A teoria mimética preencheu esse vazio. Com sua reflexão em torno do desejo ambíguo do ser humano, da difícil presença do outro, do poder do modelo e da virulência do contágio do "todos contra um" para atenuar a impossibilidade de possuir o outro, pôde lançar-nos no rosto a questão do sofrimento da vítima, da teimosa cegueira dos verdugos e da tão frequente indiferença da miserável massa que observa a execução das vítimas no clímax dos sacrifícios. Uma espiral de violência sacrifical que não cessa na história, senão que, ao contrário, nos está conduzindo ao precipício dos tempos apocalípticos.[13]

---

[13] Sem dúvida, na última obra de Girard, *Achever Clausewitz*, é que se desvela o princípio antropológico que orientaria todas as suas investigações, a saber, "todo o real é sacrifical". Cf. René Girard, *Achever Clausewitz*. Paris, Carnets Nord, 2007. O filósofo expressou-o com clareza meridiana da seguinte forma em uma entrevista concedida em Paris no outono de 2007: "De minha parte, não me canso de insistir em que *o real não é racional* como o pretendia Hegel e como o leram seus discípulos idealistas, senão que *o real é religioso*, como o sublinhei em meu último livro; e religioso arcaico, quer dizer, violento e sacrifical. Aí radica a compreensão da história, da condição humana e do sentido da existência". Carlos Mendoza-Álvarez, "La Esperanza como Apocalipsis. Conversación de Carlos Mendoza con René Girard". In: *Letras Libres*, 5 de abril de 2008. México. Disponível em: http://www.letraslibres.com/blogs/la-esperanza-como-apocalipsis. Acesso em: 16 jul. 2016.

Não obstante, o que aprendemos graças ao murmúrio dos inocentes e das vítimas que sobreviveram com dignidade a numerosas situações de horror é que fizeram da negação vivida o princípio de um devir outro. Lograram superar a força do ressentimento que costuma ser uma nova prisão enquanto pulsão avassaladora de repulsão e morte, impregnada ainda do sopor de *Thanatos*.

Algumas vítimas do colapso da modernidade emancipada – com suas sequelas de liberalismo econômico, de religiões do medo e de democracia dos partidos corruptos – entoam assim outro canto. Sem dúvida, a voz dessas vítimas tem as cores do pranto que se faz lamento dilacerante quando morre o inocente, mas também do regozijo da infância que goza o presente como fulgor gratuito de eternidade.

Ao fim e ao cabo, a voz *de baixo* é também imprecação, rebelião e ousadia de tecer outras urdiduras na trama da história. Quando os de baixo falam, quando seus pés percorrem duros caminhos a passo veloz, quando sua inteligência provoca os senhores do poder e das finanças, então faz tremer a todos e torna possível uma *mudança de mundo*.

≈

Que horizonte pode então espreitar o olhar pós-moderno neste cenário de crise da civilização? Com que conceitos e modelos teóricos será possível compreender a *mudança de mundo*? Que práticas a faz possível e viável?

Como assinalou há algumas décadas Ivan Illich: a razão tecnocrática é condenada ao fracasso porque a mecânica ultrapassou a proporção das práticas dos membros da sociedade "participatória". Em uma linguagem de economista e filósofo, Illich expressa a contradição moderna da seguinte maneira:

> É minha hipótese que não pode existir uma sociedade que mereça o qualificativo de

"socialista" quando a energia mecânica que utiliza esmaga o homem, e, inevitavelmente, ultrapassado certo ponto, a energia mecânica tem tal efeito. Existe uma constante K. Essa constante indica a quantidade pela qual há que multiplicar a energia mecânica utilizada para todos os fins na sociedade. Não pode existir aquela combinação de sociedade "socialista", enquanto K não ficar entre os limites. A sociedade deve ser considerada como subequipada para uma forma de produção participatória e eficaz, enquanto K não alcança o valor do limite inferior. Quando K passa a ser maior que o valor do limite superior, termina a possibilidade de manter uma distribuição equitativa do controle sobre o poder mecânico na sociedade. Espero elaborar um modelo teórico que ilustre essa hipótese. Se esta é correta, existe em cada sociedade concreta um "nível de energia de rendimento mecânico" dentro do qual pode funcionar de maneira ótima um sistema político participatório.[14]

Segundo essa interpretação, o mundo moderno tecnocrático ruma para o fracasso porque substituiu o ser humano, que era guardião de sua própria casa, por um *homo economicus* que, sob a sujeição à máquina, extraviou suas relações vitais mais profundas.[15] Assim, quando esse pensador nascido em Viena, mas

---

[14] Ivan Illich, *Energía y Equidad*. México, Posada, 1978. Disponível em: http://www.ivanillich.org.mx/LiEnergia.htm#anchor733877. Acesso em: 16 jul. 2016. Veja também sua obra *La Convivencialidad*. México, Joaquín Mortiz/Plantea, 1985, p. 161.

[15] Veja neste sentido o comentário do holandês Pieter Tijmes sobre a ruptura entre gênero e sexo em sua relação com a passagem da economia à tecnocracia, como outra face do pensamento de Illich: "A ruptura com o passado, isto é, o surgimento do modo de produção industrial, descreve-se agora como a transição do reino do gênero para o regime do sexo. Nos termos de Ivan Illich, a perda do gênero natural é pensada como condição *sine*

"desinstalado" no México, faz uma severa crítica à modernidade tecnocientífica,[16] fá-lo apelando à história da cultura, que, por meio da linguagem, elaborou sempre novas sínteses de práxis, de compaixão e de pensamento.

Um de seus principais colegas e continuadores, depois de sua morte, foi Jean Robert.[17] Esse autor francês, também residente no México, prosseguiu, junto a outros colegas de Illich na França, no México e nos Estados Unidos, a análise sobre o desmantelamento da razão tecnocrática, vinculando-se cada vez mais ao pensamento antissistêmico.

qua non para a ruptura e, pois, para a emergência de um modo de produção economicista". (Tradução Érico Nogueira). Pieter Tijmes, "Ivan Illich's Break with the Past". In: Lee Hoinacki e Carl Mitcham (eds.), *The Challenges of Ivan Illich*. New York, State University of New York Press, 2002, p. 209.

[16] Na década de 1970, Illich evocou sob o nome de "revolucionário cultural" o sujeito consciente das mudanças necessárias e imprescindíveis para superar o reducionismo do mundo moderno a partir da educação: "Precisamos de um programa alternativo – de uma alternativa ao desenvolvimentismo e à revolução meramente política. Chamemos-lhe revolução institucional ou cultural, uma vez que a sua finalidade é a transformação da realidade pública e também da pessoal. O revolucionário político deseja o aperfeiçoamento das instituições vigentes – da sua produtividade e da qualidade e distribuição dos seus produtos. Sua visão sobre o que é desejável e possível se baseia nos hábitos de consumo desenvolvidos nos últimos cem anos. O revolucionário cultural acredita que esses hábitos têm radicalmente distorcido nossa visão sobre o que os homens podem ter e querer. Ele questiona a realidade que o outro toma por certa, realidade esta que, em sua visão, é um artificialíssimo efeito colateral das instituições contemporâneas, criado e alimentado por elas ao perseguir suas metas de curto prazo. O revolucionário político continua ensinando e trabalhando para o ambiente produzindo pelos países ricos, capitalistas ou socialistas que sejam. O revolucionário cultural aposta o futuro na edução do homem". (Tradução Érico Nogueira). Ivan Illich, *Celebration of Awareness. A Call for Institutional Revolution*. New York, Doubleday & Co., 1970, p. 181.

[17] Destaca o comentário introdutório de Jean Robert e Thierry Paquot ao número especial da *Revue Esprit* dedicado a resgatar as intuições fundacionais e as teses do pensador que fora cofundador do Centro Intercultural de Documentación (Cidoc) de Cuernavaca, México: "Faz tempo que – ao lado de André Gorz, sobretudo – Ivan Illich é dos autores de referência no debate sobre crescimento e decrescimento, sobre a impossibilidade de manter a ficção de um 'crescimento' do qual a gestão dos desequilíbrios fica sempre para mais tarde. A crise econômica desencadeada em 2007 refrescou nossa memória: os desequilíbrios um dia cobram a fatura e, nos últimos tempos, as cobranças chegam em série". *Esprit* (Août-septembre 2010) Actualité d'Ivan Illich. (Tradução Érico Nogueira). "Actualité d'Ivan Illich", *Esprit*, ago.-set. 2010. Disponível em: http://www.esprit.presse.fr/archive/review/detail.php?code=2010_8/9. Acesso em: 16 jul. 2016.

Para eles, se existe um futuro para a humanidade, tem de passar pelo *reconhecimento da diferença dos de baixo*, dos sem nome, dos invisibilizados pelo sistema. Em resumo, dos pobres da terra.

E tal imperativo ético e espiritual não aparece nestes tempos de colapso moderno por um mero desejo de justiça vindicativa, mas por meio da *compreensão* do mundo *a partir de seu reverso*. Já o havia dito Walter Benjamin em relação à cruel história da Europa presa na miragem da industrialização a partir do século XIX, com a descrição de suas ocultas passagens de exploração de culturas alheias e exóticas. Passagens que Benjamin estudou percorrendo suas cidades, para esquadrinhar os intestinos da urbe moderna que a alimentam e ao mesmo tempo produzem seus dejetos, sempre à custa dos muitos invisibilizados.

De modo análogo – como outro capítulo da "poética da emulação" latino-americana proposta pelo brasileiro João Cezar de Castro Rocha[18] –, tal crítica benjaminiana foi assumida e recriada no México décadas depois por Bolívar Echeverría.[19] Esse filósofo de origem equatoriana vinculou o pensamento das *estilhas do tempo messiânico* – tão central para Benjamin – com os movimentos revolucionários latino-americanos da segunda metade do século XX.

O que hoje aflora com clareza, nos alvores do século XXI, décadas depois desses pioneiros da crítica da razão instrumental, é a *impossibilidade* teórica e prática de seguir avançando na lógica do sistema totalitário da tecnocracia, acompanhada por seu séquito religioso da retribuição, da filosofia do bem-estar e da teologia da

---

[18] Cf. João Cezar de Castro Rocha, *Machado de Assis: Por uma Poética da Emulação*. São Paulo, Civilização Brasileira, 2013.
[19] Cf. Bolívar Echeverría, "Benjamin: La Condición Judía y la Política". In: Bolívar Echeverría (comp.), *La Mirada del Ángel. En Torno a las Tesis sobre la Historia de Walter Benjamin*. México, Era, 2005, p. 9-21. Disponível em: http://www.bolivare.unam.mx/mirada.html. Acesso em: 16 jul. 2016]. Veja também o capítulo VII "El Ángel de la Historia" de seu livro posterior: Bolívar Echeverría, *Vuelta de Siglo*. México, Era, 2006, p. 117-31. Disponível em: http://www.bolivare.unam.mx/vuelta.html. Acesso em: 16 jul. 2016.

prosperidade. Primeiro porque sua lógica de bem-estar para todos é inviável, já que é impossível que todos os habitantes do planeta gozem de similares benefícios como os que despendia uma minoria da humanidade[20] com o impacto devastador de seu vestígio ecológico. Segundo, porque a lógica do mercado liberal com sua ideia de sujeito individual consagrada pelo direito moderno é uma perversão, ou em todo caso um reducionismo, do que outras tradições *comunitaristas* compreendem como propriamente humano, a saber, a pessoa em relação de comunidade. E, terceiro, porque a depredação provocada pela cobiça do consumo fez que as sociedades *do Sul e de baixo* – com respeito às *do Norte e de cima*, que vivem nos centros de poder – gerem estratégias alternativas de transformação da economia, da política e da cultura para promover o reconhecimento da diversidade de todas as pessoas e coletividades que povoam o orbe. E tais estratégias, assim como seus projetos civilizatórios em germinação, estão já em marcha em diversas latitudes do planeta.[21] De maneira que já se encontra a caminho uma possibilidade de *reinventar* a história *de baixo e do reverso*, não para mudar o mundo, mas, como diz o ícone do movimento zapatista em Chiapas, o subcomandante Marcos, para engendrar uma *mudança de mundo*.

No livro de autoria compartilhada por dois pensadores antissistêmicos intitulado *A Potência dos Pobres*, Jean Robert e Majid Rahmena

---

[20] Assim, por exemplo, o último informe da Unicef faz um balanço da assimetria global na renda quantificável da população do planeta, concluindo com a seguinte afirmação: "As enormes assimetrias na distribuição de renda é algo que importa para as pessoas. Desde logo, são signos de injustiça social. Independentemente da metodologia utilizada, vivemos em um planeta onde, em seu conjunto o quinto [cada quinto corresponde a vinte por cento da população nacional segundo a renda *per capita* do lugar. N. do A.] mais rico da população goza de mais de 70% da renda total em comparação com magros 2% do quinto mais pobre (83 contra 1% na taxa de câmbio do mercado)". (Tradução Érico Nogueira). Isabel Ortiz e Mathiew Cummins, *Desigualdad Global. La Distribución del Ingreso en 141 Países*, Unicef, 2012, p. 49-50. Disponível em: http://www.unicef.org/socialpolicy/files/Desigualdad_Global.pdf. Acesso em: 16 jul. 2016.
[21] A este respeito pode-se ver a reflexão do filósofo burquinense Savadogo, que, há alguns anos, propõe um pensamento contextual para enfrentar a globalização do capitalismo corporativo. Cf. Mohamadé Savadogo, *Penser l'Engagement*. Paris, L'Harmattan, 2013, p. 124.

apresentam um pensamento *de baixo e da esquerda* para recuperar a lógica da pobreza escolhida como filosofia do *Bom viver*. A este respeito, assinalam:

> Os pobres, que as sociedades de mercado empurraram para as diferentes formas modernas da miséria, ultrapassam já em número os 4 bilhões de mulheres e homens que vivem com menos de dois dólares por dia. Tratá-los como cédulas de banco cada vez mais desvalorizadas para pedir à economia que os revalorize não faz mais que agravar a miséria que ameaça as duas categorias do proletariado – de penúria e de abundância – que, segundo Jacques Ellul, compõem a outra face da modernidade. Trata-se antes de escutá-los, de abrir-se a eles, de compreender sua linguagem, de amá-los e de confiar em sua potência de pobre, para que um dia, talvez, os povos que vierem possam finalmente redescobrir a feliz liberdade da pobreza escolhida.[22]

Em diálogo com essa ideia, usaremos a expressão *de baixo e do reverso da história* porque nos parece mais adequada para explicar o processo fenomenológico da subjetividade exposta e de sua feição niilista vinculada com a proposta antissistêmica. Desse modo, assumimos a tese principal de Jean Robert e Majid Rahmena que radica na afirmação de uma *racionalidade própria dos pobres e deserdados*, não como débeis sujeitos carentes de bem-estar, nem como anarquistas destruidores do bem-estar urbano, mas como herdeiros de uma profunda vivência do frágil equilíbrio da natureza e da terra que sustenta a vida em todas as suas formas. Tal

---

[22] Jean Robert e Majid Rahnema, *La Potencia de los Pobres*. Cideci, San Cristóbal das Casas, 2012, p. 12. Disponível em: http://www.ivanillich.org.mx/Potenciapobres.pdf. Acesso em: 16 jul. 2016.

tese implica um olhar novo sobre a riqueza e a escassez como coordenadas da economia moderna, para retrotrair e, ao mesmo tempo, projetar na vida das comunidades de autogoverno, como os *caracóis zapatistas*[23] por exemplo, a utopia sócio-histórica de comunidades sustentáveis arraigadas à terra que o socialismo histórico não pôde alcançar.

A este respeito, vem à colação a proposta de Franz Hinkelammert[24] – teólogo e economista de origem alemã radicado na Costa Rica já há décadas –, para quem a *crítica da razão utópica* consiste precisamente em pensar criticamente a resistência dos povos colonizados a submeter-se aos que mandam no contexto do capitalismo neoliberal. Por isso, se a razão antissistêmica tem talvez vigência no atual debate pós-moderno em torno do sentido da economia, da política e até da religião, é porque *leva o pensamento ao limite de suas pulsões de poder* e o desinfla, por assim dizer, em seu anseio de onipotência.

Essa severa crítica dos antissistêmicos à renúncia à utopia que foi vivida pela *intelligentsia* dos movimentos sociais chamados de esquerda depois da queda do Muro de Berlim aparece então com toda a sua potência: propõem que se recupere a força do *sentido do sem sentido* que procede dos miseráveis e excluídos. Mas cabe precisar que não se trata como tal de um novo "messianismo político", dessa vez sustentado pelos povos maias e pelas minorias étnicas da Ásia central. Trata-se do *elogio da escassez compartida*, quer dizer, da *oikia* entendida como reciprocidade vivida em microescala, mas que gera também, no meio da selva do mercado global, experiências de comércio justo, de troca e intercâmbio de bens e capacidades, de solidariedade

---

[23] Assim são chamadas as unidades territoriais e culturais instauradas pelo movimento zapatista em Chiapas como núcleos de identidade e organização social, onde se tenta viver uma política e uma economia alternativas à ordem estabelecida.
[24] Cf. Franz Hinkelammert, *Crítica de la Razón Utópica*. Bilbao, Desclée de Brouwer, 2002, p. 404.

efetiva entre os próprios excluídos, independentemente de que o mercado neoliberal siga correndo como um trem-bala numa trajetória global para o colapso.

Não se trata, pois, de apresentar como uma solução improvisada a economia alternativa dos pobres para exportá-la como novo messianismo social, senão que se trata de se manterem erguidos na dignidade da pobreza, na sempre incerta aposta pelo compartilhar o pão e a justiça, como sobreviventes desde já de um holocausto planetário iminente.

A este respeito, Jean-Pierre Dupuy propôs no México em 2012, no meio de um diálogo franco com pensadores antissistêmicos, a necessidade de *pensar a catástrofe* da economia mundial a partir do que chamou "as vítimas sistêmicas". Quer dizer, a partir daquelas vítimas produzidas pelo sistema de capital corporativo globalizado, quando já nem a religião nem a economia podem controlar a espiral da violência.[25] O pensador francês havia escrito anos antes um livro sobre a razão ilustrada posterior à catástrofe, postulando a urgência de pensarmos como sobreviventes.[26] Por isso estudou as práticas dos sobreviventes do colapso nuclear de Chernobyl e, na última década, também as dos sobreviventes da tragédia nuclear de Fukushima, no Japão. Que sucede com a economia da escassez nessas circunstâncias? Como se reconstitui o tecido social dos sobreviventes? Que justiça se realiza para as vítimas e o que sucede com os verdugos? Que modelo de sociedade surge de tal traumatismo social? Tais perguntas, tendo como interlocutores, entre outros, mas de maneira principal, Ivan Illich e René Girard, continuam abertas para o debate entre os antissistêmicos e os pós-modernos que analisamos nesta obra, como um desafio para o pensamento em tempos de modernidade tardia.

---

[25] Cf. Jean-Pierre Dupuy, "La Crisis y lo Sagrado". In: Carlos Mendoza-Álvarez (comp.), *Caminos de Paz: Teoría Mimética y Construcción Social*. México, UIA, 2015.
[26] Cf. Idem, *Pour un Catastrophisme Éclairé*. Paris, Payot, 2002, p. 216.

A réplica a esse conceito de "vítimas sistêmicas" vem de outro dos intelectuais antissistêmicos, Raymundo Sánchez,[27] diretor do *Centro Indígena de Capacitación Integral* (Cideci-Uniterra) em Chiapas, um projeto educativo e cultural de reflexão interdisciplinar a partir da experiência dos povos indígenas excluídos. Centra-se não tanto na conotação *mimética* do termo, que sem dúvida é reveladora de um processo de cobiça ligada ao desejo, à rivalidade e ao sacrifício em escala global; senão que o teólogo e antropólogo mexicano desdobra todo o potencial hermenêutico da *opção de ter decidido pensar a partir do outro lado da história*. Não só a partir do Ocidente, com suas categorias próprias: o sujeito emancipado pela ciência e pela técnica, o ego autocrítico de sua própria violência e o eu anelante de uma "conversão" de ordem antropológica para reconhecer, talvez como ato de condescendência, um espaço para os excluídos. A *ruptura epistêmica* proposta pelo pensador zapatista como necessária para o pensamento antissistêmico é a opção pelos pobres e excluídos como racionalidade antissistêmica. Trata-se de um princípio de conhecimento e de práxis que subverte a ordem estabelecida na medida em que aprende a ver o mundo *de baixo e do reverso* da lógica da *libido dominandi* e a agir em consequência.

Essa postura, para surpresa de muitos, assume de maneira explícita o fundo *teológico* do pensamento *político* antissistêmico como

---

[27] Pode-se ver algumas resenhas do discreto mas profundo trabalho intelectual de Raymundo Sánchez, acompanhando o processo indígena e zapatista. Por exemplo, a descrição de Luis Hernández Navarro: "O diretor do projeto é o Dr. Raimundo Sánchez Barraza, o qual desempenhou um papel central na hoje dissolvida Comissão Nacional de Intermediação. Os que com ele privaram reconhecem-lhe a inteligência ímpar e o seu total compromisso com a causa indígena. Conhecedor profundo do mundo dos povos autóctones, sua formação sofreu – entre outras – três influências principais: Ivan Illich, Raimon Panikkar e Immanuel Wallerstein". (Tradução Érico Nogueira). Luis Hernández Navarro, "Cideci y la Resistencia Indígena", *La Jornada*, 26 de outubro de 2010. Disponível em: http://www.jornada.unam.mx/2010/10/26/index.php?section=opinion&article=019a1pol. Acesso em: 16 jul. 2016]. Igualmente, veja a entrevista mais extensa publicada em espanhol e em inglês por Nic Paget Clarke, "Una Universidad sin Zapatos" (3 de setembro de 2005), *Motion Magazine*, Disponível em: http://www.inmotionmagazine.com/global/rsb_int_esp.html. Acesso em: 16 jul. 2016].

o legado daquela opção política e eclesial da década de 1970 que a teologia da libertação significou. Quarenta anos depois, já com uma visão *altermundista* e antissistêmica consolidada na *práxis e na sabedoria dos próprios pobres como sujeitos*, é preciso pensar então o mundo e a história com outros olhos. E terá de fazê-lo com outras categorias epistêmicas, como o sujeito coletivo, a comum solidariedade, a política a partir de baixo de quem "manda obedecendo", a comunhão com a mãe terra como experiência fundante de toda relação e, *last but not least*, a religião como libertação de todo domínio idolátrico.

≈

Como contraparte, e não nos parece casual essa convergência, o pensamento pós-moderno europeu busca transitar pelo caminho da crítica à ontoteologia e seus avatares sociopolíticos para recuperar o fundo *teológico* da questão política e do estado de direito em tempos de modernidade tardia. Foi o que propôs, por exemplo, Giorgio Agamben:

> O nexo que a teologia cristã estabelece entre *oikonomia* e história é determinante para a compreensão da filosofia da história no Ocidente. Pode dizer-se, em particular, que a concepção da história no idealismo alemão, de Hegel a Schelling e até Feuerbach, não é mais que a tentativa de pensar o nexo "econômico" entre o processo de revelação divina e a história (nos termos de Schelling que citamos, a "copertença" entre teologia e *oikonomia*). É curioso que, quando a esquerda hegeliana romper com essa concepção teológica, só poderá fazê-lo com a condição de situar no centro do processo histórico a economia em sentido moderno, quer dizer, a autoprodução histórica do homem. Neste

sentido, substitui a economia divina por uma economia puramente humana.[28]

A diferença entre essa apresentação tipicamente pós-moderna e a antissistêmica é que não renuncia à epopeia do ego moderno, senão que busca ir a suas fontes extremas, sem criticar de maneira suficiente, aos olhos dos antissistêmicos, as falsas representações de Deus que foram a economia de mercado e o estado democrático estabelecido pelas elites financeiras com uma rede global de mercadotecnia política.

Porque, embora Agamben postule a necessidade de transcender a ordem meramente imanentista da política e da economia modernas,[29] não ousa postular um modelo *alternativo* à democracia partidista nem à economia de concorrência de livre mercado que tenha apoio na história presente. Certamente essa não seria para esse filósofo e filólogo uma prioridade acadêmica, ainda que talvez seja cultural.

≈

E, afinal de contas, o que tem a ver essa problemática antissistêmica e pós-moderna da economia e da política com a filosofia e com a teologia? Por acaso há um vínculo entre a revelação de Deus e as mediações mundanas da consecução do bem-estar das sociedades liberais ou do *Bom viver* que os antissistêmicos propõem?

---

[28] Giorgio Agamben, *El Reino y la Gloria. Por una Genealogía Teológica de la Economía y el Gobierno*. Valencia, Pre-Textos, 2007, p. 61.
[29] O filósofo italiano foi amigo de Pier Paolo Pasolini em sua juventude e colaborou com o grande cineasta atuando como o apóstolo Felipe na película *O Evangelho segundo São Mateus*. Agora, convertido num notável pensador e filólogo concentrado nas fundações do Ocidente, assinala o seguinte: "O que nossa investigação colocou em evidência é que o Estado holístico fundado na presença do povo que aclama e o Estado neutralizado e dissolvido em formas comunicativas sem sujeito só se opõem em aparência. Não são mais que duas faces do mesmo mecanismo glorificador, que tem duas formas: a glória imediata e subjetiva do povo que aclama, e a glória midiática e objetiva da comunicação social". (Tradução Érico Nogueira). Giorgio Agamben, op. cit., p. 278.

Em um apaixonante diálogo próprio de fenomenólogos desconstrucionistas, Jacques Derrida expôs com surpreendente clareza a relação entre resistência política e teologia apofática. E sugeriu, ademais, um horizonte de esperança possível como *nova política* a partir da ideia platônica da *khôra*:

> O que chamo um "deserto no deserto" é o lugar que resiste à historização, que advém, não diria eu "antes" porque é um termo cronológico, senão que permanece irredutível à historização, à humanização, à antropoteologização da revelação. [...] Tal lugar de resistência, esta heterogeneidade absoluta à filosofia e à história judaico-cristã da revelação, e até ao conceito de história que é um conceito cristão, não somente se encontra em guerra contra o que resiste. É igualmente, se posso empregar esta palavra terrível, uma condição de possibilidade que faz possível a história resistindo a ela.
> É também lugar do não dom que faz possível o dom a partir da resistência a ele. É o lugar do não desejo. A *khôra* não deseja nada, nem oferece nada. É o que faz possível que algo exista ou suceda. Mas a *khôra* não acontece, não dá, não deseja. É um espaçamento absolutamente indiferente. [...] Penso que esse reenvio a tal não história e não revelação, esta negatividade, tem implicações políticas muito sérias. Emprego assim a problemática da desconstrução e da teologia negativa como o umbral para aproximar-me da definição de uma nova política. Não digo que esteja eu contra a Europa, o judaísmo, o cristianismo ou o islã. Tento encontrar um lugar em que sejam possíveis um novo discurso e uma nova política. Esse lugar é o lugar da resistência – talvez este nos seja o melhor termo

> – isso que-não é-uma-coisa no seio de alguma coisa, essa não revelação no seio da revelação, essa não história no seio da história, esse não desejo no seio do desejo, essa impossibilidade. Gostaria de traduzir a experiência desta impossibilidade no que poderíamos chamar a ética ou a política. Talvez, essa é minha hipótese e talvez também uma esperança, o que digo aqui pudesse traduzir-se depois em discurso judeu, cristão ou muçulmano, se puderem integrar as coisas terríveis que sugiro.[30]

Precisamente, trata-se da relação incomensurável entre os ídolos, as imagens e o mistério do real. Isso é o que está em jogo, nem mais nem menos. Na encruzilhada com a filosofia, a teologia se reencontra assim com sua vocação, no sentido literal do termo, para voltar à praça pública, mas com sua feição iconoclasta, destruidora de imagens e ídolos que suplantam o *mysterion* divino. Haveria que dizer melhor: com sua feição apofática. Não para erigir novas mediações sagradas do político, mas para manter a distância crítica necessária a todo sistema, desde a transcendência do Deus inefável, de modo que possa converter-se em princípio teológico da resistência. O poder contracultural, contrapolítico e contramoral[31] da revelação divina encontra aqui um apoio na conformação de um mundo da vida onde todas e todos caibamos: o *Bom viver*.

Por isso será imprescindível, para falar de Deus no hoje da globalização e da exclusão, fazê-lo a partir das margens da sociedade e da

---

[30] Jacques Derrida e Jean-Luc Marion, "Sur le Don". In: Caputo J. D. e Scanlon M. J. (eds.), *God, the Gift, and Post Modernism*. Bloomington, Indiana University Press, 1999, p. 78. [T. do A.].
[31] Trilogia própria ao cristianismo nesta hora pós-secular analisada por John Milbank numa perspectiva contramoderna, muito distinta da que apresentamos aqui como proposta própria no que diz respeito à assunção radical do niilismo e da desconstrução da subjetividade como lugar teológico pós-moderno para recuperar a feição apofática da fé. Cf. John Milbank, *Teología y Teoría Social. Más Allá de la Razón Secular*. Barcelona, Herder, 2007.

história. Trata-se de uma história sem fim, certamente, porque todo sistema gera exclusão por princípio. Mas não se trata de idealizar um modelo único a partir das margens, mas de manter-se no fio da navalha da história violenta, onde o fulgor da revelação divina passa através dos justos que instauram uma *nova temporalidade*, um novo modo de existência, ainda que à custa de sua própria vida.

Como possa ser essa *outra temporalidade* gerada pelos inocentes e pelos justos da história, que perfis espaçotemporais a delineiam, que cores existenciais a iluminam, que clamores éticos a anunciam e que rostos antropológicos a desvelam, vê-lo-emos com detalhe mais adiante.

3. Na Rota da Fenomenologia da Subjetividade Desconstruída

Pensar a revelação de Deus nos tempos dos escombros do metarrelato moderno, além de o fazermos *como sobreviventes e a partir do reverso*, requer – de maneira imprescindível a fim de ser pertinente na hora presente da crise da razão moderna – assumir o processo fenomenológico da subjetividade pós-moderna, *desencantada e desconstruída*.

Se queremos, com efeito, pensar a partir das categorias ocidentais a ruptura epistêmica que os antissistêmicos assinalam, havemos de ter presente não somente a passagem do sujeito à subjetividade, que foi possível graças à primeira crítica à razão ilustrada, de forte selo cartesiano, que deu passagem ao pensamento fenomenológico desde Heidegger até Levinas e Marion. Agora, graças à desconstrução proposta por Jacques Derrida e por Jean-Luc Nancy,[32] seguindo

---

[32] Neste sentido, lê-se o comentário: "Em última análise, desconstrução do cristianismo quer dizer desagregação, levada a efeito ou em vista da origem ou em vista do sentido da desconstrução – sentido este que não pertence a esta última, que a torna possível

os passos de Hegel e de Heidegger, entendemos a importância de assumir o colapso da subjetividade no estado da *desconstrução*.

Porque hoje estamos conscientes de que nem o sujeito cartesiano nem a subjetividade husserliana dão conta da constitutiva *relacionalidade* que estabelecemos os existentes de qualquer espécie. E, menos ainda, da relação mesma, vista como abertura à outridade, que é condição *sine qua non* de nos tornarmos membros de uma comunidade de destino, entre seres humanos e com todas as espécies.

A subjetividade, então, não existe senão como abertura radical ao mundo, enquanto *ser-em-relação*. No contexto de fala alemã, o debate se dá em torno das condições de uma ontologia relacional, como o novo estágio da metafísica depois da queda da ontoteologia. No contexto francês, por seu lado, prefere-se falar de uma fenomenologia do devir dos entes *enquanto são dados* pela relação. Com diversos acentos e instrumentos teóricos, as duas correntes de pensamento convergem no horizonte comum da existência como incerto devir, existência inacabada porque se encontra lançada ao *ethos* contingente e fortuito do mundo.

Nós consideramos que, conquanto a ontologia relacional seja pertinente, requer um enfoque mais preciso na *mudança de temporalidade* que supõe o aparecimento desta abertura, ferida e indigência da subjetividade aberta. Por isso nos parece sumamente pertinente integrar a desconstrução como categoria principal para interpretar a feição efêmera da existência como o lugar da *passagem fulgurante* da revelação divina. Mantendo-nos nesta suspensão da pergunta sobre o sentido e nesta incerteza própria da inteligência finita e da liberdade contingente, será possível então compreender o sentido *teologal* da existência como abertura de doação ao amor sem medida.

---

mas não lhe pertence, como uma caixa vazia que faz a estrutura funcionar (a questão sendo precisamente saber como encher a caixa vazia sem nela meter a integralidade do cristianismo que se trata de desmontar)". (Traduão Érico Nogueira). Jean-Luc Nancy, *La Déclosion. Déconstruction du Christianisme, 1*. Paris, Galilée, 2007, p. 217.

Mas, antes de tratarmos num capítulo propriamente teológico esta questão da existência aberta à doação do amor universal, detenhamo-nos ainda um momento nas implicações filosóficas da desconstrução para pensar a subjetividade ferida.

≈

O estágio de inacabamento radical da existência, consequência de sua indigência diante da outridade e da mútua responsabilidade de uns pelos outros que constitui nosso devir histórico, é o resultado desta fase última da encarnação do Logos na história do Ocidente. Com efeito, se o pensamento ocidental pós-moderno – no reconhecimento de sua origem teológica como *esvaziamento divino* na encarnação do Verbo – hoje está consciente do palpitar mesmo da existência como chamado, saudação, invocação e linguagem, então para nós se esclarece o sentido da *subjetividade vulnerável* de que já falamos em outro momento.[33]

A consequência principal da desconstrução da razão ocidental é, por conseguinte, sua plena consciência do sem sentido, do nada que a rodeia, da incomensurabilidade dos seres entre si e com a fonte de que procedem. Não há lugar, portanto, para discurso egoico algum que justifique qualquer metarrelato. Então, tampouco é razoável apelar, neste momento epocal da razão ocidental, a uma divindade em que se projete o anseio identitário de sobrevivência, seja pessoal ou coletivo.

A subjetividade desconstruída fica assim em estado de *adoração*, dirá Jean-Luc Nancy comentando seu mestre:

> Quando Derrida escreve, ou antes, quando dirige com toda a força como saudação a

---

[33] Cf. Carlos Mendoza-Álvarez, "El Colapso del Sujeto Posmoderno. Nihilismo y Mística. La Ruta Fenomenológica de la Subjetividad Expuesta". In: Idem (comp.), *Subjetividad y Experiencia Religiosa Posmoderna*. México, Universidad Iberoamericana, 2007, p. 81-113.

> expressão "salve! – um salve sem salvação", está indicando o seguinte: uma palavra dirigida a alguém, uma saudação que não contém nada mais que o mesmo ato, traz consigo um reconhecimento, uma afirmação da existência do outro. Somente isto, sem relevo algum nem sublimação em alguma ordem superior do sentido ou da dignidade: porque esta existência se basta a si mesma, ela "se salva" por si mesma, sem ter de sair do mundo.[34]

Por isso a *adoração* niilista significa não tanto o reconhecimento de um objeto de latria, num sentido religioso ou pietista, mas um *estado existencial de alerta*, com ausência de linguagem, de representação e de sentido, como certo tipo de *conhecimento silencioso*.[35] Ou melhor, um estágio de inacabamento da existência enquanto é uma presença para os outros, prévia à linguagem e à manipulação querida dos objetos, dos conceitos e das instituições, ao fim e ao cabo, das pessoas e de todos os existentes.

São várias as consequências desta ideia de *adoração* para a subjetividade *desconstruída*. Contentamo-nos aqui em assinalar três.

Primeiro, não existe justificação racional alguma para uma antropologia do desejo baseada na objetividade pura, como a que propõe certa interpretação literal da teoria mimética. O desejo desconstruído já é, de si e sempre, uma ferida aberta, uma abertura radical do ser, de um estado existencial de indigência e, por isso mesmo, de abertura à alteridade.

---

[34] Jean-Luc Nancy, *L'Adoration*, p. 29.
[35] Evocamos aqui a expressão recorrente no movimento catalão e latino-americano de "espiritualidade sem religião". Cf. Marià Corbí, *Religión sin Religión*. Madrid, PPC, 1996, p. 291. E, na linha de Corbí, Amando Robles, por mais surpreendente que pareça, propõe um diálogo com Carlos Castaneda, de quem retoma esta expressão: Amando Robles, *Hombre y Mujer de Conocimiento. La Propuesta de Juan Matus y Carlos Castaneda*. San José de Costa Rica, Euna, 2006, p. 165.

Falamos aqui do limite que vive a subjetividade na temporalidade do presente desconstruído. Experiência de abertura à outridade inscrita no corpo: uma boca que tem fome, um corpo erotizado, um poeta do absurdo ou um místico da nada. Também falamos de uma *inteligência em chamas*[36] como a descreveu o grande José Gorostiza em um dos poemas-chave da literatura americana:

> Oh! Inteligência, solidão em chamas
> que tudo concebe sem criá-lo!
> Finge o calor do lodo,
> sua emoção de substância dolorida,
> o iracundo amor que o embeleza
> e o levanta para além das asas
> aonde só o ritmo
> dos luzeiros chora,
> mas não lhe infunde o sopro que o põe em pé
> e permanece recriando-se a si mesma,
> única n'Ele, imaculada, só n'Ele,
> reticência indizível, amoroso temor da matéria,
> angélico egoísmo que escapa
> como um grito de júbilo sobre a morte
>
> — Oh! Inteligência, páramo de espelhos!
> gelada emanação de rosas pétreas
> no cume de um tempo paralítico;
> pulso selado;
> como uma rede de artérias trementes,
> hermético sistema de elos
> que apenas se apressa ou se retarda
> segundo a intensidade de seu deleite;
> abstinência angustiosa
> que presume a dor e não a cria,
> que ouve já na estepe de seus tímpanos

---

[36] José Gorostiza, "Muerte sin Fin". *Poesías*. México, Fondo de Cultura Económica, 1964, p. 151.

> retumbar o gemido da linguagem e não
>   o emite;
> que não fazer senão absorver as essências
> e se mantém assim, rancor sanhudo,
> una, preciosa, com seu Deus estéril,
> sem alçar entre os dois
> o surdo pesadume da carne,
> sem admitir em sua unidade perfeita
> o escárnio brutal dessa discórdia
> que nutrem vida e morte inconciliáveis,
> seguindo-se uma à outra
> como o dia e a noite,
> uma e outra acampadas na célula
> como num tardo tempo de crepúsculo,
> ai! um nada mais, estéril, acre,
> com Ele, comigo, com nós três;
> como o copo e a água, só uma
> que reconcentra seu silêncio branco
> na margem letal da palavra e na iminência
>   mesma do sangue.
> ALELUIA, ALELUIA!

Disse o poeta mexicano, antecipando de alguma maneira a vacuidade do pensar que a filosofia niilista desenvolveria depois.

Uma segunda implicação da *adoração* niilista é de ordem epistêmica. A linguagem como *dizer* é o único referente de significado, não de representações nem de conceitos, nem de valores ou de desejos. Atividade pura do espírito como a do poeta e do místico. O dizer como ato de estar aí, ante e com *o* outro, sem pretensão de posse nem de manipulação. Saudação, presença-ausência, chamado-escuta, clamor-invocação, dom-abertura...

E, finalmente, a terceira consequência da desconstrução é propriamente teológica, ou melhor, *teologal*, porque é prévia ao discurso. Nenhuma doutrina ou código moral pode pretender identificar-se com o Verbo. Deus sem Deus, devir puro da sensibilidade e da inteligência como *resplendor* do divino no "aquém" da subjetividade, mas não mais. Linguagem iconoclasta certamente que não reconhece mediação humana alguma como capaz de esgotar o mistério da fonte da existência. Em tal estágio da subjetividade desconstruída, não nos resta aos seres humanos senão a metáfora poética e a analogia racional para nos aproximarmos da realidade. De maneira sempre provisória e imperfeita.

Linguagem, ao fim e ao cabo, como única morada do ser, como dizia Martin Heidegger.

Por isso a *adoração* de que fala Jean-Luc Nancy se encontra *aquém* da própria religião, da moral e até da poesia, situando-se na fronteira do dizer, do pensar e do sentir como o *momento ou instante do vazio criador*.[37] Prévio a toda representação. Posterior a todo discurso.

Tanto a artista como o místico, tanto a profetisa como o sábio são capazes de vislumbrar, cada um a seu modo, esse resplendor no meio da *luz escura*. E bem sabem que, no fundo, até tal resplendor não o podem identificar com o mistério do real. Aquela *origem sem origem* que a tradição mística apofática cristã chamou *deitas*: a divindade inominável e, no entanto, grávida de sentido sem ser ela mesma sentido. Assim descreve à deidade o grande místico do indizível no Medievo germano do século XIV, o Mestre Eckhart, em seu célebre poema *Granum Sinapis de Diuinitate Pulcherrima*:

---

[37] É interessante o paralelismo desta ideia do vazio criador com a ideia hebreia do *Kabod* ou glória. Veja o comentário de G. Agamben a respeito da relação da glória com o poder, que aparece em sua investigação sobre a genealogia teológica da economia e do governo: "O governo glorifica o reino e o reino glorifica o governo. Mas o centro da máquina está vazio e a glória não passa do esplendor que emana desse vazio, o *kabod* inesgotável que tanto revela como vela a vacuidade central da máquina". (Tradução Érico Nogueira). Giorgio Agamben, *El Reino y la Gloria. Por una Genealogía Teológica de la Economía y el Gobierno*. Valencia, Pre-Textos, 2007, p. 231.

> É luz, claridade,
> é todo treva,
> inominado,
> ignorado
> liberado do princípio
> e do fim
> jaz tranquilo,
> desnudo, sem vestido.
> Quem conhece sua casa?
> Venha para fora
> e nos diga qual
> é sua forma.[38]

≈

Nesse sentido niilista da existência como esvaziamento que vimos aqui descrevendo em seus elementos fundacionais, a subjetividade pós-moderna vive desencantada certamente de todo metarrelato, como o assinalou de maneira insistente e aguda Gianni Vattimo[39] há duas décadas.

Contudo, não é somente o *pathos* do desencanto o que predomina na *desconstrução*, senão o caráter aberto, expectante, vigilante e doador próprio da *adoração*. Ainda que alguns, como Stéphane Vinolo,[40] debatendo com René Girard e com Jean-Luc Marion, insistam no caráter

---

[38] Mestre Eckhart, *Granum Sinapis de Diuinitate Pulcherrima*. Versão em espanhol com esplêndido e douto comentário em: Amador Vega, *Tres Poetas del Exceso. La Hermenéutica Imposible en Eckhart, Silesius y Celan*. Barcelona, Fragmenta, 2011, p. 49.

[39] Vattimo chega à sua própria elaboração depois de analisar o desmantelamento da ontoteologia operado por Nietzsche e Heidegger nestes termos: "[...] em certo sentido, ao menos, o esquecimento do ser está inscrito no próprio ser (nem o esquecimento sequer depende de nós. O ser jamais se pode dar todo como presença". (Tradução Érico Nogueira). Gianni Vattimo, *El Fin de la Modernidad. Nihilismo y Hermenéutica de la Cultura Posmoderna*. Madrid, Gedisa, 1985, p. 153.

[40] Cf. Stéphane Vinolo, "Ipseidad y Alteridad en la Teoría del Deseo Mimético de René Girard: la Identidad como Diferencia", *Philosophica Xaveriana*, Bogotá, ano 27, n. 55, p. 17-39, dez. 2011. Disponível em: www.mottif.com/clientes/philosophica/pdf/55/01.pdf. Acesso em: 31 jan. 2013].

impossível da doação, permanece aberta a questão pela possibilidade de tal existência em relação de gratuidade com os outros.

Mas, afinal de contas, o que significa uma subjetividade aberta e *desconstruída*? Se nos parece que existe uma narração crível dessa "impossível doação", na lógica da potência dos pobres que mencionamos mais acima, é a história da menina de Villahermosa[41] que descrevo a seguir. Uns amigos jesuítas viviam com comunidades maias, desejando identificar-se a tal ponto com sua cultura e pobreza que um deles caminhava de pés descalços já fazia anos. Em uma viagem da montanha à cidade, foram comprar provisões e sentaram-se para comer. Uma menina de pés descalços passou por sua mesa vendendo doces. Mal a olharam. Distraídos em sua conversa, somente um deles chegou a dizer-lhe: "Não podemos comprar-te nada, meu amigo não tem dinheiro nem para comprar sapatos". A menina passou ao largo, e eles continuaram a conversar. Ao terminar sua amena conversa, deram-se conta de que, sobre a mesa, a menina havia deixado um chocolate comprado com suas economias. Ela já não estava ali, já tinha ido embora.

Há gesto mais eloquente que esta indigência aberta? Não é esta uma história de doação impossível como as que amiúde sucedem na vida cotidiana da humanidade? Não são estes gestos de gratuidade os que nos mantêm vivos com um anelo de dignidade?

Que o amor de doação seja vivido pelos pais com seus filhos, pelos amorosos entre si, pelos amigos e pelas comunidades de pertença parece normal. Mas que seja possível entre estranhos é então um *resplendor desconcertante* que passa de maneira quase imperceptível diante de nosso olhar.

---

[41] Versão livre do autor segundo relato contado pelas testemunhas deste fugaz e indescritível gesto messiânico. A história foi publicada por Cafod da parte de um dos protagonistas, como reflexão para o II Domingo do Advento, em seu *Cuaderno Especial del Adviento* de 2010. Cf. Conrado Zepeda, "The Living Gospel". In: Annabel Shilson-Thomas, *Livesimply. A Cafod Resource for Living*. London, Cafod, 2008. Pode-se ver a versão eletrônica na p. 3 da liga. Disponível em: www.docstoc.com/docs/30839071/Conrado-Zepeda-Miramontes-SJ-lives-and-works-amongst-the. Acesso em: 16 jul. 2016.

Por isso nos parece imprescindível associar, nesta investigação sobre a subjetividade desconstruída, tanto ao pensamento pós-moderno da subjetividade como ao antissistêmico do *Bom viver* o *ethos* radical e inovador próprio da *difícil doação*. Tal experiência não é explicável, naturalmente, na lógica da reciprocidade que sempre, cedo ou tarde, gera violência e exclusão. Nem no eterno retorno do ressentimento vivido no presente ou projetado para a vida eterna. Sucede como *fulgor inesperado* a partir daquelas pessoas que são invisíveis aos olhos da onipotência e que, por seu gesto de doação extrema, redimem o mundo.

Subjetividade finita, ao fim e ao cabo. Mas *posta ao revés* não somente pelo dor e pela fome, como costumamos apreciar com comiseração da perspectiva do poder. A abertura se dá como incerta pulsão que move a subjetividade desconstruída a expor-se como dom *a partir de sua indigência*.

A menina das mãos abertas é assim indício do que de maneira anônima vivem os inocentes e justos da história desde antigamente. Simplesmente abrem o futuro não somente para si, mas para todos, a partir de seu presente de dignidade austera mas generosa.

4. Imaginando o "Aquém" de Nós Outros

Para elaborar uma proposta de teologia fundamental pertinente em tempos moderno-tardios, é imprescindível que nos mantenhamos na rota da subjetividade *exposta*, tal qual a viemos descrevendo desde as duas obras prévias[42] ao presente livro, com o qual se completa uma trilogia sobre a revelação de Deus.

---

[42] Carlos Mendoza-Álvarez, *Deus Liberans. La Revelación Cristiana en Diálogo con la Modernidad. Los Elementos Fundacionales de la Estética Teológica*. Fribourg, Éditions Universtaires, 1996, p. 477. Idem, *Deus Absconditus. Désir, Mémoire et Imagination Eschatologique. Essai de Théologie Fondamentale Postmoderne*. Paris, Cerf, 2011, p. 312.

Mas incorporar na reflexão o estágio da "difícil doação", como nas páginas precedentes o sugerimos, não basta. Porque seria ficar a meio caminho na possível construção de nós outros, com toda a complexa rede de relações de desejo, poder e anelo de comunhão que a aventura da existência em devir implica.

Com efeito, a vida entregue dos justos e inocentes que descrevemos de maneira sucinta no número anterior, embora seja a pedra de toque da *nova temporalidade* própria da existência aberta ao vazio, sempre se traduz num modo de existência que procura manter em vigilância crítica todos os membros da comunidade de vida. Mas não há que esquecer que se trata sempre de uma relação intersubjetiva incerta, frágil, ambígua e, o mais das vezes, contraditória, pois se encontra marcada pelas pulsões próprias do desejo e da rivalidade.

Aqui é que se insere na trama a teoria mimética com sua gama de precisões sobre os mecanismos da instauração da violência sacrifical. Não vamos repetir aqui o que já desenvolvemos no livro precedente sobre a estrutura mimética da subjetividade.[43] Centraremos nossa atenção agora nas *possibilidades de instauração da comunidade de vida* em e através das pulsões mesmas do desejo mimético.

Isso significa que, conquanto assumamos o insight girardiano da condição sacrifical do desejo, tal qual é vivido desde que temos memória histórica como humanidade, desejamos incorporar na recepção latino-americana desta teoria *a potência dos pobres e excluídos*, como o assinala com tanta assertividade o pensamento antissistêmico evocado mais acima. Tal inserção no pensamento mimético nos parece que fará possível que se introduza na compreensão da violência sacrifical o fator inovador das vítimas que resistem e recriam *a partir de outra lógica possível* a relação intersubjetiva.

---

[43] Sobretudo no capítulo IV, dedicado a pensar a esperança. Cf. Carlos Mendoza-Álvarez, *Deus Absconditus. Désir, Mémoire et Imagination Eschatologique. Essai de Théologie Fondamentale Postmoderne*. Paris, Cerf, 2011, p. 187-207.

Uma categoria-chave para compreender a recepção latino-americana da teoria mimética é a *interindividualidade coletiva* proposta por João Cezar de Castro Rocha[44] em suas últimas investigações sobre literatura comparada. Tal categoria é um referente constitutivo da *poética da emulação* que o pensador brasileiro está elaborando como já indicamos acima, a partir de sua brilhante análise comparativa da literatura latino-americana, desde Machado de Assis e Oswald de Andrade até Jorge Luis Borges, Pedro Henríquez Ureña, Gabriel García Márquez e Carlos Monsiváis, para citar somente alguns dos polos em que se desdobra o arco-íris literário e de pensamento ensaístico nesta região do planeta.

Tal categoria nos permite recriar a teoria do desejo mimético com um novo enfoque, que será a contribuição original da cultura latino-americana: *o sentido coletivo da construção histórica de toda identidade*. Analisemos brevemente os elementos constitutivos dessa proposta.

A noção mesma de *interindividualidade* surge da lógica interna da teoria mimética para explicar o fundo *antropológico* da subjetividade exposta, descrita primeiro por fenomenologistas como Martin Buber e Emmanuel Levinas há meio século. Mas, com a nova análise girardiana, trata-se não de uma subjetividade formal movida por um imperativo ético a partir do clamor do outro, mas de uma aproximação diferente. Como já indicamos antes, do ponto de vista mimético, o real não é racional nem ético, mas *sacrifical*. Isto quer dizer que a pulsão originária do desejo se manifesta sempre na história da humanidade, cedo ou tarde, como *espaço aberto* pelo triângulo mimético do desejo-rivalidade-sacrifício. O papel desempenhado pelo modelo a imitar, junto do contágio que costuma ocorrer na expulsão própria

---

[44] Cf. João Cezar de Castro Rocha, "Historia Cultural Latinoamericana y Teoría Mimética. ¿Por una Poética de la Emulación?", *Universitas Philosophica*, Bogotá, ano 27, n. 55, p. 105-21, dex. 2010. Disponível em: http://www.javeriana.edu.co/revistas/Facultad/filosofia/uniphilo/pdf/55/06.pdf. Acesso em: 16 jul. 2016. A ideia preliminar já exposta nesse artigo foi desenvolvida depois numa obra posterior fruto do debate com colegas mexicanos: Idem, *¿Culturas Shakespearianas? Teoría Mimética y América Latina*. Guadalajara, Cátedra Kino/SUJ, 2014, p. 410.

do "todos contra um", são os elementos que constituem a configuração histórica da interação intersubjetiva com que estabelecemos as sociedades humanas. A *interindividualidade coletiva* denota, assim, a reciprocidade do desejo e explica, em seu sentido de pulsão mimética, os vínculos pré-racionais que subjazem às relações sociais, econômicas, eróticas, políticas e religiosas da humanidade.

No entanto, a experiência viva dos povos originários latino-americanos e caribenhos até o dia de hoje – depois de cinco séculos de submissão, resistência e mestiçagem – fez da cultura latino-americana um verdadeiro *crisol de emulação poética*. Tudo isso somado à rica interação cultural implicada pela interação com a Europa durante três séculos e depois pela complexa relação com a emergente cultura norte-americana nos últimos duzentos anos. Não nos referimos somente à literatura, mas também à mestiçagem étnica, às artes, à economia, ao conhecimento, à gastronomia e, naturalmente, à religião.

Assim, o *pathos* latino-americano foi se constituindo como um *alter ego* do Ocidente em sua primeira fase. Mas, a partir do pensamento pós-colonial e depois das práticas de emancipação pós-moderna, deu lugar a um estágio de criatividade cultural cujo centro é a intersubjetividade compreendida como *construção social de mútua pertença*, no reconhecimento dos direitos para todos, a começar pelos esquecidos do projeto emancipador, quer dizer, pelos pobres e excluídos pelo sistema econômico-religioso sacrificial da globalização.

Daí surge o *ethos coletivo* da intersubjetividade latino-americana que João Cezar de Castro Rocha aplica a partir da emulação poética em diálogo com a teoria mimética. Para além de um duplo mimético e sua atração sedutora como modelo por seguir, trata-se agora, neste novo estágio da intersubjetividade, de assumir o *ser-com-os-outros* como modo próprio da existência levada ao limite de suas possibilidades.

Em linguagem heideggeriana, chamava-se a esse processo do devir aberto da existência *temporação* própria da *vida fática*, como o assinalou Ángel Xolocotzi[45] no México, com toda a carga existencial do ser-em-devir que implica. De maneira análoga, no código mimético da emulação poética falaremos de *interindividualidade coletiva* para descrever o processo de mútua pertença onde nós indivíduos nos humanizamos, não sem conflito mas em seu seio, uma vez que conseguimos manter sob controle o sacrifício violento do outro como rival fraco.

Não se trata de substituir uma categoria por outra, mas de pensar criativamente o problema da intersubjetividade próprio dos tempos pós-modernos com as ferramentas teóricas atuais pós-modernas e a partir do pensamento latino-americano contemporâneo.

≈

Outro elemento muito criativo para pensar essa interação é o pensamento que surge no contexto da migração hispânica nos Estados Unidos. Há pelo menos meio século, a partir dessa experiência coletiva dos expatriados latino-americanos para o Norte, desenvolveu-se uma categoria análoga para explicar o fenômeno da interação cultural, semiótica e religiosa dos latinos com aquela cultura de primeira matriz anglo--saxã, com suas sucessivas ondas de migração e de mestiçagem nativas, negras, latinas e asiáticas. Trata-se do conceito de *in-betweenness*, desenvolvido primeiramente por Roberto Goizueta[46] e por Pilar Aquino[47] como fonte vivencial da teologia hispânica. Depois foi um conceito

---

[45] Cf. Ángel Xolocotzi, *Fenomenología de la vida fáctica. Heidegger y su camino a 'Ser y tiempo'*, México, Universidad Iberoamericana/Plaza y Valdés, 2004. Igualmente pode-se ver sua reflexão mais centrada no caráter onto-histórico do abandono que vivencia a subjetividade em: "La Necesidad del Abandono. Aproximaciones al Pensar Ontohistórico", 2011. Disponível em: http://www.academia.edu/405064/La_necesidad_del_abandono._Aproximaciones_al_pensar_ontohistorico. Acesso em: 16 jul. 2016.
[46] Uma publicação coletiva dá conta desta chave hermenêutica compartilhada pela teologia latina dos Estados Unidos: María Pilar Aquino e Roberto Goizueta (eds.), *Theology: Expanding the Borders*, Twenty-Third Publications, 1998, p. 333. Veja, ainda: Roberto Goizueta, "Resisting the Frontier, Meeting at the Border". In: Michael G. Long (ed.), *Resist! Christian Dissent for the 21st Century*. New York, Orbis Books, 2008.
[47] Cf. Pilar Aquino e María José Rosado-Nunes (eds.), *Feminist Intercultural Theology: Latina Explorations for a Just World*. New York, Orbis Books, 2007.

assumido por Peter Phan[48] como horizonte hermenêutico para construir uma teologia intercultural a partir da Ásia, capaz de dar conta do processo de reciprocidade das culturas nos tempos da globalização.

O que aqui nos interessa destacar é precisamente a convergência da apresentação, reconhecendo a diversidade de enfoques metodológicos e disciplinares, a fim de compreender o que o velho Hegel lançou há já duzentos anos como desafio ineludível para a razão dialética: pensar o devir da sociedade na dialética do *mútuo reconhecimento* mediante a superação (*Aufhebung*) do conflito dialético. Porque aí se joga, a nosso ver, a pertinência do pensamento ocidental na hora do niilismo pós-moderno.

A fim de alcançarmos o objetivo de nossa investigação, será necessário postular, portanto, a mediação teórica das disciplinas que pensam a intersubjetividade no *aquém* da temporalidade desconstruída pelo pensamento pós-moderno niilista.

Como veremos mais adiante, tal abertura constitutiva da intersubjetividade será o *locus anthropologicus* a partir do qual será preciso pensar,

---

[48] Assim, por exemplo, descreve o teólogo de origem vietnamita o processo do estar "no meio", próprio dos migrantes transnacionais: "Esta situação embaraçosa de não estar nem aqui nem lá, seja embora causa de sofrimento e questionamento espiritual, pode ser incentivo e expediente para repensar, de maneira criativa, as tradições culturais – as próprias e as alheias. Paradoxalmente, viver no interstício e não ser nem isto nem aquilo – e ao mesmo tempo ser isto e também aquilo. Os imigrantes, de pleno direito, não pertencem nem à sua cultura de origem, nem à de chegada. Do mesmo modo, também pertencem a ambas, mas *não* de pleno direito. E, porque habitam os intervalos entre essas culturas, estão numa posição privilegiada para ver mais claramente e apreciar com maior objetividade, íntimos e forasteiros ao mesmo tempo (de maneira 'êmica' e 'ética'), os pontos fortes e os fracos de ambas as culturas, e, consequentemente, estão mais bem preparados para contribuir com o surgimento de uma cultura nova e mais rica. Daí que viver no interstício, como imigrante, redunde em não ser isto nem aquilo, ser isto e também aquilo, e estar além disto e daquilo". (Tradução Érico Nogueira). Peter Phan, "The Experience of Migration in the United States as a Source for Intercultural Theoloy". In: Center for Migration Studies, *Migration, Religious Experience, and Globalization*, vol. 18, Issue 2, p. 150, mar. 2003. Disponível em: http://onlinelibrary.wiley.com/store/10.1111/j.2050-411X.2003.tb00320.x/asset/j.2050-411X.2003.tb00320.x.pdf?v=1&t=hcc4ei1h&s=2745bbaece5f85946436d9b0511a4fa508a4f274. Acesso em: 24 jan.o 2013.

com rigor e criatividade, a revelação divina que procede da encarnação do Verbo enquanto *radical acontecimento de abertura à outridade*. Um acontecimento inscrito sempre na feição "fortuita, graciosa e adorável" explicada pela desconstrução, própria da história conflitiva e, ao mesmo tempo, estremecedora, da humanidade anelante de vida.

5. Pela Brecha da Desconstrução

Abordemos com maior precisão ainda o argumento niilista. Sua importância para nossa investigação radica em que explicita o processo de desconstrução próprio do ocaso do Ocidente, a partir de seu selo teológico monoteísta e kenótico. Com efeito, se seguirmos de perto a rota que une o monoteísmo com a ideia de uma só humanidade, como o fez há um século Hermam Cohen, percebemos a correlação dos dois princípios. No entanto, não basta essa afirmação hebreia fundacional, de si autoimplicativa, para dar razão da secularização que se seguiu ao reconhecimento da centralidade divina como fundamento do pensar e do agir humanos.

Foi necessária a ideia cristã da encarnação do Verbo divino para levar a seu clímax a correlação Deus-mundo. E, nesse processo *kenótico* em que o cristianismo dá testemunho com seu credo e com seu anúncio do amor universal, aparece o esvaziamento do ser como a metáfora principal para falar do "desfundamento" do Ocidente. Será, portanto, o monoteísmo, em sua ousada e inovadora versão cristã da encarnação de Deus, que permitirá ao pensamento ocidental postular a *insuficiência* radical de toda representação para dizer, representar, pensar ou levar a existência à ação, em sua nudez.[49]

---

[49] Algo que também percebe G. Agamben como um perigo da teologia da glória que reveste Deus de sua substância por medo de contemplar sua nudez: "Basílio empregava o termo *homotimos* ('da mesma glória') como sinônimo de *homousios* – termo técnico que no símbolo niceno designava a consubstancialidade –, sugerindo, assim, uma proximidade entre a glória e o ser de Deus. É possível que a distinção entre glória interior e exterior

Assim, retomamos agora a proposta da desconstrução do cristianismo feita por Jean-Luc Nancy[50] porque nos parece que dá conta cabal do processo do *niilismo* como parte do desdobramento da razão ocidental, desde seu aparecimento no pensamento da cristandade até seus fulgores na razão moderna. Como parte desse movimento interno do Ocidente, o pensador francês proporá a categoria da *desconstrução* para explicar o colapso do sujeito moderno com seu anseio de sentido e de fundamento. No entanto, essa noção não basta para dar conta do niilismo pós-moderno, já que necessita da categoria correlativa da *adoração* para dar razão ao palpitar do pensamento... quando este já ficou desconstruído.

Especificamente, propomos aqui a consideração de quatro princípios reitores da desconstrução como desmantelamento do sentido e do fundamento com que a razão secular tentou justificar-se, a saber: (i) a humanidade como orfandade assumida; (ii) o pensamento como prosternação e abandono; (iii) a temporalidade como cessamento da duração; e, finalmente, (iv) o corpo como ferida aberta.

Vejamos de maneira concisa cada um deles.

5.1 A Humanidade como Orfandade Assumida

O primeiro princípio se refere à comum experiência de humanidade que nos acolhe a todos. Mas como definir o humano? Já não bastou

---

sirva precisamente para abranger a intimidade da glorificação na substância divina. E o que aparece em Deus quando a distinção se desfaz é algo que a teologia se recusa terminantemente a ver – uma nudez que, a todo custo, ela deve cobrir com um hábito de luz". (Tradução Érico Nogueira). Giorgio Agamben, *El Reino y la Gloria. Por una Genealogía Teológica de la Economía y el Gobierno*. Valencia, Pre-Textos, 2007, p. 240. Mais adiante, o mesmo autor desvela o sentido apofático que subjaz à sua crítica à teologia catafática ou positiva ao comentar o processo de desativação da linguagem: "O hino é a desativação radical da significação da linguagem, é palavra que se torna absolutamente inoperante, e que se mantém como tal na forma da liturgia" (Tradução Érico Nogueira)., ibidem, p. 257.
[50] Cf. Jean-Luc Nancy, *L'Adoration (Déconstruction du Christianisme, 2)*. Paris, Galilée, 2010, p. 147.

o princípio de filiação em Deus que deu consistência às sociedades antigas e clássicas. A modernidade buscou justificar em si mesma a humanidade por meio da razão e da liberdade autônomas.

Aos princípios modernos pelos quais esta foi reconhecida (igualdade, liberdade e fraternidade), somam-se agora a justiça e a equidade como um clamor surgido da história contemporânea, em particular pelas vítimas dos holocaustos e dos sistemas patriarcais, racistas e homofóbicos. No entanto, constatamos no último século a insuficiência dessas coordenadas do humano, pois foram vergastadas pelos poderes estabelecidos, reconhecidas de maneira meramente formal para todos os estados, mas ignoradas ou desprezadas pelos poderosos do mundo.

Daí que Jean-Luc Nancy proponha que se desconstrua a ideia de humanidade para compreendê-la em seu estágio de *commune deshérence*,[51] que aqui poderíamos traduzir como "comum ausência de herança" enquanto existência em precariedade radical. Por isso, preferimos glosar essa expressão com o termo "orfandade", já que denota o estado de indefensabilidade radical dos seres humanos, uma vez que assumimos o fato de que não há origem nem sentido nem significado únicos, como pretende a ilusão de fixação de uma ordem e fundamento, senão que há *puro devir* da existência. Assim, o filósofo niilista francês propõe que se ressignifiquem as coordenadas modernas do humano por meio de outros termos: em lugar de igualdade, saudação ao outro; em lugar de liberdade, palavra; em vez de fraternidade, orfandade; e, em lugar da justiça, a escuta.

Vemos aqui um exercício de *desmantelamento* do anseio de poder que caracterizou a razão moderna em seus sonhos de onipotência, levado a termo com o mesmo rigor de sua *kénosis*, para assim abrir passagem a uma interpretação desconstruída do humano e do mundo. Ela nos coloca no limite de nossa existência, sempre aberta, nunca fechada, à incomensurabilidade do mundo, dos outros e do inefável.

---

[51] Ibidem, p. 17.

5.2 O Pensamento como Prosternação e Abandono

O segundo princípio que surge dessa experiência de existência desconstruída é o pensamento como prosternação e abandono. Daí a força narrativa da teologia quando falava de adoração diante do mistério, ideia que depois foi secularizada pela modernidade até reduzi-la ao mero pensar. Mas, à diferença da linguagem mística, a niilista não busca reconstruir nenhuma representação ou ídolo, nem imagem nem conceito, mas manter-se na vigília do pensamento e do dizer.

Prosternação diante da inabarcável realidade do outro, abandono de toda pretensão de posse, seja de significados ou de corpos, de mentes ou de vontades, de ídolos ou de divindades. Por isso se trata de promover um pensamento como adoração "sem altar nem trono",[52] sem objeto de adoração nem sujeito de consolação. Algo que, à primeira vista, parece inquietante e até carregado de angústia para a consciência, mas que se revela, ao fim e ao cabo, como a feição fortuita da finitude da criação assumida pela razão desconstruída.

Seguindo essa rota da subjetividade desconstruída, o *pensamento* já não fica restrito à mera certeza, à prova objetiva ou à plausibilidade da teoria, e muito menos ao reducionismo da evidência empírica. O pensamento é o modo de existir da subjetividade em seu permanente estado de *adoração*. É o pensar mesmo prévio a toda representação. Por isso é mais que a dúvida metódica de Descartes, ou que o rigor formal da razão crítica kantiana. Aproxima-se do mundo com *reverência* porque é outridade que clama, interpela, surpreende, apaixona e aterra ao mesmo tempo.

Denota assim, ao fim e ao cabo, a atividade perene da contemplação. Sua atitude radical é o silêncio.

---

[52] Ibidem, p. 20.

5.3 A Temporalidade como Cessamento da Duração

Daí que a ideia niilista da temporalidade seja o terceiro princípio da desconstrução. Mas uma temporalidade vivida não como incessante carrossel da memória – presa entre o passado impossível de recuperar, o presente que escapa como água entre as mãos e o futuro que nunca chega senão como anelo sempre posposto. Temporalidade como "tempo detido"[53] pelo pensamento em seu ato mais autêntico.

Jean-Luc Nancy situa no cristianismo a origem desse reconhecimento da temporalidade que denominamos *messiânica* porque é possível enquanto paroxismo da encarnação do Verbo e faz possível a incoação na história da esperança na vida eterna. Uma ideia ainda por desconstruir, que será de sumo valor para a escatologia cristã pós-moderna que desenvolveremos no último capítulo deste livro. Porque o cristianismo enxertou essa ideia de "viver no mundo sem ser do mundo", fazendo então possível o advento da ex-sistência como *ejeção* ou lançamento no devir do tempo.

Tal afirmação da temporalidade desconstruída implica, então, uma vivência diferente da morte. Não se trata de postular, assim, uma afirmação tranquilizante do "além", mas de fazer próprio o que o mesmo filósofo niilista chama "a morte como verdade da vida".

Em coerente relação com o sentido da orfandade, portanto, o horizonte da morte já não é desesperança. Muito pelo contrário, erige-se como aquilo que Paul Ricoeur[54] chamou, com sua magistral expressividade, o aprendizado de "viver até a morte". Quer dizer, vida como luta *agônica* por existir no presente, onde se joga a única possibilidade de uma existência autêntica.

---

[53] Ibidem, p. 37.
[54] Cf. Paul Ricoeur, *Vivant jusqu'à la Mort*. Paris, Seuil, 2007.

5.4 O Corpo como Abertura

Assim surge de maneira concomitante o quarto princípio, que é o do corpo aberto. Tema de muitas variações no pensamento niilista, já que lhe permite trazer ao *aquém* da existência o que em princípio pareceria um desprezo da vida. Ao contrário, o corpo aberto evocado pelo niilismo se mostra anelante, palpitando e cheio de viva. Mas de vida inacabada. Corpos em relação aos outros corpos que conformam o mundo. A metáfora eloquente é a boca aberta que tem fome, ou que deseja dizer algo a alguém, ou que anela receber um beijo. Ou um corpo em movimento que pende da quietude na arte da dança primordial.

Assim como a abertura do ser constitui o mundo, a abertura pertence ao corpo e se expressa por meio de sua boca, que espera. Nesse sentido, descreve Jean-Luc Nancy a *abertura* ontológica do mundo a partir da corporalidade desconstruída de seu anseio de poder:

> Nossos corpos são assim, completamente também, abertura do mundo, e igualmente o são os outros corpos abertos, os dos animais e das plantas. Todos sabem saudar.[55]

O corpo em movimento e quietude é então a figura niilista por excelência da subjetividade pós-moderna, como lugar de exposição radical ao mundo, aos outros, ao inefável dos outros corpos, aquém de todo desejo, representação, sensação, conceito, ideia ou prece.

A este respeito, e estando conscientes da diacronia dos autores, vem à colação o *Romance* 48 de Sor Juana Inés de la Cruz, a grande musa do barroco novo-hispano, em sua resposta ao interlocutor limenho que a desafiava a revelar seu segredo:

---

[55] Ibidem, p. 43.

> Eu não entendo dessas coisas;
> só sei que aqui vim
> porque, se é que sou mulher,
> nenhum o verifique.
> [...]
> Com que a mim não é bem mirado
> que como a mulher me mirem,
> pois não sou mulher que a algum
> de mulher possa servir-lhe;
> *e só sei que meu corpo,*
> *sem que a um ou outro se incline,*
> *é neutro, ou abstrato, quanto*
> *só a Alma deposite.*[56]

O corpo aberto dos niilistas pós-modernos, de algum modo, é próximo do corpo abstrato de Sor Juana. É uma abertura para além de toda vontade de domínio ou de sujeição.

E em tal corpo aberto radica o existir autêntico.

Nesse horizonte da quietude, aparece uma dimensão política originária. A este respeito, G. Agamben assinalou com agudeza, como parte de sua contribuição à crítica da modernidade instrumental, a importância de recuperar a *oikonomia teológica* que foi extraviada por seus avatares modernos da economia e do governo:

> O político não é um *bios* nem uma *zoe*, mas
> a dimensão que a quietude da contemplação,
> ao desativar as práxis linguísticas e corpóreas,
> materiais e imateriais, abre e designa sem cessar
> ao ser vivo homem. Por isso, da perspectiva da
> *oikonomia teológica* cuja genealogia traçamos

---

[56] Sor Juana Inés de la Cruz, *Romance* 48. In: Alfonso Méndez Plancarte (ed.), *Obras Completas de Sor Juana Inés da Cruz. Lírica Personal.* México, Fondo de Cultura Económica, 1988, t. I, p. 138, v. 93-108 [destaques do autor].

> neste livro, nada é mais urgente que incluir a inação nos próprios dispositivos. *Zoe aionios*, vida eterna, é o nome deste *centro inativo do humano*, desta "substância" política do Ocidente que a máquina da economia e da glória tenta incessantemente apresar em seu próprio interior.[57]

"Quietude da contemplação" e "centro inativo" são metáforas poderosas do esvaziamento que a teologia apofática não cessou de contemplar como fonte da esperança escatológica.

Daí surge a heurística da ideia de revelação que desenvolveremos nos capítulos seguintes.

6. Anelando um Amanhã para Todos

A disquisição filosófica e antropológica até aqui apresentada nos prepara para pôr sobre a mesa a questão da esperança. Primeiro abordaremos a questão do amanhã para todos em seu sentido imanente ao mundo mesmo; para mais adiante, em outro capítulo, poder abordar a possibilidade de uma leitura teológica da *pulsão do porvir* que habita os corpos desconstruídos do mundo pós-moderno como *locus theologicus* onde aconteça a manifestação divina.

Esperar um amanhã para todos foi a postulação inicial deste capítulo. Difícil tarefa quando nos situamos *deste outro lado da história*, que é

---

[57] Giorgio Agamben, *El Reino y la Gloria. Por una Genealogía Teológica de la Economía y el Gobierno*. Valencia, Pre-Textos, 2007, p. 271 [destaques do autor]. Assim, abre caminho o autor para futuras investigações: "Se, por fim, como tentamos demonstrar in *limine*, a glória recobre e captura como vida eterna essa prática mui peculiar do ser humano que definimos como inação, e se é possível sim, como se anunciava ao final de *Homo Sacer I*, pensar a política – para além da economia e da glória – a partir de uma desarticulação do inativo, seja *bios* ou seja *zoe*, esta é precisamente a tarefa que compete a uma investigação futura". (Tradução Érico Nogueira). Ibidem, p. 279.

o dos vencidos que assumiram sua exclusão como ponto sem retorno para afirmar sua dignidade. Por isso, falaremos aqui da esperança num mundo melhor. Igualmente, da esperança na possibilidade de transformar os conflitos da história violenta da humanidade, não por um poder extrínseco e mágico, ou até sobrenatural, que intervinha na história; mas uma transformação que surge *de baixo e do reverso* pela subjetividade aberta ao devir incerto da história.

Uma expressão desse anelo de nossos contemporâneos é o "nós ainda por construir" de que fala o subcomandante Marcos, o comunicador por excelência dos zapatistas, certamente uma das diversas vozes dos movimentos antissistêmicos, mas que tem relevância por sua força utópica inovadora:

> Agora, imagine o senhor que não tem medo, ou que, sim, o tem mas o controla.
>
> Imagine que vai o senhor e, diante do espelho, não só não oculta ou maquia sua diferença, mas a ressalta.
>
> Imagine que o senhor faz de seu ser diferente um escudo e uma arma, se defende, encontra otr@s como o senhor, se organiza, resiste, luta, e, quase sem se dar conta, passa do "sou diferente" ao "somos diferentes".
>
> Imagine que não se esconde o senhor atrás da "maturidade" e da "sensatez", atrás dos "não é o momento", "não há condições", "há que esperar", "é inútil", "não há remédio".
>
> Imagine que não se vende, que não claudica, que não se rende.
>
> Pôde imaginá-lo?

> Bom, porque, ainda que nem nós nem o senhor o saibamos ainda, somos parte de um "nós" maior e ainda por construir.[58]

Depois de anos de silêncio trabalhando de baixo na reconstrução da política nacional, os zapatistas do México retomaram a palavra no mundo globalizado. Em seus últimos documentos públicos, a partir de dezembro de 2012, foram delineando o porquê de sua ação e de seu pensamento antissistêmicos. No último dos comunicados, fica claro o critério de sua ação radical: "Mudar de mundo *de baixo e da esquerda*". Assim falam eles no que chamam *A Sexta*, ou declaração pela qual inauguram uma nova etapa de sua ação e de seu pensamento que se iniciou de maneira pública há duas décadas, em 1º de janeiro de 1994:

> Nossa análise do sistema dominante, de seu funcionamento, de suas fortalezas e fraquezas, levou-nos a assinalar que a unidade de ação pode dar-se se se respeitam o que nós chamamos "os modos" de cada um.
>
> E isto dos "modos" não é outra coisa que os conhecimentos que cada um de nós, individual ou coletivo, tem de sua geografia e de seu calendário. Quer dizer, de suas dores e de suas lutas.
>
> Nós estamos convencidos de que toda tentativa de homogeneidade não é mais que uma tentativa fascista de dominação, oculte-se numa linguagem revolucionária, esotérica, religiosa ou similares. [...]

---

[58] Subcomandante Marcos. *Ellos y Nosotros. IV. Los Dolores de Abajo*, México, 24 de janeiro de 2013. Disponível em: http://enlacezapatista.ezln.org.mx/2013/01/24/ellos-y-nosotros-iv-los-dolores-de-abajo/. Acesso em: 16 jul. 2016.

> *A Sexta* é uma convocatória zapatista. Convocar não é unir. Não pretendemos unir sob uma direção, nem zapatista nem de qualquer outra filiação. Não buscamos cooptar, recrutar, suplantar, aparentar, simular, enganar, dirigir, subordinar, usar. O destino é o mesmo, mas a diferença, a heterogeneidade, a autonomia dos modos de caminhar, são a riqueza da *Sexta*, são sua força. Oferecemos e ofereceremos respeito, e exigimos e exigiremos respeito. À *Sexta* um@ se adere sem outro requisito que o "não" que nos convoca e o compromisso de construir os "sim" necessários.[59]

Fica pendente ainda a evolução histórica dessa proposta de análise e de ação antissistêmicas no contexto da globalização financeira e midiática. Mas sem dúvida ouvimos aqui uma voz reconhecida por uma rede mundial de pensamento e de ação que disse *basta* à cobiça violenta de capital corporativo, iniciando assim, já há várias décadas, *a mudança de mundo*.

≈

Na ordem do debate das ideias já evocado nas páginas precedentes, a filosofia moderna tardia fala também dessa realidade do *nós*, mas em termos de construção histórica de uma ordem intersubjetiva. Interpreta assim aquela vivência originária a partir da qual os excluídos recriam hoje sua própria identidade e, ainda sem dar-se conta, a de todos os demais.

A fim de compreender melhor a trama desse momento da história da humanidade, recuperemos quanto possível a gênese dessa problemática nos tempos da razão moderna. Tomemos a rota a partir

---

[59] Subcomandante Marcos, *La Sexta,* EZLN, Chiapas, 27 de janeiro de 2013. Disponível em: http://enlacezapatista.ezln.org.mx/2013/01/26/ellos-y-nosotros-v-la-sexta-2/. Acesso em: 16 jul. 2016.

do tema da construção do *espaço público* como chave hermenêutica da compreensão moderna do nós outros. Por isso proporemos a seguir um breve diálogo com o pensamento do filósofo francês Jean-Marc Ferry sobre as condições de possibilidade do espaço público nas sociedades democráticas liberais do novo século.

O professor de Bruxelas, interagindo como universitário com as comissões éticas da União Europeia na capital belga, refletiu arduamente sobre o argumento kantiano dos juízos morais no regime da razão prática. Igualmente sugeriu retomar esse argumento para legislar, no contexto europeu, em torno do papel das religiões e sabedorias da humanidade para alcançar a instauração de uma ética pública, como parte do regime do estado democrático laico respeitoso do pluralismo cultural e religioso.

A este respeito, Jean-Marc Ferry sublinha a necessidade de manter a vigência da laicidade nos debates públicos, como uma exigência válida, de maneira comum e obrigatória, para todas as pessoas e coletividades que desejem integrar-se à vida democrática. Segundo esse argumento, no espaço público as convicções (tanto pessoais como éticas ou religiosas) hão de ser traduzidas em *argumentos de razão* para que tenham validez de interlocução. Dessa perspectiva, a democracia liberal moderna pareceria ser o único caminho racional de convivência pacífica tanto entre indivíduos como entre nações.

Mas o pensamento pós-colonial e antissistêmico – que havemos de ter sempre presente se quisermos dar conta da crise da razão instrumental e de suas possíveis soluções – apresenta uma objeção de fundo ao argumento kantiano. Esta provém primeiro da afirmação do caráter *comunitário* da palavra e, daí procedendo, um modelo antissistêmico de discurso e de prática política com argumentos de razão para gerar um pensamento do *Bom viver*.[60]

---

[60] Veja, por exemplo, as *Doce Tesis sobre el Anti-Poder* de John Holloway, sociólogo escocês, atualmente professor na Benemérita Universidad Autónoma de Puebla. Disponível em: http://www.johnholloway.com.mx/2011/07/30/doce-tesis-sobre-el-anti-poder/.

A este respeito, Juan Mariátegui, o reconhecido sociólogo peruano, definiu esse projeto de pensamento e de ação de mudança social num recente colóquio internacional nos seguintes termos:

> O que aqui proponho é abrir uma questão crucial de nosso período histórico: Bom viver, para ser uma realização histórica efetiva, não pode ser senão um complexo de práticas sociais orientadas à produção e à reprodução democráticas de uma sociedade democrática, outro modo de existência social, com seu próprio e específico horizonte histórico de sentido, radicalmente alternativos à Colonialidade Global do Poder e à Colonialidade/Modernidade/Eurocentrada. Este padrão de poder é, ainda hoje, mundialmente hegemônico, mas também em seu momento de mais profunda e arraigada crise desde sua constituição há pouco mais de quinhentos anos. Nestas condições, Bom viver, atualmente, só pode ter sentido como uma existência social alternativa, como uma Des/Colonialidade do Poder.[61]

Tal conhecimento que ao mesmo tempo é ação e palavra se constitui pois, no dizer dos pensadores antissistêmicos, como uma alternativa ao capitalismo corporativo que se apoderou do processo da globalização. E o faz, no dizer de um dos mais agudos analistas do processo, Pablo González Casanova, como uma rede

---

Acesso em: 16 jul. 2016. Idem, *Cambiar el Mundo sin Tomar el Poder*. Caracas, Vadell Hermanos Editores, 2005.

[61] Juan Mariátegui, "Bien Vivir: Entre el 'Desarrollo' y la Des/colonialidad del Poder". *Primer Encuentro del Buen vivir*. Puebla, Benemérita Universidad Autónoma de Puebla, 2010. Disponível em: http://encuentrodelbuenvivir.blogspot.com/p/contribuciones-academicas.html. Acesso em: 16 jul. 2016.

de redes que não tem centro de poder, nem comando de cima, nem sentido único, senão que é a nova gramática da construção do *nós outros*:

> As redes de coletivos e coletividades são não só redes de comunicação, mas de ação e também de informação e diálogo. A maioria delas está entregue à cooperação para a produção, para a distribuição, para os serviços de alimentação, saúde, educação, construção de infraestruturas e habitação e cultura.
>
> Nessas redes, os conceitos se definem com atos e também com palavras, o que fortalece a umas e outras. Em palavras e atos aparece a "outra democracia, muito outra", a outra justiça muito outra, a liberdade praticada com o saber dos povos que hoje combinam as técnicas digitais e cibernéticas com as tradicionais. O projeto está muito longe de ser "primitivo" ou "aldeano": é solidário, patriótico e humano.[62]

Em outras palavras, o pensamento pós-moderno antissistêmico impele a todos a passar do discurso meramente formal e abstrato, próprio dos debates legislativos ou acadêmicos, a um discurso vivencial e narrativo que inclua outras formas de racionalidade.

Um exemplo deste são os mitos que, como os conceitos em sua esfera própria, promovem ou distorcem a comunicação efetiva

---

[62] Pablo González Casanova, "Otra Política, Muy Otra. Los Zapatistas del Siglo XXI". In: Raymundo Sánchez (ed.), *Seminario Planeta Tierra: Movimientos Antisistémicos*. San Cristóbal de Las Casas, Cideci, 1º de janeiro de 2013. Publicado posteriormente em *La Jornada*, 26 de janeiro de 2013. Disponível em: http://www.jornada.unam.mx/2013/01/26/politica/002n1pol#texto. Acesso em: 16 jul. 2016.

de mundos da vida. Assim, por exemplo, o pensamento pós-colonial analisa a prática da interpretação dos sonhos, não em seu tradicional sentido freudiano, mas a partir da racionalidade coletiva dos povos originários da América. Nela, os sonhos são um modo de conhecimento pessoal e coletivo enquanto entram numa rede de interpretações comunitárias. Desempenham um papel essencial na tomada de decisões comunitárias que vivem as comunidades indígenas da América Latina e do Caribe. É o caso do pensamento zapatista ao falar de sua utopia vista *de baixo e à esquerda*:

> – Há que falar com nossos mortos. Eles nos assinalarão o tempo e o lugar – dizemos, dizemo-nos todas-somos.
>
> Olhando para nossos mortos, embaixo, escutamo-los. Levamos-lhes a pequena pedra. Ao pé de sua casa a levamos. Olham-na. Olhamo-los olhá-la. Olham-nos e levam nosso olhar muito longe, onde não alcançam os calendários nem a geografia. Olhamos o que seu olhar nos mostra. Calamos.
>
> Regressamos, olhamo-nos, falamo-nos.
>
> – Há que cuidar longamente, preparar cada passo, cada olho, cada ouvido... vai demorar.
>
> – Terá de fazer algo para que não nos olhem e depois para que, sim, nos olhem.
>
> – Por si já não nos olham, ou olham o que creem que olham.
>
> – Mas, sim, há que fazer algo... Cabe-me, minha vez.

– Que ele-somos veja o dos povos. Todos-somos vemos o de cuidar, bem, quietinho.[63]

Tal modo alternativo de construção do *consenso* inclui o debate formal, mas integrando outras formas de conhecimento avalizadas pelas culturas ancestrais da humanidade. Uma diversidade de práticas teria de ser reconhecida como uma forma diversa de conhecimento e como uma contribuição necessária para o debate e para a tomada de decisões que afetam a todos.

Aí radica a contribuição antissistêmica ao argumento da ética da ação comunicativa.

≈

Outro exemplo daquela *outra racionalidade* não conceitual discursiva que implica *pensar do reverso e de baixo* é a compreensão do *poder como obediência* ao acordo comunitário que é a origem de todo mandato político. Trata-se de afirmar o exercício do poder como princípio ético-político de outra óptica, por exemplo, segundo o famoso adágio zapatista de *mandar obedecendo*, pois o poder reside na comunidade e não em seus representantes.

Tal "política muito outra" não é improvisação nem ocorrência de um pequeno povo maia em vias de extinção, mas indício histórico de uma mudança de mundo na compreensão da política a partir do reverso da história:

> As mudanças que se dão nos movimentos em que o EZLN é pioneiro não provêm de posições

---

[63] Comandancia General del Ezln, *Comunicado Ellos y Nosotros. VI. – Las Miradas. Parte 5: Mirar la Noche en que Somos. (De la Luna Nueva al Cuarto Creciente)*, 13 de fevereiro de 2013. Disponível em: http://enlacezapatista.ezln.org.mx/2013/02/13/ellos-y-nosotros-vi-las-miradas-parte-5-mirar-la-noche-en-que-somos-de-la-luna-nueva-al-cuarto-creciente/. Acesso em: 16 jul. 2016.

teóricas ou emocionais, mas de teorias experimentadas e de experiências pensadas. Neste momento histórico, confirmam a possibilidade de definir a luta como um projeto de democracia organizada, de autonomia organizada, de liberdade que fortalece e olha a organização do pensamento, da dignidade e da vontade coletiva e combativa, e em que todos os atores cumprem sua palavra.[64]

Um dos pensadores latino-americanos que construiu com maior pertinência epistêmica um debate teórico entre a racionalidade formal europeia e o pensamento antissistêmico é Enrique Dussel. Em sua última grande obra, *Política da Libertação*,[65] conseguiu postular a necessidade de um *pensamento holístico pós-colonial* que fosse capaz de integrar o rigor da razão crítica com a sabedoria mítica própria dos povos originários antigamente submetidos. Ainda assim, há os que reprovam em Dussel seu eurocentrismo no uso de conceitos marxistas, hegelianos e levinasianos para interpretar a economia e a política dos povos do Sul. Contudo, como bem argumenta o pensador argentino, não é possível ignorar o pensamento ocidental porque se trata de uma matriz epistêmica de tanta relevância como também o é a filosofia antiga dessas terras americanas que ele mesmo estudou e difundiu com uma obra sem precedentes.[66]

Em todo caso, o que aqui nos interessa recolher do debate em questão é a necessidade de pensar a possibilidade de um futuro para todos com a *vigilância crítica* exigida pela razão reflexiva e com o *rigor práxico* exigido, por sua vez, pelo pensamento

---

[64] Ibidem.
[65] Cf. Enrique Domingo Dussel, *Política de la Liberación*. Madrid, Trotta, 2009.
[66] Cf. Idem, Eduardo Mendieta e Carmen Bohórquez (eds.). *Pensamiento Filosófico Latinoamericano, del Caribe y Latino. Historia, Corrientes, Temas y Filósofos (1300-2000)*. México, Siglo XXI, 2010, p. 1.111.

antissistêmico. Em sentido análogo, Franz Hinkelammert propôs também, há mais de uma década, que se elaborasse uma articulação de razão crítica com os mitos modernos, sempre vigilante, que permita ultrapassar os reducionismos da razão instrumental e recuperar a construção da intersubjetividade.[67]

≈

Em sentido mimético, podemos dizer que a questão europeia não é alheia à questão americana. Ambas refletem, no horizonte da poética da emulação já mencionada, dois aspectos ineludíveis para o pensamento pós-colonial.

Um é o insubstituível valor moderno do debate para o acordo ético-político, na linha da teoria crítica que faz do espaço público o melhor conseguimento do Ocidente para salvaguardar a dignidade humana, com seus inalienáveis direitos e deveres.

Mas, por outro lado, aparece a importância de criar as *condições materiais de vida* que permitam acesso ao espaço público a todas as subjetividades, pois sem aquelas todo debate se converte em justificação do domínio de uns sobre outros. O rigor formal exige e, mais ainda, supõe a materialidade da vida, como diz Enrique Dussel. E com isso se quer apelar não às migalhas da justiça distributiva própria da democracia partidista, mas ao reordenamento da *pólis a partir de baixo e do reverso* como o pensou Ivan Illich em seu

---

[67] A este respeito, veja o seguinte comentário do economista e teólogo alemão radicado na Costa Rica: "Este sujeito tem um lugar real, ou seja, o respeito ao conjunto é condição da sua própria vida. Não se 'sacrifica' por outro, mas descobre que somente no conjunto em meio aos outros pode viver. Por isso mesmo, tampouco sacrifica aos outros. É precisamente o indivíduo que calcula o que, totalizando o cálculo dos interesses, se sacrifica a si mesmo e aos outros. Por isso o ser humano como sujeito não é uma instância individual. A intersubjetividade é condição para que o ser humano chegue a ser sujeito. Ela sabe que está numa rede, a qual inclui a mesma natureza exterior ao ser humano: a vida do outro é condição de sua própria vida" (Tradução Érico Nogueira) Franz Hinkelammert, *Crítica de la Razón Utópica*. San José de Costa Rica, DEI, 2000, p. 174.

momento, e agora o recorda com veemência em contexto de globalização o pensamento antissistêmico.

≈

E aqui encontramos precisamente um vínculo fecundo com o argumento niilista de compreensão do *mundo como corpos abertos*. Porque, com efeito, se não existem condições materiais pelas quais os corpos abertos se alimentam uns aos outros, todo discurso é vão. E, ainda mais, todo discurso se torna uma máscara que oculta em lugar de desvelar a existência em sua permanente *diferença*.

Não é casual então que o niilismo pós-moderno aponte na mesma direção que o pensamento pós-colonial e antissistêmico. Ambos enfrentam, cada um a partir de sua lógica interna, o *esgotamento* da razão crítica. Em ambos palpita a pulsão da *vida que clama vida*, ainda que se veja empurrada ao limite da morte. Ambos os movimentos de pensamento pós-moderno são balbucios de uma *mudança de mundo*, no meio dos escombros dos sonhos da razão instrumental que degeneraram em projetos de totalitarismo econômico, político, cultural, sexual e religioso.

Pensar a esperança, precisamente no meio desses escombros e escutando o clamor dos excluídos, impele-nos, portanto, a voltar ao *fundo sem fundo* do desejo de sobrevivência e de vivência da identidade de cada um, reconhecida pelos demais na construção do *nós outros*. Voltando ao *aquém* da mimese conflitiva do desejo que já foi analisada por René Girard, surge a vivência de um *desejo alternativo*, não somente sacrifical e violento, mas impregnado de vitalidade *de baixo e do reverso*.

Expressa-o, por exemplo, o *Comunicado* do Movimento Zapatista de Libertação Nacional em Chiapas, México, no início do 13 *Baktun*, ou novo longo ciclo maia do tempo com duração de 144 mil dias. Depois da marcha silenciosa dos povos maias zapatistas pelas ruas das cidades daquelas terras altas do sudeste mexicano para celebrar tal acontecimento cósmico, publicaram em jornais de circulação nacional o seguinte texto paradoxal e estremecedor:

> Ouviram?
> É o som de seu mundo ruindo.
> É o do nosso ressurgindo.
> O dia que foi o dia era noite.
> E noite será o dia que será o dia.[68]

≈

Muitas outras *vozes silenciosas* surgem hoje na aldeia global que anunciam tempos novos. Já não com o triunfalismo dos metarrelatos modernos nem dos messianismos políticos do século XX, incluindo-se o socialismo histórico. Trata-se agora de movimentos sociais marcados pelo acontecer *ôntico* da história vivida *de baixo e do reverso*, quer dizer, a partir do mundo da exclusão que tem tantos rostos. Subjetividades desconstruídas que, de maneira paradoxal, fazem da exclusão sua força. Muitos "nós outros" que afirmam seu direito à diferença e o direito de todos a existir segundo sua própria identidade, com seu próprio rosto, sua própria linguagem e seu próprio corpo.

≈

Em síntese, podemos dizer que a potência dos pobres desvela assim a *abertura radical* do mundo em seu sem sentido e sem razão quando é estéril monólogo. Uma abertura que é voz silenciosa. Que é chamado. E também rebeldia. Mas que é, ao fim e ao cabo, convocação ao festim da vida.

---

[68] Comandancia General del EZLN. *Comunicado del Comité Clandestino Revolucionario Indígena*. México, 21 de dezembro de 2012. Disponível em: http://enlacezapatista.ezln.org.mx/2012/12/21/comunicado-del-comite-clandestino-revolucionario-indigena-comandancia-general-del-ejercito-zapatista-de-liberacion-nacional-del-21-de-diciembre-del-2012/. Acesso em: 16 jul. 2016.

E a potência *outra* que procede dos inocentes já vitimados, bem como dos justos da história, não faz senão manter no alto a humanidade.

Nesta hora de desgraça apocalíptica que vive a humanidade, abre-se uma oquidão, uma ferida, uma boca aberta.

Trata-se de uma *abertura radical* que se dispõe para a inesperada presença do fortuito como resplendor inefável do mundano e do divino.

capítulo 2
o fim dos tempos na teologia paulina

A abertura da história que descrevemos no capítulo anterior traz consigo um vestígio de transcendência que é preciso compreender em seu sentido originário. A teologia fundamental pós-moderna busca esquadrinhar a greta do sem sentido a partir da experiência das vítimas, para vislumbrar aí a passagem de Deus.

Por isso, será preciso que no presente capítulo voltemos a olhar a narrativa paulina do fim dos tempos, como primeira reflexão teológica propriamente cristã que precedeu até a redação dos evangelhos canônicos.

As intuições de Paulo de Tarso sobre a *comunidade messiânica* serão preciosas nesta hora em que a humanidade é empurrada para o abismo da espiral violenta. De fato, a linguagem protopaulina será inovadora ao empregar o termo "*hemeis*" (e não *laos* ou *ochlos*, que se traduz como multidão) para designar a comunidade que vive de maneira alternativa o tempo da inimizade, numa originalidade que não é judaica nem grega, como o comenta G. Agamben:

> *Hemeis*, "nós", é o termo mediante o qual Paulo se refere em sentido técnico à comunidade messiânica, de forma frequente em contraposição a *laos* (como em Rm 9,24) ou a judeus e gregos (como em 1Cor 1,22-24): "enquanto os

judeus pedem sinais e os gregos buscam sabedoria, nós [*hemeis de*] anunciamos o Messias crucificado". No mesmo parágrafo da primeira Epístola aos Coríntios, o pronome "nós" se precisa de imediato como "os chamados" (*autois de tois kletois*). A comunidade messiânica como tal é, em Paulo, anônima e parece situar-se no umbral de indiferença entre público e privado.[1]

À diferença de outras épocas da humanidade nas quais a experiência teologal do Apóstolo dos gentios inspirou a apologia da fé contra seus detratores, hoje, em tempos de incerteza pós-moderna, reler a teologia protopaulina da comunidade messiânica e do fim dos tempos será um ato de recuperação da existência precária do crente que vive "a paciência de Deus" (Rm 3,26) no meio das histórias de devastação planetária.

Vejamos a seguir, neste segundo capítulo, as linhas principais de uma inteligência da *nova temporalidade*, experimentada por Paulo e pelas comunidades que ele evangelizou anunciando a Jesus, o Cristo de Deus, como a realização de uma vida entregue até o extremo e, por isso, princípio de uma criação nova.

1. Umbral: O Tempo Escatológico Segundo a Exegese Moderna

René Girard assinalou com agudeza crítica, há pouco mais de um lustro,[2] a importância de pensar o *fim dos tempos* no meio da crise

---

[1] Giorgio Agamben, *El Reino y la Gloria. Por una Genealogía Teológica de la Economía y el Gobierno*. Valencia, Pre-Textos, 2007, p. 193.

[2] "Cristo é esse Outro que vem e que, em sua vunerabilidade, provoca o enlouquecimento do sistema. Nas pequenas sociedades arcaicas, esse outro era o estrangeiro que trazia a desordem, e que terminava sempre como bode expiatório. No mundo cristão, é Cristo, o

de espiral violenta que devasta a humanidade nesta hora da modernidade tardia. Em seus últimos livros, com efeito, propôs que se recuperasse a escatologia paulina do fim dos tempos e, em particular, que se indagasse com maior precisão o sentido do *Katechon*[3] ou "o que retém" de que fala 2 Tessalonicenses: misterioso personagem que retarda a chegada do Ímpio e, portanto, o advento da Parusia pela qual o Messias Jesus levará a termo a redenção da humanidade e da criação inteira.

Outros pensadores dos albores da razão pós-moderna haviam proposto também em seu momento que se voltasse ao pensamento de Paulo de Tarso como um dos fundadores do Ocidente e, portanto, como parte constitutiva das fontes da civilização moderna.

Nesta linha, foi célebre há uns anos o estudo de Jacob Taubes sobre o messianismo de Paulo, criticando Walter Benjamin em sua ideia de um messianismo traduzido como materialismo histórico. John Milbank também falava, há duas décadas, da urgência de recuperar a verdade cristã sobre a sociedade moderna relativista. Em sentido análogo, o então cardeal Ratzinger debateu nos anos 90 com Jürgen Habermas sobre as bases pré-políticas do Estado moderno. E depois, em contexto italiano, Gianni Vattimo primeiro e depois Giorgio Agamben puseram sobre a mesa a questão do *tempo messiânico* num sentido mais próximo ao niilismo e como crítica ao poder do Estado, do mercado e dos meios de comunicação.

Na América Latina, a referência explícita à necessidade de um pensamento que retome a fonte *teológica* da política, da economia e

---

filho de Deus, quem representa todas as vítimas inocentes, e cujo retorno é invocado pelos efeitos da escalada da violência." René Girard, *Achever Clausewitz*. Paris, Carnets Nord, 2007, p. 191 [T. do A.].

[3] "Na Epístola aos Tessalonicenses, Paulo define o que atrasa o 'desencadeamento de Satã' como um *kathéchon*, ou, dito de outra forma, como o que *contém* o Apocalipse no duplo sentido da palavra assinalado por J. Dupuy: encerrar em si mesmo e manter dentro de certos limites" (Tradução Érico Nogueira), René Girard, *Veo a Satán Caer como el Relámpago*. Barcelona, Anagrama, 2002, p. 240.

da democracia foi proposta não por filósofos de tendência marxista nem por intelectuais católicos neoapologetas, mas por cientistas sociais de raiz cristã católica, vinculados a movimentos religiosos de libertação, como é o caso de Franz Hinkelammert, Enrique Dussel e Juan Carlos Scannone.

≈

Por outro lado, no contexto da teologia moderna, a importância de Paulo para compreender a originalidade do cristianismo foi *in crescendo*.

A exegese bíblica do século XX percorreu um longo caminho para compreender a literatura paulina. Há meio século, a exegese já havia captado – com sua racionalidade apologética própria daqueles anos pré-conciliares – a importância da *teodramática* que se punha em jogo com o gênero apocalíptico de origem judaica em voga na época de Jesus e de Paulo de Tarso. Ainda assim, é preciso reconhecer que predominava naquela leitura exegética uma visão de cristandade em que a vida da Igreja – entendida como corpo místico do Messias – selaria a história com sua fidelidade provada a Jesus de Nazaré até o Dia do Senhor.[4] Longe estava, no tom das reflexões daquela época dos biblistas católicos de há mais de meio século, a ideia de um colapso da cristandade como referente de sentido para as sociedades democráticas modernas.

Para aquela exegese pré-conciliar – que já empregava um incipiente método histórico crítico para a Bíblia, mas não para o dogma católico – a perseguição das comunidades cristãs desatada pelo

---

[4] Tal é o caso da leitura apologética da missão de Paulo proposta por Lucien Cerfaux, o famoso exegeta professor de Lovaina e assessor no Concílio Vaticano II: a pregação do Apóstolo estaria orientada para que seus ouvintes aprendessem a deixar a idolatria, a reconhecer o Deus verdadeiro, e a aprender a viver de maneira digna desse Deus. Lucien Cerfaux, *Le Chrétien dans la Théologie Paulinienne*. Paris, Cerf, 1962, p. 145.

Império Romano explicaria sem maiores problemas a interpretação paulina do retardamento da Parusia. Nesse sentido, o *Katechon* estaria associado ao poder político, semelhante ao do livro de Daniel, no qual se inspirava, e em que o poder selêucida de Antíoco Epifânio havia sido evocado pelo profeta como rival do Messias[5] por vir. Nesta lógica, no caso de Paulo, o *Katechon* estaria associado, com muita probabilidade, ao poder imperial de Caio Calígula, que no ano 40 E.C. pretendeu colocar sua própria estátua no Templo de Jerusalém para ratificar assim sua divindade, segundo o testemunho de Flávio Josefo.[6]

É importante mencionar que o sentido *teológico* da Parusia não escapava a essa geração de exegetas e teólogos pré-conciliares, os que, na primeira metade do século XX, prepararam o *aggiornamento* conciliar com a integração da exegese histórico-crítica da Bíblia como uma mediação necessária para a teologia e para a recepção criativa da Palavra de Deus na vida da Igreja. Mas ainda não era o tempo da secularização da exegese e da integração dos estudos interdisciplinares que se pôs em marcha a partir dos anos 70 do século passado.

---

[5] A este respeito, diz também Lucien Cerfaux: "São Paulo parece lembrar-se do tema primitivo do messianismo real em sua descrição do antagonismo entre 'o homem da impiedade', 'o filho da perdição', e Cristo no 'dia do Senhor' (2Ts 2,4). O traço que faz o ímpio sentar-se no trono de Deus no templo se inspira (com uma verdadeira citação textual) em Dn 11,36, que evocava o poder de Antíoco Epifânio". Lucien Cerfaux, op. cit., p. 149 [T. do A.].

[6] Tal é o comentário crítico de Ben Whiterington, exegeta de uma nova geração que já integra as fontes extrabíblicas em sua análise sobre o personagem sem lei, o filho da perdição, evocado por Paulo em 2 Ts 2,3: "A vinda de Cristo envolve o aparecimento de alguém que é verdadeiramente régio e *também* divino, enquanto a vinda do 'homem da impiedade' é simplesmente a vinda de um falso deus. Paulo emprega o termo *epiphaneia* porque vê esse homem da impiedade como figura política, tomando por modelo a Antíoco Epifânio, que profanara o Templo. Talvez estivesse ainda mais fresca na memória de Paulo a imagem de Calígula, que em 40 d.C. mandara construir uma estátua sua em Jerusalém a fim de ver confirmadas as suas pretensões de divindade (Philo, *Leg. Gai.*, 203-346; Joseph, *Ant.*, 18, 261-301)". (Tradução Érico Nogueira). Ben Whiterington III, *Jesus, Paul and the End of the World. A Comparative Study in New Testament Eschatology*. Downers Grove, InterVarsity Press, 1992, p. 161.

Não obstante as limitações apologéticas da época, Lucien Cerfaux sublinhava, com notável capacidade sintética desde o início de sua análise sobre a Parusia, o sentido propriamente *teológico* da interpretação do texto paulino:

> Fiel às tradições da Igreja de Jerusalém, São Paulo prega a "chegada" de Cristo, o juízo iminente e a salvação dos cristãos. Resumiu em 1Ts 2, 9-10 a mensagem que levava às cidades pagãs. [...] A Parusia *se apresenta aos crentes como o momento, esperado com impaciência, de sua união com o Senhor,* os carismas reavivam neles o grande gozo de sua vinda, a santidade é o vestido com o que serão enroupados os que serão levados ao encontro de Cristo, que virá a julgar o mundo.[7]

Embora o tom dessa hermenêutica bíblica nos seja hoje de certo modo distante por sua "ingenuidade crente", parece-nos de grande valor por sua feição sapiencial. Pois integra certos elementos histórico-críticos na análise do texto paulino, mas sem perder ainda a visão integral da Palavra de Deus e seu sentido salvífico presente para a comunidade cristã e para a humanidade redimida. Sabedoria que é difícil encontrar hoje nos estudos especializados próprios da análise exegética centrada nos aspectos literário e semiótico de maneira quase exclusiva.

≈

Por seu lado, há meio século as ciências sociais percorriam outro caminho para esquadrinhar a Bíblia. Por exemplo, para René Girard – que iniciou suas investigações sobre o mecanismo sacrifical ao mesmo tempo que seu contemporâneo exegeta, mas com olhos de

---

[7] Lucien Cerfaux, op. cit., p. 143 [tradução e destaque do autor].

antropólogo e de agudo crítico literário – o poder desse *mysterium iniquitatis* poderia interpretar-se com inusitada novidade, num sentido ainda mais radical e urgente, a partir da teoria mimética.

Para o pensador de Avignon, o *Katechon* não seria em última instância um poder político específico, mas o desejo mimético violento que se reproduz a si mesmo como escalada aos extremos – que aqui traduzimos pela expressão limítrofe "espiral de ódio" e que outros traduzem como "escalada de violência" –, enlouquecido pela verdade de Cristo que se manifestou no triunfo da Cruz.[8] Um triunfo que desmascarou Satã como o Acusador da humanidade, mas que, de maneira paradoxal, também acelerou a espiral da violência e não faz senão prolongar indefinidamente o sacrifício dos inocentes até a chegada do dia final. Para René Girard, precisamente no meio dessa espiral de violência acontece o triunfo da cruz como desvelamento da mentira de Satã e revelação da verdade de Cristo sobre a possibilidade real de superação, no mundo presente, da lógica sacrifical. Mas se trata de uma revelação em primeiro lugar *antropológica* que somente ao final de suas obras René Girard reconhecerá como uma verdade transcendente e também teológica sobre a condição humana vinculada ao insubstituível legado do cristianismo.

Tal é o contexto da evolução da exegese contemporânea dos textos paulinos que afeta a matéria que nos ocupa em torno da ideia do *tempo final* que porá fim à violência sacrifical. Para compreender o estado atual da questão, havemos de articular três eixos fundamentais de interpretação, a saber: (i) as luzes da exegese bíblica contemporânea sobre o fim dos tempos; (ii) a análise do tempo messiânico reinterpretado por São Paulo como *kairós*; (iii) as duas análises iluminando as subsequentes implicações filosófico-teológicas com que se recebeu criticamente o legado paulino na modernidade tardia.

---

[8] Ideia apresentada por René Girard de maneira contundente em seu livro precedente. Cf. René Girard, *Veo a Satán Caer Como el Relámpago*. Madrid, Anagrama, 2002, p. 248.

Vamos tratando passo a passo os elementos de cada um desses eixos temáticos convergentes.

2. Uma Questão Preliminar: A Cronologia Paulina

O debate da exegese histórico-crítica próprio dos tempos atuais da razão pós-secular em torno da cronologia das cartas paulinas apresenta a questão de como integrar não somente os dados dos textos e seu contexto cultural e religioso, mas a recepção crente vivida pelos leitores, em particular pela Igreja como comunidade de fé. Tal "cronologia compreensiva", segundo a expressão do professor da Universidade de Navarra, Pablo Edo,[9] há de contribuir para "harmonizar os dados de todo o cânone do Novo Testamento do melhor modo possível".[10] Os tempos do estruturalismo e da simples crítica literária, próprios da exegese histórico-crítica de um século atrás, ficaram para trás para os jovens pesquisadores, que buscam uma leitura mais "integral" do texto bíblico.

No que diz respeito à literatura protopaulina, o consenso atual dos especialistas se concentra em reconhecer sete cartas da autoria de Paulo de Tarso: Romanos, 1-2 Coríntios, Gálatas, Filipenses, 1 Tessalonicenses e Filêmon.

Como questão adjacente de relativa importância, propõe que se compreenda a cronologia paulina para ponderar assim sua influência na evolução de seu pensamento. Os especialistas se dividem em duas tendências opostas para implementar uma adequada hermenêutica.

---

[9] Pablo Edo, "Cronologías Paulinas. Un Estado de la Cuestión", *Scripta Theologica*, vol. 42, Issue 1, p. 198, 2009.
[10] Ibidem, p. 177.

A que mantém como válida somente a análise das cartas protopaulinas por considerá-las históricas; nesse sentido, segundo Knox, essa literatura protopaulina seria suficiente para traçar uma cronologia confiável, porque os dados são referidos pelo próprio Paulo[11]

A outra, como assinala Riesner,[12] apela para a necessidade de complementar a análise dessas cartas com os Atos dos Apóstolos, escritos por Lucas, a fim de não perder de vista a recepção da mensagem paulina tal como foi vivida pela comunidade de Jerusalém,[13] porque a interpretação dada pelo evangelista companheiro de Paulo em suas viagens apostólicas é um critério hermenêutico legítimo. Nesse sentido, Gnilka afirma: "Todo dado de Lucas que seja neutro pode ser admitido como histórico".[14] O problema estaria em identificar o que se entende por "neutro" e como julgar se um dado de Lucas é "verídico", ou responde à intenção literária do evangelista. Ou até teria que perguntar se, por exemplo, os Atos refletem uma tomada de posição diante das lutas que aconteceram entre a Igreja de Jerusalém presidida por Santiago, o irmão do Senhor, com comunidades como as de Antioquia e outras mais na Síria que floresceram sob a figura da autoridade reconhecida de Pedro, ou então a adesão à inovadora visão universalista de Paulo de Tarso vivida pelas comunidades helenísticas.

O que hoje se denomina a *Nova perspectiva* nos estudos paulinos, liderada em Cambridge por James Dunn,[15] de um horizonte ecumênico e interdisciplinar e já não apologético nem eclesial em sentido

---

[11] Ibidem, p. 197.
[12] Cf. R. Riesner, *Paul's Early Period. Chronology, Mission Strategy, Theology*. Grand Rapids-Cambridge, Eerdmans Publishing Co., 1998, p. 535.
[13] Cf. Pablo Edo, op. cit., p. 182.
[14] Ibidem, p. 185.
[15] Cf. James D. G. Dunn (ed). *The Cambridge Companion to St. Paul*. Cambridge, Cambridge University Press, 2003, p. 301. Comentando esta corrente, Pablo Edo assinala em seu texto: "A teologia de Paulo não deve ser entendida como um repúdio frontal e aberto da lei, mas como a descoberta de que, com Jesus Cristo, Deus deu aos homens um novo caminho de salvação – aos judeus inclusive". (Tradução Érico Nogueira). Pablo Edo, op. cit., p. 187.

restrito, sublinha o caráter *judeu* de Paulo para interpretar seus textos em continuidade com a tradição hebreia, em particular a rabínica. Dessa perspectiva, por exemplo, obter-se-ia uma interpretação diversa do messianismo: uma ideia judaica pensada por Paulo *como judeu* para levar até suas últimas consequências a questão do *tempo final* derivada da lógica da redenção, sem querer fundar uma nova religião.

Mas é preciso mencionar que a discussão continua aberta, pois o caráter "multicultural e multilíngue" de Paulo segue dando muito que pensar e investigar, como assinalou há alguns anos Stanley Porter: "Paulo, como um judeu da Diáspora, que nasceu em Tarso, foi uma pessoa com diversas influências e experiências, incluídos o multiculturalismo e o multilinguismo [...] vivendo em casa no mundo greco-romano".[16]

Que sabemos da cronologia da estada de Paulo, Timóteo e Silvano em Tessalônica?[17] É importante essa questão porque se trata de situar em seu contexto cultural próprio o texto principal de referência ao *Katechon*.

J. Murphy-O'Connor,[18] professor da Escola Bíblica de Jerusalém, situa a redação de 1 Tessalonicenses entre os anos 49 e 50 E.C., antes

---

[16] Stanley E. Porter, "Paul as Jew, Greek and Roman: An Introduction", *Pauline Studies*, vol. 5: "Paul: Jew, Greek and Roman". Leiden, Brill Academic Publishers, 2008, p. 3. Disponível em: http://site.ebrary.com/lib/alltitles/docDetail.action?docID=10349206&tppg=17. Acesso em: 16 jul. 2016.

[17] Assim descrevia nos anos setenta J. Terence Forestell a chegada de Paulo a Tessalônica, dando plena confiabilidade histórica aos dados dos Atos como se fazia naqueles anos: "No século I d. C., Tessalônica já era uma cidade cosmopolita que contava com uma grande colônia judaica e numerosos cultos pagãos (Rigaux, *Les épîtres aux Thessaloniciens*, 11-20). No ano 50, Paulo, Silvano e Timóteo chegaram a Tessalônica durante a segunda viagem missional. Paulo e Silvano foram detidos e expulsos de Filipos (At 16, 16-40). Seguindo a *Via Egnatia*, atravessaram Anfípolis e Apolônia e chegaram a Tessalônica, a uns 150 km a oeste de Filipos. Uma vez lá, começaram a pregar o evangelho numa sinagoga judaica 'no meio de grandes lutas' (1Ts 2,2)". (Tradução Érico Nogueira). In: Joseph A. Fitzmayer, Roland E. Murphy e Raymond E. Brown (eds.), *Comentario Bíblico San Jerónimo*, t. III, Nuevo Testamento I. Madrid, Cristiandad, 1972, p. 575-76.

[18] Pablo Edo, op. cit., p. 152.

da estada de Paulo em Corinto no ano 51 E.C. A importância da datação das cartas é relevante também aos olhos de Udo Schnelle,[19] o exegeta evangelista de Halle, para uma melhor compreensão da teologia de Paulo. Um caso específico seria precisamente a teologia do tempo final, já que se aprecia uma *descontinuidade harmoniosa* entre as duas cartas aos Tessalonicenses e 1 Coríntios por exemplo, com diferenças, mas predominando a continuidade da experiência de "estar com o Messias".

Outro caso análogo da importância da datação das cartas paulinas seria a teologia da justificação, já que, se a sequência das cartas 1 Tessalonicenses, Gálatas e Romanos proposta hoje é correta, então se teria uma compreensão da justificação de ordem *escatológica* e não tanto moral como costumava predominar na interpretação apologética.[20]

≈

Quanto à discussão entre os exegetas em torno da *motivação* das cartas paulinas, flui na atualidade entre duas margens: uma, a da apologética paulina contra os cultos idolátricos pagãos; a outra, a do messianismo paulino de raiz hebreia que radicaliza o fim dos tempos enquanto instauração de um novo *eon*, ou tempo novo, não em seu sentido cronológico grego, mas *kairológico*, como novidade iniciada pelo Messias Jesus em sua páscoa. Essa segunda opção exegética nos parece mais pertinente para compreender o sentido universal do tempo messiânico, como veremos mais adiante.

À diferença da exegese de cunho apologético, há meio século a exegese histórico-crítica e retórica sublinha a raiz *hebreia* da Parusia. O simbolismo do Dia do Senhor não seria, assim, uma mera réplica, nem uma contrarréplica, do *adventus* do imperador romano, como

---

[19] Cf. Udo Schnelle, *Apostle Paul. His Life and Theology*. Grand Rapids, Baker Academic, 2005, p. 695.
[20] Pablo Edo, op. cit., p. 190.

se pensou até meio século atrás na exegese moderna. O Dia do Senhor designaria antes um encontro *teofânico* como o do Sinai, mas com uma novidade inusitada.

A este respeito, Joseph Plevnik, em debate com Dupont, sintetiza a feição propriamente hebreia – mas com a inovação universalista surgida à luz da páscoa de Jesus – da *espera messiânica* nas cartas paulinas, em especial 1 Tessalonicenses e 1 Coríntios, nos seguintes termos:

> O texto de 1Ts 4,16-17 não representa a simples chegada do Senhor, mas a chegada do Senhor *para atrair os crentes a fim de estar com ele para sempre*. A Parusia trata da atividade do *Kyrios*, não do povo. E, ainda mais, a chegada não é uma visita curta, como a do imperador, mas o *início de uma permanente e eterna união dos crentes com seu Senhor.*[21]

Para além das distinções de vocabulário, sem dúvida necessárias, o que aqui nos interessa compreender é a *novidade messiânica* expressa por Paulo ao descrever com metáforas inovadoras o tempo final como uma nova existência que, para fins de nosso estudo, poremos mais adiante em relação de analogia de proporcionalidade intrínseca com a temporalidade messiânica dos inocentes e justos da história.

No sentido messiânico aqui exposto, Ef 5,16 afirmará depois, com um grande realismo histórico e com contundência proativa: "Os dias são maus, redimam o tempo". Por isso o *kairós* designará também, no pensamento paulino de Cl 4,5, os últimos dias em que

---

[21] Joseph Plevnik, *Paul and the End Time*. Mahwah, Paulist Press, 2009, p. 79 [tradução e destaque do autor].

há de se levar à plenitude a salvação pelos crentes que conseguem abrir em sua vida um novo sentido da história.

Depois da breve análise anterior, nestas páginas optaremos pela segunda interpretação da teologia paulina, já que, além de fazer justiça ao pensamento de origem que Paulo teve a partir de suas raízes hebreias – antes da instauração da cristandade greco--romana e suas sequelas apologéticas até nossos dias –, nos parece que dá conta com maior radicalidade e rigor da inteligência da fé para os cristãos de qualquer época da história que anelam pensar o sentido da morte dos inocentes e a possível esperança de uma redenção para todos.

3. A Teologia Protopaulina do Fim dos Tempos

Pelas razões teológicas e antropológicas até aqui expostas na primeira parte do presente capítulo, deter-nos-emos agora de maneira pontual numa breve análise exegética e hermenêutica de 1 e 2 Tessalonicenses em torno do tema do Dia do Senhor. Vamos fazê-lo com o fim de conhecer o estado da questão da compreensão atual da apocalíptica paulina e sua evolução, desde o primeiro texto que conhecemos do apóstolo dos gentios até outros mais tardios atribuídos à sua autoria, mas que com toda a probabilidade são de outros autores. Proporemos tal hermenêutica bíblica com o fim de discernir os elementos teológicos fundacionais em jogo para pensar mais adiante, em outro capítulo, a chegada do *fim dos tempos* em chave pós-moderna, objetivo final de nossa investigação neste livro.

Primeiro, tenhamos à vista os textos que vamos analisar de 1 e 2 Tessalonicenses que falam da Parusia. Um com tom escatológico e o outro apocalíptico, mas ambas fontes que buscam discernir o *imediatismo* do Dia do Senhor:

Estrutura retórica	1 Tessalonicenses (c. 53 E.C.)	2 Tessalonicenses (c. 90 E.C.)
Inquietude pela chegada do Messias	Cap. 5,1-8 1. No tocante ao tempo e ao prazo, meus irmãos, é escusado escrever-vos,	Cap. 2,1-15 1. Quanto à vinda de nosso Senhor Jesus Cristo, e à nossa reunião com ele, rogamo-vos, irmãos, 2. que não percais tão depressa a serenidade de espírito, e não vos perturbeis nem por palavra profética, nem por carta que se diga vir de nós, como se o Dia do Senhor já estivesse próximo.
Tempo messiânico: imediato ou diferido	2. porque vós sabeis, perfeitamente, que o Dia do Senhor virá como ladrão noturno. 3. Quando as pessoas disserem: paz e segurança!, então, lhes sobrevirá repentina destruição, como as dores sobre a mulher grávida; e não poderão escapar.	3. Não vos deixeis seduzir de modo algum por pessoa alguma; porque deve vir primeiro a apostasia, e aparecer o homem ímpio, o filho da perdição, 4. o adversário, que se levanta contra tudo que se chama Deus, e querendo passar por Deus. 5. Não vos lembrais de que vos dizia isto quando estava convosco? 6. Agora também sabeis que é que ainda o retém, para aparecer só a seu tempo.

7. Pois o mistério da impiedade já age, só é necessário que seja afastado aquele que ainda o retém!

8. Então, aparecerá o ímpio, aquele que o Senhor destruirá com sopro de sua boca, e o suprimirá pela manifestação de sua Vinda.

9. Ora, a vinda do ímpio será assinalada pela atividade de Satanás, com toda a sorte de portentos, milagres e prodígios mentirosos,

10. e por todas as seduções da injustiça, para aqueles que se perdem, porque não acolheram o amor da verdade, a fim de serem salvos.

11. É por isso que Deus lhes manda o poder da sedução, para acreditarem na mentira,

12. e serem condenados, todos os que não creram na verdade, mas antes consentiram na injustiça.

Exortação	4. Vós, porém, meus irmãos, não andais em trevas, de modo que esse Dia vos surpreenda como ladrão; 5. pois todos vós sois filhos da luz, filhos do dia. Não somos da noite, nem das trevas. 6. Portanto, não durmamos, a exemplo dos outros; mas vigiemos e sejamos sóbrios. 7. quem dorme, dorme de noite; quem se embriaga, embriaga-se de noite;	13. Nós, porém, sempre agradecemos a Deus por vós, irmãos queridos do Senhor, porque Deus vos escolheu desde o princípio para serdes salvos mediante a santificação do Espírito e a fé na verdade.	
Theosis	8. Nós, pelo contrário, que somos do dia, sejamos sóbrios, revestidos da couraça da fé e da caridade, e do capacete da esperança da salvação.	14. e por meio do nosso Evangelho vos chamou a tomar parte na glória de nosso Senhor Jesus Cristo. 15. Portanto, irmãos, ficai firmes; guardai as tradições que vos ensinamos oralmente ou por escrito.	

Distinguimos aqui, ao menos, cinco elementos de uma estrutura retórica comum a ambos os textos:

1. O motivo: a inquietude pela chegada do Dia do Senhor.
2. A interpretação diversa do tempo messiânico.
3. A exortação a uma luta.
4. A consciência da vida teologal já presente desde agora: *theosis*.
5. A doxologia conclusiva.

Cada um desses elementos se desenvolve de maneira diferente nos dois textos, sobretudo o segundo referido à postergação da Parusia em 2 Tessalonicenses. Com efeito, esse fato merecerá uma descrição mais longa neste segundo texto, com novos atores que postergarão a realização do dia final.

Do ponto de vista literário e teológico, distinguimos aqui dois tipos de discurso messiânico: um do "imediatismo imediato" e outro do "imediatismo diferido". Ambos falam de *imediatismo*, mas com acentos diversos, abertos pela experiência e pelo contexto das comunidades crentes que foram receptoras de tais cartas em momentos distintos.

3.1 A Escatologia Paulina

Era um lugar-comum nas análises histórico-críticas do século passado afirmar que houve uma variação significativa na compreensão que Paulo teve do fim dos tempos: tanto na questão do momento preciso do fim dos tempos como nas categorias hebreias[22] ou

---

[22] É preciso esclarecer desde o início de nossas reflexões a diferença entre os termos "escatologia" e "apocalíptica". O primeiro é mais geral e se refere à chegada dos últimos tempos, enquanto o segundo designa um modo particular pelo qual acontece esse fim da história. Nesse sentido, o uso do termo "apocalíptico" para a literatura judaica do Segundo Templo constitui uma das expressões da escatologia judaica, em particular em torno da chegada do Filho do Homem contada pelo livro do profeta Daniel, com seus respectivos ecos na literatura neotestamentária. Para fins do nosso estudo, não há que esquecer, portanto, as raízes hebreias desta visão do fim do mundo. Lester Graabe distingue ao menos quatro correntes de escatologia judaica com suas repercussões na escatologia cristã: (i) textual, (ii) messiânica, (iii) apocalíptica e (iv) gnóstica. Veja como exemplo seu seguinte comentário: "O termo 'escatologia' se refere ao conceito de 'coisas últimas': o fim da vida, o fim do mundo, o juízo final, a vida após a morte [...]. Definir o que é uma visão apocalíptica não é fácil. O termo deriva do grego *apokalypto*, 'revelar', e *apokalypsis*, 'revelação', mas foi particularmente influenciado pelo conteúdo do Apocalipse, livro constante do Novo Testamento [...]. Praticamente não há desacordo sobre o núcleo duro de livros que se podem denominar apocalípticos: Apocalipse, Daniel 7-12, o Primeiro Livro de Enoque, 2 Baruc, 4 Esdras. Eles possuem várias características largamente encontradas em livros apocalípticos: atribuição pseudoepigráfica, viagem celeste (ou jornada intramundana), revelação de segredos divinos, fim do mundo (cataclisma cósmico), figura messiânica,

helenísticas postas em jogo pelos textos paulinos.²³ Por um preconceito historicista até chegou-se a dizer que tanto Jesus como Paulo teriam se equivocado ao esperar a chegada da Parusia antes de sua própria morte. Nessa lógica, as cartas paulinas mais primitivas como as que nos ocupam aqui seriam o testemunho patente da ingênua espera do apóstolo acerca da chegada iminente do Dia do Senhor; enquanto as cartas tardias revelariam uma modificação significativa para a "paciente espera" pela inexplicável postergação cronológica da Parusia.

A exegese contemporânea sugere, em contrapartida, uma interpretação mais apegada à análise semiótica e retórica dos textos. A este respeito, a investigação principiada há alguns anos pelo exegeta evangélico Andrew W. Pitts assinala o sentido complexo dessas investigações atuais que buscam recuperar a unidade estrutural da obra:

> Depois de considerar as tendências [na exegese moderna] da escatologia paulina, assinalando os elementos particulares de unidade e diversidade que foram sugeridos, proponho que, assim como se encontra uma *diversidade retórica* na expressão das crenças escatológicas de Paulo, como resultado dos diversos contextos epistolares em que se desdobram estas crenças, assim também há uma *unidade estrutural* que pode

---

visões, porta-vozes angélicos, revisão da história (profecia *ex eventu*)". (Tradução Érico Nogueira). Lester L. Graabe, *Introduction to Second Temple Judaism: History and Religion on the Jews in the Time of Nemiah, the Maccabees, Hillel and Jesus*. London, Continuum, 2010, p. 87-88. Disponível em: http://site.ebrary.com/lib/alltitles/docDetail.action?docID=10427114&tppg=105. Acesso em: 16 jul. 2016.

²³ Desde 1911 Albert Schweitzer havia iniciado a discussão das fontes culturais de Paulo na primeira fase dos estudos sobre o Jesus histórico. Depois foi prosseguida por C. H. Dodd em 1953, mas defendendo a tese do sentido do helenismo do apóstolo. Cf. Andrew W. Pitts, "Unity and Diversity in Pauline Eschatology". In: Stanley E. Porter, "Paul as Jew, Greek and Roman: An Introduction", *Pauline Studies*, vol. 5: "Paul: Jew, Greek and Roman". Leiden, Brill Academic Publishers, 2008, cf. nota 10, p. 67-68. Disponível em: http://site.ebrary.com/lib/alltitles/docDetail.action?docID=10349206&tppg=82. Acesso em: 16 jul. 2016.

> ser detectada [...] como cenário escatológico organizado segundo três marcos de referência: passado, presente e futuro.[24]

Em sua proposta inicial, esse exegeta norte-americano somente conseguiu apresentar a unidade *estrutural* dos diversos textos, tanto protopaulinos como deuteropaulinos, mas sem diferenciar sua autoria, como já havia-se sugerido previamente. E, para maior desconcerto da exegese destes tempos pós-modernos, não sublinhou de maneira suficiente a compreensão *escatológica* que precisamente toma distância da mera *cronologia*, como se fosse impossível pensar a temporalidade messiânica com outras categorias que não fossem as cronológicas.[25] Contudo, podemos dizer que o mérito de sua proposta é, a nosso ver, o de vincular a unidade estrutural da escatologia paulina à experiência da páscoa de Jesus e do dom do Espírito, unidade que faz acessível aos crentes essa experiência. Com efeito, o Espírito é quem suscita os últimos tempos vividos tanto pelos vivos como pelos mortos, ambos à espera da chegada do Dia do Senhor.

Quanto ao contexto hebreu de Paulo, é importante comparar o uso dos termos próprios da linguagem apocalíptica judaica em voga nos tempos de Paulo, em particular os de Qumran, relacionando-os com os que o mesmo apóstolo emprega em suas diversas cartas, para situá-los depois no contexto da linguagem civil própria do Império

---

[24] Andrew W. Pitts, op. cit., p. 65. Disponível em: http://site.ebrary.com/lib/alltitles/docDetail.action?docID=10349206&tppg=79. Acesso em: 16 jul. 2016. [T. do A.].
[25] Veja como exemplo esta citação: "O poder da impiedade já (éde) atua – até que aquele que agora (árti) o retém seja removido. Portanto, quando Paulo lançava mão de suas crenças no presente escatológico, a evidência que temos parece sugerir que, das primeiras às últimas epístolas, ele se referia a uma estrutura unificada, a qual inclui um como estágio intermediário com um mais alto nível de comunhão com Cristo (além da participação presente), enquanto os fiéis mortos esperam a ressurreição do seu corpo e o reino da impiedade até que aquele que o retém seja removido em um momento furturo". Andrew W. Pitts, "Unity and Diversity in Pauline Eschatology" (Tradução Érico Nogueira). Andrew W. Pitts, op. cit., p. 89. Disponível em: http://site.ebrary.com/lib/alltitles/docDetail.action?docID=10349206&tppg=79. Acesso em: 16 jul. 2016.

Romano que falava do triunfo final evocando a chegada do César com sua *Pax romana*.

Também é preciso situar o horizonte *interpretativo* do anúncio de Paulo. A este respeito, Helmut Koester, o célebre exegeta de Harvard, propõe, à diferença de Fuchs, uma interpretação que aqui chamaremos "existencial" da espera do Dia do Senhor, pois se refere à vida da comunidade que é transformada pela esperança em sua ação iminente. Com efeito, a chegada do Dia do Senhor denota ambos os significados, de maneira concomitante, tanto o da iminência de sua chegada para os que já vivem desde agora "como Filhos da luz" como o de sua postergação para os que vivem ainda presos nas obras da escuridão. Assim, o exegeta norte-americano propõe a seguinte interpretação da escatologia de Paulo em 1 Tessalonicenses:

> "Filhos da luz" certamente não é uma expressão de cunho batismal, e com dificuldade pode ser entendida de maneira adequada sem sua relação com a literatura de Qumran. Os Filhos da luz são o povo escolhido de Deus que se encontra pronto e preparado para a batalha escatológica, combatendo do lado de Deus contra o Reino de Belial. [...] 1Ts 5,6-8 sublinha a posição da comunidade na esfera da escatologia realizada.[26]

Dessa perspectiva, além das frases contrárias de viver "na luz" e "na escuridão" que abrem o *contraponto* da espera escatológica segundo Paulo, em ambos os textos se desdobra um horizonte de temporalidade distinta de *chronos*, que o apóstolo chamará *kairós*. Com efeito, Paulo precisará em textos posteriores, como, por exemplo, em 2Co 7,26, que analisaremos mais adiante, a diferença entre *chronos*

---

[26] Helmut Koester, *Paul and His World. Interpreting the New Testament in Its Context.* Minneapolis, Fortress Press, 2007, p. 63 [T. do A.].

e *kairós*, o primeiro sendo o tempo circular do eterno retorno grego, enquanto o segundo é o tempo linear da espera da apocalíptica judaica levada a seu paroxismo com a páscoa do Messias Jesus. Tal insight paulino será substancial para a compreensão da vivência *teologal* e místico-ética que experimenta a comunidade cristã em sua espera da Parusia. Em consequência, a atualidade da vivência da comunidade crente de sua proximidade com o Senhor torna irrelevante a questão do calendário cronológico do Dia do Senhor.

Sobre a intensidade da chegada do Senhor, Paulo faz aqui uma emenda profunda a Isaías 59,17, texto que descreve a batalha que o Messias travará no dia final com uma linguagem guerreira e vindicativa: "Pôs a justiça como couraça e o capacete de salvação em sua cabeça. Pôs como túnica vestidos de vingança e vestiu o zelo como um manto". À diferença desse vocabulário de defesa e de justiça reivindicativa, Paulo falará também de justiça (*dikaiosyne*) para aguardar a chegada da salvação, mas substituindo o termo "salvação" por "esperança", denotando por esse meio um novo dinamismo vital de *outro* tipo de batalha. Assim, o Apóstolo não voltará a fazer alusão alguma à vingança. Evocará em seu lugar as armas pacíficas que mais adiante aparecerão unidas em sua íntima conexão como virtudes escatológicas (*pistis, elpis, agape*). Tal será a "artilharia comunitária para a batalha escatológica", segundo a expressão de Koester,[27] sugerida pelo apóstolo para viver o fim dos tempos.

Como último elemento da escatologia paulina de 1 Tessalonicenses, é preciso frisar a original expressão do versículo 10: "para que vivamos com ele". A expressão grega *syn autò zesomem* descreve uma simultaneidade tal que concentra toda a cronologia numa existência nova. Em alguns outros textos, Paulo utilizará expressões próximas de *syn autò* para denotar a união íntima que vive Cristo com sua comunidade escatológica. A este respeito, afirma de novo Koester:

---

[27] Cf. Ibidem, p. 64 [T. do A].

> Paulo não tinha interesse em estabelecer um calendário apocalíptico em si mesmo. Toda a ênfase é posta em "estar com o Senhor" (*syn autò*) (cf. também a expressão *azei syn autò* em 4, 14). Paulo utiliza com frequência a fórmula *syn Kyrio* para descrever a futura relação dos crentes com seu Senhor, ainda que a relação do prefixo *syn* com *Xristo* seja relativamente rara, já que emprega mais a expressão *em Xristo*. Por isso, a expressão "estando com o Senhor" de 4,18 parece apontar mais para o futuro. Por conseguinte, 1Ts 4,13-18 não anula a linha entre o presente e a existência futura.[28]

Em síntese, podemos dizer que para Paulo em 1 Tessalonicenses a Parusia não é, em primeira instância, uma questão cronológica, como se costuma interpretar quando se compara a 2 Tessalonicenses e a outros textos tardios. Koester sugere a hipótese muito razoável e plausível, depois de ponderar o vocabulário de Paulo sobre o tema, de que a Parusia será uma "desastrosa surpresa" para os que haviam posto seu coração na *Pax romana* e não haviam começado a viver ainda como "Filhos da luz", apesar de já terem recebido o anúncio da salvação.

Trata-se, afinal de contas, do anúncio do tempo messiânico em chave *kairológica*: não sob o domínio de *chronos*, mas temporalidade escatológica como *kairós*.

3.2 A Apocalíptica de Timóteo

As investigações exegéticas da década mais recente sobre a apocalíptica da escola paulina tentaram explicar a diferença

---

[28] Ibidem, p. 61 [T. do A.].

entre a escatologia iminente de Paulo em 1 Tessalonicenses e a diferença que aparece no que aqui chamaremos a *apocalíptica deuteropaulina*,[29] muito provavelmente elaborada por Timóteo, companheiro de Paulo e Silvano na pregação da Boa-Nova em Tessalônica.[30]

A arqueologia não trouxe muitas luzes para esclarecer essa novidade apocalíptica. Hoje é possível ter algumas notícias novas sobre o entorno cultural de Tessalônica que antes se desconheciam ou não se consideravam relevantes, como a existência de um templo dedicado ao Deus egípcio Serápis e os rastros de um culto fenício aos Kabires,[31] deuses da navegação que eram invocados em perigos súbitos, mais adiante retomados pela mitologia gnóstica. Mas é importante destacar

---

[29] Com uma fórmula breve, mas lúcida como um relâmpago, Lucien Cerfaux distinguia décadas atrás entre "apocalipse de Parusia (1 e 2Ts) e apocalipse de ressurreição (1Cor 15)". Cf. Lucien Cerfaux, op. cit., p. 147.

[30] Koester apresentará uma forte discrepância com a apreciação retórica de Donfried, como se verá a seguir, argumentando a favor de uma ênfase mais histórico-crítica, como costuma suceder na exegese neotestamentária. Cf. Karl Paul Donfried, *Paul, Thessalonica and the Early Christianity*. Grand Rapids, Eerdmans, 2002, p. 52.

[31] O romantismo alemão, com minucioso cuidado, rastreou a história dos cultos primitivos da Grécia em busca de uma suposta religião primitiva. Neste contexto, até Goethe citou os kabires no *Fausto* como "estranhos deuses" misteriosos, naquela passagem da "Baía entre as rochas do mar Egeu", ao descrever "A lua imóvel no zênite" da seguinte forma: "As Sereias: Com que rapidez partiram para Samotrácia, desaparecendo nas asas de um vento propício! Que pretenderão fazer no reino dos poderosos kabires? Quantos estranhos deuses se geram eternamente sem saber nunca o que são!". Goethe, *Fausto*. Barcelona, Juan Oliveres Editor, 1865, p. 184. A este respeito, é iluminadora a nota dos tradutores anônimos nessa velha edição do *Fausto* de Goethe, publicada por um editor catalão em fins do século XIX, onde se apalpa aquele ambiente cultural romântico, ávido de recuperar os rastros do *sentimento original* que preside a história da humanidade: "Os cabiras, deuses misteriosos – ou melhor: demônios –, despertam sempre nos gregos a ideia da mais remota antiguidade. Tinham eles em Mênfis um templo e estátuas que só os sacerdotes podiam visitar. Ante aquelas imagens de formas grotescas foi que Cambises, ao conquistar o Egito, cometeu o famoso sacrilégio de que fala Heródoto no livro III das *Histórias*. Eram bastante venerados na Samotrácia, onde se celebravam grandes orgias e bacanais em sua honra. [...] Kreuzer os apresenta como antigas divindades da natureza, levadas ao Egito pelos fenícios. [...] Schelling, em seu tratado *As Divindades da Samotrácia*, porcura a seu modo resolver o enigma. E vê no culto aos cabiras algumas tradições da religião primitiva. Goethe, porém, pode ter seguido a opinião de Lobeck von Kœnisberg acerca dos cabiras – este último um dos principais mitólogos alemães". (Tradução Érico Nogueira). Ibidem, nota 2.

que o culto que com maior probabilidade estava em voga em fins do século I em Tessalônica era o culto a César. Por meio destas festas, Roma celebrava a chegada da plenitude dos tempos.

No entanto, apesar desses rastros arqueológicos recentemente descobertos, não há suficientes indícios, nem textuais nem iconográficos, para vincular esses monumentos descobertos com a apocalíptica paulina como tal, nem a de Paulo de Tarso nem a de seus discípulos, em particular Timóteo.

O que parece mais interessante para a compreensão da espera dos tempos messiânicos tal como foi vivida pelas primeiras comunidades cristãs do mundo helenístico, de maneira diversa da concepção judaica predominante no século primeiro da era comum, é a *diferença* entre a compreensão do fim dos tempos nas duas cartas aos tessalonicenses.

Um elemento crucial para compreender tal diferença é a autoria de cada uma das duas cartas.

A autenticidade de 2 Tessalonicenses como epístola de Paulo foi debatida desde a primeira metade do século XX. A este respeito, Paul Donfried comenta o seguinte:

> Existem, portanto, diversos fatores que jogam a favor da autoria de Timóteo. Seu papel principal como representante de Paulo diante da comunidade de Tessalônica (1Ts 2,1-10), as viagens adicionais à Macedônia (1Co 4,17 e At 7,22), e o fato de que esteja associado a Paulo na redação de 2 Coríntios, Filipenses, 1 Tessalonicenses e Filêmon.[32]

---

[32] Cf. Wayne A. Meeks e John T. Fitzgerald (eds.), *The Writings of Saint Paul, A Norton Critical Edition*. New York, Norton, 2007, p. 101-1067. Traduz 2Ts 2,6 da seguinte maneira: "E agora sabeis o que o detém, para ser revelado no momento oportuno". (Tradução Érico Nogueira).

Tal diferença literária, tanto de autores como de contextos históricos diversos, explicaria a novidade radical própria da apocalíptica iminente da primeira epístola e a inovação que representou em seu momento a *escatologia diferida* da segunda epístola.[33] Paulo como autor no primeiro caso e, com muita probabilidade, Timóteo,[34] seu colega e companheiro na pregação, para o segundo texto aqui estudado.

O estilo literário e a diferença de enfoques no modo de apresentar a chegada do Dia do Senhor são os principais argumentos que se esgrimem para justificar tal hipótese. Além de hoje predominar a interpretação entre os exegetas de que não é da autoria do apóstolo dos gentios, sublinha-se que expressa um gênero literário próprio da *retórica deliberativa*.[35] Nesse sentido, por exemplo, descreve-o também Karl Paul Donfried:

> Este gênero inclui a honra e o benefício como os tópicos principais. E em 2 Tessalonicenses estes são empregados para aconselhar os ouvintes quanto a suas ações no presente e suas consequências no futuro. [...] Examinar os componentes da estrutura retórica do texto permite que estejamos atentos aos problemas nevrálgicos que o autor deseja apresentar à sua audiência. Assim, a *partitio* (2,1-2, que apresenta o resumo da proposição) indica imediatamente que o ponto principal de diferença do autor com seus adversários está relacionado com a pretensão de que "o dia do Senhor chegou"

---

[33] Cf. Karl Paul Donfried, op. cit., p. 53.
[34] Ibidem, p. 54. [T. do A.].
[35] A exegese clássica preferia falar do gênero literário próprio da escatologia em outros termos, antes como uma "espécie" do gênero profecia, como o faziam também os medievais: "*A escatologia, para exprimir-se, cunhou um gênero literário específico, o qual particulariza a profecia a fim de anunciar, num estilo adequado, apocalíptico, os acontecimentos do final dos tempos*". (Tradução Érico Nogueira). Lucien Cerfaux, op. cit., 1962, p. 144.

(2,2). E a *probatio* (2,3-15) evidencia que a
fonte deste falso ensinamento está em íntima
relação com o Espírito.[36]

Em todo caso, convém recordar que a apocalíptica é um gênero literário que requer ser compreendido em sua lógica própria: o símbolo ou a imagem são propostos para designar uma realidade de si *inefável*, que é impossível significar de todo pelas imagens ou pelas palavras.

Quanto à visão apresentada por 2 Tessalonicenses sobre o fim dos tempos, a parte mais debatida pelos exegetas é precisamente o capítulo 2,1-12, sobre a postergação inquietante do Dia do Senhor. Para interpretarmos de maneira adequada esse texto, temos primeiro de compreendê-lo em seu contexto original, sem a distorção que supõem as posteriores recepções do texto, embora tenhamos de considerar também em seu momento o porquê de tais leituras.

≈

Detenhamo-nos por um momento na recepção do ensinamento paulino que predominou no Ocidente como espera do Messias num sentido moral e pastoral, precisamente na linha da retórica deliberativa. Com efeito, a tradição dos Padres da Igreja, tanto latinos como gregos, leu esse texto de maneira principal como uma exortação à virtude no meio da destruição e da confusão reinantes. Uma feição própria de um contexto apologético de defesa do cristianismo em face da corrupção da predominante cultura romana decadente. Nesse contexto, os Padres da Igreja propuseram um olhar escatológico de predomínio moral.

No entanto, Santo Agostinho deu um giro inusitado à interpretação da postergação da Parusia, a partir de sua intuição-chave da

---

[36] Karl Paul Donfried, op. cit., p. 50 [T. do A.].

Civitas Dei. A partir daí, assinalou o caráter *corporativo* do Ímpio ao comentar 2Ts 2,1-12, em particular o versículo 4b, que diz, à letra: "até o extremo de sentar-se ele mesmo no Santuário de Deus e proclamar que ele mesmo é Deus". O teólogo de Hipona comenta esse texto nos seguintes termos:

> É incerto em que templo de Deus se sentará o Ímpio, se no templo de Salomão ou na Igreja. O Apóstolo não chamaria Templo de Deus ao templo de um ídolo ou demônio. Daí que alguns sugiram que tomemos o Anticristo nesta passagem não como o líder, mas como o corpo inteiro que ele dirige, quer dizer, a multidão dos seres humanos associada a seu poder, junto dele como seu dirigente. Por isso, expressaríamos melhor o sentido grego da expressão se traduzíssemos o verso "se sentará" não "*no* templo de Deus", mas "*como* o templo de Deus", como se fosse ele mesmo o templo de Deus, o que somente é próprio da Igreja (*Cidade de Deus* 20, 13).[37]

Mas Teodoreto de Ciro,[38] o último dos mestres da Escola de Antioquia, algumas décadas depois de Agostinho, voltou a ler esse texto como um ensinamento moral e o aplicou em sentido apologético. Reforçou assim uma interpretação que prevalecerá até nossos dias, mas que distorce o sentido original do texto. Com efeito, como sublinhava Santo Agostinho e assinala a exegese contemporânea com maior insistência, o sentido *escatológico*, ou de "imediatismo

---

[37] John Leinenweber (ed.), apud Bede the Venerable. *Excerpts from the Works of St. Augustin on the Letter from the Blessed Apostle Paul*. Kalamazoo, Cistercian Publications, 1999, p. 291 [T. do A.].
[38] Cf. Teodoreto de Ciro, *The Last Days*, apud Bede the Venerable. *Excerpts from the Works of St. Augustin on the Letter from the Blessed Apostle Paul*. Kalamazoo, Cistercian Publications, 1999, p. 337-38.

imediato" como dizemos nós, do Dia do Senhor se refere, na verdade, a uma *nova temporalidade* vivida pelo crente no aqui e agora da luta contra o mal.

4. A Tensão do Tempo Messiânico na Teologia Protopaulina

Pelos motivos acima expressos sobre uma escatologia do *imediatismo imediato* predominante em Paulo, Helmut Koester objeta a interpretação de Jewett, que faz de 2 Tessalonicenses uma correção à primeira epístola. Na hipótese deste último, a segunda epístola teria sido redigida por Timóteo sob o pseudônimo de Paulo, depois de ter conhecido melhor a situação do paganismo em Tessalônica, para prevenir a nova comunidade dos perigos de um paganismo gnóstico que surgia nessa cidade helênica. Seus principais argumentos se centravam na suposta influência dos cultos pagãos acima referidos nas expressões de 2 Ts 2,1-15 e no vocabulário empregado em ambas as cartas.

Isso então situa a discussão, sempre segundo o parecer de Helmut Koester, mais nos textos que em seu contexto cultural e religioso. Em seu estudo comparativo da visão do fim dos tempos em ambas as cartas, ressalta a diferença que existe entre uma e outra em torno da questão da iminência do Dia do Senhor:

> O autor desta epístola, em contraste com seus oponentes, põe em relação a experiência da tribulação não com o Dia do Senhor, mas com a chegada do juízo, o que trará consigo uma retribuição igualitária. Por isso, os que atravessam a tribulação podem aguardar com paciência a revelação do Senhor que chegará dos céus (2Ts 1,7). O propósito estabelecido de maneira explícita para a Parusia do

Senhor Jesus é realizar este juízo a todos os que estão atormentando os cristãos. Assim, uma vez que a Parusia foi posta em sua própria função e perspectiva, o autor da epístola pode citar a frase recorrente de seus oponentes e avançar para a segunda parte de seu argumento, que consiste em estabelecer a clara distância entre o presente e a Parusia em 2Ts 3,12.[39]

A primeira epístola falava do "imediatismo imediato" do acontecimento escatológico que consumaria a redenção. A segunda, em contrapartida, pondera o "imediatismo imediato" enquanto distância que separa a Parusia da vida presente da comunidade, convidando seus membros a viver o presente aguardando esse momento na *paciência* de Deus. Dois tipos de imediatismo, de presença do Senhor e de vivência crente de sua chegada.

E, para dar conta dessa postergação da Parusia, o autor de 2 Tessalonicenses introduz duas etapas prévias à manifestação do Dia do Senhor vividas como tribulação (θλῖψις, *thlipsis*): o tempo do *Katechon* e a chegada do Anticristo. Vejamos brevemente cada um desses elementos.

A tribulação é um termo próprio da apocalíptica judaica, associado à chegada do Filho do homem para julgar as nações. Até se falava da Grande Tribulação que precederia o dia final e que, sobretudo na reflexão própria do Segundo Templo, adquire elementos cósmicos e de juízo definitivo de Deus sobre os Filhos de Israel que caíram nas redes da iniquidade.[40]

---

[39] Helmut Koester, op. cit., p. 68 [T. do A.].
[40] Um termo associado por 2 Ts 2,7 à impiedade do inimigo que seduz e é representado como o demônio na literatura sinóptica (Mt 13,39), segundo o paralelismo da exegese contemporânea. Cf. Patricia Elyse Terrell, *Paul's Parallels. An Echoes Synopsis*. New York, Continuum Books, 2009, p. 851.

Quanto ao personagem misterioso que precede à chegada do Anticristo, a *Norton Critical Edition* das cartas paulinas anota o seguinte:

> "O que se retém" e "o que retém" (v. 7) traduzem particípios do mesmo verbo, um no neutro e o outro no masculino. Nenhum dos dois particípios tem complemento: ele ou isso foram acrescentados pelos tradutores. Se os leitores originais "conhecem", como diz Paulo, a força que dispersa ou a pessoa que retém os acontecimentos por vir, o segredo morreu com eles, razão por que os subsequentes comentaristas fizeram somente conjecturas sobre sua possível identificação a partir da própria missão de Paulo em face do Império Romano ou de Satã. A noção talvez provenha do mito de um monstro associado à criação que teria de ser libertado no final dos tempos (cf. Ap 20,1-3) como uma variação apocalíptica. O propósito de Paulo não é produzir uma proposição dogmática das coisas futuras, senão que, como sucede em outros textos onde utiliza as tradições apocalípticas, tem um propósito pastoral. Deseja tranquilizar o povo que sofre perseguição e angústia (1,4) para dizer-lhe que tal mal se encontra agora restringido e que, no tempo querido por Deus, chegará a seu fim.[41]

O que aparecia então em 1 Tessalonicenses como um acontecimento fulgurante e definitivo que poria fim à história de ignomínia da humanidade pecadora, agora fica diferido na história. Mas

---

[41] Wayne A. Meeks e John T. Fitzgerald (eds.), op. cit., p. 104-05, nota 8 [T. do A.].

permanece o substancial da mensagem escatológica, a saber, a exortação a aprender a viver na "proximidade com o Senhor" em qualquer das duas situações.

Mas o que significa a *tribulação* de que fala o autor de 2 Tessalonicenses? Podemos associá-la somente ao domínio romano e à corte que o acompanha para dar culto ao César? Ou também poderia ser expressão do culto a divindades pagãs que se remontam à antiga Grécia? Que relação tem a ideia de tribulação judaica com o que Paulo anunciou em Tessalônica e em Corinto? Pode situar-se uma fonte jesuânica que dê conta dessa chave de interpretação do fim dos tempos?

Os estudos judaicos recentes mostram a importância da ideia de tribulação na escatologia judaica do Segundo Templo, prévia à sua destruição, com elementos similares aos da pregação do Jesus histórico. Por exemplo: a chegada do Messias, de seu oponente escatológico, e a ideia do fim do exílio com a chegada do Reino de Deus.[42]

É notável o paralelismo da descrição protopaulina da tribulação com o que a literatura judaica extracanônica[43] descreve de sua parte, por exemplo em 2 Esdras 16,40-44:

> Escuta minhas palavras, povo meu. Prepara-te para a batalha e no meio das calamidades *sê como um estrangeiro na terra*. Deixa que o que vende seja como o que foge; deixa que o que

---

[42] Cf. Brant Pitre, *Jesus, the Tribulation and the End of the Exil. Restoration Escathology and the Origin of the Atonement*. Grand Rapids, Baker Academic, 2005, p. 510.
[43] A este respeito, afirma Bruce W. Longenecker, tradutor de 2 Esdras ao inglês: "Um guia para 2 Esdras é, por definição, uma coisa muito peculiar, porque 2 Esdras é conformado por três documentos escritos de maneira independente: 4 Ezra (2Esdras 3-14), 5 Ezra (2Esdras 1-2) e 6 Ezra (2Esdras 15-16). O primeiro deles é o apaixonante apocalipse judeu de fins do primeiro século de E.C., enquanto os outros dois são textos cristãos tardios que foram acrescentados posteriormente a 4 Ezra". Bruce W. Longenecker, *2 Esdras*. Sheffield, Sheffield Academic Press, 1995, p. 9 [T. do A].

> compra seja como o que perde; deixa que o que faz negócio seja como o que não tira proveito; deixa que o que constrói uma casa seja como o que não vive nela; deixa que o que semeia seja como o que não colhe; também deixa que o que degusta o vinho seja como o que não recolheu as uvas; os que se casem, como os que não terão filhos; e os que não se casam como se fossem viúvos.[44]

Um "mundo ao revés" é descrito por essa literatura paradoxal do fim do mundo, tanto na tradição judaica extracanônica como nos textos protopaulinos aqui analisados.

Mas há um elemento inovador em Paulo. A nota relevante é que a tribulação de que fala inclui os sofrimentos (*pathémata*) do próprio apóstolo: de alguma maneira "estão associados à tribulação escatológica"[45] como participação no sofrimento do Messias... E poderíamos ir ainda mais longe seguindo esta lógica: o sofrimento dos inocentes estaria pela mesma razão intimamente associado ao do Inocente, por antonomásia, que é Jesus de Nazaré crucificado *extramuros* de Jerusalém. Todos esses sofrimentos fariam parte da Grande Tribulação.

Quanto ao tipo de vida que Paulo recomenda que se viva na comunidade messiânica durante a espera do Dia do Senhor, convém fazer uma afirmação sugerida já pela exegese pré-conciliar e desenvolvida com maior rigor pela exegese contemporânea.

Graças aos estudos comparados das religiões, foi possível apreciar há mais de meio século a diferença entre a "paciência escatológica"

---

[44] 2 Esdras (6 Ezra) 16,40-44, apud Walter T. Wilson, *Pauline Parallels. A Comprehensive Guide*. Louisville, Westminster John Knox Press, KY, 2009, p. 136 [tradução e destaque do autor].
[45] Lucien Cerfaux, op. cit., 1962, p. 152 [T. do A.].

paulina (ὅ ὑπομονή ou *hipomonéi*,[46] que alguns traduzem como tenacidade) e a "orgulhosa disciplina" estoica da *apatheia*. Esta é uma conquista do sujeito, enquanto aquela se revelaria adveniente como dom gratuito de Deus, como o explica Lucien Cerfaux com sua habitual sabedoria:

> O estoico pretende conquistar sua perfeição na grande luta por meio de uma disciplina orgulhosa, a *apatheia*. O cristão, em contrapartida, recebe sua paciência do Espírito Santo. Somente o dom de Deus lhe concede a força interior necessária para suportar de maneira heroica as perseguições e tudo o mais da vida presente; por isso não cessa de reconhecer sua fraqueza.[47]

Afinal de contas, podemos dizer, seguindo essa hermenêutica paulina do imediatismo, que o *combate escatológico* é assunto dos cristãos de cada época: hão de ir aprendendo a ir sempre além do "orgulho humano que Satã apoia e alenta como

---

[46] O termo grego ὅ ὑπομονή aparece quatro vezes na literatura paulina. A *Bíblia de Jerusalém* o traduz como "tenacidade" ou "paciência", e a Bíblia latino-americana como "espera". As citações paulinas são as seguintes: "Temos presente diante de nosso Deus e Pai a obra de vossa fé, os trabalhos de vossa caridade, e a *tenacidade* de vossa esperança em Jesus Cristo nosso Senhor" (1Ts 1,3); "a ponto de que nós mesmos nos gloriamos de vós nas Igrejas de Deus pela *tenacidade* e pela fé em todas as perseguições e tribulações que tendes passado" (2Ts 1,4); "Que o Senhor guie vosso coração para o amor de Deus e a *tenacidade* de Cristo" (2Ts 3,5). Será na Epístola aos Romanos que o termo adquire seu sentido mais tradicional de espera paciente: "Mais ainda, gloriamo-nos até nas tribulações, sabendo que a tribulação gera a *paciência*; a *paciência*, virtude provada; a virtude provada, esperança, e a esperança não falha, porque o amor de Deus foi derramado em nosso coração pelo Espírito Santo que nos foi dado" (Rm 5,3-5); o texto da versão grega diz: οὐ μόνον δέ, ἀλλὰ καὶ καυχώμεθα ἐν ταῖς θλίψεσιν, εἰδότες ὅτι ἡ θλῖψις ὑπομονὴν κατεργάζεται, ἡ δὲ ὑπομονὴ δοκιμήν, ἡ δὲ δοκιμὴ ἐλπίδα· ἡ δὲ ἐλπὶς οὐ καταισχύνει, ὅτι ἡ ἀγάπη τοῦ θεοῦ ἐκκέχυται ἐν ταῖς καρδίαις ἡμῶν διὰ πνεύματος ἁγίου τοῦ δοθέντος ἡμῖν.
[47] Lucien Cerfaux, op. cit., p. 154 [T. do A.].

misterioso adversário",[48] como dizia o professor de Lovaina, ainda com certo tom mitológico.

Não há que esquecer, ademais, que a teologia da glória é o marco teológico em que acontece a escatologia enquanto tempo messiânico. G. Agamben descreve de maneira contundente esse elemento na teologia paulina:

> Na segunda Epístola aos Coríntios, Paulo recolhe o *kabod* do Êxodo (29 ss.) para fundar sobre ele, por meio de um meticuloso *crescendo* de imagens ópticas, sua teoria da glória. A glória – provisória – que ilumina o rosto de Moisés depois de ter recebido de Deus as tábuas da lei (definidas em coerência com a implacável crítica paulina da lei, "serviço da morte", *diakonia tou thanatou*, 2Co 3,7) é incomparavelmente menor que a que resulta do "serviço da redenção" que o messias levou aos homens. Mas os membros da comunidade messiânica (Paulo não conhece o termo "cristão") não têm necessidade, como Moisés, de pôr um véu (*kalymna*) no rosto [...]. O messias significa, com efeito, a desativação do véu (*hoti en Christoi katargeitai*, ibid, 3,14).[49]

Tal serviço da redenção implica, portanto, o descobrimento do véu que impede visualizar a glória divina. Retomando a linguagem girardiana, podemos dizer agora que o combate escatológico consistiria em ir aprendendo a desmontar os mecanismos do desejo mimético que alimentam a espiral do ódio e da violência no seio da própria

---

[48] Ibidem, p. 151 [T. do A.].
[49] Giorgio Agamben, op. cit., p. 223.

vida e das comunidades humanas para vislumbrar aí precisamente, no seio da "*montée aux extrêmes*" (escalada para os extremos), dessa espiral de violência, um horizonte de esperança. A apocalíptica escatológica desvelaria então a *proximidade* da Parusia, levando o crente à beira de seu próprio abismo: "ver o chão afundar sob os próprios pés se não nos aferramos às verdadeiras realidades eternas".[50]

Transladando para nosso contexto de modernidade tardia essa compreensão da iminência do tempo messiânico, inovada por Paulo à luz de sua experiência da Páscoa do Messias Jesus, podemos dizer que não se excluem as duas experiências, o imediatismo e a postergação, senão que antes se complementam.

Em síntese, o que podemos dizer da iminência do Dia do Senhor na teologia paulina é que, para além de todo desejo de posse da vida eterna, o que o autor de 2 Tessalonicenses urge aos membros da comunidade messiânica é o viver com uma fortaleza inusitada no presente, à espera de uma chegada do Dia do Senhor que foi diferida no hoje da história, situação que não tira nada à urgência de preparar-se para a chegada do Dia do Senhor também no presente.

5. A Escatologia Tardia de Paulo na Epístola aos Filipenses

Prossigamos na rota paulina da compreensão do fim do mundo. Trata-se de captar uma novidade na leitura da antiga ideia hebreia do tempo messiânico. A Epístola aos Filipenses, sem ser o centro principal de nossa análise por tratar-se de um texto posterior que não fala do *Katechon* ou do "que retém a chegada do Anticristo", dá-nos, no entanto, algumas pistas para a melhor compreensão da mensagem original do apóstolo.

---

[50] Lucien Cerfaux, op. cit., p. 155 [T. do A.].

O estudo do exegeta alemão Heinz Giesen[51] é revelador do estado atual da questão. Para nossa análise da Parusia, traz uma importante luz sobre o tema do dia final em sua relação com a experiência pessoal do apóstolo, marcada pelo cativeiro e pela espera de uma sentença romana:

> Paulo prepara os filipenses para o estágio seguinte, que certamente surpreenderá a muitos. Ele mesmo tem certeza de seu gozo no futuro, dado que, graças à sua fé, sabe que, não importa o que suceda – a pena capital ou a libertação –, será para sua salvação, como afirma citando literalmente o livro de Jó 13, 16a LXX (v. 19). Assim como Jó em seu sofrimento, também Paulo espera com confiança sua reivindicação. *Soteria* significa salvação escatológica, não somente ser libertado da prisão. [...] Pode chegar a dizer isto não somente porque os perigos pessoais sejam as realidades empíricas e históricas, mas pela eficácia da ressurreição e da presença de Cristo exaltado. [...] E, mais ainda, pode esperar as duas, enquanto compreende seu sofrimento como uma situação de morte, seguindo o salmista (Sl 55,4-5, 88,4-6, 116,3) e, em consequência, o resgate dos perigos como um resgate da morte (2Co 1,10; cf. Sl 33,19; 56,14; 116,8).[52]

Com esse texto vemos que a escatologia tardia de Paulo inclui igualmente a dupla tensão já presente nas primeiras cartas: entre presente e futuro, entre salvação universal e pessoal. Tal é a constante do pensamento paulino sobre o fim dos tempos.

---

[51] Cf. Heinz Giesen, "Eschatology in Philippians". In: *Paul and his Theology*. Leuven, Brill Academic Publishers, p. 217-72.
[52] Ibidem, p. 241 [T. do A.].

Quanto à "proximidade do Senhor" (Fl 4,5) no meio dessa difícil espera escatológica, vale a pena destacar o caráter de iminência próprio da presença de Deus, pois "Cristo já desde agora determina a vida dos cristãos, segundo o que deduzimos da explicação do termo *políteuma* (v. 20)".[53]

Em passagens das primeiras epístolas de Paulo que já analisamos, como 1Ts 15-17, o relevante é o sentido *comunitário* do imediatismo da Parusia, tanto para os vivos como para os que já morreram. A este respeito, vale a pena ressaltar o comentário de Heinz Giesen:

> Paulo, que de maneira contrária ao sentido comum não consente com o que creem os tessalonicenses, resolve o problema [de saber quem serão testemunhas da Parusia] muito claramente afirmando que os cristãos que já morreram antes da Parusia ressuscitarão primeiro (4,16c) e assim poderão ser elevados, *junto a todos os demais* que ainda permaneçam em vida, para encontrar o Senhor nas alturas (4,17). A frase decisiva para a expectativa de Paulo está escrita no versículo 15 (cf. v. 17). Em ambos os versos, há dois particípios no presente intensivo: *oi zontes/ oi perileipómenoi*. Se o apóstolo quisesse somente afirmar a iminência da Parusia, um dos particípios seria suficiente. A gramática grega sugere que o segundo particípio, *oi perileipómenoi*, limita e qualifica o primeiro, o que dá como significado: os que estejam vivos até a Parusia não deveriam ter vantagem alguma sobre os que morreram antes [...] os mortos não terão desvantagem alguma na Parusia.[54]

---

[53] Ibidem, p. 268 [T. do A.].
[54] Heinz Giesen, op. cit., p. 269 [T. do A.].

Trata-se, portanto, de um acontecimento ao mesmo tempo presente e futuro, pessoal e comunitário. No cruzamento dos dois eixos, lemos o imediatismo próprio da temporalidade messiânica, relida por Paulo a partir de sua tradição hebreia, mas agora com os novos olhos que lhe dá o Espírito de Jesus, "entregue por nossos pecados e ressuscitado para nossa justificação".[55]

Nesse sentido, concordamos com o seguinte diagnóstico de Andrew Pitts:

> Em Rm 8,11 Paulo explicita o sentido profundo de seu pensamento [escatológico] sobre este assunto [o da esperança na ressurreição], baseando sua racionalidade no fato de que, desde que os crentes se encontram habitados pelo mesmo Espírito que ressuscitou a Cristo dentre os mortos, podem eles estar seguros de que Deus, "que ressuscitou a Cristo da morte, lhes dará vida também a [seus] corpos mortais por meio do Espírito que habita [neles]. Esta noção manifesta uma considerável continuidade com a visão expressa em 1Ts 4,14.[56]

À luz da experiência da ressurreição do Messias Jesus, o apóstolo é capaz de compreender a atualidade e a vigência da salvação em sua íntima relação com a tensão escatológica que inaugura a redenção do Messias até sua consumação no dia final.

Tal unidade estrutural da escatologia paulina é de ordem cristológica e pneumatológica,[57] como veremos nos dois capítulos finais deste livro.

---

[55] A versão grega diz: ὃς παρεδόθη διὰ τὰ παραπτώματα ἡμῶν καὶ ἠγέρθη διὰ τὴν δικαίωσιν ἡμῶν, Rm 4,25.
[56] Andrew W. Pitts, op. cit.; Cf. nota 10. Disponível em: http://site.ebrary.com/lib/alltitles/docDetail.action?docID=10349206&tppg=79. Acesso em: 16 jul. 2016. [T. do A.].
[57] Neste sentido vai também o comentário de Andrew W. Pitts: "Parece, pois, que, quando Paulo lança mão de suas grandes estruturas escatológicas em momentos que, de um ponto de vista retórico, lhe exigem que exponha e explicite a relação da

Preferiremos manter-nos aqui no umbral da teologia fundamental para discernir o sentido teologal, quer dizer, pré-teológico e pré-discursivo, da experiência do fim dos tempos que São Paulo descreve em suas epístolas.

≈

Impõe-se aqui uma breve consideração sobre a *escatologia jesuânica* que aparece como provável fundo da teologia paulina.

Em nossos tempos, a exegese pós-moderna deseja recuperar uma feição menos centrada na exortação moral e piedosa, mas sobretudo mais concentrada na feição *apocalíptica* da teologia jesuânica, como propõem Borg e Crossan[58] na linha do Jesus histórico.

Segundo essa perspectiva, é preciso voltar ao texto, à luz das investigações sobre Jesus na Palestina do século I E.C. e do cristianismo primitivo, para poder compreender o sentido fundacional do *tempo messiânico* implicado pela urgência da ação e pela paciência dos justos, ambas associadas em um mesmo e único dinamismo, como espera vigilante da chegada do Dia do Senhor.

Como indício dessa novidade, é sugestiva a observação de G. Agamben, a partir de seu enfoque filológico mais que exegético, sobre a originalidade de Cristo na compreensão do fim dos tempos como um desmantelamento da teologia da glória que predominou no judaísmo do Segundo Templo:

---

ressurreição de Cristo com a ressurreição do fiel – fundamento da esperança escatológica e sua garantia pneumatológica e cristológica –, ele se refere a uma estrutura admiravelmente consistente, baseada em acontecimentos-chave do passado, da primeira (1 Ts) às últimas epístolas (2Cor, Rm, Ef)". (Tradução Érico Nogueira). Andrew W. Pitts, op. cit., p. 86-87. Disponível em: http://site.ebrary.com/lib/alltitles/docDetail.action?docID=10349206&ppg=79. Acesso em: 16 jul. 2016.
[58] Cf. Marcus J. Borg e John Dominic Crossan, *The First Paul: Reclaiming the Radical Visionary behind the Chruch Conservative Icon*. New York, Harper One, 2009, p. 230.

> Assinalou-se com frequência que, nos Evangelhos, Jesus usa o *amem* de um modo que não encontra paralelismos no Antigo Testamento nem na literatura rabínica, quer dizer, não como responsório, mas no início de suas afirmações, em expressões do tipo: *Amen, amem lêgo ymin...* (na Vulgata: *Amen, amen, dico vobis*). É possível aventurar neste uso particular algo como uma consciente inversão messiânica da aclamação afirmativa, da doxologia que aprova e repete numa posição que, pelo menos em aparência, inova e transgride.[59]

Em que consiste tal inovação é parte essencial das investigações atuais sobre o messianismo de Jesus. Por isso, será preciso que nos perguntemos, junto da teologia protopaulina acima apresentada, sobre aquilo que o próprio Jesus de Nazaré anunciou acerca do fim dos tempos, a partir de sua condição de "judeu marginal" e no contexto da apocalíptica batista em que se inscreveu sua pregação na Galileia que o conduziu à confrontação final em Jerusalém.

Os estudos da *Third Quest* sobre o Jesus histórico realizados nas últimas décadas vinculam várias tradições – como, por exemplo, o Evangelho de Marcos com o Evangelho de Tomé – para ponderar a plausibilidade histórica da pregação escatológica de Jesus. As conclusões até agora apontam para a confirmação de que Jesus pregou na Galileia o retorno de Elias em relação direta com a morte de João Batista.[60] E é muito provável que tenha anunciado

---

[59] Giorgio Agamben, op. cit., p. 252.
[60] Veja, por exemplo, o comentário de John Dart assentindo à hipótese de Wolfgang Roth, o teólogo evangélico de Chicago, sobre o paralelismo de Elias com João Batista e de Jesus com Eliseu no Evangelho de Marcos. Distancia-se da engenhosa mas irrelevante ideia proposta por Roth sobre o número de milagres contados pelo evangelista Marcos

o futuro sofrimento do Filho do Homem em chave messiânica, vinculando esses acontecimentos típicos da escatologia judaica com a esperança no fim do exílio e a chegada do Reino de Deus em sua própria carne.[61]

Esse é um tema central que desenvolveremos com mais detalhes no capítulo seguinte a partir de uma perspectiva exegética e hermenêutica, já que é de importância capital para nosso estudo o fato de abordar a questão da pregação de Jesus sobre o fim do mundo.

Mas, por ora, importa assinalar aqui que, contra o que afirmou uma primeira geração de estudos sobre o Jesus histórico, parece, sim, plausível dizer agora que Jesus teve consciência da iminência do tempo escatológico, incluindo sua própria morte, como sinal messiânico do início da Grande Tribulação. A este respeito, o professor da Universidade de Notre Dame em Indiana assinala o seguinte:

> Com o sacrifício de seu próprio corpo e seu próprio sangue, [Jesus] viu pôr-se em movimento uma nova Páscoa, a Páscoa escatológica, que traria consigo o fim do exílio. Como cordeiro pascal e como ovelha messiânica, Jesus promulgou um signo profético para "o perdão dos pecados", o que, pelo sangue de uma "(nova) aliança", inauguraria a reunião

---

como múltiplos de oito, atribuindo oito a Elias, dezesseis a Eliseu e 24 a Jesus: "Roth argumentava que Marcos necesitava de leitores que indentificassem João Batista com Elias e comparassem Jesus com Eliseu. João Batista foi o predecessor de Jesus – assim como Elias precedeu a Eliseu. A abertura do texto de Marcos sugere sim, sem sombra de dúvida, esse paralelismo. O Espírito Santo desce sobre Jesus no rio Jordão, onde João Batista o batizara. Foi nas cercanias do mesmo rio que Eliseu recebeu a porção dobrada do espírito de Elias: 'João se vestia de pelos de camelo e se alimentava de gafanhotos e mel silvestre' (Mc 1,6)". (Tradução Érico Nogueira). John Dart. *Decoding Mark*. Harrisburg, Trinity Press, 2003, p. 31.

[61] Cf. Brant Pitre. op. cit., p. 511.

das tribos dispersas de Israel. Assim como o primeiro Êxodo foi precedido e posto em movimento por um sacrifício pascal, no meio de provas e pragas, assim também Jesus viu sua morte pôr em movimento a grande prova pascal e escatológica que traria consigo a restauração de Israel.[62]

Dessa maneira, a inovação própria da apocalíptica judaica que consistiu no anúncio do fim dos tempos seria levada ao extremo por Jesus de Nazaré de maneira paradoxal, anunciando seu cumprimento em sua própria vida. Daria lugar, assim, a uma nova compreensão do tempo messiânico que, entre outros, será desenvolvida com grande genialidade por Paulo de Tarso.

6. O Fim dos Tempos no Evangelho de Marcos

Do ponto de vista metodológico, voltar a um acontecimento originário é um procedimento complexo, já que supõe certa desconstrução dos significados até chegar ao que seria a interpretação mais plausível. Para isso é preciso distinguir fontes, contextos e interpretações. Tal é o procedimento que tentamos levar a efeito nesta reflexão sobre a pregação jesuânica do fim dos tempos. Dado que não temos fontes diretas da autoria de Jesus, é necessário proceder a partir das mais primitivas no processo de transmissão, remontando-nos daí até o que pode ter sido o conteúdo original em questão.

Nesse sentido, para compreendermos melhor a aproximação ao núcleo primitivo da pregação jesuânica, precisamos deter-nos por

---

[62] Ibidem, p. 515.

um momento na fonte neotestamentária mais próxima da pregação de Jesus de Nazaré e das cartas protopaulinas que aqui analisamos. Assim, poderemos situar o contexto cultural hebreu em que tanto Paulo como o autor do Evangelho de Marcos redigiram os textos fundadores da compreensão do fim dos tempos realizada por Jesus de Nazaré na Palestina do século I E.C.

O Evangelho de Marcos é conhecido como o mais antigo dos quatro evangelhos canônicos que dão testemunho de Jesus de Nazaré como pregador na Galileia e profeta escatológico em Jerusalém, seguindo o modelo da narrativa de Elias-Eliseu.[63] Com efeito, sua originalidade deita raízes na terra fecunda desses dois profetas primitivos de Israel[64] e dá pistas sobre o sentido messiânico do fim dos tempos que se cumpre na páscoa de Jesus segundo a narrativa de Marcos.

A *Third Quest* abordou com perspectivas diversas o tema do fim dos tempos na pregação de Jesus, acentuando ora seu caráter escatológico, ora o apocalíptico, ora o sapiencial. Como comenta David Gowler:

---

[63] Sobre o gênero literário do Evangelho de Marcos, é interessante para nosso estudo o comentário de Thomas L. Brodie, ampliando a hipótese de R. Brown de 1971, sobre sua proximidade com o ciclo de Elias-Eliseu contado em 1 e 2 Reis: "O essencial é que o gênero da narrativa de Elias e Eliseu – história revelada (profética) em forma biográfica – fornece ao menos um precedente parcial para o gênero do Evangelho de Marcos". (Tradução Érico Nogueira). Thomas L. Brodie, *The Crucial Bridge. The Elijah-Elisha Narrative as an Interpretive Synthesis of Genesis-Kings and a Literary Model for the Gospels*. Collegeville, The Liturgical Press, 2000, p. 88.

[64] Como parte de uma análise retórica do Evangelho de Marcos, comenta o exegeta dominicano: "São múltiplas as afinidades entre a narrativa de Elias e Eliseu, de um lado, e a de Marcos, do outro: o gênero (mistura de história e biografia), a extensão, o formato e muitos episódios, o conteúdo de três momentos decisivos [(i) o chamado dos discípulos, (ii) a multiplicação dos pães e (iii) a purificação do Templo] e o padrão geográfico. Tais afinidades não diminuem, porém, o que Marcos tem de caracteristicamente particular: a clareza com que sua longa conclusão enfatiza o sofrimento e morte de uma única pessoa". (Tradução Érico Nogueira). Thomas L. Brodie, *The Crucial Bridge. The Elijah-Elisha Narrative as an Interpretive Synthesis of Genesis-Kings and a Literary Model for the Gospels*. Collegeville, The Liturgical Press, 2000, p. 95.

Ao que parece, Jesus esperou a irrupção iminente do reinado de Deus e falou dele de maneira literal e não metafórica. O retrato de Jesus proposto por Sanders, no entanto, conta somente uma parte da história, porque menospreza as implicações sociais e econômicas da mensagem de Jesus. Por seu lado, a reconstrução de Allison afina este retrato por muitas vias: primeiro, situa o movimento de Jesus dentro do amplo contexto dos movimentos milenaristas; segundo, não minimiza os conflitos entre Jesus e seus contemporâneos; terceiro, Allison dá conta de maneira correta do fato que, ainda que boa parte do ensinamento de Jesus seja de caráter escatológico, nem tudo era assim. Os imperativos éticos de Jesus, por exemplo, não podem ser reduzidos à escatologia. Tampouco muitos dos temas de sua vida pública, incluindo sua representação de Deus como pai, sua ênfase no amor, a compaixão e o perdão de Deus, bem como o olhar especial de Deus pelos desafortunados.[65]

Gerd Theissen, o distinto especialista protestante da história literária do Novo Testamento, descreve o Evangelho de Marcos como "a segunda forma escrita da tradição oral sobre Jesus",[66] após reconhecer a importância da *Fonte dos Ditos de Jesus* como primeira referência escrita, ainda que extraviada para nós. Como é hoje comumente aceito pelos especialistas, a data da redação desse Evangelho se situa entre os anos 66 e 75 E.C., em virtude

---

[65] David B. Gowler, *What Are They Saying about the Historical Jesus?*. New York, Paulist Press, 2007, p. 79-80 [T. do A.].
[66] Gerd Theissen, *The New Testament. A Literary History*. Minneapolis, Fortress Press, 2012, p. 43 [T. do A.].

da referência à destruição do Templo de Jerusalém que aconteceu no ano 70 E.C., ainda que se desconheça com exatidão tanto a datação como a autoria do texto.[67]

Quanto ao motivo e ao sentido desse Evangelho, foram propostas diversas interpretações, que vão desde uma reação ao contexto judaizante que rechaça o movimento de Jesus, até a afirmação de que esse Evangelho dá conta da primazia da igreja de Pedro sobre a igreja de Santiago, o irmão do Senhor.

No entanto, parece mais plausível a interpretação de Gerd Theissen[68] que associa o texto de Marcos a duas tradições vigentes na Síria pelos anos 60-70 E.C., a saber: os pregadores carismáticos itinerantes e as comunidades assentadas na região que haviam recebido o batismo. Mas o sentido último do que se

---

[67] O estudo clássico de Willi Marxsen, escrito nos anos 50 do século passado, sobre o Evangelho de Marcos caracterizou toda uma etapa de investigações de história da redação dos sinópticos e, em particular, do Evangelho de Marcos. Cf. Willi Marxsen, *El Evangelista Marcos. Estudio sobre la Historia de la Redacción del Evangelio*. Santander, Sígueme, 1981, p. 211. Em décadas recentes, a *Third Quest*, iniciada há um século, mas reforçada em fins do século XX, traz nova luz sobre o contexto propriamente judaico em que aparece a obra. Hoje existem outras aproximações ao Evangelho de Marcos, seja da óptica da retórica em meios de fala inglesa, seja de uma óptica liberacionista em meios latino-americanos, asiáticos e africanos. Para o caso da aproximação retórica, a autoria do evangelho não é assunto biográfico em primeira instância, mas de recuperação do perfil de um autor que "quis" permanecer anônimo, que escreveu em grego *koiné* ainda que fosse da cultura judaica, dirigindo-se a leitores versados nas escrituras hebreias, com a finalidade de ensinar, comprazer e motivar a ação em seus leitores por meio de uma literatura persuasiva. Cf. Donald H. Juel, *Shaping the Scriptural Imagination. Truth, Maening, and the Theological Interpretation of the Bible*, Shane Berg e Matthew L. Skinner (eds.). Waco, Baylor University Press, 2011, p. 135, 139-40.

[68] A este respeito, o professor protestante de Heidelberg afirma: "Assim como, na história da teologia, o Evangelho de Marcos ocupou um lugar fronteiriço entre judeus e gentios, assim também, na história social, ocupa a fronteira entre carismáticos itinerantes e congregações locais. Antes de tudo e sobretudo, Marcos articula as tradições das comunidades locais e do povo, certo, – mas, ao mesmo tempo, trabalha com as tradições dos carismáticos itinerantes, tornando-as mais acessíveis a todos os cristãos". (Tradução Érico Nogueira). Gerd Theissen, *The New Testament. A Literary History*. Minneapolis, Fortress Press, 2012, p. 52.

chama uma "biografia com chamado público" é propriamente de ordem cristológica, compreensível somente à luz da experiência pascal:

> O Evangelho de Marcos é estruturado de maneira engenhosa. Recolhe perícopes individuais, cada uma com seu próprio enfoque. Por meio de sua integração num Evangelho, adquirem um "significado excedente": no marco da história contada sobre Jesus, todas as perícopes apontam para o mistério da pessoa de Jesus, o qual irá-se revelando na totalidade da história contada. As narrações individuais se encontram, portanto, por um lado estruturadas superficialmente dentro de uma ordem cronológica e geográfica plausível, mas, ao mesmo tempo, são interpretadas por uma visão motivada em sentido cristológico.[69]

No que diz respeito à sua autoria, o consenso dos exegetas modernos curiosamente vai na direção da recepção que fizeram os Padres da Igreja, em particular Papias em sua obra *Explicação dos Ditos do Senhor*, da primeira metade do século II (c. 130 E.C.). Segundo a versão do bispo de Hierápolis, na Frígia, o autor do Evangelho de Marcos estaria associado à pregação do apóstolo Pedro, escrito em grego *koiné* mas com profundas raízes hebreias, tanto em seu vocabulário como em seu léxico e em sua teologia. O conflito com alguma tendência judaizante, que muito se sublinhou há algumas décadas,[70] hoje é mais bem compreendido como uma reinterpretação da Bíblia mas num contexto judeu

---

[69] Ibidem, p. 43-44 [T. do A.].
[70] A este respeito, pode-se ver um livro altamente difundido na América Latina, escrito por um jesuíta mexicano no contexto da primeira geração de teólogos da libertação. Cf. Carlos Bravo, *Galilea Año 30. Para Leer el Evangelio de Marcos*. Córdoba: El Almendro, 1991, p. 178.

e greco-romano crescente,[71] com ênfase no renovado sentido teológico hebreu do autor.

Em particular, as análises hermenêuticas atuais assinalam a importância de compreender esse Evangelho, apesar de tudo e de seu abrupto final, como um *midrash* ou comentário que assume e interpreta os textos da Bíblia hebreia, encontrando novos sentidos a partir de novas circunstâncias e de novos leitores.[72]

Aqui nos deteremos um momento, em ordem à nossa investigação sobre o sentido teológico do fim dos tempos, com a intenção de analisar de maneira breve três elementos significativos do Evangelho de Marcos sobre o particular, a saber: (i) as parábolas das sementes; (ii) o pequeno apocalipse de Marcos; e (iii) a abominação da desolação. Esses elementos nos darão o tom propriamente

---

[71] No mundo de fala castelhana, também se renovou a exegese e a hermenêutica das origens do cristianismo como parte dos estudos sobre o Jesus histórico, com contribuições originais. Cf. Rafael Aguirre Monasterio e Antonio Rodríguez Carmona, *Evangelios Sinópticos y Hechos de los Apóstoles*. Estella, Verbo Divino, 1992, p. 404. Depois de décadas de trabalho, Rafael Aguirre, junto a uma equipe de exegetas espanhóis, continuou a desenvolver uma diligente investigação interdisciplinar sobre o entorno cultural e político judeu em que surge o cristianismo como um movimento religioso de inovação. Cf. Rafael Aguirre Monasterio, *Ensayo sobre los Orígenes del Cristianismo. De la Religión Política de Jesús a la Religión Doméstica de Pablo*. Estella, Verbo Divino, 2001, p. 190.

[72] A chave hermenêutica *midráshica* foi aplicada com originalidade por Marie Noonan Sabin, especialista em literatura inglesa de Yale com mestrado em estudos bíblicos do Union Theological Seminary de New York. Veja sua principal obra exegética sobre o Evangelho de Marcos: Marie Noonan Sabin, *Reopening the Word. Reading Mark as Theology in the Context of Early Judaism*. New York, Oxford University Press, 2002, p. 294. O sentido de uma crítica ponderada a este livro pode ser vista no seguinte parágrafo da resenha de Greg R. Morrison: "O trabalho de Sabin tem muitos pontos fortes, evidentemente. Primeiro, o seu projeto é ambicioso no melhor sentido da palavra. Ela procura entender como os leitores judeus do primeiro século teriam compreendido o Evangelho de Marcos. O seu trabalho é admirável ao demonstrar a inerente permeabilidade entre judaísmo e cristianismo primitivo. [...] Vez por outra, esse tipo de hermenêutica gera interpretações bastante criativas da narrativa de Marcos. O que nos leva a perguntar se, aqui e ali, tais interpretações não são criativas demais". (Tradução Érico Nogueira). Greg R. Morrison, *Society of Biblical Literature*, 2005. Disponível em: http://www.bookreviews.org/pdf/2019_882.pdf. Acesso em: 16 jul. 2016.

escatológico desse Evangelho como expressão de uma narrativa protocristiana própria das comunidades florescentes na Síria.

6.1 As Parábolas das Sementes

A análise da estrutura do Evangelho de Marcos permite mostrar que o autor concentra sua mensagem no capítulo 4, onde aparecem as três parábolas das sementes: a do semeador (4,2-8), a da semente que cresce de maneira secreta (4,26-29) e a do grão de mostarda (4,30-32). Com efeito, em cada uma dessas breves histórias contadas por Jesus como *mashal*, ou ensinamento narrativo breve com caráter de exortação a uma prática de vida, concentra-se a mensagem de sua pregação em torno do Reinado de Deus.

Em particular, nos interessa o *mashal* da semente do grão de mostarda[73] de Marcos 4:30-32 porque está associado à plenitude dos tempos:

> 30. Dizia também: "Com que compararemos o Reino de Deus ou com que parábola o exporemos?" 31. É como um grão de mostarda que, quando se semeia na terra, é menor que qualquer semente que se semeia na terra. 32 Mas, uma vez semeada, cresce e torna-se maior que todas as hortaliças e deita ramos tão grandes, que as aves do céu se aninham à sua sombra".[74]

---

[73] Será muito proveitoso para a pessoa que lê as presentes considerações estabelecer as analogias correspondentes entre esta seção exegética e o poema de Mestre Eckhart intitulado *Granum Sinapis de Diuinitate Pulcherrima*, citado como epígrafe deste livro e comentado no capítulo final. Trata-se de um texto fundador sobre o *quid* da escatologia cristã, recriado por suas tradições até chegar a nós como leitores contemporâneos no ato de recepção criativa.

[74] A versão grega diz: 30. καὶ ἔλεγεν, πῶς ὁμοιώσωμεν τὴν βασιλείαν τοῦ θεοῦ, ἢ ἐν τίνι αὐτὴν παραβολῇ θῶμεν; 31. ὡς κόκκῳ σινάπεως, ὃς ὅταν σπαρῇ ἐπὶ τῆς γῆς, μικρότερον ὂν πάντων τῶν σπερμάτων τῶν ἐπὶ τῆς γῆς, 32. καὶ ὅταν σπαρῇ, ἀναβαίνει καὶ γίνεται μεῖζον πάντων τῶν λαχάνων καὶ ποιεῖ κλάδους μεγάλους, ὥστε δύνασθαι ὑπὸ τὴν σκιὰν αὐτοῦ τὰ πετεινὰ τοῦ οὐρανοῦ κατασκηνοῦν.

É significativo para nossa indagação sobre o tempo messiânico ressaltar primeiro a evocação parcial que essa parábola faz de Joel 3,13, na qual o profeta descreve o juízo final de vingança divina com estas palavras: "Metei a foice, porque a messe está madura; vinde, pisai, que o lagar está cheio, e as cavas transbordam". Mas o faz omitindo a parte final do verso que fala sobre o malvado: "muito grande é sua maldade".

As imagens que se desdobram nesse *mashal* (pequena semente, grande árvore e aves do céu) referem-se ao Reinado de Deus que se encontra já presente, ainda que em crescimento, aguardando a consumação, sob a vigorosa imagem da semeadura, da maturação, da colheita e do florescimento próprio do tempo final. Um dinamismo também evocado pelas outras duas parábolas de Marcos. Mas, nesta, o relevante são os ecos de passagens-chave dos profetas Ezequiel e Daniel sobre o tempo cumprido para a colheita, com referências alegóricas à árvore plantada onde os pássaros do céu fazem seus ninhos.

Como comenta Marie Noonam Sabin,[75] quando essa parábola afirma que o tempo final chega por fim, traz consigo também um eco de Eclesiastes 11,5-6:

> 5. Assim como não sabes como vem o espírito aos ossos no ventre da mulher grávida, assim tampouco sabes a obra de Deus, que tudo faz. 6 De madrugada semeia tua semente e de tarde não dês paz à tua mão. Pois não sabes se é menor isto ou aquilo ou se as duas coisas são igualmente boas.[76]

---

[75] Cf. Marie Noonan Sabin, op. cit., p. 15-16. Disponível em: http://www.oxfordscholarship.com. Acesso em: 19 fev. 2013.
[76] A versão grega diz: 5. ἐν οἷς οὐκ ἔστιν γινώσκων τίς ἡ ὁδὸς τοῦ πνεύματος ὡς ὀστᾶ ἐν γαστρὶ τῆς κυοφορούσης οὕτως οὐ γνώσῃ τὰ ποιήματα τοῦ θεοῦ ὅσα ποιήσει σὺν τὰ πάντα 6. ἐν πρωίᾳ σπεῖρον τὸ σπέρμα σου καὶ εἰς ἑσπέραν μὴ ἀφέτω ἡ χείρ σου ὅτι οὐ γινώσκεις ποῖον στοιχήσει ἢ τοῦτο ἢ τοῦτο καὶ ἐὰν τὰ δύο ἐπὶ τὸ αὐτὸ ἀγαθά.

Tal relação midráshica surge imediatamente para os ouvidos judeus atentos, acostumados à leitura meditativa dos livros sagrados de Israel, sobre um tema recorrente, tanto nos profetas de Israel como nos livros sapienciais.

A mensagem transmitida por esse texto é *sui generis* e, de certo modo, paradoxal. Por um lado, convida à confiança na obra de Deus e, por outro, impele ao sentido laborioso da responsabilidade do crente. Mas, em todo caso, é importante frisar o sentido salvífico decisivo da ação divina: "em Eclesiastes Deus se volta, apesar da ignorância humana, para dar vida, não morte".[77]

No *mashal* da semente de mostarda, o autor do Evangelho de Marcos recorre a uma imagem proverbial típica da literatura hebraica. Mas o faz de modo particular, diferente da imagem empregada por Ezequiel 17, que descreve, com um tom de magnificência quase imperial, uma história de águias e de uma grande árvore rodeada de águas abundantes. Nessa lógica de grandeza, em Ezequiel 31,3 se compara o Faraó com "um cedro--do-líbano de grande peso". Igualmente, em sentido análogo, Daniel 4,10b-12 falará de uma grande árvore plantada no meio da terra, recordando por sua vez a árvore do Éden. Em todos esses casos, trata-se da figura da árvore onde repousam as aves como símbolo do fim dos tempos.

Em contrapartida, na parábola do grão de mostarda, embora exista uma clara alusão a tal árvore, a imagem utilizada pelo autor do Evangelho de Marcos é desconcertante à primeira vista, pois somente conta que a árvore que cresce será grande "no meio das hortaliças". Tal evocação inusitada, que denota uma aguda consciência do evangelista do fundo profético do símbolo, surpreende o leitor, pois se refere à árvore da criação e do

---

[77] Marie Noonan Sabin, op. cit., p. 47. Disponível em: http://www.oxfordscholarship.com. Acesso em: 16 jul. 2016.

juízo final, mas com certa ambiguidade e, poderíamos dizer, até com ironia.

Outra referência capital para compreender o símbolo do grão de mostarda é o relato da vocação de Isaías 6,11-13. Nesse relato teofânico da vocação, depois de contar o chamado do profeta que se reconhece como "um homem de lábios impuros que vive no meio de um povo de lábios impuros" onde umas brasas purificam seus lábios, a voz de Deus anuncia a *semente* que ficará depois do juízo. Assim, num contexto de juízo próprio do fim dos tempos, ficará somente um toco. Depois de a árvore ter sido cortada, somente ficará um resto do tronco colado à sua raiz:

> 11. Eu perguntei: Até onde Senhor? Ele respondeu: Até que se esvaziem as cidades e fiquem sem habitantes, as casas sem nome, a campina desolada, 12 e tenha afastado Yahveh às gentes, e se difunda o abandono dentro do país. 13 Ainda o décimo que fique nele voltará a ser devastado como a azinheira ou o carvalho, em cuja tala fica um toco: semente santa será seu toco.[78]

Como é possível apreciar, nesses textos proféticos de Israel já se encontrava implícita a mesma lógica que mais adiante a parábola do grão de mostarda evocará: o Reino de Deus já está em obra no pequeno, no comum e ordinário, tão comum e corrente "como uma hortaliça", tão paradoxal como um "toco que será semente santa".

≈

---

[78] A Septuaginta diz: 11. καὶ εἶπα ἕως πότε κύριε καὶ εἶπεν ἕως ἂν ἐρημωθῶσιν πόλεις παρὰ τὸ μὴ κατοικεῖσθαι καὶ οἶκοι παρὰ τὸ μὴ εἶναι ἀνθρώπους καὶ ἡ γῆ καταλειφθήσεται ἔρημος 12. καὶ μετὰ ταῦτα μακρυνεῖ ὁ θεὸς τοὺς ἀνθρώπους καὶ οἱ καταλειφθέντες πληθυνθήσονται ἐπὶ τῆς γῆς 13. καὶ ἔτι ἐπ' αὐτῆς ἔστιν τὸ ἐπιδέκατον καὶ πάλιν ἔσται εἰς προνομὴν ὡς τερέβινθος καὶ ὡς βάλανος ὅταν ἐκπέσῃ ἀπὸ τῆς θήκης αὐτῆς.

Assim, podemos dizer que as três parábolas das sementes de Marcos 4 mantêm uma análoga dialética midráshica, já que todas se referem à lógica do crescimento do Reino de Deus agindo na história. Em particular, isto é claro nas parábolas do grão de mostarda que aqui apresentamos. Por meio delas, podemos aproximar-nos do que parece ser o centro da pregação do Jesus histórico. Tais parábolas revelam igualmente a leitura de Marcos como um ato midráshico de inovação de um tema clássico da mensagem profética e sapiencial de Israel. Leitura inspirada, com muita probabilidade, na pregação de Jesus de Nazaré na Galileia.

Em resumo, e com palavras de Marie Noonam Sabin, podemos afirmar que "o Jesus de Marcos muda a perspectiva do Reino de Deus: de um tempo fixo do juízo final se move para a consciência de um processo incessante de crescimento".[79]

6.2 O Apocalipse de Marcos

Uma passagem de grande importância para nosso estudo sobre a teologia do fim dos tempos é o chamado "pequeno apocalipse" de Marcos. Trata-se da fonte narrativa escrita mais perto da pregação da chegada do Reino de Deus feita por Jesus de Nazaré durante seu ministério na Galileia e durante a confrontação de Jerusalém.

Marcos 13 é um compêndio de escatologia hebreia reformulada a partir da originalidade de um "judeu marginal", enquanto pregador itinerante galileu, que esperava a consumação final dos tempos com a chegada do Filho do homem (*bar Adam*). O uso dessa expressão no Evangelho de Marcos em lugar de outra possível no amplo elenco de títulos soteriológicos, como, por exemplo, Messias ou Filho de Davi, já é um sinal da novidade midráshica de que falaremos a seguir.

---

[79] Marie Noonan Sabin, *Reopening the Word*. op. cit., p. 20. Disponível em: http://www.oxfordscholarship.com. Acesso em: 16 jul. 2016.

Como uma primeira aproximação do texto, é possível distinguir uma estrutura retórica[80] do capítulo 13 em relação aos sentidos teológicos, que contém os possíveis ecos midráshicos que provocam a comunidade de leitores, assim como as práticas de discipulado que suscitou este capítulo nos leitores do Evangelho de Marcos na Síria, bem como nos leitores e leitoras de todas as épocas.

Embora recolhamos diversas análises da estrutura literária do texto em questão,[81] optamos aqui por uma versão própria que sublinha o caráter *escatológico* com elementos da retórica apocalíptica judaica atualizada pela exegese pós-moderna:

---

[80] Com efeito, a exegese bíblica que aqui chamamos pós-moderna, de fins do século passado e inícios do presente, sobretudo no meio dos autores protestantes norte-americanos, insiste na insuficiência da exegese histórico-crítica que analisa o texto como se se tratasse de um cadáver. Estes autores propõem voltar à fonte como obra viva, aberta à recepção criativa dos leitores. Chamam a tal processo "aproximação retórica". Neste sentido, Donald H. Juel, o renomado professor de Princeton já falecido, propôs uma série de perguntas para recuperar esta dimensão retórica de um texto e sua relação performativa com futuros leitores: "A legitimidade de um ato de fala deve levar em consideração o efeito de uma leitura particular e também o 'sentido'. O que a audição do trecho faz com os leitores? O que deve fazer? Ele inspira confiança no narrador entre os leitores? Gera angústia e desafia velhas convenções? Embora essas perguntas sejam mais difíceis de responder do que meras investigações históricas ou literárias, hão de tornar muito mais vivo e interessante o nosso trato com o Evangelho de Marcos". (Tradução Érico Nogueira). Donald H. Juel, op. cit., p. 138.

[81] Os estudos exegéticos de fala inglesa costumam dividir o capítulo 13 de Marcos em várias partes retóricas. Por exemplo, a estrutura proposta por Heley: (i) o Templo condenado (1-4); (ii) os espasmos do nascimento (5-8); (iii) a perseguição que chega (9-13); (iv) a desolação da abominação (14-27); (v) lendo as folhas da figueira (28-31); e (vi) estar alerta (32-37). Cf. Mary Healy, "The Gospel of Mark". In: Peter S. Williamson e Mary Healy (eds.), *Catholic Commentary on Sacred Scripture*. Grand Rapids, Baker Academic, 2008, p. 257-73.

Estrutura retórica	Texto	Alusões midráshicas[82]
Anúncio do dia final no Templo	1. Ao sair do Templo, disse-lhe um dos seus discípulos: "Mestre, vê que pedras e que construções!"	1Sm 8; 2Sm 7,5-7 Ez 40-42 Jr 7,4; 26 Mq 3,12 // Mt 23,37; Lc 13,34
Anúncio do dia final no Monte das Oliveiras	2. Disse-lhe Jesus: "Vês estas grandes construções? Não ficará pedra sobre pedra que não seja demolida".	*Talmud*, Profecia de Rabí Johannan ben Zakkai
	3. Sentado no monte das Oliveiras, frente ao Templo, Pedro, Tiago, João e André lhe perguntavam em particular: 4. "Dize-nos: quando será isso e qual o sinal de que todas essas coisas estarão para acontecer?"	Dn 12,6.11-12: "Até quando, o tempo das coisas inauditas? [...] A contar do momento em que tiver sido abolido o sacrifício perpétuo e for instalada a abominação da desolação, haverá mil duzentos e noventa dias. Bem-aventurado aquele que perseverar, chegando a mil trezentos e trinta e cinco dias."
Sinais de apocalipse: usurpação, guerras, terremotos, fome	5. Então Jesus começou a dizer-lhes: "Atenção para que ninguém vos engane. 6. Muitos virão em meu nome, dizendo 'Sou eu', e enganarão a muitos.	Daniel 12,1b: "Será um tempo de tal angústia qual jamais terá havido até aquele tempo, desde que as nações existem".

[82] Cf. Marie Noonan Sabin, op. cit., p. 13-23.

		7. Quando ouvirdes falar de guerras e de rumores de guerras, não vos alarmeis: é preciso que aconteçam, mas não é o fim.	1 Enoque 99,14: "Naqueles dias as nações serão lançadas à confusão".
		8. Pois levantar-se-á nação contra nação e reino contra reino. E haverá terremotos em todos os lugares, e haverá fome. Isto é o princípio das dores do parto.	4 Esdras 13,31: "E farão planos para fazer guerra um contra outro, cidade contra cidade, povo contra povo, reino contra reino". 2 Baruc 70,3
Sorte dos discípulos		9. Ficai de sobreaviso. Entregar-vos-ão aos sinédrios e às sinagogas, e sereis açoitados, e vos conduzirão perante governadores e reis por minha causa, para dardes testemunho perante eles.	
		10. É necessário que primeiro o Evangelho seja proclamado a todas as nações.	
		11. Quando, pois, vos levarem para vos entregar, não vos preocupeis com o que havereis de dizer; mas, o que vos for indicado naquela hora, isso falareis; pois não sereis vós que falareis, mas o Espírito Santo.	
		12. O irmão entregará o irmão à morte, e o pai entregará o filho. Os filhos se levantarão contra os pais e os farão morrer.	

	13. E sereis odiados por todos por causa do meu nome. Aquele, porém, que preservar até o fim, será salvo.	*Livro dos Jubileus* de Qumran: "em cada geração os filhos aprisionarão seus pais." (v. 16)
A abominação da desolação (to bdelygma tès eremoseos)	14. Quando virdes a abominação da desolação instalada onde não devia estar - que o leitor entenda - então os que estiverem na Judéia fujam para as montanhas,	Dn 12,11 1Mc 1,54.59 Dn 11,31-32 2Mc 6,3-6 Gn 19,17: "Foge para a montanha, para não pereceres!"
	15. aquele que estiver no terraço não desça nem entre para apanhar alguma coisa em sua casa,	
	16. aquele que estiver no campo não volte para trás a fim de apanhar sua veste.	Jr 4,31: "Sim, ouço um grito como o de parturiente, aflição como a da que dá à luz pela primeira vez; é o grito da filha de Sião, que geme, e que estende as mãos: "Ai de mim, que desfaleço sob os golpes dos assassinos!"
	17. Ai daquelas que estiverem grávidas e amamentarem naqueles dias!	
	18. Pedi para que issonão aconteça no inverno.	
	19. Pois naqueles dias haverá uma tribulação tal, como não houve desde o princípio do mundo que Deus criou até agora, e não haverá jamais.	Jr 31,15: "Assim disse Iahweh: Em Ramá se ouve uma voz, lamentação, choro amargo; Raquel chora seus filhos, ela não quer ser consolada por seus filhos, porque já não existem."

	20. E se o Senhor não abreviasse esses dias, nenhuma vida se salvaria; mas, por causa dos eleitos que escolheu, ele abreviou os dias.	
	21. Então, se alguém vos disser 'Eis o Messias aqui!' ou 'Ei-lo ali!', não creiais.	
	22. Hão de surgir falsos Messias e falsos profetas, os que apresentarão sinais e prodígios para enganar, se possível, os eleitos.	
Vigilância dos discípulos ante a chegada do Filho do Homem, no meio da catástrofe cósmica	23. Quanto a vós porém, ficai atentos. Eu vos preveni a respeito de tudo.	Is 13,10-13: "Com efeito, as estrelas do céu e Órion não darão a sua luz. O sol se escurecerá ao nascer, e a lua não dará sua claridade. [...]. Por isso farei estremecer os céus, a terra tremerá sobre suas bases, em virtude do furor de Iahweh dos Exércitos, no dia em que arder sua ira."

Joel 2,10 |
| | 24. Naqueles dias, porém, depois daquela tribulação, o sol escurecerá, a lua não dará sua claridade, | |
| | 25. as estrelas estarão caindo do céu, e os poderes que estão nos céus serão abalados. | |
| *Imagens de esperança* | 26. E verão o Filho do Homem vindo entre nuvens com grande poder e gloria. | Mc 8,38

Mc 14,62

Mc 14,36 |
| | 27. Então ele enviara os anjos e reunira seus eleitos, dos quatro ventos, da extremidade da terra a extremidade do céu. | |

	28. Aprendei, pois, a parábola da figueira. Quando o seu ramo se torna tenro e as suas folhas começam a brotar, sabeis que o verão está próximo.	Gn 5,29 Gn 8,21 Is 55,12 Is 65,17-25 Ct 2,13: "Despontam figos na figueira e a vinha florida exala perfume."
	29. Da mesma forma, também vós, quando virdes essas coisas acontecerem, sabei que ele está próximo, às portas.	Is 28,4; Jr 8,13; Os 9,10; Mq 7,1 1Rs 4,25 Is 36,16; Jl 2,22; Zc 3,10
	30. Em verdade vos digo que essa geração não passará enquanto não tiver acontecido tudo isto. 31. Passará o céu e a terra. Minhas palavras, porém, não passarão.	Is 65,17a: "Com efeito, criarei novos céus e nova terra." Is 25,8: "Ele fez desaparecer a morte para sempre. O Senhor Iahweh enxuga as lágrimas de todos os rostos; ele removerá de toda a terra o opróbrio do seu povo, porque Iahweh o disse." Jl 2,18: "Iahweh encheu-se de ciúme por sua terra e teve piedade de seu povo."
Ignorância do dia e da hora	32. Quanto à data e à hora, ninguém sabe, nem os anjos no céu nem o Filho, somente o pai.	

Vigilância dos discípulos	33. Atenção, e vigiai, pois não sabeis quando será o momento.	
	34. Será como um homem que partiu de viagem: deixou sua casa, deu autoridade aos seus servos, distribuiu a cada um sua responsabilidade e ao porteiro ordenou que vigiasse.	Is 11,10: "Aí vem o Senhor Yahveh com poder, e seu braço subjuga tudo. Vede que seu salário o acompanha, e sua paga o precede" Ez 40-42 Zc 14
	35. Vigiai, portanto, porque não sabeis quando o senhor da casa voltará: à tarde, à meia-noite, ao canto do galo, ou de manhã,	
	36. para que, vindo de repente, não vos encontre dormindo. 37. E o que vos digo, digo a todos: vigiai!"	Jl 2,1: "Tocai a trombeta em Sião, dai alarme em minha montanha santa" Tremam todos os habitantes da terra, porque está chegando o dia de Iahweh! Sim, está próximo."

A estrutura do capítulo 13 – que aqui apresentamos somente num quadro sintético com a intenção de indicar a força retórica do texto – permite-nos apreciar, segundo as indicações de alguns exegetas contemporâneos, primeiro o ritmo da narração, e depois distinguir os momentos recorrentes, seguidos das imagens em jogo, e finalmente o tom apocalíptico do relato, em que surge *in crescendo* um anúncio de esperança.

Porque é de capital importância ressaltar aqui que, embora o "pequeno apocalipse" de Marcos esteja sobrecarregado de imagens apocalípticas judaicas inspiradas no livro de Daniel, o tom final é novo pela confiança que infunde e que procede da espera vigilante que Jesus pede a seus discípulos porque Deus será fiel à sua promessa.

Tal esperança não esquiva a terrível questão do sofrimento, tanto de Jesus como das comunidades cristãs primitivas confrontadas com a perseguição romana nas províncias da Síria que o Evangelho de Marcos reflete. Tampouco ignora o perigo de morte que os ameaça, em caso extremo mas previsível para muitos, como sucedeu antes aos profetas de Israel. O que Jesus anuncia é sua própria morte, e o evangelista relaciona esse anúncio com o sofrimento dos discípulos.

O sinal dessa íntima conexão do sofrimento de Jesus com o de seus discípulos, tal como aparece na perícope evangélica, descreve-o de maneira sintética Gerd Theissen nos seguintes termos: "No Monte das Oliveiras [Jesus] ensina o 'Apocalipse sinóptico' de maneira exclusiva a seus discípulos e os prepara, assim, para o tempo posterior à sua morte. Também para eles haverá um tempo de sofrimento (13,1-37)."

6.3 A "Abominação da Desolação"

Um terceiro elemento do fim dos tempos – que é imprescindível considerar em ordem ao objetivo de nossa investigação sobre o enigma que representa para os crentes a espiral crescente de violência – é o acontecimento que precede o tempo final.

O autor do Evangelho de Marcos o chama, no versículo 14 do capítulo 13, citando os profetas de Israel, "a abominação da desolação": *o bdelygma tès eremoseos* (ὸ βδέλυγμα τῆς ἐρημώσεως) na versão dos LXX.

A expressão procede do livro do profeta Daniel em seu capítulo 12, verso 11. Aquele texto profético de Israel se referia ao "sacrilégio desolador" cometido por Antíoco Epífanes ao colocar um altar a Zeus no Templo de Jerusalém no ano 168 a.E.C., coisa referida pelo livro dos Macabeus: "No décimo quinto dia do mês de Casleu do ano cento e quarenta e cinco, o rei fez construir, sobre o altar dos holocaustos [...] no dia vinte e cinco de cada mês, ofereciam-se sacrifícios no altar levantado sobre o altar dos holocaustos" (1Mc 1,54-59).

Os comentadores bíblicos modernos se inclinavam a pensar que o autor do Evangelho de Marcos evocava pura e simplesmente, com o uso dessa expressão, a profanação do Templo de Jerusalém levada a efeito por Calígula no ano 40 E.C. ao mandar erigir uma estátua sua naquele espaço sagrado judeu.

Mas, como hoje é mais comumente aceita a interpretação de que o relato de Marcos foi escrito depois da destruição do Templo, os estudos atuais referem antes esse acontecimento em lugar da profanação que, segundo Flávio Josefo (*Guerras* VI, 6, 1), fizeram os soldados romanos de Tito, hasteando seus estandartes no Templo e proclamando-o Imperador.

Assim, a enigmática frase de Mc 13,14b "(que o leitor entenda)" pode ser interpretada nesse contexto, como propõe Marie Noonam Sabin,[83] como um ato de "prudência política" do autor do Evangelho e de seus leitores na província romana de Antioquia, situados no meio das perseguições, para não se enfrentarem diretamente com o Império e serem assim expostos à execução por traição.

A mensagem da desolação que vivem Israel e as comunidades protocristãs da Síria onde aconteceram as perseguições parece, então, clara. Disso daria conta o pequeno apocalipse de Marcos.

Mas é preciso destacar que o tom geral do relato de Marcos é movido mais pela esperança na consolação de Israel, da qual Deus se encarregará:

---

[83] Ibidem, p. 67-68 [T. do A.].

> Naqueles dias, porém, depois daquela tribulação, o sol escurecerá, a lua não dará a sua claridade, as estrelas estarão caindo do céu, e os poderes que estão nos céus serão abalados. E verão o Filho do Homem vindo entre nuvens com grande poder e glória. Então ele enviará os anjos e reunirá seus eleitos, dos quatro ventos, da extremidade da terra à extremidade do céu. Aprendei, pois a parábola da figueira. Quando o seu ramo se torna tenro e as suas folhas começam a brotar, sabeis que o verão está próximo. Da mesma forma, também vós, quando virdes essas coisas acontecerem, sabei que ele está próximo, às portas. Em verdade vos digo que esta geração não passara até que tudo isso aconteça. Passarão o céu e a terra. Minhas palavras, porém, não passarão. Daquele dia e da hora ninguém sabe, nem os anjos no céu, nem o Filho, somente o Pai. Atenção, e vigiai, pois não sabeis quando será o momento. Será como um homem que partiu de viagem: deixou sua casa, deu autoridade a seus servos, distribuiu a cada um sua responsabilidade e ao porteiro ordenou que vigiasse. Vigiai, portanto, porque não sabeis quando o senhor da casa voltará: à tarde, à meia-noite, ao canto do galo, ou de manhã, para que, vindo de repente, não vos encontre dormindo. E o que vos digo, digo a todos: vigiai! (Mc 13,24-37).

Assim, o evangelista recria a tradição, em fidelidade à leitura midráshica, interpretando e adaptando o que já havia sido expresso em outros contextos pelos autores dos textos proféticos de Israel:

> Em cada instância, a Escritura hebreia imagina também a restauração: o relato de Abraão

> redime a narrativa de Lot; o choro de Raquel
> "chorando por seus filhos" representa um ato
> de redenção para Israel (Jr 31,15); Isaías prevê
> um novo dia em que Deus "aniquilará a morte
> para sempre" (Is 25,8) e criará "novos céus
> e uma nova terra" (Is 65,17); Joel vislumbra
> para além do dia de escuridão um dia em
> que "as montanhas gotejarão vinho" e "uma
> fonte brotará da casa do Senhor" (Jl 3,18). No
> discurso do Jesus em Marcos, o vínculo que
> une o desastre presente às imagens bíblicas da
> tribulação recorrente aponta para outro fim do
> ciclo, que é de esperança. O discurso de Jesus,
> de fato, termina com uma nota de imagística de
> contra-argumentação.[84]

Com essas imagens prospectivas de esperança para além da catástrofe, o "pequeno apocalipse de Marcos" se abre então a uma narrativa diferente do fim dos tempos. Fim dos tempos que já estava atestado na Escritura hebreia, mas, graças aos ditos de Jesus marcados por uma profunda motivação de esperança dirigida a seus discípulos e contada pelo autor do Evangelho de Marcos, tal anúncio adquire dimensões inusitadas de discipulado atrás de uma mudança de mundo procedente de Deus.

A este respeito, assinala com precisão literária Gerd Theissen:

> As tradições narrativas se estenderam de
> maneira rápida para além dos seguidores de
> Jesus: apotegmas estruturados de maneira
> narrativa, narrativa da paixão, relatos de
> milagres. As perspectivas externas que contêm foram mais heterogêneas que a imagem

[84] Cf. Ibidem, p. 68.

oferecida pela fonte dos Ditos. Foi uma contribuição do Evangelho de Marcos ter combinado tradições tão heterogêneas. Os relatos de milagres e a narração da Paixão ficam aqui atadas pelo motivo do segredo [messiânico]. Para este Evangelho, a imagem que aparece nos relatos de milagres não aparece como um todo da revelação de Jesus. A figura total surge somente quando alguém segue a Jesus no caminho da cruz e da páscoa. [...] Expande o conceito do "discipulado" de tal maneira, que se aplica também às comunidades locais.[85]

Em suma, podemos dizer depois dessa releitura dos textos apocalípticos do Evangelho de Marcos, que ser leitor ou leitora da boa-nova anunciada por Jesus supõe viver uma iniciação no discipulado.

Com efeito, trata-se de aprender a viver os tempos messiânicos a partir da experiência de fazer face à tribulação como um nascimento do mundo novo querido por Deus. Mundo novo que foi atestado por Jesus de Nazaré e levado à prática pelas comunidades crentes primitivas da Síria, como parte da primitiva e fundadora recepção do Evangelho naquele contexto de perseguição e de resistência pela vida.

7. A Recepção Pós-Moderna da Questão do Tempo Messiânico

Retomemos o fio condutor de nossa indagação neste livro. Primeiro nos perguntamos sobre o sentido da violência, dando

---

[85] Gerd Theissen, *The New Testament. A Literary History*. Minneapolis, Fortress Press, 2012, p. 52. [T. do A.].

especial atenção à maneira pós-moderna e antissistêmica de enfrentá-la. Depois buscamos chaves de interpretação do fim dos tempos no pensamento protopaulino e de Marcos, por serem eles os vestígios mais próximos da experiência escatológica de inovação pregada por Jesus de Nazaré, enraizado na tradição hebreia do messianismo.

Pareceu-nos crucial trazer à colação aqui o pensamento de Paulo e do autor do Evangelho de Marcos sobre o fim dos tempos nesta hora de incerteza que vivemos na aldeia planetária porque abre perspectivas de uma esperança realista que permite desativar o fatalismo ou a inação diante da espiral da violência global.

Agora é hora de concentrarmos nossa indagação na recepção pós--moderna de tal insight transmitido por esses autores fundacionais da interpretação cristã da temporalidade messiânica.

Como parte da evolução da racionalidade moderna em sua última fase – que nós assumimos como pós-moderna porque apresenta claros indícios de uma nova figura da razão crítica ainda que sem renunciar aos conseguimentos da modernidade crítica –, surgiram várias tendências de pensamento para levar a seu radical extremo a fonte cristã do Ocidente.

Uma delas é o desconstrucionismo niilista, que já apresentamos no primeiro capítulo. Mas também se encontra a *Radical Orthodoxy*[86] no mundo de fala inglesa, corrente que postula um retorno ao teocentrismo, tanto no pensamento como na ação.

---

[86] Cf. John Milbank, *Teología y Teoría Social. Más Allá de la Razón Secular*. Barcelona, Herder, 2006. Sobre a questão de um diálogo crítico com esta postura a partir das ciências sociais e da teologia fundamental, é possível ver as respectivas obras coletivas publicadas em anos recentes no México e na Suíça: José de Jesús Legorreta (ed.), México, Universidad Iberoamericana, 2011; Hans-Christoph Askani et al., *Où Est la Vérité? La Théologie aux Défis de la* Radical Orthodoxy *et de la Déconstruction*. Genebra, Labor et Fides, Lieux Théologiques, 2012, p. 365.

E, no meio desse amplo arco-íris de crítica ao *esgotamento* da secularização moderna, foi surgindo, há duas décadas ao menos, um pensamento filosófico na Europa e em toda a América, buscando reler São Paulo como uma das fontes do Ocidente.[87] O miolo de sua contribuição à cultura universal se situa sobretudo em sua originalidade como um pensador hebreu, criador de uma *inovação radical na ideia de messianismo* que hoje é capital para repensar a civilização pós-moderna e pós-secular.

No contexto das publicações acadêmicas contemporâneas, a questão da escatologia paulina foi inspiradora de muitos estudos nessa nova óptica que busca conhecer a Paulo em sua compreensão originária da existência, da temporalidade, do lugar do poder político e da economia da vida no contexto de crise da racionalidade que vivemos hoje.

Um dos autores contemporâneos que pôs sobre a mesa a necessidade de repensar a modernidade a partir de suas raízes cristãs é o pensador Giorgio Agamben, que já citamos nas páginas precedentes. Fá-lo sem intuito apologético algum, à diferença de certa corrente antimoderna como a *Radical Orthodoxy*, o tomismo doutrinal e até o pensamento do então cardeal Ratzinger. Este filólogo e filósofo italiano de notável erudição elaborou uma minuciosa crítica à política e à economia modernas com seu projeto

---

[87] Em termos próximos aos da razão pós-secular, G. Agamben lança uma série de questionamentos à teologia a partir do que chama "a secularização da doxa", em sua busca da genealogia do governo e da economia modernos: "Para além das relações entre os cerimoniais profanos e os religiosos, como explicar a presença maciça de aclamações na liturgia cristã? Por que há que louvar incessantemente a Deus, conquanto os teólogos (ao menos até o momento) não se cansem de nos assegurar que não é preciso fazê-lo? A distinção entre as interdependentes glória interior e exterior é de fato suficiente". Ou, muito contrário, não trairia ela uma intenção de *explicar o inexplicável*, de ocultar o que seria mui embaraçoso de deixar sem explicação?". (Tradução Érico Nogueira). Giorgio Agamben, op. cit., p. 244 [destaque do autor]. A nosso ver, disso trata precisamente a ideia pós-moderna de revelação que buscamos desenvolver aqui em chave desconstrucionista e apofática a partir das vítimas como releitura contemporânea do tempo messiânico.

do *Homo Sacer*.[88] Outras publicações mais modestas do mesmo autor, mas nem por isso menos importantes, lançaram novas luzes sobre a questão do messianismo hebreu, em particular com a publicação nos últimos anos de duas pequenas obras: uma sobre o pensamento de São Paulo acerca do tempo messiânico, publicada em 2004;[89] e outra sobre o *mysterium iniquitatis*, obra em preparação a partir de uma conferência magistral que deu na Universidade de Friburgo em novembro de 2012, antes de receber o doutorado *honoris causa* outorgado pela Faculdade de Teologia de tal instituição acadêmica helvética.

Segundo Giorgio Agamben, a frase crucial do pensamento messiânico de São Paulo se encontra em 1Co 7,29, quando fala da Parusia como um acontecimento que transforma a temporalidade: *ho kairos synestalmenos esti* (que o filólogo traduz como "o tempo que se contrai e que começa a terminar"). Tal expressão foi assinalada, há mais de uma década, pelo que fora professor de filosofia em Veneza, como a pedra de toque dessa inovação paulina da ideia hebreia de tempo messiânico, nos seguintes termos:

> O tempo que o apóstolo vive não é o *eschaton*, não se trata do fim do mundo. Se se quisesse reduzir a uma só fórmula a diferença entre o messianismo e o apocalipse, entre o apóstolo e o visionário, parece-me que se poderia dizer – retomando os termos de Gianni Carchia – que o messiânico não é o fim dos tempos, mas o tempo do fim (Carchia, 144). O que interessa ao apóstolo não é o último dia, o instante em que o tempo se acaba, mas o tempo que se contrai e que

---

[88] Cf. Giorgio Agamben, *Homo Sacer*. Barcelona, Pre-Textos, 1999; *Homo Sacer II, 1*. Barcelona, Pre-Textos, 2004.
[89] Idem, *Le Temps Qui Reste. Un Commentaire de l'Épître aux Romains*. Paris, Payot & Rivages, 2004, p. 288.

começa a terminar (*ho kairós sunestamenos esti*, 1Co 7,29) – ou, se os senhores assim o preferem – o tempo que resta entre o tempo e seu fim.[90]

Tal *contração do tempo* vivida pelo Messias Jesus, segundo a leitura de São Paulo feita por G. Agamben, é de si a pedra de toque da temporalidade messiânica. Aquela que também Walter Benjamin pensou no coração do século XX e que levou até o limite de uma compreensão do tempo associada à justiça vindicativa histórica. Martin Heidegger, por seu lado, foi mais longe quando falou do tempo *kairológico*, comentando algumas passagens do Novo Testamento. E, mais adiante, a Escola de Frankfurt fez dessa questão o *leitmotiv* de sua razão anamnésica para pensar o futuro depois do desastre da razão instrumental.

Até hoje, no mundo científico experimental contemporâneo, como é o caso da Sociedade para o Estudo do Tempo, busca-se na escatologia paulina algumas pistas para pensar um modelo de escatologia cosmológica que seja "temporal e razoável".[91]

Mas é preciso recordar aqui um dado essencial. A recepção atual do pensamento paulino se situa no ambiente do colapso do Ocidente e de suas instituições fundacionais, como a economia de mercado globalizado, a política do Estado secular de partidos políticos ou a ciência empiricista. Tal implosão é analisada de maneira diversa a partir do mundo acadêmico norte-atlântico e a partir do pensamento social do Sul. Ou melhor, a partir do poder ou a partir da exclusão, seja no Norte como no Sul.

---

[90] Ibidem, p. 110-91 [T. do A.]; Idem, *El Reino y la Gloria. Por una Genealogía Teológica de la Economía y el Gobierno*, 2008, p. 344.
[91] Steve T. Ostovich, "Paulinien Eschatology: Thinking and Acting in the Time that Remains". In: Jo Alyson Parker; Paul André Harris; Christian Steineck (eds.), *The Study of Time*, vol. 13: *Limits and Constraints*. Leiden, Brill Academic Publishers, 2010, p. 310. Disponível em: http://site.ebrary.com/lib/alltitles/docDetail.action?docID=10455154&ppg=336. Acesso em: 16 jul. 2016.

No contexto acadêmico norte-americano, Steve Ostovich[92] já rastreou, com precisão e pertinência, a evolução desta ideia messiânica com suas implicações políticas nas publicações recentes de Daniel Boyarin, Alain Badiou, Theodor Jennings e Jacob Taubes. Estes autores refletiram em torno das raízes *escatológicas* da teologia política de Paulo de Tarso, sublinhando primeiro sua feição teológica, mas reduzindo-a de maneira surpreendente, mais adiante, à mera imanência sócio-histórica:

> Os escritos de Paulo são inspirados pela memória da ressurreição do Messias como um sinal de que Paulo estava vivendo no tempo do fim enraizado na esperança da tão prometida nova comunidade de justiça. [...] A escatologia é a base da teologia política de Paulo e designa o que J. T. Fraser chama "sociotemporalidade".[93]

De maneira específica, autores como Jacob Taubes[94] e Carl Schmitt[95] propuseram a aplicação do modelo paulino também às ciências sociais e à filosofia, a partir da ideia do *tempo messiânico* de Walter Benjamin.

A este respeito, o grande filósofo judeu berlinense, que não conseguiu fugir do nazismo e suicidou-se na fronteira da França com a Espanha, argumentou na primeira metade do século passado, de maneira enigmática em sua tese 18, a favor de um sentido *materialista* do conceito paulino do tempo messiânico:

> A. O historicismo se contenta em estabelecer um nexo causal de diversos momentos

---

[92] Ibidem, p. 307-27.
[93] Ibidem, p. 311.
[94] Jacob Taubes, *The Political Theology of Paul*. Stanforf, Stanford University Press, 2003.
[95] Cf. Carl Schmitt, *Political Theology: Four Chapter on the Concept of Sovereignity*. Chicago, University of Chicago Press, 1985.

históricos. Mas nenhum fato é histórico por ser causa. Virá a sê-lo postumamente através de dados que podem muito bem estar separados dele por milênios. O historiador que parta disso deixará de desfiar a sucessão de dados como um rosário entre seus dedos. Captará a constelação em que com outra anterior muito determinada entrou sua própria época. Fundamenta assim *um conceito de presente como "tempo-agora" em que se meteram espalhando estilhas do messiânico.*

B. Certamente os adivinhos, que lhe perguntavam então o que ocultava em seu regaço, não experimentaram que fosse homogêneo e vazio. Quem tenha isto presente talvez chegue a compreender como se experimentava o tempo passado na comemoração: a saber, comemorando-o. Sabe-se que aos judeus era proibido escrutar o futuro. *Em contrapartida, a Torá e a prece os instruem na comemoração. Isto desencantava o futuro, ao qual sucumbem os que buscam informação nos adivinhos. Mas nem por isso se convertia o futuro para os judeus num tempo homogêneo e vazio – já que cada segundo era nele a pequena porta pela qual podia entrar o Messias.*[96]

---

[96] Walter Benjamin, *Conceptos de Filosofía de la Historia*. Madrid, Taurus, 1973, p. 11 [destaques do autor] Na língua castelhana, é possível encontrar muitos comentários filosóficos ou de teoria política à ideia de tempo messiânico, mas quase nenhum teológico. Entre os que vale a pena citar por sua aguda reflexão filosófica, estão: Reyes Mate, *Medianoche en la Historia. Comentarios a las Tesis de Walter Benjamin sobre el Concepto de Historia*. Madrid, Trotta, 2006. Igualmente o artigo de Diego Gerzovich – que sintetiza bem o fundo do debate Atenas-Jerusalém proposto por Herman Cohen há um século, retomado por Walter Benjamin depois – tem a deficiência de não valorizar de maneira suficiente, a nosso ver, a novidade paulina para além da mera ideia judaica do tempo

E assim W. Benjamin estabeleceu um critério secularizado de interpretação de São Paulo que predominou no marxismo do século XX. Até a leitura que se segue fazendo hoje do tempo messiânico com frequência não faz justiça à novidade *teologal* paulina. Segue-se mantendo a interpretação secularizada do tempo messiânico. É o que se pode constatar no comentário do argentino Diego Gerzovich, quem tampouco consegue apreciar a *diferença* messiânica instaurada por São Paulo em seu sentido *teologal*:

> O problema do tempo em Benjamin é político, não temporal. Essa figura do "tempo pleno de agora" merece uma consideração. O que faz pleno o tempo é o agora; cada agora tem uma significação que está prenhe, por sua vez, de futuro. O tempo pleno é um tempo em que cada agora é uma possível porta de entrada para o futuro messiânico. Mas essa entrada no futuro só poderá produzir-se se a totalidade do passado, sem distinguir entre fatos significativos e não significativos, acompanhar o agora nessa ruptura do tempo para o futuro, por sua vez pleno. Mas esse futuro é sempre potencial agora. A plenitude do tempo, tempo divino, é uma mescla de temporalidades indistinguíveis, na qual a duração é abolida como representação do tempo. Cada agora desse tempo pleno inscrito na história é uma prefiguração desse tempo futuro sem duração. Cada agora é, assim,

messiânico. Assim, por exemplo, diz o filósofo argentino na conclusão de seu artigo: "O pequeno texto de 1916 mostra as três instâncias da temporalidade benjaminiana, a que logo recorrerá em seus escritos mais famosos sobre o problema da história: tempo trágico, tempo do drama cristão ou barroco, tempo do messianismo judaico. Mito historicizado, história, apocalipse histórico. Tempo cíclico, tempo linear, tempo pleno". (Tradução Érico Nogueira). Diego Gerzovich, "Fragmentos sobre el Tiempo en Walter Benjamin. Tragedia, Historia, Apocalipsis", *Revista de Teología Crítica*, Buenos Aires, p. 107, 2010.

uma prefiguração do tempo messiânico. Mas, por sua vez, o tempo messiânico é um agora histórico pleno de instantes abertos à ruptura da duração. O tempo sem duração é tempo divino segundo Santo Agostinho. O tempo pleno do messianismo materialista de Benjamin é futuro, mas é agora.[97]

À diferença do filósofo argentino, Steve Ostovich, professor no College of St. Scholastica de Minnesota, de uma perspectiva teológica nos parece que, sim, consegue identificar plenamente a feição *existencial e teologal* da ruptura messiânica transmitida por São Paulo:

> A verdadeira questão radica em conhecer o significado de viver em outro tempo, um tempo alternativo agora. Tal conhecimento prático é descrito na seguinte passagem de 1 Coríntios 7:29-31 [...] ainda mais explícito que 1 Tessalonicenses, pois sugere as implicações da memória e da esperança para compreender melhor o que significa viver em termos escatológicos. [...] Este "melhor" pode resumir-se na curta frase que Paulo utiliza repetidamente em 1 Coríntios 7, *hos me*, "como se não" ("casados como se não o estivessem") [...]. Uma nova comunidade foi chamada a viver de acordo com este princípio do *hos me* como busca da justiça.[98]

---

[97] Diego Gerzovich, op. cit., p. 102-03.
[98] Steve T. Ostovich, "Paulinien Eschatology: Thinking and Acting in the Time that Remains". In: Jo Alyson Parker; Paul André Harris; Christian Steineck (eds.), *The Study of Time*, vol. 13: *Limits and Constraints*. Leiden, Brill Academic Publishers, 2010, p. 317. Disponível em: http://site.ebrary.com/lib/alltitles/docDetail.action?docID=10455154&tppg=336. Acesso em: 16 jul. 2016.

Em sentido convergente, G. Agamben reflete em torno da ideia do tempo messiânico a partir da metáfora paulina de "a coroa da glória". Com ela indica uma temporalidade alternativa como o eixo fundamental da crítica à razão moderna:

> Paulo se serve em várias ocasiões deste símbolo [a coroa da vida ou da glória] para descrever a condição escatológica dos justos, comparados aos atletas que disputam uma corrida ("eles, para ganhar uma coroa perecível; nós, porém, para ganhar uma coroa imperecível", 1Co 9,25; "Combati o bom combate, terminei a minha carreira, guardei a fé. Desde já me está reservada a coroa da justiça, que me dará o Senhor, justo Juiz, naquele Dia", 2 Tm 4,7-8). *O tema da vida eterna não indica, no entanto, para ele só uma condição futura, mas a especial qualidade da vida no tempo messiânico* (ho nyn kairós, o tempo-de-agora), quer dizer, a vida no messias Jesus ("a vida eterna através de Jesus Cristo, nosso senhor", Rm 5,21). Esta vida é marcada por um *singular ambiente de quietude que antecipa de alguma maneira no presente o sabatismo do reino*: o hos me, o "como se não". Assim como o messias levou a efeito e, ao mesmo tempo, deixou sem efeito a lei (o verbo de que se serve Paulo para expressar a relação entre o messias e a lei –*katargein* – significa literalmente fazer *argos*, ineficaz), assim o *hos me* mantém e, ao mesmo tempo, *desativa no tempo presente todas as condições jurídicas e todos os comportamentos sociais dos membros da comunidade messiânica*.[99]

---

[99] Giorgio Agamben, *El Reino y la Gloria. Por una Genealogía Teológica de la Economía y el Gobierno*, p. 267-68 [destaque do autor].

Seguindo essa interpretação que aponta para o propriamente teológico, aqui optaremos por uma leitura niilista[100] do messianismo judeu assinalada por Walter Benjamin, mas enquanto radicalizada pelo sentido *escatológico* inovador de Paulo. Porque cabe recordar que o apóstolo não ficou somente suspenso no abismo do tempo messiânico, com seu *agora* que certamente é "como uma estilha" que é promessa e que também dói cada vez que morre um justo ou um inocente. Tal tempo messiânico, ademais, Paulo o transformará, a partir de uma vivência *teologal* que lhe é dada pela fé na ressurreição de Jesus, como vivência do acontecimento escatológico trazido ao *agora* da história pelo Messias e pelos justos da história. Não como uma fuga para uma suposta transcendência para além da história. Mas tampouco como mero "poder perturbador"[101] como assinala Steve Ostovich com agudeza crítica, falando de escatologia como "categoria de existência temporal, pensada enquanto razão anamnésica, como promessa de justiça e chamado a viver 'como se não'".[102]

O que seja viver "como se não" nos tempos da globalização e da exclusão é o que apresentaremos nos últimos capítulos deste livro,

---

[100] Nós procuramos ir além da "temporalidade perturbadora" e anamnésica proposta por Steve Ostovich citando a Jacob Taubes: "O juízo não pode ser abolido, mas em sua negatividade crítica escatológica há de ser exercido mudando as situaçõees segundo os princípios que mudam com as situações. Ou seja, nunca podemos saber antecipadamente o que é a justiça, mas podemos experimentar de maneira concreta o que não é justo, sua ausência [surge] junto à presença da injustiça. O resultado é o que Taubes descreve como uma forma criativa de 'niilismo' (72)". Steve T. Ostovich, op. cit., p. 320 [T. do A.]. Disponível em: http://site.ebrary.com/lib/alltitles/docDetail.action?docID=10455154&tppg=336. Acesso em: 16 jul. 2016.
[101] Seguindo a Giorgio Agamben, em seu *Comentario da Epístola aos Romanos*, Steve Ostovich escreve com tom próximo da memória subversiva de Iohann-Baptist Metz: "O entorno temporal das comunidades escatológicas implica uma compreensão perturbadora do tempo, quer dizer, não linear. A lógica deste entorno também é não linear, quer dizer, não é grega, como tampouco o é a linha modificada do progresso dialético tanto material como espiritual. Constitui o que Taubes chamou 'lógica messiânica' [...] uma lógica capaz de pensar os paradoxos contidos no princípio escatológico paulino do *hos me*, 'como se' [...] a exigência de justiça para os mortos rompe a espera teleológica e linear, colocando-nos assim num entorno escatológico". Ibidem, p. 323-24 [T. do A.].
[102] Ibidem, p. 326 [T. do A.].

assumindo o pensamento antissistêmico e o niilismo desconstrucionista já explicado em capítulos anteriores.

Não podemos esquecer que esse pensamento teológico pós-moderno que aqui propomos surge do reconhecimento dos murmúrios, das vozes, dos gestos e dos rostos desvelados *de baixo e do reverso* das instituições de totalidade, sejam de poder social, epistêmico ou religioso, com seu clamor pela vida.

Com efeito, para além da lógica de dominação própria do mundo globalizado, e aquém até da subjetividade vulnerada denunciada pelos pós-modernos, não podemos esquecer o olhar *teológico* sobre a história: são os justos e os inocentes da história os que balbuciaram sempre uma linguagem alternativa de resistência pela vida desde tempos antigos até os nossos e foram assim testemunhas da presença de Deus no seio da história fragmentada da humanidade.

Nesse sentido contracultural, pensaremos o messianismo escatológico como uma ferida aberta da que brota um lampejo de esperança para todos os sobreviventes, o que significa deter-nos para pensar, em toda a sua profundidade e radicalidade, a seguinte hipótese: os que entregam sua vida por e com os demais vivem já essa temporalidade messiânica no agora fragmentado mas intensivo da história, através da ordem ética que procede do gesto de doação, e assim instauram a redenção no coração da história violenta da humanidade. Por essa razão é possível afirmar que os justos fazem possível o presente e o futuro de todos.

Assim, retomaremos mais adiante as implicações políticas e místicas do problema da temporalidade messiânica. Por ora nos contentamos em ter exposto o caráter complexo e interdisciplinar dessa paradoxal interpretação pós-moderna do pensamento paulino do fim dos tempos, a fim de desenvolver mais adiante seu sentido propriamente *teologal* e, somente *a posteriori*, teológico.

8. Uma Parada no Caminho

Ao final deste sucinto percurso por alguns textos fundacionais do pensamento paulino sobre o fim do tempo, encontramo-nos em condições de compreender, no contexto da razão pós-secular, a importância dessa *implosão* da temporalidade cronológica, com sua inevitável sequela apocalíptica, que foi revelada pela páscoa de Jesus de Nazaré. Dessa maneira, é possível espreitar uma nova temporalidade na história como *revelação* do tempo escatológico.

Para conseguir vislumbrar esse horizonte de esperança sem triunfalismo, será preciso trazer à luz desde agora uma *correlação escatológica* que com frequência se oculta no pensamento ocidental: por um lado, a verdade antropológica do triunfo da cruz em sentido mimético como desvelamento da perversão de Satã; e, por outro, a realização do tempo final no *agora* da vida dos justos que, entregando sua vida no coração da espiral violenta, são aniquilados.

Tal correlação escatológica abre um campo semântico inusitado. Com efeito, nesse gesto de doação extrema "se contrai o tempo", permitindo-nos vivenciar a dupla face da temporalidade messiânica cumprida. Por um lado, *desvela-se* o juízo deste mundo corrupto que "dói como uma estilha", segundo a célebre frase de Walter Benjamin. E, por outro, *revela-se* o lampejo que brota das feridas do justo, cuja vida entregue por amor é resgatada por Deus a partir de seu mistério inefável de amor de gratuidade.

Com efeito, o tempo messiânico significa que, no seio de tal correlação escatológica que se estabelece entre justiça e doação, acontece a revelação do mistério inefável de Deus como aparição fugaz e fragmentada, mas sempre redentora ao fim e ao cabo, do sentido no meio do sem sentido.

Tal é o horizonte hermenêutico que desejamos explorar, a partir da inteligência mimética do processo vitimário e a partir da superação da espiral da violência, como *mudança de mundo* que é possível semear na história por meio da lógica da doação.

Por isso é crucial que nos detenhamos agora na experiência de Jesus de Nazaré, do modo como nos é possível hoje ter acesso a ela. No contexto da modernidade tardia, significa aproximarmo-nos da reconstrução de seus ditos e de suas obras. Buscaremos indícios de seu modo próprio de ir confrontando o enigma do mal, de resolver a violência à que foi submetido pelos poderes deste mundo e de inaugurar uma temporalidade escatológica com sua vida entregue até o último suspiro. Tal olhar retrospectivo sobre os *ditos e feitos* de Jesus só é possível a partir da memória de sua páscoa, tal como foi atestada pelos discípulos e discípulas no alvor dos tempos novos.

Nos dois capítulos finais deste livro, falaremos largamente das implicações subjetivas e intersubjetivas desta *temporalidade messiânica cumprida* por Jesus de Nazaré como lampejo de revelação humano-divina e como gesto de gratuidade que redime a todos, a começar pelas vítimas, no meio da história conflitiva e violenta da humanidade.

capítulo 3
a manifestação de Jesus na Galileia

Chegamos ao coração desta pesquisa sobre a teologia da revelação nos tempos do fragmento.

Como parte da imprescindível "volta às fontes" própria de todo trabalho teológico, deter-nos-emos agora na figura de Jesus de Nazaré enquanto testemunha radical e revelador cabal do mistério divino, em particular durante seu ministério itinerante na Galileia. Faremos isso seguindo de perto as contribuições da *Third Quest*, já que permitem descobrir com maior radicalidade o contexto cultural galileu, junto das opções religiosas e culturais de Jesus no contexto da Palestina do século I E.C.

Sem desvincular os *ditos e feitos*[1] de Jesus de Nazaré do sucedido posteriormente em Jerusalém, desejamos sobretudo recuperar aqui

---

[1] *Verba et facta Iesu* era um binômio inseparável reconhecido pela exegese dos Padres gregos e latinos da Igreja antiga. No contexto moderno, aprofunda-se essa correlação por meio da aplicação dos métodos histórico-críticos e de história literária à análise dos quatro evangelhos canônicos. A novidade trazida pela *Third Quest* nas últimas décadas do século XX destacará o caráter *profético escatológico* dos *ditos e feitos* de Jesus na linha da apocalíptica judaica que criticara o Templo de Jerusalém. Veja, por exemplo, o que assinala Rietz comparando os Qumramitas com o Jesus histórico: "O que há de comum entre Jesus e a sectária comunidade de Qumran demonstra o quanto aquele e esta partilhavam com outros judeus do período. [...] A ênfase sacerdotal da saparatista comunidade de Qumran não era necessariamente contrária à ênfase de Jesus – voltada para o povo – na justiça social. Eu, por mim, sigeriria que ambos são interpretações distintas da mesma

sua *imaginação poética*[2] em seu contexto vital, o que nos falará de maneira inovadora da manifestação do mistério divino nas histórias fragmentadas, contraditórias e às vezes fraturadas de seus interlocutores e interlocutoras.

Com efeito, inspirado por essa experiência fontal – que comunicou de maneira magistral por meio de suas parábolas e de suas ações de compaixão em Cafarnaum e povoados vizinhos –, Jesus enfrentaria mais adiante a crise de Jerusalém que o conduziu finalmente à morte com uma atitude profético-escatológica aguardando a realização plena do Reinado de Deus.

Tentaremos captar a feição própria de uma visão *messiânica* judaica popular do Galileu, com a inovação midráshica que o caracterizou e que lhe tornou possível anunciar o cumprimento das promessas de Deus, seu *Abba*, no *hoje* de sua existência e na vida de seus interlocutores.

1. A Gênese de uma Investigação Moderna sobre Jesus

Vale a pena fazer algumas precisões metodológicas antes de abordar o cenário da *Galileia dos gentios* onde aconteceu a pregação de Jesus de Nazaré.

Torá". (Tradução Érico Nogueira).Henry W. M. Rietz, "Reflections on Jesus' Eschatology in Light of Qumram". In: James H. Charlesworth (ed.), *Jesus and Archaeology*. Grand Rapids, Eerdmans Publishing, 2006, p. 205.

[2] Junto dos dados exegéticos (historiografia, história de redação e das formas, ciências sociais e arqueologia), propomos aqui esta chave hermenêutica com que buscar um *sentido trascendente e universal* à experiência de uma personagem histórica como Jesus de Nazaré. Assumimos assim o desafio da filosofia moderna da interpretação, tal como exposta por Paul Ricoeur desde 1960, para compreender a obra de todo leitor como um coautor que "recria o texto" e mantém assim viva a tradição de que se reconhece herdeiro. Cf. Paul Ricoeur, *El Conflicto de Interpretaciones. Ensayos de Hermenéutica*. México, Fondo de Cultura Económica, 2003, p. 462.

Enquanto fazemos um inventário dos dados trazidos pelas investigações histórico-críticas contemporâneas, nossa aproximação do Filho de Maria e José será plenamente compreensível em seu sentido *teológico*, quer dizer, no marco da confissão de fé da Igreja como *comunidade escatológica* que anuncia, ao longo da história, a chegada dos tempos novos.

Ainda que distingamos por razões de método o Cristo da fé do Jesus histórico como hipótese moderna – e, com maior razão, do Jesus real que viveu na Palestina do século I E.C. –, tais aproximações não as consideramos contrárias nem incompatíveis, mas antes complementares. Mais ainda, será preciso ter sempre presente ao longo destas disquisições que o sentido último da *verba et facta Iesu* será dado por sua recepção eclesial ao longo dos séculos, incluído o nosso, como parte do processo sempre atual da revelação de Deus à humanidade e sua recepção criativa em cada cultura.

Quanto à "questão do Jesus histórico", é importante assinalar que sem dúvida se trata de um caso exemplar do processo de construção do conhecimento típico dos tempos da razão crítica. Em particular, nessa versão de uma hipótese moderna[3] poderemos apreciar os

---

[3] Sobre as etapas desta elaboração teórica moderna, assinala Benedict Viviano, o exegeta norte-americano que ensinou em Jerusalém e em Friburgo, em sua contribuição para uma prestigiada publicação britânica: "Este artigo discute escatologia e a investigação do Jesus histórico. Delineia a história dos debates sobre a exata natureza da esperança escatológica que Jesus pregou e explica os termos 'escatologia', 'apocalíptico' e 'reino'. A cena celeste em Daniel 7, 13-14 involve a transferência de poder de uma figura divina (o Ancião) para outra (um Filho de Homem). Do mesmo modo, o antigo pensamento judeu e cristão sobre o reino de Deus e o plano de Deus para salvação do seu povo levou-os a uma inexata periodização ou teologia da história. A moderna investigação do Jesus histórico – a primeira fase (1835-1906) – começou com o admirável e exaustivo trabalho de David Friedrich Strauss, *Das Leben Iesu* (1835-1836). A segunda fase, entre 1919 e 1964 mais ou menos, é o período da teologia dialética, crítica formal, vidas existencialistas de Jesus e renascença luterana. Tendo início na Universidade de Chicago, a terceira fase da investigação do Jesus histórico data das duas últimas décadas do século vinte". (Tradução Érico Nogueira). Benedict Viviano, "Eschatology and the Quest for the Historical Jesus". In: *Oxford Handbook of Eschatology*. Oxford University Press, 2007. Disponível em: http://www.oxfordhandbooks.com/view/10.1093/oxfordhb/9780195170498.001.0001/oxfordhb-9780195170498-e-5. Acesso em: 16 jul. 2016.

pressupostos próprios da elaboração teórica surgida da razão crítica e ilustrada. Com respeito à pertinência da diacronicidade desse tipo de investigações, assinala David Gowler:

> Que relevância tem para nós hoje este Jesus, estrangeiro de enigmática figura? Com muita frequência é domesticado [...]. O profeta escatológico judeu do século primeiro que pregou a mudança social é um estranho para nós em muitos, muitos sentidos. Apesar disso, ao longo dos séculos, elementos centrais de sua voz seguiram ressoando claramente. O reinado de Deus proclamado por Jesus, por exemplo, reflete em muitos sentidos os sistemas patriarcais e hierárquicos de seu tempo, mas também implica uma crítica devastadora a eles: Jesus requer mais elevados padrões para o presente à luz da iminente chegada do reinado de Deus, mais altos modelos pelos quais qualquer sistema social pode ser avaliado [...]. Tais padrões ou modelos impelem também a cruzar as fronteiras de classe, etnia, gênero, cultura ou qualquer outra classe de barreiras que os seres humanos erigimos entre nós.[4]

Tal processo de construção do conhecimento reflete, naturalmente, a lenta caracterização do objeto de estudo, sempre entremesclado com o entorno social e cultural dos investigadores, incluindo seus prejuízos e pré-compreensões como parte da recepção crítica de todo clássico.

Basta como ilustração desse processo a descrição sumária de um caso próximo de nossa mentalidade moderna. Depois de sua origem

---

[4] David B. Gowler, *What Are They Saying about the Historical Jesus?*. New York, Paulist Press, 2007, p. 142 [T. do A.].

na Alemanha no século XIX, uma nova página da exegese bíblica sobre o "*Historical Jesus*" se escreveu nos Estados Unidos "na idade de ouro e na era do progresso" no início do século XX. Foi marcada por um debate acadêmico entre grupos que oscilaram entre dois polos: por um lado, os que desejavam criar um movimento de "socialismo cristão", que depois fracassaria pelo adverso contexto político e cultural do anticomunismo imperante; e, por outro lado, os que optavam por ler em Jesus de Nazaré uma "realização da teocracia", quer dizer, grupos conservadores que depois deram origem à política republicana norte-americana.

De sumo interesse é o episódio que sucedeu há um século na Calvary Baptist Church da cidade de New York. Houve um enfrentamento emblemático entre cristãos evangélicos liberais e cristãos batistas conservadores naquela comunidade nova-iorquina. O interessante da história é que tal movimento cristão anticapitalista se inspirou nas primeiras investigações do Jesus histórico surgidas naqueles anos nos Estados Unidos, a partir do livro *The Carpenter and The Rich Man* [O Carpinteiro e o Homem Rico], do pastor White, publicado em New York em 1914 pela Doubleday, Page & Co. David.[5]

---

[5] Sobre este acontecimento da história do cristianismo moderno nos Estados Unidos, David Burns comenta o seguinte: "A intervenção de White provocou uma reação tão uniforme porque permitiu que os radicais se unissem por um vínculo comum – o Jesus histórico radical. Ainda que anarquistas, socialistas e sindicalistas igualmente tomassem as ruas para bradar contra Rockefeller, os protestos de cada facção foram acontecimentos distintos. A invasão do Calvário Batista integrou essa explosão de dissidências desarticuladas, mas a intervenção de White foi uma manifestação da unidade subjacente que espalhava ódio ao que Rockefeller tinha produzido. Isso porque, como autoridade na vida e época de Jesus, White ganhara o respeito de diversos radicais que consideravam Jesus como um companheiro na luta contra o capitalismo. Assim, quando White e seus seguidores se dirigiram à cidade para lutar contra Woelfkin, socialistas, anarquistas e sindicalistas se uniram à sua procissão sem se preocupar com filigranas ideológicas que porventura os dividissem". (Tradução Érico Nogueira). David Burns, *The Life and Death of the Radical Historical Jesus*. Oxford Scholarship Online, jan. 2013, p. 8. A nota do *NYT* de 2 de maio de 1914 que conta o acontecimento da Calvary Baptist Church em Manhattan pode ser lida integralmente como documento fotográfico. Disponível em: http://query.nytimes.com/mem/archive-free/pdf?res=F10F13F83E5E12738DDDAB0894DD405B848DF1D3. Acesso em: 16 jul. 2016.

A este respeito, o investigador norte-americano David Burns faz uma análise dessa faceta polêmica da exegese norte-americana moderna de um século atrás, afirmando como corolário que chegou o momento de reconhecer os pressupostos e os limites de tal expressão cultural de aproximação a Jesus de Nazaré:

> O esforço radical de redefinir a natureza de Jesus e de sua missão foi um desafio significativo que se transformou em fonte de sérios problemas entre teólogos de seminários e universidades [...]. Lamentavelmente, esta rica, forte e radical contracultura religiosa que foi criada por pensadores livres, feministas, socialistas e anarquistas permaneceu inexplorada porque os historiadores da religião nos Estados Unidos não deram suficiente atenção aos movimentos secularizados.[6]

Com esse exemplo, queremos tornar patente a necessidade de ponderar toda teoria, levando em consideração também o impacto que têm os pressupostos dos pesquisadores nas hipóteses que formulam, como foi o caso do Jesus histórico de inícios do século XX no contexto norte-americano. Ao mesmo tempo desejamos valorar as consequências práticas produzidas pelas investigações teóricas. Se não o fazemos, corremos o risco de identificar de maneira ingênua a pretendida "objetividade" do conhecimento com as "subjetividades" que o fizeram possível.

Nesse sentido, por exemplo, havemos de perguntar-nos sobre a imagem de Jesus de Nazaré que inspirou um movimento radical exegético nos Estados Unidos. Sobre esse caso norte-americano, o já citado professor evangélico em Illinois conclui o seguinte:

> Este método crítico não era objetivo e desapaixonado, senão que era uma aproximação histórica

---

[6] David Burns, op. cit., p. 8. [T. do A.].

da vida de Jesus que esquivava o místico e o sobrenatural. De fato, ainda que não desprezassem o papel da imaginação para unir os polos opostos, os pensadores livres, os socialistas e os anarquistas encontraram abundante material na Bíblia que usaram para apresentar Jesus como um radical [que se rebelava] contra a ordem estabelecida. Este Cristo era o itinerante prático e simples que comia com os desprezíveis, denunciava as autoridades e condenava os ricos. Este Jesus era o internacionalista que contava a parábola do Bom Samaritano e declarava que seu templo era "casa de oração para todas as nações" enquanto expulsava os mercadores do templo que o haviam convertido em "covil de bandidos".[7]

De nossa parte, a aproximação interdisciplinar que aqui proporemos é diferente, já que se fará no contexto de nosso tempo pós-moderno. De maneira análoga à reconstrução da recepção da hipótese do Jesus histórico no meio social nova-iorquino de um século atrás, devemos reconhecer a feição de nossa própria cultura, com suas grandes intuições e seus próprios limites. Apelaremos por esse motivo às análises históricas que a razão moderna pôs em marcha, há mais de dois séculos, para tentar recuperar quanto possível o personagem histórico, seu entorno cultural e a linguagem própria em palavras e em ações com que expressou sua vivência da condição humana em face do dom de seu *Abba* e das possibilidades da esperança que surgiram depois de sua execução pública para seus companheiros e seguidores na baixa Galileia do século I E.C.

Somente a partir de tal *lugar epistêmico de complexidade* – que integra a objetividade do conhecimento junto de seus condicionamentos subjetivos – poderemos abrir-nos ao caudal da tradição

---

[7] Ibidem, p. 10-11. [T. do A.].

viva da fé no qual a Igreja recebeu a confissão protoapostólica de Jesus como Senhor e Filho de Deus. Tal acontecimento originário na gênese da fé cristã foi elaborado depois como verdade da fé e celebrado pela liturgia primitiva cristã, como uma síntese assombrosa dos símbolos e conceitos próprios do mundo hebreu com o greco-romano da época. Nessa confluência intercultural, Jesus de Nazaré será confessado como homem e como Deus verdadeiro pelos concílios cristológicos da Igreja antiga, como parte constitutiva do reconhecimento de todo o processo salvífico humano-divino que sua vida significou.

Em suma, a questão moderna do Jesus histórico necessita de contraparte no Cristo da fé confessado pela Igreja. Tal aposta cognitiva e práxica é expressão específica do permanente e inacabado diálogo da fé com a razão, enquanto indagação que *busca compreender* aquilo em que a Igreja crê. Diálogo que se leva a efeito unindo a força crítica da razão com o testemunho dos que, ao longo dos séculos, viveram o seguimento dos passos de Cristo Jesus, animados pela memória viva de sua entrega até a morte. Será, portanto, imprescindível distinguir sempre o próprio de cada uma dessas aproximações cognitivas, cada uma com sua *episteme* própria e no contexto cultural que lhe tornou possível aparecer como narrativa própria.

Assim, poderemos expressar, com nossas próprias palavras e símbolos, o sentido *salvífico* que é possível vivenciar e anunciar hoje, nos tempos do fragmento, a partir da memória proativa do *Crucificado que vive,* que tem a comunidade messiânica que chamamos Igreja.

≈

Feitas essas considerações preliminares, neste terceiro capítulo procuraremos levar em conta as valiosas contribuições da *Third Quest*[8]

---

[8] Essa onda de investigações que inclui a arqueologia foi iniciada, segundo Sean Freyne, por Ernst Käsemann em 1954: "Costuma-se considerar que o início da nova fase de investigação do Jesus histórico seja a programática conferência de Ernst Käsemann,

própria dos estudos sobre o Jesus histórico da terceira geração. Será uma bagagem útil para ponderar novos elementos na compreensão do Cristo da fé que nos parecem pertinentes e relevantes para a nova mentalidade pós-moderna de cristãs e cristãos inspirados pela vida de Jesus de Nazaré como revelador do mistério humano-divino.

Para alcançar esse objetivo, reconhecemos que nosso mundo de desencanto dos metarrelatos próprio do século XXI rejeita toda ideia de um Cristo imperial própria da cristandade. Também é um século cético ante o metarrelato de um Cristo revolucionário evocado pelos cristãos socialistas da centúria passada.

Quanto à plausibilidade de uma aproximação crítica ao tempo e à cultura de Jesus de Nazaré, foi mais que exaustivamente discutido o caráter *hipotético* do Jesus histórico. Como já se mencionou acima, o "Jesus real" nos é vedado às gerações posteriores, já que o conhecimento de sua pessoa foi exclusivo das testemunhas oculares. As aproximações permitidas hoje pelo trabalho interdisciplinar da história comparada, da história literária, da arqueologia[9] e das demais ciências hermenêuticas nos dão valiosas pistas de aproximação, ainda que apenas pistas ao fim e ao cabo, de um personagem que marcou a história da humanidade, mas de que temos poucos indícios historiográficos.

---

pronunciada em 1954, na qual se afirmava a necessidade de preservar a natureza histórica do *kerygma*. Diferentemente da antiga investigação de esquerda, a nova não pretendia escrever uma vida de Jesus, senão mostrar como, tratando-se, como se trata, do chamado de Deus e da resposta humana, a pregação *sobre* Jesus estava essencialmente de acordo com a pregação *de* Jesus". (Tradução Érico Nogueira). Sean Freyne, "Archaeology and the Historical Jesus". In: James H. Charlesworth (ed.), *Jesus and Archaeology*. Grand Rapids, William B. Eerdmans Publishing Co., 2006, p. 66.

[9] Dois exegetas e arqueólogos desta nova geração de estudos sobre o Jesus histórico são Douglas Oakman, professor da Pacific Lutheran University, e Marianne Sawicki, professora da Morgan State University de Baltimore. Ainda que suas hipóteses sejam muito debatidas por exegetas e historiadores da geração prévia, trazem nova luz a partir de um modelo da *Third Quest* que integra a arqueologia social e cultural às investigações sobre a Galileia. Veja um debate interessante de Sean Freyne com estes novos interlocutores em: Sean Freyne, op. cit., p. 64-83.

Portanto, não podemos esquecer que nós nos encontramos afastados em muitos sentidos do mundo de Jesus de Nazaré na Palestina do século I a.E.C. Podemos perguntar, com um olhar *pós-moderno* próprio de nosso contexto, sobre os condicionamentos culturais judeus de Jesus, sobre seu entorno particular como galileu, sobre sua inovação messiânica a partir de um judaísmo popular e escatológico, bem como sobre sua relação com o mundo greco-romano da época. Isso é possível para nós porque somos filhos da sociedade pós-moderna e globalizada que se interessa em resgatar as micro--histórias dos excluídos. Não poucas vezes nos surpreenderão os resultados dos especialistas de hoje.

Em um processo análogo de reconstrução histórica podemos fazer como as discípulas e discípulos de Jesus que difundiram sua mensagem nas protocomunidades cristãs da Judeia e da Síria.[10] Análoga reconstrução é possível realizá-la também com os autores dos textos neotestamentários que transmitiram sua mensagem na Igreja primitiva. Tal é, aliás, o objetivo de muitos grupos interdisciplinares de pesquisa vigentes hoje no mundo, como os que já mencionamos anteriormente.

Como primeiro elemento dessas investigações, é necessário evocar o ambiente cultural e religioso em que se enquadrou a pregação de Jesus na Galileia. Há três décadas, o surgimento do messianismo judeu já foi descrito, de maneira sintética, por Edward Schillebeeckx, sublinhando sua evolução histórica e religiosa no marco cultural próprio. Segundo sua análise, esse processo no interior do judaísmo histórico deu lugar a modelos diversos de compreensão da presença do ungido de Deus:

> Toda esta evolução desemboca na figura do
> Cristo ou Messias cheio do Espírito de Deus,

---

[10] Como já mencionamos, para o caso da Espanha, é notável o trabalho iniciado por Rafael Aguirre e sua equipe, retomado nos tempos atuais por vários colegas seus em várias universidades ibéricas. Cf. Rafael Aguirre, *Así Empezó el Cristianismo*. Estella, Verbo Divino, 2011, p. 600.

título que pode aplicar-se a uma figura régia, sacerdotal ou profética. A partir daí surgem duas tendências messiânicas: por um lado, o messianismo dinástico-davídico; por outro, o messianismo profético (que numa tradição posterior se fundiu com os traços não dinásticos do Filho de Davi): o cristo profético. Sobretudo neste caso, o termo messias designa simplesmente o profeta cheio do Espírito de Deus; Cristo e possuído pelo Pneuma são sinônimos.

No entanto, só no judaísmo posterior esta figura do Cristo adquire um significado escatológico. O olhar retrospectivo para um passado idealizado que decepcionava como realidade concreta havia experimentado já uma mudança: agora se depositam as esperanças num futuro melhor. Durante o exílio e imediatamente depois dele, aparecem os primeiros sinais de esperança numa figura salvífica que há de vir. Tal figura adotou diversas formas. Umas se situavam na linha de um messianismo davídico; outras, na linha do profetismo, de que surgiria depois a expectativa de um futuro profeta escatológico. Com respeito a esta última linha, têm particular importância alguns textos de Isaías segundo e de Isaías terceiro, que influíram profundamente no judaísmo dos tempos de Jesus e no mesmo Novo Testamento.[11]

Em suma, podemos dizer que é possível delinear uma figura pós-moderna[12] do Jesus histórico, desde que se leve em conta seu

---

[11] Edward Schillebeeckx, *Jesús, Historia de un Viviente*. Madrid, Cristiandad, 1984, p. 345-46.
[12] Muito se discute sobre a pertinência do termo "pós-moderno". Embora tenha surgido com vigor nos anos 90 do século passado, hoje parece ter caído no esquecimento. Fala-se

caráter *sui generis* como messianismo judeu. Para alcançá-lo, será necessário integrar a inovação que trouxe consigo a confissão da fé apostólica que deu origem ao cristianismo como uma *nova compreensão do messianismo judeu*: enquanto cumprimento das promessas e como soteriologia realizada no tempo presente.

2. A Questão do Jesus Histórico Cem Anos Depois: a Third Quest

Façamos primeiro uma breve revisão dos estudos que se fizeram a partir da Ilustração em torno do Jesus histórico.

Os exegetas cristãos modernos – desde Hermam Samuel Reimarus[13] no século XVIII até John Meier e John Dominic Crossan[14] em fins do século XX – não deixaram de se interessar por Jesus de Nazaré como personagem-chave para compreender sua mensagem origi-

---

atualmente em meios latino-americanos de pensamento antissistêmico, enquanto no meio de fala inglesa se prefere pós-colonial e até anti-hegemônico. Nós preferimos manter a expressão "pós-moderno" porque denota a urgente questão da crise da modernidade como metarrelato do Ocidente, abrindo novas pistas para o debate pelo modelo ou pelos modelos de racionalidade plausíveis nestes tempos de pluralismo epistêmico.

[13] A obra de Herman Samuel Reimarus, *Apologie oder Schutzschrift für die vernunftigen Vererhergottes*, foi conhecida em pequenos círculos de intelectuais germanos em meados do século XVIII. Depois de sua morte, graças a Lessing, em sua obra *Zur Geschichte und Literatur* (1774-1778), conheceu-se parcialmente a de Reimarus por sua famosa frase: "Jesus anunciou o Reino, mas chegou a Igreja". No entanto, o propriamente original de Reimarus foi a busca de uma reconstrução de Jesus com ferramentas históricas segundo a versão da Ilustração em amadurecimento. Veja como exemplo esta passagem sobre o sentido do envio dos discípulos feito por Jesus de Nazaré: "Ao eviar tais missionários, ele pode não ter tido outro objetivo senão conclamar os judeus de toda a Judeia, que há tanto e tanto tempo gemiam sob o jugo romano e, pois, há muito se preparavam para a tão aguardada libertação, e estimulá-los a congregar-se em Jerusalém". (Tradução Érico Nogueira). G. E. Lessing, *Fragments from Reimarus. Brief Critical Remarks on the Object of Jesus and His Disciples as Seen in the New Testament*. London/Edinburgh, Williams & Norgate, 1879, p. 12.

[14] Cf. John Meier, *Jesús, un Judío Marginal*, 3 vols. Estella, Verbo Divino, 2002; John Dominic Crossan, *Jesús, un Campesino Mediterráneo*, 2000.

nal, primeiro, e, de maneira derivada, para entender o cristianismo e o Ocidente mesmo em sua gênese cultural. Mas na última década do século XX surgiu uma nova geração de estudiosos que combina exegese com arqueologia, como Douglas Oakmam e Marianne Sawicki,[15] para compreender o processo sociocultural, econômico e de gênero em que se levou a efeito a pregação de Jesus de Nazaré na baixa Galileia. Novos enfoques que são próprios das preocupações sociais e culturais de nossa época e que, nessa medida, têm validez e pertinência.

A investigação exegética moderna se iniciou no século XVIII nos meios das igrejas cristãs protestantes e no contexto da Ilustração. Primeiro quis separar Jesus da Igreja para distinguir a mensagem prístina da revelação e diferenciá-la das sequelas dogmáticas do catolicismo. Foi desenvolvida depois, no século XIX, pela exegese bíblica, tanto no contexto protestante como no católico, principalmente de fala alemã. Buscava fazer crível a mensagem de Jesus para uma cultura altamente crítica à mistificação das personagens fundadoras do Ocidente e marcada pela *suspeita* do papel alienante do cristianismo na cultura ocidental, reticência derivada das críticas demolidoras de Karl Marx, Sigmund Freud e Friedrich Nietzsche.

Em 1906, o livro agora clássico *The Quest of the Historical Jesus*, de Albert Schweitzer, operou uma reviravolta na questão confessional, dando entrada à indagação propriamente histórica *secular* sobre Jesus de Nazaré. A historiografia secularizada quis desentranhar, a partir de então, as chaves de leitura de uma das personagens fundacionais da civilização mediterrânea greco-romana e judaica, com a finalidade de facilitar o acesso a um referente imprescindível da cultura ocidental em processo de expansão colonial.

---

[15] Cf. K. C. Hanson e Douglas Oakman, *Palestine in the Time of Jesus. Social Structures and Social Conflicts*. Minneapolis, Fortress Press, 2007, p. 251; Douglas Oakman, *The Political Aims of Jesus*. Minneapolis, Fortress Press, 2012, p. 192; Marianne Sawicki, *Crossing Galilee: Architectures of Contact in the Occupied Land of Jesus*. New York, Continuum, 2000, p. 260.

Como já vimos na seção anterior, no contexto norte-americano a questão do Jesus histórico esteve associada ao breve aparecimento de um cristianismo socialista próprio das primeiras décadas do século XX, que não teve continuidade na segunda metade do século senão em poucos meios cristãos progressistas daquele país da América do Norte. Com o passar do tempo, naquela nação predominou uma leitura confessional e carismática de Jesus de Nazaré, sobretudo em meios evangélicos e carismáticos, ou então uma interpretação dogmática em boa parte dos meios católicos anglo-saxões.

Mas em fins do século XX, em razão do encontro da *Society for Biblical Literature* de 1994 em Chicago, surgiram grupos de investigação que reuniam especialistas em diversas disciplinas. Sua finalidade foi, a partir de então, favorecer o debate sobre os diversos enfoques e métodos empregados (sociologia, história, exegese, arqueologia) na investigação interdisciplinar, levando em conta as novas luzes que oferece cada um deles para compreender a complexa realidade sociocultural e religiosa do contexto de Jesus de Nazaré e de outros "profetas itinerantes" de sua época e território.

≈

Por outro lado, a recepção dessa problemática moderna do Jesus histórico na teologia teve como principal interlocução a teologia fundamental e sistemática. Disciplinas que trouxeram suas próprias intuições, suas próprias perguntas e seus próprios métodos para a discussão de como fazer uma interpretação plausível e pertinente de Jesus de Nazaré, confessado como messias e Filho de Deus pelo credo da Igreja.

Em particular, as cristologias modernas posteriores ao Concílio Vaticano II – como as dos dominicanos Edward Schillebeeckx, Christian Duquoc e Albert Nolan[16] – construíram-se em diálogo com as

---

[16] Cf. Edward Schillebeeckx, op. cit., p. 692; Christian Duquoc, *Cristología II. Ensayo Dogmático sobre Jesús de Nazaret el Mesías.* Salamanca, Sígueme, 1974, p. 580; Idem, *Jesús,*

investigações do Jesus histórico em sua segunda onda de estudos, própria dos anos 50 a 80 do século passado. Recuperava-se então, sobretudo, o contexto econômico e social do judaísmo do século I E.C. no qual Jesus viveu seu profetismo. Sobretudo se sublinhou a importância de reconhecer a novidade *escatológica* e *antimessiânica* da pregação de Jesus, com as consequências sociais e religiosas que teve sua mensagem numa província marginal do Império romano.

Também em fins do século XX, a questão do Jesus histórico chegou à América Latina. Apareceu com a teologia da libertação da primeira geração nos anos 80. Os principais autores da região sobre temas cristológicos daqueles anos – como Leonardo Boff, Jon Sobrino, Juan Luis Segundo e Carlos Bravo[17] – dependiam dos debates europeus a esse respeito, pois que a exegese latino-americana mal conseguia investigar esses temas. Mas essa geração pioneira desenvolveu uma nova chave de interpretação *a partir dos pobres* que lhe permitiu conectar-se diretamente com o messianismo de Jesus e seu selo de mudança social a favor dos deserdados da terra que os estudos exegéticos sublinhavam.

A *Third Quest* se desenvolveu posteriormente, sobretudo nos Estados Unidos, durante as últimas décadas do século XX. Seguiu trazendo desde então um novo enfoque metodológico que foi retomado depois pela teologia latina ou hispânica no contexto multicultural norte-americano.[18]

Hombre Libre. Salamanca, Sígueme, 1984, p. 123; Albert Nolan, *Jesús Antes del Cristianismo*. Santander, Sal Terrae, 1989, p. 207.
[17] Cf. Leonardo Boff, *Jesucristo el Liberador. Ensayo de Cristología Crítica para Nuestro Tiempo*. Santander, Sal Terrae, 1986, p. 280; Jon Sobrino, *Cristología desde América Latina*. México, Crt, 1977, p. 330; Juan Luis Segundo, *El Hombre de Hoy ante Jesús de Nazaret*, II/2. Madrid, Cristiandad, 1982, p. 352; Carlos Bravo, *Galilea Año 30. Historia de un Conflicto (Para leer el relato de Marcos)*. México, Centro de Reflexión Teológica, 1988, p. 171.
[18] Cf. Virgilio Elizondo, *Jesús de Galilea. Un Dios de Increíbles Sorpresas*. Chicago, Loyola Press, 2007, p. 240; Idem, *Galilean Journey. The Mexican-American Promise*. New York, Orbis Books, 2000, p. 155; Robert Anthony Lassalle-Klein, *Jesus of Galilee. Contextual Christology for the 21st Centrury*. New York, Orbis Books, 2011, p. 276.

Assim, as investigações interdisciplinares em torno da Galileia, por exemplo, produziram uma reflexão teológica no meio latino norte--americano de grande criatividade para a compreensão e para o acompanhamento pastoral de migrantes, grupos feministas, minorias étnicas e sexuais, culturas juvenis e novas mestiçagens socioculturais e religiosas que atualmente se encontram em efervescência social como atores críticos da cultura global.

3. O Galileu

Levando em conta o dito até aqui, depois de um século de investigações e debates em torno do Jesus histórico,[19] podemos descrever hoje, com alto grau de probabilidade, a personagem Jesus de Nazaré. Um pregador judeu itinerante que percorreu a baixa Galileia por volta do ano 30 E.C., anunciando a consolação divina nas aldeias da região, como cumprimento das promessas do Deus de Israel, inspirado pela figura prototípica do profeta Elias.

Sean Freyne sintetiza a curta vida pública desse pregador itinerante, marcado pelos traços de um ministério profético e carismático, típico do judaísmo popular de sua época e região, da seguinte maneira:

> O perfil do ministério de Jesus na Galileia é
> o mesmo que em todos os evangelhos: um
> ministério de sanação e de ensinamento que é
> essencialmente de caráter itinerante, ainda que

---

[19] Referimo-nos aqui a uma série de estudos publicados nos Estados Unidos sobre esta onda recente de investigações em torno do Jesus histórico. Em particular é de notar uma nova geração de autoras e de autores, leigos e mulheres em sua maioria, de diversas confissões, que dão uma coloração e uma vitalidade novas aos estudos interdisciplinares. Uma presença que rejuvenesceu assim o debate com suas considerações sociais, políticas, culturais e eclesiais que afetam o modo de tratar a questão do Jesus histórico. Uma fonte comum de referência desta geração é a obra de Sean Freyne, *Galilee, Jesus and the Gospels. Litterary Approaches and Historical Investigations*. Philadelphia, Fortress Press, 1988, p. 305.

se sugira algum tipo de associação permanente em Caná ou em Cafarnaum. Grupos entusiastas vindos de diferentes regiões, não somente da Galileia, chegaram a Jesus e ele se mostrou empático com suas necessidades. Desde o começo ele esteve acompanhado de um pequeno grupo (*band*) de seguidores permanentes que depois seriam chamados de maneira simbólica "Os Doze". A oposição que recebeu nas províncias foi mais religiosa que política em seu tom, mesmo se se mencionam os herodianos junto dos fariseus. Em Jerusalém topará com a fonte principal de oposição, e será ali que Jesus encontrará seu destino enquanto anunciava uma reivindicação para si e para seus seguidores em termos apocalípticos.[20]

De família de artesãos de Nazaré, Jesus inicia sua pregação em sua mesma aldeia, provocando a rejeição de seus ouvintes, incluindo sua própria família. Assim, viveu na própria carne aquela frase do salmista: "que me tornei um estrangeiro aos meus irmãos, um estranho para os filhos de minha mãe" (Sl 69,9).

No que diz respeito à classe social e ao *status* de Jesus entre seus compatriotas, pode-se dizer que o mais provável é que, segundo o *costume* da época, tenha exercido o ofício de artesão ou *tektón*, como seu pai José e seus quatro irmãos, Santiago, José, Judas e Simão.[21] Infelizmente, não conhecemos os nomes de suas irmãs[22] nem seu ofício, como era de esperar numa sociedade patriarcal.

---

[20] Sean Freyne, *Galilee, Jesus and the Gospels. Litterary Approaches and Historical Investigations*, p. 219.
[21] "Não é este o filho do carpinteiro? Não se chama sua mãe Maria, e seus irmãos Santiago, José, Simão e Judas?" A versão grega diz: οὐχ οὗτός ἐστιν ὁ τοῦ τέκτονος υἱός; οὐχ ἡ μήτηρ αὐτοῦ λέγεται μαριὰμ καὶ οἱ ἀδελφοὶ αὐτοῦ ἰάκωβος καὶ ἰωσὴφ καὶ σίμων καὶ ἰούδας (Mt 13,55). Cf. Mateus 12,46; Lucas 8,19; e Marcos 3,31.
[22] "E seus irmãs? Não estão todas entre nós?" A versão grega diz: καὶ αἱ ἀδελφαὶ αὐτοῦ οὐχὶ πᾶσαι πρὸς ἡμᾶς εἰσιν (Mt 13,56).

Mesmo sendo o primogênito, num momento crucial de sua vida, Jesus preferiu abandonar o ofício da casa paterna para dedicar-se a uma pregação itinerante da chegada do Reinado de Deus, surpreendendo com essa escolha aos seus e a estranhos. Assim comenta Craig Evans a surpresa que deve ter causado Jesus a seus compatriotas de Nazaré:

> A família de Jesus, assim como a maior parte dos habitantes de Nazaré, não pensava que ele – um dos seus – fosse qualificado para anunciar as boas-novas do reinado de Deus, e muito menos para ampliar a compreensão das implicações deste reinado tanto para eles como para os demais. Além disso, um dos primeiros seguidores de Jesus era recordado como o que havia dito "De Nazaré pode sair algo de bom?" (Jo 1,46). Talvez por isso não seja surpresa que a gente de Nazaré tenha duvidado de Jesus, incluindo seus próprios irmãos que não criam nele, ao menos no começo (Jo 7,5).[23]

Após essas reações adversas que Jesus viveu entre as pessoas de sua aldeia, e depois de experimentar a rejeição de sua própria família, há notícias de que se transferiu para Cafarnaum,[24] à margem

---

[23] Craig E. Evans, *Jesus and his World. The Archaeological Evidence*. Luisville, Westminster John Knox Press, 2012, p. 36. [T. do A.].

[24] Sobre o entorno econômico e sociocultural de Nazaré e da margem do lago da Galileia no tempo de Jesus, o *Atlas da Bíblia* de Andrômeda comenta o seguinte: "A Cafarnaum do tempo de Jesus provavelmente fora fundada no século II a. C. Os seus habitantes viviam da pesca, do plantio e do comércio. As suas casas eram feitas das rochas basálticas que abundam na região. Cafarnaum era também uma cidade fronteiriça entre a Galileia, governada por Herodes Antipas, e o território de Filipe, o qual tinha início na margem leste do Jordão e, com rio, entrava no limite norte do Mar da Galileia; a maior cidade da região era Betsaida, a cerca de 4 km de Cafarnaum. Na verdade, Pedro era natural de Betsaida (João 1, 44) mas residia em Cafarnaum, quer por força do matrimônio, quer porque preferisse viver num lugar onde os judeus eram predominantes. Ainda que Cafarnaum fosse mais judaica que Betsaida (João 12, 20-21), abrigava um centurião romano (Mateus 8, 5-13),

do lago da Galileia, para levar a efeito, junto de um punhado de homens e de mulheres simpatizantes de sua mensagem, a missão de anunciar com *ditos e ações* a chegada dos tempos messiânicos.

Quanto à classe social a que pertenceu Jesus, em virtude do já mencionado ofício de artesão de seu pai e de seus irmãos, é possível deduzir que Jesus não era pobre, como o sugeriu há algumas décadas certa imagem reconstruída pelas primeiras investigações históricas. Certamente muitos de seus interlocutores eram camponeses e pescadores, mas não somente pobres como também o celebraria em seu momento com fervor certa literatura da teologia da libertação.[25] Proveniente de uma família modesta de artesãos, como o comum dos habitantes dos casarios vizinhos a Nazaré, anunciou a chegada do Reino de Deus aos seus e a estranhos através de um tipo de profetismo itinerante, inédito por seu conteúdo escatológico, tanto em palavras como em ações.

Ainda sobre o entorno social de Jesus e de sua família, George Shellington também concorda com outros autores em afirmar

---

fronteira e aduana, donde Mateus foi chamado para se tornar um discípulo (Mateus 9, 9)". (Tradução Érico Nogueira). *Atlas of the Bible*, "Galilee", Andromeda, 1985. Disponível em: http://avoserv.library.fordham.edu/login?url=htpp://www.credoreference.com/entry/andatbib/galilee. Acesso em: 8 mar. 2013.

[25] Assim descrevia a prática de Jesus, com certo tom militante próprio de trinta anos atrás, Hugo Echegaray, o teólogo peruano discípulo de Gustavo Gutiérrez que morreu ainda muito jovem, sem poder desenvolver mais a fundo sua teologia com o grande talento que desdobrou em sua primeira obra: "Dessa maneira, as perspectivas em que Jesus situa a vinda do Reino não constituem simplesmente um programa doutrinal de pregação, senão um todo unitário com o seu comportamento prático através do diário compartilhamento das condições de vida das massas – no permanente diálogo com elas, na assunção de seus valores e aspirações espirituais, na atenção a suas necessidades básicas, na dolorosa consciência de que se achavam como 'ovelhas sem pastor'. Jesus abraça essa forma de comunhão com a pobreza não por ascetismo, mas por amor aos pobres, porque sabe que é entre eles que está o lugar por excelência da acolhida do Reino de Deus. Essa proximidade de Jesus com a classe oprimida de seu tempo é um dado que goza da máxima garantia histórica. Por isso também teve uma função determinante para que o *establishment* o condensasse: a pregação do Reino – no contexto escolhido por Jesus – colocava-o em inevitável contradição com o sistema". (Tradução Érico Nogueira). Hugo Echegaray, *A práctica de Jesús*. Lima, Centro de Estudios e Publicaciones, 1986, p. 181.

que "Jesus cresceu num estatuto social modesto característico dos residentes de uma comunidade de pequena aldeia".[26] Seu povoado contaria talvez com parcos seiscentos habitantes que se dedicavam ao cultivo de oliveiras e do trigo, bem como à feitura de cerâmica para uso caseiro, abastecendo as cidades helenísticas limítrofes, ainda que sem competir com a famosa cerâmica de Kefar Hanania, mas mantendo seu próprio estilo de vida modesto, de comércio de autossubsistência e de religião tradicional.

Tais aldeias mantinham um regime de vida judeu observante e piedoso,[27] afastados de Jerusalém não somente por motivos geográficos, mas sobretudo por uma história religiosa e cultural provinciana que os tornava mais próximos de um judaísmo popular mais nostálgico dos tempos do Reino do norte do que do judaísmo davídico de Jerusalém. Este é um dado relevante para nossa pesquisa, já que, especificamente, os habitantes da "Galileia dos gentios" eram herdeiros do que poderíamos chamar de *messianismo social* derivado das conquistas macabeias.

O grupo de seguidores de Jesus na baixa Galileia era pequeno mas significativo. Representava uma esperança de mudança na situação de dominação romana e de culto judeu do Templo de Jerusalém, distante das necessidades da população rural. Mas, como

---

[26] V. George Shellington, *Jesus & Paul Before Christianity. Their World and Work in Retrospect*. Eugene, Casacade Books, 2011, p. 51 [T. do A.].

[27] Com tom menos militante, ainda que coincidindo quanto à opção de Jesus pelos excluídos de seu tempo, Rafael Aguirre, autor que se situa na *Third Quest* de décadas recentes, comenta o seguinte: "Jesus é um judeu fiel que, por um lado, afirma que 'não vim destruir a lei e os profetas', o que, diríamos nós, equivale a dizer que se deve respeitar as convenções racionalmente universalizáveis que tornam a convivência possível. Por outro lado, porém, Jesus observa a seus discípulos que 'vossa justiça deve superar a dos escribas e fariseus'. O Reino de Deus, como irrupção de um amor gratuito, introduz uma dinâmica de gratuidade que se traduz em solidariedade com os marginalizados, recusa da violência, perdão aos inimigos, pureza radical do coração..., o mais específico da moral de Jesus tal como aparece, sobretudo, no sermão da montanha". (Tradução Érico Nogueira). Rafael Aguirre, *Ensayo sobre os orígenes do cristianismo. da religión política de Jesús à religión política de Pablo*. Estella, Verbo Divino, 2001, p. 36.

assinala atinadamente Sean Freyne,[28] a observação de Gerd Theissen sobre o fracasso do grupo de Jesus em conter a frustração social da Palestina no século I implica uma leitura reducionista do tipo de ministério original do Galileu. O objetivo principal de seu ministério não era de ordem social, mas religiosa, ou melhor, social com inspiração religiosa.

≈

Quanto ao tipo de mobilidade social de Jesus, seja urbana ou rural, ao longo dos poucos anos de seu ministério, dá-se uma estranha constatação quando se revisam seus itinerários pela Galileia. Algo que assombra até os especialistas de hoje. Não há dados nos Evangelhos que permitam afirmar que Jesus tenha visitado as pujantes cidades helenísticas da região, como Séforis e Tiberíades,[29] construídas durante sua infância e em processo de franca expansão comercial, econômica e cultural durante sua juventude. Antes parece que Jesus evitou entrar nessas cidades para concentrar sua atividade de pregação nas pequenas aldeias vizinhas.

O sentido de tal ação parece um enigma insolúvel e deu azo a conjecturas de todos os tipos, desde as que assinalam que significou a rejeição aberta de um judeu observante às influências helenísticas da dinastia de Herodes Antipas até as que sublinham a opção pelos

---

[28] Cf. Sean Freyne, *Galilee, Jesus and the Gospels. Litterary Approaches and Historical Investigations*. op. cit., p. 221.
[29] "Comentou-se que uma das características mais impressionantes das narrativas do Evangelho é a ausência das maiores aglomerações da Galileia. Vimos que o Evangelho pressupõe que Jesus visitou Corazim mas não registra o que lá fez ou disse, donde fica claro que o registro do seu ministério galileu não está completo [sic]. Sem embargo, não há indicação de que, durante o seu público ministério, ele haja visitado a importante cidade de Séforis, a apenas 6 km de Nazaré, ou Tiberíades, a apenas 10 km de Cafarnaum, nem muito menos outros centros regionais como Gebara ou Tariqueia (mas provavelmente Mágdala, a cidade de Maria Magdalena)". (Tradução Érico Nogueira), Credo Reference, "Galilee". In: *Atlas of the Bible*. Andromeda, 1985. Disponível em: http://avoserv.library.fordham.edu/login?url=htpp://www.credoreference.com/entry/andatbib/galilee. Acesso em: 8 mar. 2013.

pobres da época que viveu Jesus ao desprezar os ricos comerciantes judeus que faziam negócios com o invasor romano. Nenhuma dessas interpretações parece ter base histórica nem arqueológica suficiente que a sustente. Poderiam ter uma base literária e até hermenêutica, própria de opções mais ou menos legítimas de interpretação[30] feitas por gerações posteriores de leitores, mas não encontra sustentação estritamente histórica no tempo de Jesus.

De uma perspectiva própria à *Third Quest*, George Shellington sugere que a provável "indiferença" de Jesus por essas cidades herodianas se deu devido a dois fatores principais: o desprezo da glória humana e a rejeição ao sistema que assassinara a João Batista.[31] Indo mais longe, Sean Freyne, por seu lado, propõe-se a interpretar francamente esse fato como "um ato de solidariedade com as vítimas em ordem a gerar uma crítica profética de seus opressores".[32]

Por todo o dito, e seguindo o fio condutor do messianismo hebreu, parece então mais plausível sustentar o sentido *profético*

---

[30] Toda intepretação implica sempre os riscos do excendente de significado do intérprete, como parte do processo hermenêutico de recepção de toda tradição, a partir de narrações motivadas pela mimese e que conduzem à praxis. Sobre a validez da correlação desta tríade própria do ato interpretativo aplicado à Bíblia, Paul Ricoeur assinala algo muito pertinente para nosso caso, a saber, a passagem da imaginação no texto à imaginação *em torno do* texto para alcançar uma "interpretação existencial" que tenha veracidade: "As novas configurações da experiência religiosa e as retificações de sua representação acompanham-se ainda de nova restruturação que a expressão-enigma 'Reino de Deus' e outras similares impõem ao significativo dinamismo das parábolas. Numa palavra, é o caráter parabólico das narrativas, no seu mais alto grau de incandescência, que possibilita a transição da interpretação semiótica para a interpretação existencial. E é justamente aí que se passa de um trabalho da imaginação *no* texto ao trabalho da imaginação *sobre* o texto". (Tradução Érico Nogueira). Paul Ricoeur, "The Bible and the Imagination", *Biblical Studies. William Rainey Harper Conference*. University of Chicago, 1979, p. 17. Disponível em: http://www.fondsricoeur.fr/photo/Ricoeur%20-%20The%20Bible%20and%20the%20Imagination.pdf. Acesso em: 21 mar. 2013.
[31] "Segundo todos os registros, Jesus não teve muito tempo para o tipo de poder e glória representados por Herodes Antipas, responsável pela morte de João Batista". (Tradução Érico Nogueira). V. George Shellington, *Jesus & Paul Before Christianity. Their World and Work in Retrospect*. Eugene, Casacade Books, 2011, p. 50.
[32] Sean Freyne, *Galilee and Gospel: Collected Essays*. Tübingen, Mohr Siebeck, 2000, p. 196.

escatológico que motivou Jesus e seus seguidores a rejeitar o modo de vida representado pelas cidades helenísticas. Seu objetivo era anunciar, no meio dessa contradição patente, a restauração de Israel. Como comenta o reconhecido exegeta irlandês:

> Prefiro ver Jesus assumir uma crítica profética do *ethos* prevalecente durante a dominação [romana], baseado nos ideais da Aliança para a restauração de Israel, dentro de um marco apocalíptico que lhe tornou possível imaginar e propor um estilo de vida e de valores radicalmente diferentes.[33]

Por essas razões, podemos afirmar que o judaísmo *sui generis* de Jesus de Nazaré, conquanto zeloso da terra, do templo e da Torá como todo judeu da era do Segundo Templo, representa um desafio para a interpretação histórica e teológica pós-moderna.

≈

Prosseguindo com nossa indagação sobre a teologia do fim dos tempos que pode deduzir-se dos ditos e feitos do Jesus histórico, distingamos algumas das características próprias do judaísmo que ele assumiu como judeu marginal.

Em primeiro lugar, Jesus é marcado pelo caráter *transcultural*[34] de sua pátria, a Galileia. Também poderiam observar-se algumas

---

[33] Ibidem, p. 198.
[34] A este respeito, discrepam as opiniões. Há algumas décadas, insistia-se no caráter misto da população da Galileia, mas em anos recentes, graças a estudos arqueológicos mais precisos, pode-se afirmar com bastante plausibilidade que a zona rural da baixa Galileia era composta, na primeira metade do século I E.C., por judeus piedosos, ligados de maneira *sui generis* ao Templo de Jerusalém. A este respeito, comenta George Shellington: "O que se sabe de suas reuniões comunitárias (*sunagôgai*) nos permite dizer que os judeus da Galileia se reuniam e prestavam culto de acordo com os preceitos da lei judaica. Muito presumivelmente os não judeus também tinham as suas reuniões e os seus templos. Uma

convergências com os ensinamentos dos filósofos cínicos de Séforis, mas não se identifica com os traços predominantes do ensinamento dessa escola filosófica helenística, como tampouco com sua prática de desprezo anárquico do mundo.

Nos dias de hoje, a prova mais "contundente" contra a pretensa influência cínica em Jesus é de natureza arqueológica. À primeira vista, é desconcertante: trata-se da evidência de restos de ossos de animais encontrados em Séforis. Por mais irônico que pareça, as escavações de anos recentes em Séforis mostraram que nas camadas do terreno correspondentes à época prévia ao ano 70 E.C. não existem ossos de porcos em nenhuma das amostras. Esse fato infere que a cidade foi habitada principalmente, e talvez exclusivamente, por judeus em sua primeira época. Se esse era o tipo de população de uma cidade da baixa Galileia de então, como comenta Craig Evans, "isso significa que no tempo de Jesus – uma geração ou duas antes da revolta – havia poucos ou talvez nenhum habitante não judeu em Séforis. E isso significa que tampouco havia cínicos".[35]

De maneira similar, pode-se identificar com muita cautela alguns traços próximos da pregação de Jesus com os essênios de Qumran no que se refere ao julgamento que se avizinha, mas as diferenças são maiores no que diz respeito à centralidade da pureza ritual e ao desprezo dos pagãos. Pelo contrário, os recorrentes testemunhos evangélicos sobre Jesus como bom comensal e amigo de pecadores e de publicanos desmentem as tentativas de identificação tanto com cínicos como com essênios.

---

coisa, porém, é razoavelmente clara: quando Jesus deu início à sua missão na Galileia, ele não a endereçou aos não judeus. Sua missão era restaurar todo Israel, como Mateus e Q sugerem claramente: 'Eu não fui enviado senão às ovelhas perdidas da casa de Israel' (Mt 15, 24)". (Tradução Érico Nogueira). V. George Shellington, *Jesus & Paul Before Christianity. Their World and Work in Retrospect*. Eugene, Casacade Books, 2011, p. 47. Mas é preciso explicar, então, nesse contexto, o sentido dos encontros de Jesus com gentios, como faremos mais adiante.

[35] Craig E. Evans, op. cit., p. 24 [T. do A.].

Finalmente, outro traço essencial da pregação de Jesus, que o distingue tanto de cínicos como de essênios, é o *tipo* de messianismo que ele vive e anuncia. Com efeito, Jesus se apresenta antes, segundo as fontes sinópticas, como levando a efeito uma apropriação midráshica inovadora do profetismo de Elias, segundo uma corrente popular da época. Um profetismo que, aliás, já havia sido retomado por João Batista e por outros pregadores da região, como Judas, o Galileu.[36]

O que é próprio do messianismo de Jesus de Nazaré radica no fato de que ele não assume o modelo davídico dos fariseus nem o dos zelotes, como tampouco o apocalíptico essênio ou o de João Batista. Centrará a atenção na atualidade da presença compassiva de Deus em seus próprios ditos e ações: "Esta escritura, que acabais de ouvir, cumpriu-se hoje",[37] teria dito na pequena sinagoga de Nazaré. Lugar que com maior probabilidade era somente a congregação de alguns quantos judeus devotos reunidos numa casa da aldeia. Com esta afirmação teria escandalizado a muitos de seus compatriotas ao ponto de ter de abandonar seu povoado.

Como parte do sentido inovador da pregação profética do Galileu, os ditos e sinais de curas que realiza nas aldeias próximas a Cafarnaum, junto do convívio com os pecadores que ali habitam, serão as chaves para interpretar o sentido *escatológico* de sua mensagem.

---

[36] De Judas, o Galileu, como também de João Batista, tem-se rastro de seu ensinamento, mas não de um ministério taumatúrgico como o de Jesus. Com respeito aos pregadores contemporâneos de Jesus, comenta Sean Freyne: "Não sabemos se Judas o galileu realizou grandes feitos além do ensino, e temos apenas uma vaga ideia sobre os seus ensinamentos. Além de esperar por grandes façanhas de libertação, Teúdas, Atronges e o egípcio podem muito bem ter exercido o magistério. Não há registro de grandes feitos perpetrados por Jesus filho de Ananias, mas apenas de suas negras profecias. Atribuem-se a Hanina ben Dosa não mais que umas poucas sentenças, e não sabemos nada das pretensões sociais de Judas filho de Ezequias – que, nada obstante, aspirava ao cetro real. João Batista pregava uma mensagem apocalíptica de arrependimento, mas não fazia milagres". (Tradução Érico Nogueira). Sean Freyne, *Galilee, Jesus and the Gospels. Litterary Approaches and Historical Investigations*, p. 223.

[37] A versão grega diz: ὅτι σήμερον πεπλήρωται ἡ γραφὴ αὕτη ἐν τοῖς ὠσὶν ὑμῶν (Lc 4,21).

Em tal imaginação escatológica radicará o que mais adiante chamaremos a "imaginação poética de Cristo". Mas por ora basta assinalar que a pregação *itinerante* de Jesus, com ditos e feitos, levada a efeito na baixa Galileia será o traço específico de sua inovação como judeu marginal, piedoso e fiel.

≈

Passemos a outro questionamento crucial para compreender o sentido da pregação de Jesus dos últimos tempos e da chegada do Reinado de Deus.

Por que a Galileia? Tal interrogação é uma pergunta de segundo grau que busca trazer à luz a intencionalidade de Jesus de Nazaré e cuja resposta escapa aos que não fomos testemunhas oculares de sua vida histórica. O que nós – leitores pós-modernos situados dois mil anos depois – podemos apresentar graças às pesquisas da *Third Quest* são talvez os traços do judaísmo de Jesus que o farão vivenciar e anunciar de maneira *inédita* a chegada do Reinado de Deus, num momento de específica crise social e cultural para os habitantes da baixa Galileia. Um anúncio que o Nazareno fará em sentido messiânico e escatológico de consolação de Israel.

Nas seções seguintes, assinalaremos somente alguns dos traços que consideramos principais dessa originalidade própria do messianismo de Jesus, a saber: os interlocutores de sua pregação sobre a expectativa messiânica; a centralidade da figura de Elias em consonância com os movimentos judeus contemporâneos; e, por fim, a releitura profética inovadora das instituições que deram identidade ao messianismo de Israel: terra, templo e Torá.

Finalmente, terminaremos o presente capítulo apresentando, de forma hipotética, os elementos principais para uma interpretação pós-moderna da manifestação de Deus que acontece em Jesus de Nazaré. Vamos fazê-lo sublinhando a *imaginação poética jesuânica*, que dará perspectiva e sentido a seus ditos e feitos como realização da salvação de Deus no *tempo presente*: neles acontece a plenitude vinda de Deus como dignificação e vida para todos, incluídos os segregados da cultura judaica, helenística, cananeia e romana de sua época.

4. Os Interlocutores Transculturais

A região da baixa Galileia no século I E.C. é um cruzamento de caminhos que ligam a Síria à Palestina.[38] Sua história cultural prévia aos tempos de Jesus é complexa, precisamente por ser uma passagem obrigatória de comércio e de intercâmbios sociais e culturais entre duas zonas prósperas em seus extremos norte e sul.

Depois da reconquista da Galileia pelos macabeus por volta do ano 130 a.E.C., o fértil território que rodeia o lago da Galileia foi repovoado por judeus piedosos. As escavações arqueológicas recentes em Cesareia de Filipe, situada na baixa Galileia, revelaram a presença, em estratos do século I E.C., de *mikwaoth*, ou piscinas para a purificação, que assinalam a realização de práticas rituais próprias do judaísmo popular.[39]

---

[38] O Atlas de Andrômeda descreve assim a região em seu passado arqueológico: "A Galileia em que Jesus passou a maior parte da sua vida era uma região próspera. Às margens do Mar da Galileia, e num raio de 5 km em direção ao interior, doze cidades foram descobertas. Karmon diz que, a julgar por essas ruínas e os vestígios de sinagogas e outros prédios públicos, a população da área deve ter sido 'muito maior que a atual [1971] de 35.000 pessoas'. Oliveiras, figueiras, tamareiras, linho e videiras cresciam na Galileia – e também se produzia cerâmica. Nas cercanias do Mar da Galileia, as principais ocupações eram a preservação dos peixes na salmoura e sua exportação. Na área basáltica, produziam-se rebolos e prensas de basalto (para serem utilizados na agricultura), e há registros de que se praticasse a tinturaria." (Tradução Érico Nogueira). Credo Reference, *Atlas of the Bible*. Andromeda, 1985. Disponível em: http://avoserv.library.fordham.edu/login?url=htpp://www.credoreference.com/entry/andatbib/galilee. Acesso em: 8 mar. 2013.

[39] A este respeito, comenta Sean Freyne: "Até o momento, não se encontraram estátuas, nem templos nem quaisquer vestígios de culto pagão (a não ser umas poucas estatuetas domésticas). O número de *mikwaoth*, especialmente na área residencial perto da acrópole (onde provavelmente residia a maioria dos moradores abastados), é forte evidência de um

A população da região se concentrava em não mais que quinze aldeias no tempo de Jesus, onde trabalhavam tanto camponeses como artesãos e pescadores,[40] vivendo graças a uma economia local de subsistência. Esses eram os ofícios principais e mais populares na região, com *status* social similar, sendo o de pescador mais bem remunerado; embora se tenham vestígios de que os galileus também forneciam bens como azeite, cerâmica e trigo a Séforis e a Tiberíades, as cidades helenísticas recém-fundadas por Herodes Antipas. Os indícios arqueológicos das escavações naquela região da Palestina comprovam também a bonança da economia local e explicam o auge das cidades helenísticas com um mercado florescente, onde se encontraram pias para abluções judaicas e, elemento estranho mas significativo, um teatro grego.[41]

É possível reconstruir, portanto, um cenário plausível para a pregação de Jesus na baixa Galileia: um contexto citadino multicultural combinado com um meio rural judeu popular, que teria vindo

---

etos judeu praticante, a despeito do teatro – um dos adereços da cultura grega –, possivelmente do primeiro século". (Tradução Érico Nogueira). Sean Freyne, *Galilee and Gospel: Collected Essays*, p. 191.

[40] Sobre o *status* dos Pescadores, comenta George Shellington: "A pesca era um negócio no Mar da Galileia. Em regra, peixe e pão eram 'a dieta principal do pequeno chefe de família' (Mc 6, 38). O peixe podia ser preservado na salmoura, e daí era exportado. A antiga cidade de Mágdala ('torre de peixe') no litoral ocidental do Mar da Galileia recebeu o nome grego de Tariqueia ('centro de salgar peixe'). Além disso, a pesca era muito mais que uma atividade de subsistência. Era provavelmente uma indústria bastante rentável, como o indica a observação de Marcos, segundo a qual Zebedeu tinha 'empregados' (Mc 1, 20). Logo, na escala social um pescador deve ter sido um grau mais elevado do que um camponês ou um artesão". (Tradução Érico Nogueira). V. George Shellington, op. cit., p. 54.

[41] Neste sentido, é provável que a crítica de Jesus aos fariseus consignada pelo Evangelho de Mateus seja uma alusão velada à experiência do teatro grego de Séforis: "Portanto, quando deres esmola, não o vás alardeando como fazem *os hipócritas* nas sinagogas e pelas ruas, com o fim de serem honrados pelos homens; em verdade vos digo que já recebem sua paga". A versão grega diz: ὅταν οὖν ποιῇς ἐλεημοσύνην, μὴ σαλπίσῃς ἔμπροσθέν σου, ὥσπερ οἱ ὑποκριταὶ ποιοῦσιν ἐν ταῖς συναγωγαῖς καὶ ἐν ταῖς ῥύμαις, ὅπως δοξασθῶσιν ὑπὸ τῶν ἀνθρώπων· ἀμὴν λέγω ὑμῖν, ἀπέχουσιν τὸν μισθὸν αὐτῶν (Mt 6,2; cf. 23,13). Ali atuavam os "*hypocrites*" ou atores segundo Diodorus Siculus, diante de um pequeno auditório de pessoas. Cf. Craig E. Evans, op. cit., p. 28 [destaque do autor].

ratificar a fama que já tinha aquela região de ser "terra de gentios". Trata-se então de um território híbrido no cultural e no religioso que escandalizava o judaísmo ortodoxo de Jerusalém, mas que era o *modus vivendi* dos judeus piedosos da Galileia.

A narrativa surpreendente de encontros de Jesus com os habitantes diversos daquela região da Galileia é também uma pista importante para rastrear seu estilo inovador de pregação itinerante e compassiva, imitando os passos de Elias e de João Batista. Entre eles, mencionemos aqui, porque refletem precisamente a feição multicultural dos interlocutores de Jesus e sua prática transcultural como profeta itinerante, às seguintes personagens emblemáticas da narrativa evangélica sobre a Galileia: (i) o centurião romano que pede a Jesus que cure seu amigo e servidor em Cafarnaum; (ii) Mateus, o judeu cobrador de impostos para os romanos, desprezado por seus correligionários e compatriotas; (iii) a mulher siro-fenícia que desafia a visão nacionalista do judaísmo provinciano de Jesus; e (iv) Pedro, o pescador judeu piedoso que se associou, com sua família, ao projeto de Jesus.

4.1 O Centurião Romano (Mt 8,5-13; Lc 7,1-10)

Depois da polêmica leitura da perspectiva da diversidade sexual proposta por John Boswell[42] em fins do século XX, a passagem do centurião romano começou a ser desconstruída pela interpretação exegética pós-moderna para escavar, nas fontes literárias e arqueológicas, o sentido de tal encontro de Jesus com um chefe romano ou, ao menos como preferem dizer alguns especialistas, com um judeu que trabalhava para a administração romana.

---

[42] Veja o estudo do erudito e jovem pesquisador de Yale que morreria com a idade de 47 anos, no início de uma brilhante carreira acadêmica: John Boswell, *Christianity, Social Tolerance, and Homosexuality: Gay People in Western Europe from the Beginning of the Christian Era to the Fourteenth Century*. Chicago, University Press, 1980, p. 424.

Ao que parece, o interesse do notável historiador norte-americano de situar uma fonte jesuânica para legitimar nesta passagem a bênção das uniões do mesmo sexo não encontrou suficiente consenso na comunidade exegética nem de historiadores, nem, muito menos, no meio teológico acadêmico, ainda que, sim, nas comunidades cristãs *queer*; sua proposta tenha sido recebida como um marco que abriu a imaginação teológica da época pós-moderna para buscar compreender o sentido da marginalidade social como parte integrante do estudo sobre o Jesus histórico.

O que, por sua parte, a *Third Quest* trouxe para a discussão dessa passagem em anos recentes foi o caráter propriamente universal – *enquanto sinal multicultural* – da pregação de Jesus em Cafarnaum. Trata-se de uma precisão importante para essa aproximação exegética e teológica, já que o elogio de Jesus à fé do centurião romano será um caso único na literatura dos quatro Evangelhos: um pagão, que, ademais, é agente autorizado do poder romano, é reconhecido por Jesus como testemunha acreditada da fé na chegada da salvação àquelas remotas terras marginais, tanto para o poder romano como para a zelosa lealdade judaica.

Obviamente não se trata aqui de debater sobre a facticidade do milagre da cura do amigo e/ou servidor do centurião romano, mas de interpretar o sentido do cumprimento das promessas para além das fronteiras étnicas de pertença ao povo de Israel. Trata-se esse de um dado aparentemente contraditório porque se opõe a outros ditos de Jesus, como o do encontro com a mulher siro-fenícia que analisaremos mais adiante, onde em primeira instância Jesus parece ter consciência somente de que sua missão "universal" se orienta de maneira exclusiva para os judeus da gentilidade.

Em todo caso, podemos apreciar no relato do centurião romano a inesperada abertura de Jesus aos não judeus, saindo assim em aparência dos cânones do judaísmo observante, ainda que permanecendo na convicção da prioridade do cumprimento das promessas feitas a Israel, que, por superabundância, beneficiaria aos que aderissem a esta fé na chegada do Messias.[43]

Cabe recordar aqui o notável estudo do grande filósofo judeu Herman Cohen – publicado em Berlim em 1935 como compilação de conferências dadas entre 1894 e 1914 – sobre o conceito de *rea*, ou estrangeiro residente com direitos reconhecidos. Trata-se de um eminente caso de universalismo antigo, inspirado na "racionalidade de Jerusalém", diferente da de Atenas, e que foi tipificado pela jurisprudência judaica e está consignado no livro do Levítico. Jesus se situaria precisamente no *reconhecimento do estrangeiro como próximo* na mais pura observância doutrinal levítica.

Porque não se trata de uma nova promessa agora dirigida aos gentios, mas da fidelidade de Deus a Israel, na qual também se inclui aos que aceitem a mensagem da redenção por meio da fé no messias, a quem já deixaram agir em sua vida e receberam em sua casa.

Uma inovação da universalidade do profetismo do Segundo Templo que Jesus de Nazaré consegue concretizar com verdadeira imaginação escatológica.

4.2 Mateus, o Cobrador de Impostos

Como parte da vida cotidiana da baixa Galileia incorporada à tetrarquia de Herodes Antipas, a arrecadação de impostos já havia sido decretada nessa província na década de 30 E.C. Foi o resultado da negociação dos senhores locais com o Tetrarca para contribuir assim para a economia do império em troca de segurança a cargo das guarnições militares romanas, dando estabilidade às rotas comerciais que iam do Líbano ao Egito, atravessando

---

[43] Cf. Herman Cohen, *El Prójimo. Cuatro Estudios sobre la Correlación de Ser Humano a Ser Humano según la Doctrina del Judaísmo*. Madrid, Anthropos, 2004, p. 90.

a Decápolis. Não se deve esquecer que a memória da revolta de Judas, o Galileu, ainda se conservava viva no tempo de Jesus, e o ambiente social era instável.

As escavações arqueológicas encontraram vestígios de moedas locais e imperiais em ambas as regiões da Galileia, com maior abundância de moedas locais na baixa Galileia, o que denota um comércio local mais intenso mas não isento da rota transjordânica, como assinala Sean Freyne em sua publicação mais recente:

> A preponderância de moedas de Tiro não somente na alta Galileia mas também na baixa Galileia (em número considerável) torna plausível a hipótese da existência de um tipo de comércio que cruzava os limites tanto religiosos como culturais do norte da região.[44]

Outro vestígio arqueológico revelador do entorno multicultural é a indústria artesanal de cerâmica.[45] Na região da baixa Galileia, durante a primeira metade do século I E.C., tal produção local era destinada sobretudo ao uso de famílias judias praticantes, à diferença da cerâmica das cidades principais, que era destinada ao uso de serviços próprios da cultura greco-romana. A prática de rituais de ablução naquela zona foi confirmada pelo tipo de cisternas de pedra usadas na época, muito diferentes dos depósitos romanos e das ter-

---

[44] Sean Freyne, *Galilee and Gospel: Collected Essays*, p. 188 [T. do A.].
[45] Investigações arqueológicas recentes na Galileia mostram o tipo de cerâmica usado pelos judeus piedosos, distinto do uso nas cidades helenísticas. Sobre o assunto, veja o comentário de Craig Evans: "A cerâmica produzida em Kefar Hanania a cerca de 16 km de Séforis foi encontrada por toda a Galileia onde Jesus viveu e, de fato, representa 75% da cerâmica utilizada pelos judeus da Galileia. Uma vez que a cerâmica era passível de contaminação e, pois, tinha de ser frequentemente substituída, era importante que houvesse um suprimento contínuo. O fato de uma única cidade poder ser a principal fornecedora numa região do tamanho da Galileia testemunha a rede de estradas e o ativo comércio que havia no tempo de Jesus. Apenas a minoria das cidades galileias eram 'isoladas' – e sem sombra de dúvida não o era uma que ficava a apenas alguns quilômetros de Séforis". (Tradução Érico Nogueira). Craig E. Evans, op. cit., p. 13-15.

mas da época posterior à destruição do Templo. Finalmente, como já mencionamos, a descoberta de ossos de cordeiros e de bezerros, mas não de porcos, nas escavações da mesma zona, dá a entender o tipo de consumidores que eram os habitantes da região: judeus zelosos de praticar os costumes alimentares ditados pela Torá.

Esses dados duros oferecidos pela arqueologia são importantes para reconstruir tanto quanto possível a vida das aldeias onde Levi arrecadava impostos entre os judeus. Como servidor do ocupante romano, era, naturalmente, desprezado por seus compatriotas judeus, ainda que tolerado por seu serviço ao poder de Roma, que, apesar de tudo, dava estabilidade e segurança às aldeias da região.

O encontro de Jesus com Levi representa por isso uma provocação para os costumes dos judeus observantes, pois a impureza que cobre o recolhedor de impostos recai sobre ele e suas sucessivas gerações, afastando-o da comunidade messiânica.

Por isso, o chamado de Jesus a Levi para fazer parte de seu "bando de pregadores" – como chama Sean Freyne aos que o seguiam – será um sinal da superação da lógica da pureza enquanto representa um chamado à conversão para aquele judeu traidor a fim de que volte à identidade originária do povo messiânico.

Tal chamado fará que Levi assuma uma nova identidade, o nome de Mateus, ou Matatias em hebraico, que significa "dom de YHWH". A incorporação desse cobrador de impostos ao grupo dos "profetas escatológicos" reunidos em torno de Jesus não representa simplesmente uma ocorrência do Galileu ou dos evangelistas, nem um ato de boa vontade de um judeu arrependido de sua traição, mas que confirma a realização de um projeto de *restauração de Israel*, resgatando seus filhos que haviam caído na traição aos ideais antigos.

Mas, ainda mais, a conversão de Levi implicou o abandono de sua tarefa de cobrador, o que implicou uma crítica direta à arrecadação de impostos feita por Roma, como parte do sentimento popular contra a ocupação estrangeira e contra a corrupção dos que colaboravam com ela. Também cabe recordar aqui que essa crítica de Jesus ao aceitar Mateus como parte de seu grupo implicava, em sintonia com essênios e com zelotes, uma desqualificação da economia de mercado que predominava entre os comerciantes judeus da Galileia. Sobre essa resistência à ocupação romana e à economia que lhe dava sustentação, ação da qual participa o grupo de Jesus, é muito sugestiva a observação de Sean Freyne:

> Em contraste, a visão de Jesus de compartilhar os bens e a rejeição às seguranças, incluindo o dinheiro (QMt 6, 19-21.24; QLk 12, 33-34; 16,13; *Gos Thom* 47, 1-2; 76, 3), o qual, junto com a terra, era a principal mercadoria da economia de mercado, ainda que utópica em sua intenção, proporcionava uma alternativa. Tal visão contemplava as relações humanas, baseadas na manutenção do status, sob uma luz muito crítica que permitia a opressores e a oprimidos, em seu lugar, relacionar-se como iguais. Propondo tal ideal, Jesus não buscava voltar ao *status quo* de Israel nos tempos do Pentateuco, senão que estava operando uma genuína inovação profética adaptando a tradição às exigências de uma nova situação, e o fazia em nome da última palavra de Deus dirigida a Israel.[46]

Em suma, podemos dizer que, em virtude dessa inovação profética de Jesus na Galileia no que se refere à sua relação com o dinheiro, com a economia e com a propriedade, o novo nome de Levi, ou seja, Matatias, é altamente simbólico. Designa a visão de uma

---

[46] Sean Freyne, *Galilee and Gospel: Collected Essays*, p. 205.

mudança de mundo, já que indica o lugar originário de onde procede o verdadeiro dom: não do poder de Roma, nem do comércio, nem do dinheiro do Templo, mas de YHWH.

4.3 A Mulher Siro-Fenícia ou Cananeia (Mc 7,24-30 e Mt 15,21-28)

A exegese feminista pós-patriarcal[47] propôs, há mais de duas décadas, a interpretação desse encontro de Jesus com a mulher cananeia como uma *retificação* do projeto de Jesus graças à fé da mulher siro-fenícia. *Em memória dela*,[48] a teologia feminista havia começado a escrever sua própria narrativa como parte de um pensamento pós-hegemônico. Essa mulher anônima ampliou a visão de Jesus, convertendo-se ela, dessa maneira, na comunicadora da Boa-Nova, e afirmou-se, assim, como intérprete midráshica da tradição hebreia, propondo a Jesus uma nova compreensão de quem são os destinatários da salvação.

Que nos pode dizer a *Third Quest* quanto ao contexto dessa perícope do Evangelho de Marcos que também é narrada pelo Evangelho de Mateus?

---

[47] A visão de gênero também veio a inspirar os estudos da *Third Quest*, como no caso da análise da exegeta estadunidense Marianne Sawicki. A este respeito, comenta Sean Freyne: "Por outro lado, Sawicki afirma que Jesus se tornara figura pública em banquetes de estilo helenístico com toda a sua etiqueta característica e, dessa maneira, genha acesso aos círculos herodianos. O nome de sua mãe (Míriam) sugere uma ascendência judaica nacionalista que se opunha à presença de Herodes na Galileia, *mas, não sendo ele mesmo casado nem chefe de família, seria um homem incompleto segundo o sistema de castas e o papel masculino que se esperava que desempenhasse*". (Tradução Érico Nogueira). Sean Freyne, "Archaeology and the Historical Jesus", p. 83 [destaque do autor.].

[48] Evocamos assim o clássico livro de Elisabeth Schüssler-Fiorenza, publicado em 1987, que representou um marco na teologia feminista como todo um programa de hermenêutica desconstrucionista da leitura patriarcal da Bíblia. A partir de então, avançou-se para novos questionamentos de gênero e de modelo pós-patriarcal próprios das teologias contextuais da diversidade sexual. Cf. Elisabeth Schüssler Fiorenza, *En Memoria de Ella. Una Reconstrucción Teológico-feminista de los Orígenes del Cristianismo*. Bilbao, Desclée de Brouwer, 1989, p. 207.

Primeiro, revela dados importantes sobre o lugar das mulheres não judias na alta Galileia, na região de Tiro e de Sídon com predomínio helenístico. A elas se costumava dar um lugar na sociedade helenística como camponesas imigrantes, ou também eram reconhecidas como comerciantes ricas e bem recebidas nas cidades helenísticas da região. Por isso, não era estranho na Galileia a presença de uma mulher estrangeira com iniciativa, já que o comércio e a fundação das novas cidades na margem do lago, levados a efeito nas primeiras décadas do século I E.C., davam grande mobilidade à população que por motivos econômicos circulava vendendo produtos como peles e sedas.

O diálogo de Jesus com essa mulher que pede ajuda para sua filha está em paralelismo com outros encontros, onde o favor que se pede a Jesus é solicitado por mediação de um terceiro que intercede a favor de quem está em necessidade. Um esquema narrativo que se repete reiteradamente como intercessão nas histórias de taumaturgos da época de Jesus que circulavam tanto na Judeia como na Galileia.

O simbolismo do *pão compartilhado* é um elemento central na cena e que se refere a um sinal escatológico típico do banquete do Reino.[49] Sentar-se à mesa para partir o pão é, com efeito, um dos sinais da chegada do Messias. Tal como na história do centurião romano, agora a mulher siro-fenícia conduz Jesus a participar da promessa escatológica. O surpreendente é que a inovação vem da insistência dessa mulher e não de Jesus.

Como o assinalou com aguda compreensão literária da Bíblia o exegeta francês Philippe Lefebvre,[50] no relato da mulher

---

[49] Para uma leitura pós-secular da teologia do pão, veja o magnífico livro de Ángel Méndez onde propõe uma teologia alimentar da criação, baseada na metáfora bíblica da Sofia divina que prepara uma mesa para seus comensais. Cf. Ángel Méndez Montoya, *El Festín del Deseo. Hacia una Teología Alimentaria de la Creación*. México, Editorial Jus, 2011, p. 296.
[50] Cf. Philippe Lefebvre, *Livres de Samuel et Récits de Résurrection. Le Messie Eessucité 'selon les Écritures'*. Paris, Cerf, 2004, p. 512.

siro-fenícia ressoa o eco de outras histórias do messianismo de Israel que contam como a presença do Messias chega por mediação de mulheres estrangeiras e pagãs. Essa tradição *matriarcal* de Israel jaz escondida no meio de um sistema de predomínio patriarcal, mas é eficaz ao longo da narrativa bíblica. Rute, Lia e Raquel, por exemplo, são portadoras de uma descendência pela qual darão testemunho do *Go'el* de Israel que redime seu povo em momentos críticos. São elas as protagonistas que abrem passagem com sua vida à descendência do Messias. Assim se contava a história de Rute: "E todo povo que se achava junto à porta, bem como os anciãos, responderam: 'Nós somos testemunhas! Que Iahweh torne essa mulher que entra em tua casa semelhante a Raquel e a Lia, que formaram a casa de Israel. Torna-te poderoso em Éfrata adquire renome em Belém." (Rt 4,11).

Por isso, o encontro entre a mulher siro-fenícia e Jesus de Nazaré como profeta itinerante relatado pela perícope evangélica, deve ser lido como uma maravilhosa cena midráshica daquele outro encontro, mais arcaico, de um profeta com uma mulher. Com efeito, trata-se do reverso daquela outra história messiânica contada em 1Rs 17,7-24. A viúva de Sarepta, em Sídon, compartilha suas migalhas, o punhado de farinha que lhe restava para viver, com o profeta Elias, que desfalece de fome no caminho a Horeb.

De mulheres como elas procede a salvação como alimento que nutre e dá força para o caminho, *alimentando de seu próprio sustento* ao profeta que está de passagem faminto. À luz do Talmude, pode-se ver a radicalidade desse gesto messiânico: "O Messias chegará quando tirares o pão de tua boca e o deres a quem tem fome".[51] Tal ato de compartilhar o pão é crucial para a compreensão do fim dos tempos que desenvolveremos nos capítulos seguintes.

---

[51] Apud Emmanuel Levinas, *Autrement qu'Être, Au Au-delà de l'Essence*. Paris, Le Livre de Poche, Biblio Essais, 1990, p. 93.

Assim, nesse ambiente profético protagonizado por mulheres, tanto a pureza étnica como a pureza religiosa passam sempre a segundo plano quando se trata do cumprimento das promessas de Deus.
A este respeito, comenta Sean Freyne essa ampliação de horizonte, ainda que mantendo o protagonismo único de Jesus:

> Assim, em todo caso, a manutenção da pureza como uma marca étnica parece menos importante para Jesus que uma visão mais ampla da etnicidade judaica que ele levou às margens da vida, tanto da Galileia como da Judeia, chegando às vezes a transgredir os muros que separavam os judeus dos não judeus.[52]

A mulher siro-fenícia se converte, assim, em *matriz* da participação das nações pagãs na história da salvação. As "migalhas que caem da mesa" são, assim, sinal messiânico invertido que expressa o desejo de expansão da bênção messiânica a todas as nações como *gesto de superabundância* e não de inferioridade.

Como no tempo de Elias e da anônima viúva de Sarepta, a promessa messiânica se cumpre agora graças à insistência da mulher siro-fenícia como sinal do dom de superabundância que procede de Deus através de seus servidores, como reza o antigo dito cantado pelas mulheres hebreias: "A vasilha de farinha não se esvaziará e a jarra de azeite não acabará, até o dia em que Iahweh enviar a chuva sobre a face da terra" (1Rs 17,14).

Dessa maneira, o encontro de Jesus com a mulher siro-fenícia ratifica, em sua radicalidade messiânica, a realização da promessa segundo aquela lógica que a Sabedoria divina já havia mostrado nos relatos do primeiro testamento hebreu do ciclo de Elias. Mas

---

[52] Sean Freyne, "Archaeology and the Historical Jesus", p. 77 [T. do A.].

agora, na perícope do encontro de Jesus com a mulher siro-fenícia, anuncia-se o cumprimento escatológico da salvação que, no momento atual desse diálogo acontecido nas fronteiras da Galileia, chegou a ultrapassar fronteiras para levar ao cumprimento cabal as promessas do Deus vivo.

4.4 Pedro e sua Família

Como quarta cena desse mosaico de relatos de messianismo escatológico, detenhamo-nos agora no encontro de Jesus com Pedro, com sua esposa e com sua sogra. A vocação de Pedro é o relato que prevalece nessa história, ainda que seja relacionado depois com a cura de sua sogra e com a menção de sua família que o acompanha na decisão de unir-se ao "bando de Jesus".

O ofício dos pescadores era bem remunerado nas margens do lago de Tiberíades, pois, além de servir para o sustento dos aldeãos, também produzia uma mercadoria bem vendida nas cidades helenísticas. O peixe da Galileia tinha fama até na Judeia como produto suculento.

Vale a pena frisar que a vida dos pescadores era simples, como o mostra uma escavação em Cafarnaum,[53] onde se descobriu uma habitação da primeira metade do século I E.C. construída sobre uma pequena superfície. Junto a outras habitações da região, incluindo Nazaré, pôde-se reconstruir o modelo geral de habitação da zona,

---

[53] "Escavações em Cafarnaum descobriram uma casa com vestígios (em forma de grafites) de culto cristão ao final do século I d.C. A tradição cristã posterior a indentificou com a casa de Pedro, onde, no século V, foi construída uma igreja octogonal [...]. As casas eram construídas com blocos de basalto e quase almofariz nenhum, e os tetos eram leves porque, se o não fossem, as paredes não suportariam o seu peso". (Tradução Érico Nogueira). Credo Reference, *Atlas of the Bible*. Andromeda, 1985. Disponível em: http://avoserv.library.fordham.edu/login?url=htpp://www.credoreference.com/entry/andatbib/galilee. Acesso em: 8 mar. 2013.

com paredes de pedra cobertas muito provavelmente por um simples trecho de ramos e adobe.[54]

Outro vestígio revelador da vida dos pescadores na época de Jesus é a barca do século I E.C., descoberta em 1986 por irmãos do Kibutz Ginnosar[55] que passeavam pela margem do lago da Galileia, ou *Yam Kinneret* em hebraico, durante a seca que açoitou a região e fez baixar o nível do lago. Tal embarcação revela o tipo de transporte marítimo da época, a maioria destinada à pesca ou até à defesa naval, como a que empreenderam os judeus contra os romanos em Magdala no ano 67 E.C. A embarcação resgatada, depois de 2 mil anos enterrada no lodo, é feita de troncos de doze diferentes tipos de madeira, com uma extensão de 8,2 x 2,3 metros e uma profundidade de 1,2 metros. A pesca abundante que esse tipo de embarcação podia recolher era, pois, modesta.

Por outro lado, como já mencionamos, a religiosidade dos habitantes de Cafarnaum como pequeno povo de pescadores era própria de um judaísmo piedoso e observante, similar ao de Nazaré. Era o caso da família de Pedro e dos demais pescadores que se juntaram ao grupo de Jesus. Sem confrontação com o judaísmo citadino de Jerusalém nem com a observância estrita dos fariseus, antes parecia próxima do que hoje chamaríamos religiosidade popular, portadora mais de um profundo sentimento religioso que de doutrinas ou de rigorosas prescrições rituais ou morais.

---

[54] A este respeito, Craig Evans, professor da Acadia University da Nova Escócia, Canadá, comenta: "Os poucos restos de habitações privadas que datam do século primeiro em Nazaré atestam o caráter simples e rústico das construções. Não se encontraram prédios públicos nem ruas pavimentadas. Não há vestígios de obras de arte como mosaicos ou afrescos. Habitações privadas eram feitas de pedra e barro, com tetos apoiados sobre vigas e cobertos de barro e junco. Eram casas pequenas, frequentemente divididas em quatro pequenos cômodos. Uma escada externa podia subir até teto, onde se guardavam utensílios leves ou se secava alguma coisa ao sol". (Tradução Érico Nogueira). Craig E. Evans, op. cit., p. 13-14.
[55] Cf. V. George Shellington, op. cit., p. 54.

Nesse contexto, o convite que Jesus faz a Pedro para juntar-se a seu grupo de pregadores itinerantes, junto a outros pescadores e aldeão, confirma o perfil do grupo formado por homens iletrados, de um meio social modesto, e praticantes de uma religiosidade judaica piedosa.

A conhecida denominação Os Doze para designar o grupo de amigos de Jesus dará conta mais adiante de uma tendência messiânica recorrente na região naqueles anos, quando Jesus percorreu os caminhos da Galileia: as comunidades de judeus piedosos esperavam a consolação de Israel por meio da restauração da aliança que YHWH selara com os patriarcas desde uma época anterior ao Primeiro Templo. Por meio dessa expectativa, evocava-se, assim, um messianismo pré-davídico.

Nesse âmbito, durante a pregação de Jesus na Galileia aumentava no espírito da população um desejo de volta às origens do patriarcado de Israel. Tal expectativa animava os movimentos messiânicos em que Jesus e seu grupo viveriam seu próprio destino. Tratava-se de um judaísmo arcaico, distinto do farisaísmo letrado da capital religiosa e também distanciado das correntes apocalípticas, como a dos essênios, que praticavam a pureza ritual em preparação para a chegada iminente do Messias.

A provável procedência zelote de um par de membros do grupo de Jesus indica certa proximidade com aquele tipo de messianismo primitivo que animava também os habitantes da baixa Galileia nas primeiras décadas do século I E.C., mas com uma coloração política típica do messianismo pós-davídico.

Finalmente, é crucial para nosso estudo descobrir o vínculo da pregação jesuânica com o profeta Elias. Os *ditos e feitos* de Jesus se inspirarão nesse retorno próprio das fontes judaicas primitivas, onde a figura do profeta Elias era o polo de atração de tais movimentos de restauração de Israel como sinal do cumprimento da promessa.

Mas é preciso ponderar o que Elias significava para a mentalidade dos camponeses e dos pescadores galileus, como Pedro e sua família, habitantes daquela distante região culturalmente híbrida, situada em uma das províncias marginais do Império Romano.

5. A Centralidade de Elias

Tanto os Evangelhos canônicos como as fontes extracanônicas que contam a história da Palestina no século I E.C. atestam a importância que teve a figura do profeta Elias na região, sobretudo na vida de João Batista e dos judeus que o seguiam, pois convocava em sua pregação ao batismo de arrependimento para preparar o retorno de Elias.

Por outro lado, a importância de Elias para o judaísmo rabínico e do Talmude era um fenômeno crescente, como parte de uma tradição mística e ética que se desenvolveu depois do exílio na Babilônia. Aliás, tal recepção midráshica da figura de Elias acompanhou também as mudanças da identidade hebreia desde a Antiguidade até nossos dias.[56]

João Batista, o agudo crítico de Herodes, atuou como um novo Elias. Compartilhava com os pregadores e taumaturgos que percorriam a Palestina naquela época a evocação dos tempos finais como

---

[56] É surpreendente a riqueza simbólica desdobrada pela figura de Elias na espiritualidade rabínica ao longo de quase três milênios. Foi invocado como um profeta, como um anjo, como um mensageiro divino e, em contexto de diáspora judaica, até como um homem santo à semelhança dos santos cristãos ou como um novo Hermes em meios helenísticos. Sobre este caráter multifacetado do profeta, comenta Kristen Lindbeck: "Na minha opinião, a mais excelsa qualidade de Elias é um sentido de maior conexão com Deus sem minar Sua autoridade. Ele é o mestre ideal: benfeitor, salvador dos judeus ameaçados pelos gentios, sem que por isso seja adorado ou constrangido ao que quer que seja. Ele aponta para além de si mesmo, um previdente Mensageiro de Deus". (Tradução Érico Nogueira). Kristen H. Lindbeck, *Elijah and the Rabbis. Story and Theology*. New York, Columbia University Press, 2010, p. 94.

expressão religiosa de uma crise social que ia pouco a pouco agudizando-se pela invasão romana. Grupos de judeus radicais como os zelotes promoviam por isso a restauração da monarquia davídica e atuavam como guerrilha sagrada para expulsar o invasor pagão que havia profanado o Templo de Jerusalém. Outro grupo que impactou por sua radicalidade – e por seu caráter contracultural ao denunciar o *status quo* tanto romano como judeu – foi o dos essênios, os quais viviam encerrados em sua comunidade de "perfeição" aguardando a chegada do Filho do homem.

Os grupos de judeus negociadores da sobrevivência de Israel no meio do implacável poder romano eram os saduceus e os fariseus. E, ainda que no século I E.C. este último movimento tenha florescido sobretudo depois da destruição do Templo no ano 70 E.C., sua presença em Jerusalém e na Judeia já era conhecida por historiadores como Flávio Josefo.

A figura de Elias (forma helenizada de *Eliyahu* = Deus é YHWH) é capital para compreender as diversas correntes de messianismo do tempo de Jesus. Foi o grande profeta do século IX a.C. que enfrentou a Acab e sua esposa cananeia Jezebel, no meio de uma severa crise social, política e religiosa em Israel, o Reino do Norte, defrontado com o poderoso reinado de Salamanasar III na Assíria.[57] Tal crise deu lugar depois à submissão de Israel à Assíria, que será vivida, padecida e contada por Isaías.

O simbolismo de Elias como profeta do messianismo[58] costumava ser evocado em Israel durante as refeições festivas, onde em

---

[57] Com respeito à severa crise cultural e religiosa em que aparece Elias, comenta Christopher Seitz: "Mesmo depois de 597 a.C., persistia a apostasia em Jerusalém, e o profeta a viu e condenou e anunciou que o Deus de Israel o exilava a ele, e Se ocultava numa aterradora ausência de glória (Ez 11, 22-25)". (Tradução Érico Nogueira). Christopher R. Seitz, *Prophecy and Hermeneutics. Toward a New Interpretation to the Prophets*. Grand Rapids, Baker Academic, 2007, p. 190.

[58] Na América Latina, a teologia da libertação seguiu de perto o ciclo de Elias, contado em 1 e 2 Reis, recuperando sua pedagogia para elaborar uma exegese popular da Bíblia.

cada mesa de família se deixava um lugar vazio reservado para o profeta, quando voltasse para anunciar a chegada dos últimos tempos. Aquele *costume* popular prevalecia no tempo de Jesus, mas com acentuada urgência de chamado à conversão para preparar a chegada do Messias.

Foi sobretudo no meio do judaísmo popular e arcaico[59] da margem do Jordão que ressurgiu com força a evocação de Elias como precursor do Messias. Concretamente, a figura de João Batista se associou nos relatos evangélicos ao profeta:

> A atividade no deserto (Me 1,4), a roupa e a dieta de João (Me 1,6) nos recordam o estilo de Elias. Mais ainda: fixemo-nos por um momento na história da transfiguração (Me 9,2-13). Depois de ter presenciado a manifestação do Reino em Jesus acompanhado de Moisés e de Elias, os discípulos se perguntam que sentido tinha esperar a volta de Elias (Mc 9,11). Jesus lhes respondeu que Elias já havia vindo e que tinham feito com ele o que quiseram

---

Carlos Mesters diz a este respeito: "Para os pobres, Elias é o 'homem de Deus que fala as palavras de Deus' (1Rs 17, 24). Entre os companheiros, os profetas das comunidades de Betel e Jericó, é conhecido como o homem sempre disponível que em qualquer momento pode ser arrebatado pela ação imprevisível do Espírito de Deus (2Rs 2, 3. 5). Ele entrou para a história como o 'homem de fogo, cuja palavra ardia como uma tocha' (Eclo 48, 1), e como o que deve voltar ao fim dos tempos para 'restabelecer as tribos de Israel' (Eclo 48, 10) e, assim, 'deixar o povo bem disposto para o Senhor' (Lc 1, 17)". (Tradução Érico Nogueira). Carlos Mesters, *El profeta Elías. Hombre de Dios, hombre del pueblo.* Disponível em: http://bibliotecasolidaria.blogspot.com/2012/09/coleccion-de-libros-de-carlos-mester.html. Acesso em: 16 jul. 2016.

[59] Judaísmo arcaico que remonta a uma religião primitiva de Israel na qual se representava os profetas Elias e Eliseu como símbolos de um xamanismo popular que floresceu naquele período incerto. Cf. T. W. Overholt, "Elijah and Elisha in the Context of Israelite Religion". In: S. B. Reid, *Prophets and Paradigms: Essays in Honor of Gene M. Tucker*, JSOT Sup 229. Sheffield, Sheffield Academic Press, 1996, p. 91-111; D. Brent Sandy e Daniel M. O'Hare, *Prophecy and Apocalyptic. An Annotated Bibliography.* Grand Rapids, Baker Academic, 2007, p. 67.

(Mc 9,13). Marcos, misterioso como sempre, deixa que o leitor adivinhe sua mensagem. Anteriormente, havia contado a história de João Batista e Herodias (Mc 6,17-29), muito parecida com a perseguição de Jezebel a Elias. (1Rs 19,2). Para facilitar as coisas, Mateus nos revela a solução do enigma (Mt 19,14; cf. Mt 11,14). João Batista é Elias que está de volta para preparar o tempo final e converter os corações, como diz Ml 3,1.22-24.[60]

Na Galileia em particular, é muito provável que tal ressurgimento se deveu ao contexto de crise social e religiosa derivada da ocupação romana, em que ainda ressoavam na memória coletiva os ecos da antiga submissão à Assíria no século VIII a.C., traumatismo social que havia deixado desolada a Galileia:

> Por volta de 734 a.C., o rei assírio Tiglat Pileser III invadiu provavelmente toda a Galileia, delimitando o reino do norte com a fronteira posterior de Samaria. Durante os seiscentos anos seguintes, permaneceram na região comunidades judaicas sob o domínio estrangeiro. No início do século II a.C., existiram comunidades judaicas vivendo em comunhão religiosa com Jerusalém, e os dirigentes macabeus foram em sua ajuda. 1Mc 5,21-23 conta que Simão (142-132 a.E.C.) "foi à Galileia e travou muitas batalhas contra os gentios, e os gentios foram esmagados por ele. Então tomou os judeus da Galileia e de Arbata, com suas esposas e filhos, e os conduziu à Judeia com grande regozijo". De onde foi possível deduzir

---

[60] Carlos Mesters e Equipo Bíblico CRB, *Lectura Profética de la historia*. Estella, Verbo Divino, 1999, p. 297-98.

que somente alguns e não todos os judeus que o desejassem regressaram à Judeia com Simão. Até o tempo de Aristóbulo I (104-103 a.C.), a Galileia era uma região não judaica mais que judaica. Aristóbulo conquistou a Galileia, unificou-a com a Judeia e converteu pela força a população ao judaísmo. Jesus, portanto, cresceu e levou a efeito seu ministério numa região onde não se respirava uma presença importante do Antigo Testamento, dado que a região passara ao controle judeu e alcançara uma população majoritariamente judia somente cem anos antes de seu nascimento.[61]

Em tal contexto social e religioso próprio da "Galileia dos gentios", difunde-se o anelo de uma volta às origens. Nessa atmosfera social, recuperou-se a memória de Elias como protótipo de tal espera. Tal busca de identidade nacional foi desenvolvida e cultivada pelos movimentos messiânicos populares que buscavam vincular-se às fontes da promessa feita por YHWH aos patriarcas de Israel.

Desse contexto epocal, brotará um modelo messiânico com o qual se irá identificando paulatinamente Jesus de Nazaré. Ele mesmo levará a seu acabamento a memória de Elias ao longo de sua curta vida como pregador itinerante, em sua pátria primeiro, experiência que culmina com o relato da transfiguração no monte Tabor, onde aparece confirmada sua vocação com a presença de Elias[62] e de Moisés, juntos com

---

[61] Credo Reference, *Atlas of the Bible*. Andromeda, 1985. Disponível em: http://avoserv.library.fordham.edu/login?url=htpp://www.credoreference.com/entry/andatbib/galilee. Acesso em: 8 mar. 2013.

[62] A exegese pós-moderna insiste na dupla Elias-Eliseu para compreender a relação de Jesus com João Batista e, a partir deste contexto, a espera dos tempos escatológicos como uma *teologia da sucessão e do discipulado profético*. A este respeito, comenta Mark Öhler: "Finalmente, deve-se colocar a questão sobre o contexto da transfiguração sem esquecer o diálogo a respeito de Elias, em que a esperança escatológica deste é desde logo confirmada por Jesus, o qual, logo depois, diz que vinda do Batista a realizou e cumpriu. Segundo o tratamento que Marcos dá à transfiguração, isto significa que ele não compreendeu a aparição na montanha como a vinda do Elias escatológico e, assim, interpretou corretamente a

seus discípulos Pedro, Tiago e João. Essa etapa criativa da Galileia foi seguida depois pela rápida e dramática crise que Jesus enfrentou em Jerusalém, onde foi executado como conspirador contra o Império Romano com a colaboração das autoridades judaicas do Templo.

≈

Dessa maneira, como um rio subterrâneo que chega até Jesus de Nazaré – corrente, aliás, pouco reconhecida pela exegese moderna –, correm as águas do profetismo originário de Israel do tempo de Elias. Se por um lado o farisaísmo havia privilegiado a tradição mosaica, por outro o movimento de João Batista havia resgatado essa outra narrativa messiânica que anunciava a conversão necessária para preparar-se para a chegada do dia final.

Nesse sentido, podemos dizer que *os ditos e feitos* de Jesus são uma leitura midráshica dos ditos e feitos de Elias que foi possível pela mediação de João Batista. Aquela narrativa é transportada, do contexto próprio da crise que viveu o profeta no tempo de Acab, nos anos 874-853 a.E.C., para a situação própria da ocupação romana no tempo de Herodes Antipas padecida pelos camponeses, pelos pescadores e pelos estrangeiros que conviviam na baixa Galileia do século I E.C.

Não é casual, portanto, a presença de Elias, junto a Moisés, na experiência da transfiguração de Jesus no monte Tabor,[63] segundo o

---

sua tradição. Seja como for, não se compreenderia que, no episódio da transfiguração, Elias aparecesse em Marcos nos moldes da promessa de Malaquias – pois, desse modo, ele se teria eximido da idenficação com João Batista, implícita em 9, 13. Se, porém, a aparição (*ophthe* v. 4) de Elias é distinta da vinda de Elias (*elthein, elthón, eléluthen* v. 4) para a restauração ou *apokatástasis*, o contexto se torna compreensível. Depois da aparição de Elias, Marcos quis responder à embaraçosa questão da vinda de Elias". (Tradução Érico Nogueira). Markus Öhler, *Elia im Neuen Testament. Untersuchungen zur Bedeutung des alttestamentlichen Propheten im frühen Christentum*. Berlin/New York, Walter de Gruyter, 1997, p. 135.

[63] Sobre a localização geográfica desta experiência, o *Atlas da Bíblia* assinala o seguinte: ""Outra localidade cristã tradicional é o Monte Tabor, lugar da Transfiguração (Mc 9, 2-8). O Monte Tabor é imponente, sem dúvida. Pode ser considerado 'alto' em relação ao entorno, e, se é de fato é o lugar da Transfiguração, é topograficamente possível dizer

relato de Marcos. A lei mosaica se mostra assim no acontecimento do Tabor em íntima relação com a tradição profética representada por Elias. Nó entre a Torá e o profetismo primitivo que Jesus conseguiu dar ao longo de seu ministério de pregação itinerante na Galileia dos gentios.

Com efeito, a partir dessa tradição profética de forte carga apocalíptica e de consolação de Israel, esquecida pela religião do Templo, Jesus pôde reler com criatividade inusitada a herança espiritual que lhe deixaram seus ancestrais na fé hebreia para anunciar o cumprimento das promessas feitas por Deus desde os tempos de Elias e de Eliseu. As opções de vida e de pregação de Jesus, seguindo o rastro de João Batista, dariam as pautas para que a comunidade escatológica que ele convocou na Galileia prosseguisse seu caminho quando ele desse o testemunho radical de sua vida *extramuros* da Cidade Santa.

6. A Releitura Jesuânica das Instituições de Israel

O grande exegeta e pastor luterano Gerhard Von Rad[64] caracterizou, mediante a aplicação do método histórico-crítico, há meio

---

que Jesus atravessou a Galileia ao caminhar da montanha até Cafarnaum (Mc 9, 30-33). Por outro lado, a tradição evangélica está admiravelmente de acordo ao considerar que a Transfiguração haja ocorrido após a profissão de fé de Pedro em Cesareia de Filipe (Mc 8, 27-33), a uns 70 km do Monte Tabor, a propósito. Os Evangelhos também falam num intervalo de seis a oito dias entre a profissão de fé e a transfiguração, é bem verdade (Mc 9, 2; Lc 9, 28), mas a narrativa não sugere que tais dias hajam transcorrido em viagem de um lugar para o outro. Logo, não se pode afastar a possibilidade de a Transfiguração ter ocorrido ao norte de Cesareia de Filipe, quiçá na região do Monte Hermon". (Tradução Érico Nogueira). *The possibility cannot be ruled out that the Transfiguration took place to the north of Caesarea of Philippi, perhaps in the Hermon region*". Credo Reference, *Atlas of the Bible*. Andromeda, 1985. Disponível em: http://avoserv.library.fordham.edu/login?url=htpp://www.credoreference.com/entry/andatbib/galilee. Acesso em: 8 mar. 2013 [destaque do autor].

[64] Cf. Gerhard von Rad, *Teología do Antiguo Testamento. Vol. I Teología das tradiciones históricas de Israel*. Salamanca, Sígueme, 1975, p. 591.

século, as instituições de Israel como uma tríade fundacional da identidade hebreia: terra, templo e Torá. Daria identidade e viabilidade histórica ao povo hebreu em sua agitada história desde Ur dos caldeus até o Egito e sua posterior implantação na Palestina, com o dramático episódio do cativeiro na Babilônia. Esses três referenciais irão-se delimitando como as mediações históricas da promessa feita por Deus a Abraão e Sara nas origens míticas do povo hebreu. Tornar-se-ão com o tempo uma permanente referência para interpretar a bênção de YHWH dirigida ao povo messiânico.

Por essa razão, é preciso agora que nos detenhamos por um momento na análise da relação que Jesus de Nazaré teve com essas instituições fundacionais de Israel, a fim de compreender melhor sua feição judaica de inovação escatológica.

Para compreender a relação de Jesus com as instituições de Israel, necessitamos situar o tipo de profetismo praticado por ele e por seus companheiros. As curas e demais *feitos* do Nazareno deveriam ser vistos como parte de uma tradição carismática escatológica popular na Galileia, mas com um traço próprio que o distingue de essênios, de zelotes e até do hassidismo rabínico.

A este respeito, Peter Brown[65] havia proposto, desde 1971, o modelo de "homem santo" para qualificar o tipo de ministério carismático de Jesus, que sublinhava o sentido social e escatológico de seus ditos e feitos. Um modelo recorrente na Galileia, mas também vigente na Síria[66] durante o século I E.C. Como parte desse modelo de

---

[65] Cf. Peter Brown, "The Rise and Fonctions of the Holy Man in Late Antiquity", *The Journal of Roman Studies*, vol. 61, p. 80-101, 1971.
[66] "Uma característica marcante faz com que o santo descrito por Brown não seja um produto egípcio, mas sírio – já que a mais árida paisagem egípcia deu origem a um homem de bem outro tipo, na verdade: a saber, o anacoreta do deserto. Na Síria, porém, onde o clima e o terreno eram menos extenuantes para o corpo, o santo e seu séquito viviam mais perto das cidades, sem dúvida, mas ainda assim fora delas, para onde levavam multidões parcialmente atraídas pelo seu ascetismo – o qual lhes oferecia

santidade, seria crucial o vínculo das curas com os ensinamentos, relação íntima de ditos e de feitos que não deveriam ser perdidos de vista ainda hoje, aos olhos de Sean Freyne, para compreender Jesus em sua originalidade messiânica:

> A proposta consiste em ver a atividade de realização de milagres levada a efeito por Jesus como resposta a uma necessidade social real através das fronteiras de classe na Galileia. De maneira inevitável, estava associada a outros aspectos de seu ministério, até sublinhada por Jesus e seus companheiros-discípulos em particular, para os quais sua identidade social se caracterizava não por ser um taumaturgo, mas um mestre.[67]

A *Third Quest* assume, portanto, essa hipótese da escatologia *sui generis* de Jesus, mas lhe dá um matiz particular ao destacar o caráter inovador carismático e sapiencial da práxis de Jesus unida ao anúncio da escatologia realizada.

6.1 Jesus e a Terra

Quanto à relação de Jesus de Nazaré com a *terra*, é esclarecedor compreendê-la em chave de restauração da promessa nos tempos de invasão romana. Mas é preciso fazê-lo sublinhando um selo inovador, caracterizado pela universalização de tal promessa. Sobre essa novidade propriamente jesuânica, comenta Sean Freyne:

---

um como comentário social ao etos dominante. Envolto numa certa mística, via-se o santo como alguém investido de poder, o que conferia às suas palavrs uma autoridade especial para resolver disputas, enquanto a sua sabedoria arbitrava questões práticas, de cunho ético". (Tradução Érico Nogueira). Sean Freyne, *Galilee, Jesus and the Gospels. Litterary Approaches and Historical Investigations*, p. 236-37.
[67] Ibidem, p. 236.

> A partir do momento em que Jesus opta por uma visão de restauração judaica de alcance mais inclusivo que separatista, ao mesmo tempo que se encontrava implicado também pela justiça para todos, assinalava de fato, ao mesmo tempo, dois aspectos de alienação que afetavam os camponeses galileus. Por um lado, uma participação compartilhada dos frutos da terra era desejada por todos, seguindo o ideal do Pentateuco, mas ao mesmo tempo os "judeus" latifundiários haviam açambarcado a terra. Igualmente, os camponeses não judeus da região também experimentavam exploração, dando nascimento a hostilidades locais, especialmente nos centros urbanos.[68]

Em contrapartida, para grupos nacionalistas como os zelotes, a bênção da terra dada por Deus a Israel ficava de algum modo postergada de maneira inaceitável, devido às sucessivas ocupações de impérios estrangeiros e à submissão dos pequenos senhorios de Israel e de Judá aos poderosos reinos vizinhos. Por isso se rebelavam contra o poder do invasor.

Os povoadores da baixa Galileia no tempo de Jesus, não obstante a situação de despojo que viviam, não tinham especiais reivindicações sobre a propriedade da terra. Em contraste com esses camponeses deserdados, a família do Galileu, como a dos demais artesãos, teria, sim, talvez, "certo grau de mobilidade e de *status*",[69] um bem-estar que compartilhavam com os pescadores e os cobradores de impostos.

---

[68] Sean Freyne, "Archaeology and the Historical Jesus", p. 80 [T. do A.].
[69] Ibidem, p. 241.

Nesse contexto de açambarcamento da terra por alguns grupos judeus e não judeus, o novo na práxis de Jesus foi seu estatuto de pregador itinerante *sem propriedade*, ele como seus seguidores. Outro grupo judeu que rechaçava a propriedade particular era o dos essênios, que viviam num lugar reservado, nos arredores de Jerusalém, distante daquela terra contaminada pelo pecado de idolatria. Dali aguardavam o retorno do Messias para um dia voltar à terra e ao templo resgatados da impureza. João Batista, por seu lado, compartilhava com eles esse traço ascético de renúncia à propriedade da terra e de desapego dos bens. Por outro lado, em grande contraste com esses movimentos de profetismo rural, estavam os rabinos que eram grandes proprietários de terras, onde costumavam localizar suas escolas para ensinamento da Torá.

Ainda que Jesus não fosse rabino, a prática da pregação itinerante que vivia tinha traços apocalípticos e sapienciais. Ensinava seus ouvintes a viver um *estilo de vida* de confiança no amor incondicional de Deus seu *Abba*, como o recorda o famoso dito sobre *as aves do céu e os lírios do campo*. A este respeito, comenta Sean Freyne:

> Lucas nos ajudou de maneira considerável a avaliar o impacto de Jesus fazendo uma descrição do novo sistema de valores de Jesus em relação à propriedade através do uso de algumas características reconhecíveis. Dois traços podem distinguir-se em seu ensinamento: um é apocalíptico no tom, prometendo uma mudança de destino aos que hoje são excluídos de suas posses; o outro é uma visão sapiencial da vida que reconhece a futilidade das riquezas e a loucura de crer no que prometem.[70]

---

[70] Ibidem, p. 242.

Por seu lado, os camponeses da baixa Galileia[71] – conhecida por ser terra de sicômoros[72] ou figueiras-africanas de origem egípcia que marcou profundamente a identidade regional – foram sensíveis a essa pregação de *radical desapego* e desprendimento dos bens, pois há rastros de escuta dessa proposta de Jesus entre os que optaram por segui-lo, como, por exemplo, Pedro e sua família; ainda que seja preciso assinalar também que, de maneira mais próxima e pontual, somente um pequeno grupo seguiu a Jesus nessa aventura de pregação, alguns de maneira itinerante e outros mantendo sua estabilidade nas aldeias da região.

A conclusão a que chegava Sean Freyne há algumas décadas sobre o sentido social e religioso da itinerância profética de Jesus é eloquente por si mesma:

> Talvez seja possível concluir que o movimento de Jesus foi, afinal de contas, um movimento local de revolução social, comparável em parte ao menos aos movimentos de reinado popular ou àqueles de libertação profética [...]. A nota

---

[71] A este respeito, comenta George Shellington: "A Mixná (*Sheviit* 9, 2) descreve três partes da Galileia: 'A Galileia divide-se em Galileia de cima, Galileia de baixo e o Vale. De Kefar Hanania para o norte, todos os lugares em que o plátano não cresce dizem-se Galileia de cima. E de Kefar Hanania para o sul, todos os lugares em que cresce o plátano se dizem Galileia de baixo. E a região de Tiberíades diz-se o Vale'. O Vale incluiria o Lago de Genesaré, também chamado Mar da Galileia ou de Tiberíades (Lc 5, 1; Mc 1, 16; Jo 6, 1). Jesus não cresceu no Vale nem na Galileia de cima onde o plátano não cresce, mas na Galileia de baixo onde cresce o plátano". (Tradução Érico Nogueira). V. George Shellington, op. cit., p. 41-42.

[72] "Além de crescer no vale do Jordão (Lc 19,1-4) e ao redor de Teqoa (Am 1,1; 7,14), os sicômoros abundavam especialmente nas terras baixas da Sefelá (1Rs 10,27; 2Cr 1,15; 9,27), e, conquanto seu fruto não fosse da qualidade da figueira comum, o rei Davi o considerou de suficiente valor para colocar os arvoredos da Sefelá sob os cuidados de um principal administrativo (1Cr 27,28). Os sicômoros deviam abundar no Egito no tempo das dez pragas, e ainda sendo uma fonte de alimento nesse país (Sl 78,47). A madeira é algo branda, porosa e bastante inferior à do cedro, mas muito duradoura, razão porque se utilizava muito na construção (Is 9,10). Nas tumbas egípcias, acharam-se féretros de múmias feitos de madeira de sicômoro que ainda estão em bom estado após cerca de três mil anos." Disponível em: http://wol.jw.org/es/wol/d/r4/lp-s/1200004278. Acesso em: 16 jul. 2016.

> apocalíptica da subversão do destino dos pobres e dos ricos, o entusiasmo das pessoas e o estilo milagreiro de êxodo no deserto o conduziram a ser aclamado por um grupo do povo para fazê-lo rei (Jn 6,14f); a inscrição na cruz "rei dos judeus" e a acusação consignada por Lucas de que "alvoroça o povo, a começar pela Galileia até chegar a Jerusalém" (Lc 22,3.5), todos esses elementos conformam um molde com implicações para compreender a terra como um símbolo.[73]

Ante tal cenário de pregação itinerante com traços apocalípticos, recordemos aquele outro elemento próprio da região da Galileia que já evocamos acima: o caráter transcultural da pregação de Jesus.

Nesse sentido, os encontros narrados pelos evangelhos que sucederam nesta região falam do processo de abertura da mensagem de Jesus também aos gentios de diversa procedência étnica. Uma visão mais próxima, aliás, do universalismo de Isaías que do curto olhar mosaico da eleição. A partir desse horizonte profético, Jesus "reinterpreta o símbolo da terra em termos do Deus universal que cuida de toda a sua criação".[74]

Existia também uma ambígua valoração da terra para judeus e galileus. Por um lado, para os movimentos messiânicos como os saduceus e os essênios, a terra tinha um vínculo direto com o *Templo*, ainda que sempre em relação à necessária purificação do pecado. Por outro lado, para os galileus como Jesus a terra representava o símbolo da religião da Judeia, como centro da identidade judaica. Ainda que se tratasse de uma distante realidade para os camponeses e pescadores daquela região fronteiriça, era também parte de sua identidade nacional.

---

[73] Sean Freyne, *Galilee, Jesus and the Gospels. Litterary Approaches and Historical Investigations*, p. 244.
[74] Ibidem, p. 246.

No sentido de zelosa relação judaica e da Galileia com a terra, George Shellington comenta as revoltas galileias durante a adolescência de Jesus, ou seja, surgidas nas primeiras décadas do século I E.C. contra a cobrança de impostos:

> Houve certamente revoltas, que se originaram durante os primeiros anos da vida de Jesus. Uma das mais notórias foi a liderada por Judas, o Galileu, como era costume chamá-lo. Não era uma revolta contra o Templo, mas contra os romanos em termos de cobrança de impostos. O fato é narrado por Atos 5,37 no Novo Testamento: "Judas, o Galileu, levantou-se [contra Roma] no tempo do censo e conseguiu que as pessoas o seguissem; também morreu junto a todos os que o seguiram". Josefo também narra o acontecimento (*Ant.* 18, 1.1.1). Sucedeu pelo ano 6 ou 7 E.C., quando Quirino, nomeado governador da Síria nessa época, tomou posse das propriedades ligadas a Jerusalém e ao Templo. Judas, o Galileu reuniu um número importante de zelotes e proclamou a Judeia como estado independente de Roma. O conflito com as guardas militares romanas prosseguiu. Roma ganhou a batalha. Jesus teria tido entre doze e treze anos de idade nessa época.[75]

Não obstante as sequelas positivas de tais revoltas no espírito das pessoas – que resistiam ao poder de Roma tanto em Jerusalém como na Galileia –, trouxeram consigo também uma reação ao desprezo da sacralidade do Templo,[76] despertando um sentimento nacionalista muito apegado à centralidade da Cidade Santa.

---

[75] V. George Shellington, p. 46.
[76] A este respeito, comenta o professor do Trinity College de Dublin: "Investigar as palavras documentadas e as controvérsias não esclarece a situação e não há registro de nenhuma

6.2 Jesus e o Templo

Com esse espírito identitário próprio do judaísmo do século I. E.C., como se conta nos relatos evangélicos, Jesus visitou ao menos em uma ocasião Jerusalém. Ali viveu a confrontação com as autoridades religiosas do Templo pelo zelo messiânico que o animava.

Mas seria insuficiente se somente apreciássemos a relação de Jesus com o Templo em termos sociológicos de identidade de um grupo rural que se reconhece com muitas reservas e desconfiança no culto da Cidade Santa. A confrontação de Jesus com o Templo de Jerusalém teve caráter propriamente *escatológico*, porque anunciava a chegada do messias com o oferecimento do perdão aos pecadores. Tal gesto messiânico, como o assinalou Sean Freyne há três décadas, foi a razão de fundo que o fez enfrentar o sistema sacrifical do templo de Jerusalém:

> O perdão incondicional de Jesus para os pecadores é uma das mais escandalosas dimensões de seu ministério, algo que há que destacar, razão por que suas implicações para o sistema sacrifical em termos do ritual do *Yom kippur* necessitam ser explicitadas.[77]

A centralidade do templo é assumida por Jesus como todo galileu de seu tempo, mas com uma feição messiânica inovadora. Nesse sentido, pode dar-nos luzes o relato do chamado de Natanael por Jesus para fazer parte de seu grupo, contado pelo Evangelho de João. Esse relato interpretará "as coisas maiores" que sucederão segundo o simbolismo da escada de Jacó. Concretamente, afirma que

---

querela com os sacerdotes acerca do templo antes da cena final do julgaento". (Tradução Érico Nogueira). Sean Freyne, *Galilee, Jesus and the Gospels. Litterary Approaches and Historical Investigations*, p. 226.
[77] Ibidem, p. 225 [T. do A.].

por meio da pregação de Jesus na Galileia acontecerá a chegada de *Beth El*, a casa de Deus:

> Jesus viu Natanael vindo até ele e disse a seu respeito: "Eis verdadeiramente um israelita em quem não há fraude". Natanael lhe disse: "De onde me conheces?" Respondeu-lhe Jesus: "Antes que Filipe te chamasse, eu te vi quando estavas sob a figueira". Então Natanael exclamou: "Rabi, tu és o Filho de Deus, tu és o Rei de Israel". Jesus lhe respondeu: "Crês, só porque te disse: 'Eu te vi sob a figueira'? Verás coisas maiores do que essas". E lhe disse: "Em verdade, em verdade, vos digo: Vereis o céu aberto e os anjos de Deus subindo e descendo sobre o Filho do Homem" (Jo 1,47-51).[78]

A função do templo é contada, dessa maneira, sob o símbolo da escada que une céu e terra pelo sonho de Jacó, como já o afirmava o livro do Gênesis: "Teve um sonho: Eis que uma escada se erguia sobre a terra e o seu topo atingia o céu, e anjos de Deus subiam e desciam por ela!" (Gn 28,12). Retomando, pois, esse símbolo arcaico do templo que se encontra no Pentateuco, a narrativa joanina interpreta a restauração da comunicação entre Deus e seu povo através do ministério de Jesus. Segundo os ditos e os feitos do Galileu, essa reconciliação devia passar pela experiência da conversão para poder assim entrar a participar do banquete do Reino.

≈

---

[78] A versão grega diz: "εἶδεν ὁ ἰησοῦς τὸν ναθαναὴλ ἐρχόμενον πρὸς αὐτὸν καὶ λέγει περὶ αὐτοῦ, ἴδε ἀληθῶς ἰσραηλίτης ἐν ᾧ δόλος οὐκ ἔστιν. λέγει αὐτῷ ναθαναήλ, πόθεν με γινώσκεις; ἀπεκρίθη ἰησοῦς καὶ εἶπεν αὐτῷ, πρὸ τοῦ σε φίλιππον φωνῆσαι ὄντα ὑπὸ τὴν συκῆν εἶδόν σε. ἀπεκρίθη αὐτῷ ναθαναήλ, ῥαββί, σὺ εἶ ὁ υἱὸς τοῦ θεοῦ, σὺ βασιλεὺς εἶ τοῦ ἰσραήλ. ἀπεκρίθη ἰησοῦς καὶ εἶπεν αὐτῷ, ὅτι εἶπόν σοι ὅτι εἶδόν σε ὑποκάτω τῆς συκῆς πιστεύεις; μείζω τούτων ὄψῃ. καὶ λέγει αὐτῷ, ἀμὴν ἀμὴν λέγω ὑμῖν, ὄψεσθε τὸν οὐρανὸν ἀνεῳγότα καὶ τοὺς ἀγγέλους τοῦ θεοῦ ἀναβαίνοντας καὶ καταβαίνοντας ἐπὶ τὸν υἱὸν τοῦ ἀνθρώπου".

Por isso, junto dos "ditos" de Jesus até aqui evocados, é preciso aprofundar o sentido teológico de seus "feitos", em particular o valor relevante que dá o Evangelho de Marcos às curas e "sinais milagrosos", como os chama o Evangelho de João.

Sobre o sentido desses *feitos*, não há que esquecer a advertência de Gerd Theissen, assinalada por Sean Freyne, com respeito à "curiosa ausência de uma escatologia explícita nas histórias de milagres".[79]

Seguindo essa pista, autores da *Third Quest* propuseram retomar o "papel social" das histórias de milagres, já que essas ações na Galileia e seus arredores (Naim, Caná, Cafarnaum, Gérasa e Tiro) se realizaram em benefício dos pobres de um meio rural certamente, mas também da gente próspera, judeus ou pagãos, no marco do tão esperado retorno de Elias. A este respeito, assinala Sean Freyne:

> O fato de que várias das histórias de milagres associadas a Jesus tenham sido moldadas segundo o ciclo de Elias-Eliseu já foi reconhecido há muito tempo. Mas foi a figura do retorno de Elias a que pareceu dominar a cena religiosa da Galileia, seguindo ao Evangelho de Marcos, e os escribas também tiveram de lidar com este problema (Mc 9,11-13; 15,35).[80]

Desde 1975 Collins havia comparado a tradição sobre as curas de Jesus com aquela outra contada pelas obras do galileu Hanina ben Dosa, discípulo de Johannan ben Zakkai. Trata-se de personagem popular no século I por suas obras como taumaturgo que são relatadas por várias fontes rabínicas (cf. *Berakhot* 34,b). Dado que esse pregador também mostra traços que o vinculam a Elias, além de outros personagens proféticos, o exegeta moderno propôs que

---

[79] Sean Freyne, *Galilee, Jesus and the Gospels. Litterary Approaches and Historical Investigations*, p. 228.
[80] Ibidem, p. 233.

se considerasse a influência de uma tradição hassídica galileia em Jesus, com traços específicos de um hassidismo popular crítico do Templo. O que explicaria a tremenda violência que empregaram seus adversários saduceus e o Sanedrim para desacreditar Jesus. Rumor que conduziria depois à sua execução.

6.3 Jesus e a Torá

A terceira mediação da promessa é a *Torá*, que consigna por escrito as *debarim Adonai* ou palavras do Senhor dirigidas aos patriarcas, aos reis e aos profetas hebreus.

Como em todo processo de transmissão da cultura, uma tradição escrita supõe necessariamente uma tradição oral que lhe dá nascimento e depois a recria num processo interpretativo permanente. Nesse sentido, não se pode desvincular a *Torá* como palavra escrita da *Mishná* como comentário ou glosa midráshica com conotações morais e jurídicas. Esta última encerra o círculo hermenêutico da palavra de Deus comunicada pelos livros sagrados do povo hebreu e transmitidos de geração em geração como sabedoria prática de vida.

É sabido que a consolidação do cânone hebreu se levou a efeito depois da destruição do Segundo Templo do ano 70 E.C., por volta do ano 90 E.C., no assim chamado concílio de Jâmnia. Os rabinos e os fariseus, sob a orientação de Johanan ben Zakai, reuniram-se naquele povoado para estabelecer o cânone dos textos sagrados judeus e referendar um método para seguir cultivando aquela íntima relação do povo hebreu com a palavra de YHWH, mas agora em situação de submissão ao poder romano e de diáspora como nos tempos antigos.

O conhecimento que Jesus de Nazaré mostra da Torá é próprio dos artesãos e dos camponeses da baixa Galileia, ainda que com uma inteligência profunda e original da tradição profética e mosaica. É provável que não tenha sido um iletrado como a maioria de seus coetâneos, como podemos inferir se consideramos histórico o relato da sinagoga de Nazaré, onde Jesus desenrolou o papiro do profeta Isaías e proclamou o cumprimento do ano de graça do Senhor nesse preciso momento de sua vida.

Desse modo, o tipo de *Mishná* empregado por Jesus difere da dos fariseus e dos essênios: o primeiro grupo como profissionais da interpretação e mestres de sabedoria; o segundo, com um discurso de acentuado tom apocalíptico. Sean Freyne refuta as ideias de alguns autores que falaram de um modelo estoico ou de um esquema helenístico na interpretação da Torá feita por Jesus. O professor de Dublin propõe um modelo alternativo da relação de Jesus com a Torá, cujo exemplo principal estaria no *targum* ou perífrase de Isaías na sinagoga de Nazaré, onde predomina a apropriação pessoal dos textos sagrados a partir da experiência de vida:

> A experiência de vida, mais que o texto, foi decisiva para ele [Jesus], coisa que o diferenciou radicalmente de vários grupos, conhecidos e desconhecidos para nós, dentro do judaísmo, que estavam preocupados de maneira prioritária em apresentar um relato de autoridade sobre a vontade de Deus baseado nas Escrituras. No marco da liberdade de expressão como atitude, parece que a experiência cultural da baixa Galileia e a mobilidade de seu próprio estilo de vida, a ponto de não ser um camponês preso a um pedaço de terra, devem ter desempenhado um papel vital que fez parte integral de sua experiência e de seu horizonte de imaginação.[81]

Somente em certo sentido, portanto, Jesus foi um *rabi* como os fariseus da época. Certamente foi reconhecido como tal por seus

---

[81] Ibidem, p. 254.

compatriotas. Mas, à diferença dos mestres da lei, o ensinamento jesuânico era itinerante e altamente inovador na aplicação da Torá, como o exemplifica o polêmico caso do divórcio. Segundo o relato contado por Mc 10,1-12 (com um breve paralelo sobre o adultério em Lc 16,18), num magistral *tête-à-tête* com os fariseus, Jesus apela para uma fonte anterior à lei mosaica; e, com a referência ao livro do Gênese, oferece uma interpretação surpreendente do sentido do matrimônio, fazendo cair em ridículo seus adversários ao mostrar que querem impor a Torá esquecendo seu sentido original. Mas, ademais, como parte final do debate, Jesus abre uma perspectiva *escatológica* sobre o sentido último da pessoa e suas relações fundamentais, seja no matrimônio ou na vida celibatária, o que implicará precisamente a novidade de relativizar todas as relações humanas, pondo-as a todas na perspectiva da espera da chegada do Reino dos céus.

Ademais, existe outro traço original de Jesus como intérprete da Torá. A leitura própria que Jesus faz da Lei está consignada no que se conhece como os *meshalim* de Jesus ou suas "narrações misteriosas". Têm certa relação com a tradição literária do Segundo Templo por seu sentido sapiencial e apocalíptico. Mas Jesus vai mais longe que essa narrativa ao adequar sempre suas histórias à vida cotidiana de seus interlocutores. Acerca desse ponto, o exegeta do Trinity College comenta:

> É possível identificar o uso de parábolas em ambos os lados do ensinamento de Jesus: por um lado, no serviço da urgência escatológica e, por outro, como uma ajuda para [o anúncio] de sua nova visão da vontade de Deus que rompe com as expressões até então existentes. Assim, [há que destacar] uma dimensão das parábolas que ainda não receberam a atenção adequada são a mestria com que as alusões e imagens da Escritura foram entretecidas com as situações da realidade, para criar histórias que desafiam, provocam e chamam a uma mais profunda

apropriação da compreensão de Deus e de seus caminhos precisamente por causa de seu caráter esquivo.[82]

O sentido apocalíptico do anúncio do Reinado de Deus feito por Jesus também é transformado por sua interpretação inovadora. Trata-se de uma "escatologia da restauração"[83] que apela às fontes pré-mosaicas e pré-davídicas da constituição de Israel. E o sentido originário de Os Doze encontra sua melhor compreensão na medida em que o associamos a essa inspiração escatológica original.

A modo de recapitulação, digamos que a maneira como Jesus interpreta a Torá se localizou na tradição da *Halaká* midráshica própria dos comentários tanaíticos rabínicos do século I E.C. O que não significa que Jesus pertencesse a um movimento rabínico específico, pois não há notícia alguma disso em fontes judaicas nem em fontes cristãs; senão que participava de um estilo de interpretação da Torá próprio do judaísmo popular de sua época e vigente em sua região. Ao fim e ao cabo, não podemos esquecer, como assinalou recentemente Sean Freyne no contexto da *Third Quest*, que "Jesus foi um reformador religioso, não importa quão implicada estava a religião nas estruturas sociais".[84]

7. O Messianismo de Jesus e a Revelação de Deus na Reflexão Teológica Pós-Conciliar

Para prosseguir com nossa indagação sobre o anúncio escatológico inovador de Jesus de Nazaré sobre o fim dos tempos e o papel do messias, façamos agora uma breve revisão de algumas investigações

---

[82] Ibidem, p. 255-56 [T. do A.].
[83] Ibidem, p. 266 [T. do A.].
[84] Sean Freyne, "Archaeology and the Historical Jesus", p. 83.

feitas por teólogos católicos do século passado, como expressões de um modelo de teologia que assumiu a crítica histórica dos relatos evangélicos na elaboração cristológica.

Há quatro décadas, Christian Duquoc assinalou, com sua peculiar agudeza, que o messianismo de Jesus se caracterizou pelo anúncio da justiça do Reino de Deus, ligado de maneira indissolúvel ao anúncio da consolação a Israel. Nesses termos descrevia o dominicano de Lyon o tipo de justiça que Jesus anunciava com a chegada do Messias:

> As perspectivas de Jesus em sua luta pela justiça são muito simples. Sua referência segue sendo a promessa profética. A sociedade de sua época, suas pretensões legais, a situação miserável em que se encontra a maior parte dos membros da aliança demostram que a promessa não se realizou. Como messias, Jesus rejeita o poder: o poder é incapaz de transformar as relações entre os homens. Jesus não apresenta um programa social. Com a tradição profética, segue mantendo que a justiça é fruto do Espírito, que é escatológica. Mas tampouco admite a tentação de fugir do mundo: a justiça escatológica tem de produzir seus frutos aqui e agora. Não será justiça última enquanto não houver sido antecipada neste mundo. Jesus, dentro dos limites de sua vocação, empreendeu essa luta concreta: morreu em combate, mas por sua morte e por sua ressurreição, dando testemunho da justiça prometida, nos abre a uma nova apreciação da vida.[85]

---

[85] Cf. Christian Duquoc, *Cristología. Ensayo dogmático sobre Jesús de Nazaret el Mesías*, p. 472.

Quinze anos depois, o mesmo Duquoc aprofundava essa ideia messiânica no sentido de que a prática profética de Jesus de Nazaré se fora especificando, de fato, como um *antimessianismo* em relação aos modelos dominantes da época, a saber, o davídico e o apocalíptico.[86]

Quanto às expectativas messiânicas da época, afirma também que os *ditos e feitos* de Jesus, tanto na Galileia como em Jerusalém, significaram de fato um distanciamento dos modelos de advento do Messias por meio do poder ou da vingança, versões que pululavam em Israel no século I E.C. Jesus teria reinterpretado então a escatologia do profeta Elias para anunciar a chegada iminente do Reinado de Deus. E, depois de seu assassinato na cruz, os sobreviventes do grupo que o seguiram na Galileia teriam buscado, por seu lado, compreender esse drama do aniquilamento do justo[87] recorrendo aos poemas do servo sofredor de YHWH do segundo Isaías.

Na mesma época de Duquoc, Edward Schillebeeckx elaborou uma magistral síntese cristológica retomando os dados históricos e

---

[86] Idem, *Mesianismo de Jesús y Discreción de Dios. Ensayo sobre los Límites de la Cristología*, p. 117-61.

[87] De maneira surpreendente, Platão fala da morte do justo nos seguintes termos: "o justo, se é tal como o delineamos, será açoitado, torturado e encadeado: queimar-lhe-ão os olhos, e, depois de ter padecido todos os males, acabará sendo empalado, com o que compreenderá que ninguém deve propor-se a ser justo, mas parecê-lo", *República* II, 31b-362a. México, UNAM, 2000, p. 46. Sobre o mecanismo vitimário produzido pela morte do justo, René Girard comentou o seguinte: "Este modelo também funciona no caso de Platão – o que demonstra quão consciente estava Platão deste mecanismo. Há uma frase assombrosa em Platão, e que ainda está por explicar. Uma das personagens da *República* diz que, se houvesse existido um homem perfeito em quem não houvesse em absoluto nenhuma maldade, nenhum desejo de vingança, terminaria por ser assassinado. Sócrates está muito perto de ser esse homem. Critica as iniquidades culturais; portanto, designa-se a si mesmo como bode expiatório. Isto poderia derivar da Bíblia, que Platão poderia ter conhecido, dado que viajou ao Egito, onde havia muitos judeus naquela época. No entanto, não há uma história real da Diáspora, e o período inicial ainda é misterioso. Nietzsche escreveu sobre o fato de que Platão conheceu a Bíblia. (Talvez seja por isso que ele não gostava de Platão...)". René Girard, João Cezar de Castro Rocha; Pierpaolo Antonello, *Evolution and Conversion. Dialogues on the origins of culture*. New York, Continuum, 2007, p. 67-68.

exegéticos sobre o Jesus histórico produzidos pelas duas primeiras ondas de investigação, mas lidos à luz da tradição viva da fé da Igreja e no contexto da razão histórica moderna em sua feição hermenêutica.

Para o "teólogo feliz" de Nimega, o messianismo próprio do Jesus histórico é também o do *profeta escatológico* ao estilo de Elias. Mas trata-se tão somente de uma parte da ampla gama de títulos que empregaram as comunidades cristãs primitivas que acolheram o querigma. A este respeito, sublinha Schillebeeckx a importância do processo em que posteriormente foram-se decantando as diversas compreensões do papel de Jesus como revelador pleno do mistério do *Deus humanissimus*, que anunciou e comunicou com seus ditos e feitos. Por isso, o professor propunha que se considerassem os títulos messiânicos num marco mais amplo do dinamismo da revelação.

Um processo de interpretação que parte certamente de Jesus de Nazaré, mas que inclui as comunidades que o confessaram *a posteriori* como revelador, inserindo-se, assim, no círculo hermenêutico da recepção criativa do querigma:

> Por conseguinte, o historiador deverá perguntar-se: quem foi realmente esse homem, para provocar reações tão extremas como uma fé sem reservas e uma incredulidade agressiva? O fato de que os romanos o tenham crucificado por medo de agitações políticas numa zona ocupada é algo típico de nossa história de injustiças. O fato de que as autoridades judaicas o tenham entregado só se explica (deixando de lado as paixões humanas) se o comportamento religioso de Jesus tiver se afastado radicalmente dos cânones convencionais do judaísmo. Não basta o fato de que se apresentasse como Messias, pois naqueles tempos houve outros

> pretendentes ao título de Messias que nem por isso foram executados. Por outro lado, ali estavam os discípulos, os que creram em Jesus, os que lhe deram sem reservas uma resposta positiva. Depois da execução de seu Mestre, para articularem a experiência que servia de base à sua resposta, tiveram de recorrer aos evocadores e elevados conceitos e símbolos religiosos do mundo judeu e pagão: Filho do homem, Profeta escatológico, Messias ou Cristo, "Filho de Deus" (em sentido judeu e helenístico), "Senhor" (o *mar* judeu e o *kyrios* grego), etc. Títulos evocadores, alguns dos quais tinham pleno sentido para os judeus-cristãos, mas eram ininteligíveis para os cristãos provenientes do paganismo (por exemplo, Filho do homem, Messias), o que explica que, nas Igrejas de fala grega, tenham desaparecido (como no caso do Filho do homem) ou tenham-se esfumado. Isso indica a grande relatividade dos títulos utilizados.[88]

Daí que o teólogo compreende a questão do Jesus histórico dentro de um projeto teórico mais amplo, a saber, a elaboração de uma hermenêutica cristológica que, embora "parta de baixo" com o Jesus histórico, integre na interpretação teológica o horizonte de vida e de compreensão das comunidades protocristianas que transmitiram o querigma primitivo do cristianismo.

Assim, a necessidade de incluir as pesquisas acerca do Jesus histórico – tal como já havia sido proposta por diversos exegetas e teólogos do século XIX para reapresentar o acesso crítico a Jesus de Nazaré e à sua mensagem de centralidade do Reinado de Deus na história – foi assumida por Schillebeeckx como parte da pertinência

---

[88] Edward Schillebeeckx, op. cit., p. 38-39.

da comunicação da fé em novos contextos e para novos receptores. Dessa maneira, integrava plenamente em sua cristologia o dogma da Calcedônia sobre Jesus Cristo como "verdadeiro Deus e verdadeiro homem", mas apresentando a necessidade inevitável de equilibrar a cristologia descendente com uma cristologia ascendente, redescobrindo a humanidade de Jesus como lugar histórico de revelação de sua divindade.

Ademais, a volta ao Jesus histórico nesse contexto cristológico crítico moderno trouxe consigo um deslocamento teológico para o interior da soteriologia daqueles anos, em que predominou a correlação inseparável entre pregação do Reinado de Deus por Jesus de Nazaré e a obra do Pneuma divino na comunidade crente. Em outras palavras, uma cristologia pneumatológica como inteligência da fé para o contexto moderno.

Desse modo, a consequência imediata e direta da cristologia histórica será a subordinação dos temas cristológico e eclesiológico à pregação do Reinado de Deus. E, por isso mesmo, conduziu à superação do eclesiocentrismo a partir da perspectiva inovadora do profeta escatológico.

Tal proposta será retomada duas décadas depois por Paul Knitter[89] na discussão do *reinocentrismo*, mas desvinculando-a da centralidade do querigma pregado pela Igreja, com o intuito de propor uma teologia das religiões plausível para o diálogo inter-religioso condizente com a razão pós-moderna.

Por outro lado, no contexto latino-americano do Peru, Gustavo Gutiérrez[90] também esteve implicado nesses debates cristológicos. Na obra fundadora da teologia da libertação, publicada em 1972, reto-

---

[89] Cf. John Hick e Paul Knitter (eds.), *The Myth of Christian Uniqueness. Toward a Pluralistic Theology of Religions*. New York, Maryknoll, 1998, p. 240; Paul Knitter, *Introducing Theologies of Religions*. New York, Orbis Books, 2002, p. 256.
[90] Cf. Gustavo Gutiérrez, *Teología de la Liberación. Perspectivas*. Lima, CEP, 1972.

mou precisamente tal centralidade do Reinado de Deus na pregação de Jesus de Nazaré para uni-la à centralidade também dos pobres[91] como destinatários primeiros e principais do advento do Reinado de Deus no coração do mundo.

O teólogo latino-americano distanciou-se dos teólogos europeus que debatiam sobre o sujeito moderno capaz de receber a Boa-Nova da chegada do Reinado de Deus no meio dos processos de emancipação próprios da liberdade humana ilustrada. Segundo Gutiérrez, a teologia da libertação deveria sempre destacar o messianismo de Jesus como um processo salvífico de caráter histórico e sociopolítico pelo qual acontece a instauração escatológica do Reinado de Deus na *única* história da humanidade que é caminho de redenção.

≈

Que poderiam dizer então a *Third Quest* e a teologia crítica de fins do século XX para uma compreensão mais cabal do messianismo de Jesus que fosse suscetível de ser recebida na idade da razão pós-moderna?[92]

---

[91] Quarenta anos depois, Jon Sobrino segue falando desta correlação Deus-pobres com uma nova terminologia: "Deus como absoluto e os pobres como coabsoluto". Cf. Jon Sobrino, "Hacer Teología en Nuestro tiempo y en Nuestro Lugar". (Tradução Érico Nogueira). Cf. Jon Sobrino, "Hacer Teología en Nuestro tiempo y en Nuestro Lugar". In: Agenor Brighenti e Rosario Hermano (eds.), *50 años del Vaticano II. Análisis y Perspectivas. Memorias del Congreso Continental de Teología, Unisinos, Brasil.* Bogotá, Ediciones Paulinas, 2013, p. 40-54. Sobrino retoma esta ideia numa entrevista que se realizou durante os dias do congresso em São Leopoldo, Brasil, com estas palavras: "A teologia não é o primeiro. O primeiro é a realidade. E, no caso da teologia, a realidade absoluta. Com sua agudeza habitual, dom Pedro Casaldáliga refere-se ao absoluto dizendo que 'tudo é realtivo menos Deus e a fome'. O absoluto é Deus e o coabsoluto são os pobres. Fazer teologia é, pois, cooperar, por meio do pensamento, para que Deus seja mais real na história e para que os pobres – a fome – deixem de sê-lo".(Tradução Érico Nogueira). Jon Sobrino, "O absoluto é Deus, e o coabsoluto são os pobres". Instituto Humanitas Unisinos, São Leopoldo, 29 de setembro de 2012. Disponível em: http://www.ihu.unisinos.br/entrevistas/514096-o-absoluto-e-deus-e-o-coabsoluto-sao--os-pobres-entrevista-especial-com-jon-sobrino. Acesso em: 16 jul. 2016.

[92] A releitura pós-moderna do messianismo de Jesus insiste, por exemplo, na correlação sucessão-conversão como modelo recorrente no ciclo de Elias-Eliseu e João Batista-Jesus--discípulos. Veja, neste sentido, o comentário de Hugh Pyper: "O nome de Elias reaparece

Para começar, é preciso dizer que tais estudos nos ajudam a precisar o sentido sociopolítico do Reinado de Deus. Primeiro porque certamente Jesus tomou distância do modelo messiânico davídico de sua época que promovia a restauração da monarquia em Israel, como pretendiam os zelotes e, em certo sentido também, os saduceus como hábeis negociadores com o poder romano. Em segundo lugar, permite apreciar melhor o significado de que alguns de seus colaboradores próximos, como Santiago e João, "impôs o nome de *boanerges*, isto é, filhos do trovão" (Mc 3,17), procediam do círculo dos zelotes. Tal denominação usada nesse meio fala da proximidade de alguns companheiros de Jesus com o modelo messiânico davídico, inspirados por um ideal de guerra santa, mas que optaram por uma mudança de perspectiva em companhia de Jesus. Finalmente, a presença de Judas Iscariotes no grupo e a entrada de Jesus em Jerusalém acompanhada pela aclamação da multidão evocavam também a espera messiânica de restauração da monarquia davídica. Expectativa a que Jesus, afinal de contas, não respondeu.

Graças a essas pesquisas, hoje podemos dizer, com muita probabilidade, que o messianismo de Jesus foi-se conformando, ao longo de sua pregação itinerante, como um *antimessianismo* segundo a evolução das reações que suscitava em seus interlocutores e da inteligência que ia desenvolvendo de seu próprio caminho de anúncio do Reino. No início de seu breve ministério na Galileia, centrou-se no anúncio da chegada atual e presente do Reinado de Deus na vida cotidiana de

---

no penúltimo versículo de Malaquias (Ml 4, 5), onde se promete a sua vinda antes do dia do Senhor. Este é o penúltimo versículo do Antigo Testamento cristão. A missão de Elias, detalhada no versículo seguinte – o último do Antigo Testamento –, é converter o corações dos pais a seus filhos, e o do filhos, a seus pais, para evitar o anátema do Senhor. Pais e filhos convertem-se uns aos outros, ou, literalmente, 'são convertidos'. 'Ide, voltai', provavelmente nos lembremos. O que ele fará é restaurar as estruturas da filiação, as quais, como vimos, foram questionadas pela narrativa dos dois livros dos Reis. Aquele que tomou Eliseu de seus pais e que dividiu a sucessão da casa de Acab trará nova reconciliação entre pai e filho. As aparições de Elias no Novo Testamento desenvolvem e problematizam este motivo". (Tradução Érico Nogueira). Hugh S. Pyper, "The Secret of Succession: Elijah, Elisha, Jesus, and Derrida". In: A. K. M. Adam (ed.), *Postmodern Interpretation of the Bible*. St. Louis, MO, Chalice Press, 2001, p. 65.

seus ouvintes naquela província marginal, através de seus ditos e feitos. Mas não se pode esquecer que ao mesmo tempo foi-se mostrando um traço com forte tom apocalíptico na maneira como Jesus enfrentava seu entorno social e religioso: a crítica severa à dominação romana, que havia profanado o Templo, estendendo seu poder até as cidades herodianas da Galileia. A este respeito, comenta Sean Freyne:

> Jesus era recordado, entre outras coisas, por sua aberta crítica ao estilo de vida do poder real e de seus privilégios como exercidos neste mundo. [...] A inspiração de seus ditos está associada a uma compreensão apocalíptica tal como havia sido recebida em vários escritos judaicos do período do Segundo Templo. Segundo esta leitura, os dirigentes estrangeiros se apresentavam como pertencentes à idade do mal e logo seriam substituídos pela justiça de Deus contra os opressores.[93]

Mais adiante, no desenvolvimento do ministério público de Jesus, conforme foi-se acrescentando a tensão com a religião do Segundo Templo, o anúncio messiânico foi se tornando apocalíptico. Dirigiu-se também contra a corrupção religiosa das autoridades do Templo, como o recordam os lamentos e as lágrimas de Jesus sobre Jerusalém, até alcançar seu clímax escatológico na paixão, vivida pelo mesmo Jesus com perplexidade diante do destino que o aguardava e, ao final, só aprendendo a confiar absolutamente no amor de seu *Abba*.

Foram os discípulos que, *a posteriori*, conseguiram encontrar um sentido para a execução de seu Rabi, identificando-o com o servo sofredor de YHWH, descrito com magistral inteligência teológica pelo segundo Isaías durante o exílio na Babilônia. Receberam, assim, através dessa leitura midráshica da vida de seu mestre, o dom do querigma de sua ressurreição.

---

[93] Sean Freyne, *Galilee and Gospel: Collected Essays*, p. 203 [T. do A.].

Dessa maneira, o messianismo de Jesus girou entre duas personagens prototípicas: Elias para o Galileu e o servo de YHWH para os discípulos, depois de sua execução e do encontro das mulheres no sepulcro vazio. O primeiro corresponde à escatologia da Galileia, o segundo à crise apocalíptica de Jerusalém, a qual foi resolvida somente à luz das aparições do *Crucificado que despertou*.

Não se trata aqui de apresentar uma alternativa entre ambas figuras messiânicas, Elias ou o servo de YHWH, senão que é imprescindível mostrar com clareza o círculo hermenêutico que deu nascimento à fé cristã. Um aprofundamento ao mesmo tempo histórico e teologal. Em termos filosóficos e miméticos, poderia dizer-se que se trata de uma temporalidade violenta redimida de sua fatalidade pela oferenda da vida de Jesus, como um dos justos da história, entregue até ao último suspiro.

A partir dessa inteligência do messianismo judeu vivida por Jesus e por seus companheiros e discípulos, a consolação de Israel será um dom para os outros, graças à imaginação poética do Galileu. Até chegar ao momento culminante da entrega a seu *Abba*, incondicionalmente, o que aconteceu em Getsêmani e se consumou no Gólgota.

À luz da memória proativa desses acontecimentos, a comunidade de discípulos pôde assim resolver o dilema que havia-se apresentado com a morte do justo. Somente no horizonte aberto pela memória de sua vida entregue, como comenta Schillebeeckx, nasceu o querigma da fé cristã:

> Assim, as comunidades cristãs, quando refletem sobre suas próprias vivências, explicam sua experiência relacionando-a com o Espírito *e* com Jesus de Nazaré; mais ainda, no princípio as duas relações pareciam uma só: "O Senhor é o Espírito", escrevia Paulo em sua primeira etapa (2Co 3,17). Ademais, a comunidade articulou as experiências de tal relação: *a)* em narrações

sobre Jesus *(logia,* relatos e parábolas como *memoria Jesu)* e *b)* em querigmas, hinos e confissões de fé, nos quais, de múltiplas formas e em diversas comunidades cristãs, se expressam com uma linguagem de fé [sobre o] que significa Jesus para tais comunidades, a fim de proclamá-lo de forma inteligível.[94]

Em suma, podemos dizer que o messianismo de Jesus se vinculou ao messianismo de Elias por influência de João Batista e se desvelou em toda a sua profundidade enigmática com a crise de Jerusalém. Isso sucedeu à luz da memória viva de seus *ditos e feitos* que preservaram seus companheiros e discípulos, no marco da tradição profética do Servo de YHWH elaborada pelo segundo Isaías.

8. A Imaginação Poética de Jesus na Galileia: Indício de Revelação

Como poderíamos traduzir em linguagem pós-moderna a opção messiânica de Jesus de Nazaré tal como a reconstruíram a *Third Quest* e a teologia crítica moderna? Que metáforas e que narrativas pós-modernas podem surgir de tal recepção criativa realizada por crentes dos alvores do terceiro milênio do cristianismo? Aqui proporemos falar da *imaginação poética* de Jesus como um intérprete criativo da tradição judaica do profeta escatológico.

Entendemos por imaginação poética[95] a sabedoria inovadora criada por um clássico da história. Segundo a filosofia da linguagem, a

---

[94] Edward Schillebeeckx, op. cit., p. 40.
[95] Um termo cunhado pela hermenêutica filosófica pós-moderna para designar o processo da transmissão da cultura que, em teologia, se denomina *tradição*. Todo processo criativo supõe a correlação de atos de *mímesis, poiésis* e *práxis*, como assinala Paul Ricoeur retomando Platão e Aristóteles ao elaborar sua teoria narrativa. Com efeito, a partir da

cultura humana é gerada a partir de atos de imitação (*mimesis*), criação (*poiesis*) e transformação (*práxis*)⁹⁶ que afetam a subjetividade e promovem a intersubjetividade criando um horizonte de vida e de compreensão de alcances universais.

Nesse sentido, os *clássicos* são as personagens que, a partir do mais particular de sua experiência e de seu entorno vital, conseguiram ter uma vivência que é significativa para ouvintes, leitores e interlocutores de qualquer época posterior. E por isso mesmo sua narrativa torna-se *universal*. Quer dizer, sua força expressiva radica em terem conseguido articular uma linguagem própria pelo qual

---

definição de mito e de tragédia proposto por Aristóteles como uma "representação de uma ação (*mimesis praxeos*) e, só por isso, de homens que atuam", (50b, 3), o hermeneuta francês comenta o seguinte: "A *Poética* de Aristóteles tem um único conceito universalizador: o conceito de mimese. Ele é definido contextualmente apenas segundo um de seus usos, precisamente o que ora nos interessa: imitação ou representação da ação. [...] Portanto, se reservamos à mimese o caráter de atividade que a poiese lhe confere, e se, além disso, mantemos o sentido da definição de mimese pelo mito, então não deve hesitar em entender a ação – complemento nominal da expressão *mimesis praxeos* (50b, 3) – como o correlato da atividade mimética regida pela disposição dos acontecimentos (em sistema). Paul Ricoeur, *Tiempo y Narración I. Configuración del Tiempo en el Relato Histórico*, México, Fondo de Cultura Económica 1995, p. 83-85. E, mais adiante, comentando as diferenças da mimese, precisa: para que se possa falar em 'deslocamento mimético', de 'transposição' quase metafórica da ética para a poética, há que conceber a atividade mimética como vínculo, e não só como ruptura. Ela é o próprio movimento da mimese I para a mimese II. Se não há dúvida de que o termo *mythos* seja a descontinuidade, a palavra *praxis*, por sua dupla vassalagem, assegura a continuidade entre os dois regimes, ético e poético, da ação". (Tradução Érico Nogueira). Ibidem, p. 105-16.

⁹⁶ Em suas primeiras obras, dialogando com a filosofia dos atos de fala de Austin e Searle, para descrever a função hermenêutica do distanciamento próprio do discurso, Paul Ricoeur falava de atos locucionários, ilocucionários e perlocucionários: "O ato de fala, segundo esses autores, está constituído por uma hierarquia de atos subordinados, distribuídos em três níveis: 1) o nível do ato locucionário ou proposicional: o ato *de* dizer; 2) o nível do ato (ou da força) ilocucionário: o que fazemos *ao* dizer; e 3) o nível do ato perlocucionário: o que fazemos *porque* falamos. Se lhe digo para fechar a porta, faço três coisas: relaciono o predicado de ação (fechar) com dois argumentos (você e a porta). É o ato de dizer. Mas eu lhe digo isso com a força de uma ordem e não de uma constatação, desejo nem promessa. É o ato ilocucionário. Finalmente, posso provocar certos efeitos, como o medo, porque lhe dou uma ordem; estes efeitos convertem o discurso numa espécie de estímulo que produz certos resultados. É o ato perlocucionário". (Tradução Érico Nogueira). Paul Ricoeur, *Del Texto a la Acción. Ensayos de Hermenéutica II*. México, Fondo de Cultura Económica, 2004, p. 99.

expressar o mistério do sentido da vida, do sofrimento, da criatividade, do amor e da morte.

Como assinalou Paul Ricoeur numa conferência sobre a relação entre a Bíblia e a imaginação, que dera em Chicago em 1979, a narração desempenha papel preponderante na gestação da tradição oral e escrita, já que faz possível o vínculo entre texto e vida:

> Eu gostaria de ver na leitura de um texto como a Bíblia uma operação criativa incessantemente empregada para descontextualizar seu significado e recontextualizá-lo no hoje do "*Sitz im Leben*". Por meio deste segundo traço, o ato de leitura realiza a união entre a ficção e a redescrição que caracteriza a imaginação no sentido mais significativo do termo.[97]

E, de maneira específica, é importante destacar que tal poder criativo (*midráshico* no caso do judeu Jesus de Nazaré) é do leitor que recria o texto. Essa força criadora ou poiética se aprecia nas parábolas do Galileu pelas quais manifesta seu sentido inovador da leitura das fontes hebreias. Em termos de crítica literária, trata-se de atos de *intertextualidade*[98] pelos quais Jesus abre novos horizontes de significado. Não somente pela comparação de histórias com as já contadas no passado por seus ancestrais, ou pela evocação de personagens e cenários conhecidos, agora

---

[97] Paul Ricoeur, "The Bible and the Imagination", *Biblical Studies. William Rainey Harper Conference*. University of Chicago, 1979, p. 2. Disponível em: http://www.fondsricoeur.fr/photo/Ricoeur%20-%20The%20Bible%20and%20the%20Imagination.pdf. Acesso em: 21 mar. 2013.

[98] A este respeito, comenta o professor da Sorbonne: "Compreender a narrativa dinamicamente é compreendê-la como a transformação de uma situação inicial numa situação final. Sob este aspecto, a função mais elementar de uma narrativa é transformar. Ler uma narrativa é ler no texto uma certa 'linha' ou 'percurso' do significado". (Tradução Érico Nogueira). Paul Ricoeur, "The Bible and the Imagination", p. 6. Disponível em: http://www.fondsricoeur.fr/photo/Ricoeur%20-%20The%20Bible%20and%20the%20Imagination.pdf. Acesso em: 21 mar. 2013.

ressignificados para os interlocutores do Nazareno, mas pelo poder transformador de histórias que chamam à *ação* por meio dos símbolos que as representam.[99]

Imaginação poética denota, portanto, uma capacidade de *comunicar uma particularidade universalizável*. É o que buscamos desentranhar da história de um judeu marginal, artesão mediterrâneo e pregador itinerante da baixa Galileia no século I E.C.

Os *ditos* de Jesus mais criativos e inovadores são os contados pela tradição evangélica que ocorreram na Galileia. Nesse sentido, os lírios do campo, o grão de mostarda e a vela acesa posta no alto são, entre outras, imagens magistrais de sua imaginação poética para falar da chegada do Reinado de Deus e de sua presença ativa na história de seus interlocutores. Jesus designa, por meio destas metáforas do meio camponês da baixa Galileia, uma realidade divina e humana que procura a vida, que cresce com sabedoria e que ilumina a todos.

Algo similar poderíamos dizer das parábolas ou *mashalim* pelas quais Jesus concentrava numa história curta toda a sabedoria da Torá e da *Mishná* para seus ouvintes, iletrados na maioria dos casos. Fazia-o como hermeneuta da tradição venerável de seu povo hebreu, sensível a uma população transcultural como a que habitava a baixa Galileia. Nessa leitura midráshica popular, Jesus cifrou todo o seu poder evocador de dignidade humana para todos

---

[99] O processo da tradição é, em suma, uma interpretação criativa. Assim descreve seu advento narrativo e simbólico Paul Ricoeur: "Eis como compreendo a transição entre explicação e interpretação semiótica, a qual se completa no pensamento, ação e vida dos indivíduos e comunidades que interpretam. Deixamos a estrutura (ou sentido), mas ainda não chegamos à aplicação ou apropriação (a referência). Acompanhamos o dinamismo interpretativo do próprio texto. O texto interpreta antes de ser interpretado. Eis como ele próprio é obra da imaginação criadora antes de gerar no leitor um dinamismo interpretativo análogo ao seu". (Tradução Érico Nogueira). Paul Ricoeur, "The Bible and the Imagination", p. 14. Disponível em: http://www.fondsricoeur.fr/photo/Ricoeur%20-%20The%20 Bible%20and%20the%20Imagination.pdf. Acesso em: 21 mar. 2013.

e de bênção incondicional de seu *Abba* para todos, em especial para os que são excluídos.

E, junto aos ditos, os *feitos* de Jesus que os acompanharam são parte integral da mesma imaginação poética de feição messiânica e escatológica. Não somente Jesus conta as façanhas de Deus, senão que as encarna nas histórias de seus interlocutores, judeus e gentios, à força de viver num meio transcultural possibilitado pela *Pax romana*, suscitando nelas e neles ações de compaixão como amor universal procedente de Deus que se comunicam a outros por uma espécie de contágio mimético que dá vida.

Nesse sentido, as curas do servidor amigo do centurião romano, da filha da mulher siro-fenícia, da sogra de Pedro, do Filho da viúva de Naim, do paralítico que desceu pelo telhado da choça para que visse Jesus e tantas outras *histórias de mediação* para a salvação de outros são páginas magistrais dessa imaginação poética messiânica.

Algo similar sucede quando esses feitos contados por meio das perícopes de cura e dos sinais milagrosos afetam um grupo mais amplo, assinalando o caráter comunitário da redenção. Referimo-nos a relatos como a multiplicação dos pães à margem do lago da Galileia, a cura do endemoniado de Gerasa que livra uma aldeia do mal e o sermão da montanha com que ensinou a uma pequena multidão. São todas elas narrações, em sua particularidade judia judaica marginal, que dizem respeito às multidões de todos os tempos.

A *imaginação poética* de Jesus é, pois, messiânica e escatológica. Revela-se assim como uma narrativa que abre a imaginação própria do *fim do mundo* das pessoas que o escutam, que interagem com ele, que o seguem de perto e de longe, que até às vezes o rechaçam ou traem. É anúncio do fim do mundo, ao menos em dois sentidos complementares: primeiro, como finalidade alcançada de um mundo criado pelo *Abba* de Jesus para sua plenitude; e, depois, enquanto termo do mundo corrupto produzido pela cobiça do coração humano.

Ao fim e ao cabo, o leitor ou a leitora dessa narrativa messiânica de qualquer época recebe o testemunho vivo de mulheres e de homens que percorreram com o pregador itinerante os caminhos da Galileia, compartilhando com ele uma expectativa comum, que é a do cumprimento das promessas de Deus a Israel. E, pelo dinamismo interno do anúncio, essa promessa se revela como superabundância de vida para as pessoas de outras nações e épocas que são também integradas naquele olhar compassivo do Deus misericordioso, por meio da ação messiânica escatológica de Jesus de Nazaré e dos que vivem na rememoração viva de sua presença.

Igualmente, pela força ilocutória do próprio discurso, trata-se de uma ação que chega a todos nós, leitoras e leitores pós-modernos das parábolas de Jesus. Podemos abrir nossa imaginação também a esse horizonte de realização das promessas no tempo presente de nossas histórias fragmentadas para receber aí o dom de Deus através de ditos e feitos análogos aos do pregador da Galileia que comuniquem salvação.

Desse modo, podemos dizer que no seio das fraturas da subjetividade pós-moderna, consciente de sua vulnerabilidade extrema, pode ressoar com nova força a ação afirmativa e compassiva de Jesus para com os excluídos, como sinal da chegada do Reinado de Deus.

Cabe a cada nova geração de crentes declinar o verbo proclamado por Jesus como ação compassiva de seu *Abba*.

9. Uma Parada no Caminho

Chegamos às margens culturais e religiosas da Palestina do século I E.C., nas margens do lago da Galileia, como parte de nossa indagação sobre a manifestação do Deus vivente. Empreendemos essa viagem no meio de um contexto de adversidade histórica, de violência social e de exclusão para as maiorias, de maneira de certo modo análoga à adversidade que experimentaram Jesus de Nazaré e seu grupo de amigos, seguidores e interlocutores.

Iniciamos este livro apresentando uma questão semelhante à da comunidade messiânica, a saber, como reconhecer a chegada do fim dos tempos e a instauração do Reinado de Deus. Mas o fazemos a partir do tempo presente das subjetividades vulneráveis e dos movimentos antissistêmicos que promovem uma mudança de mundo. Captávamos em seu clamor um lugar possível para a esperança.

No segundo capítulo, remontamo-nos ao pensamento paulino, por ser o primeiro pelo qual se pôs por escrito a interpretação cristã da condição humana enquanto escatologia realizada. Entregamo-nos à tarefa de procurar na teologia protopaulina uma chave de leitura que nos permitisse compreender essa mudança de *temporalidade* que vivem os justos e as vítimas que perdoam no *tempo concentrado*. Descobrimos no anúncio do fim do mundo contado por São Paulo em chave escatológica como "tempo concentrado", à luz da páscoa de Jesus, um horizonte interpretativo apto para compreender o sentido da superação da violência onipresente na história humana como *eschaton*. Igualmente pudemos ponderar a urgência apocalíptica que levou a primeira geração pós-apostólica a aguardar, num novo cenário violento mas com a mesma radicalidade messiânica, a chegada do fim dos tempos.

Neste terceiro capítulo, que agora concluímos, aproximamo-nos da fonte do sentido escatológico inovador que brotou de Jesus de Nazaré com a imaginação poética que caracterizou suas palavras e suas ações nas margens de uma província periférica do Império Romano. A baixa Galileia foi o cenário dessa manifestação de Jesus. Região com um entorno transcultural e de judaísmo piedoso, marcado pela efervescência de movimentos antirromanos em sua história recente, e com um judaísmo popular que buscava o retorno às fontes ancestrais dos patriarcas, com um lugar especial para o profetismo primitivo de Elias-Eliseu. A partir dessa marginalidade cultural, social e religiosa, Jesus de Nazaré é o revelador do profetismo messiânico escatológico que anuncia e pratica tempos novos, em que acontece a salvação como cura, perdão, banquete e gozo do reencontro.

≈

De "volta às fontes", depois de ter saído em busca do acontecimento originário da redenção por meio do Jesus histórico, podemos dizer que a leitura paulina do fim dos tempos se encontra em íntima relação com essa imaginação escatológica da *mudança de mundo*.

No seio do "tempo concentrado" pelo Messias Jesus e pelos justos da história que são aniquilados pela violência deste mundo, acontece a graça divina como entrega amorosa sem condição nem medida. Uma doação que capacita os que vivem o *desapego* como existência para além da rivalidade a viver a radicalidade do amor universal do Messias e instaurar assim o mundo novo.

Tal experiência se realiza "no meio do tempo dos pagãos", quer dizer, no entorno mundano das relações intersubjetivas de rivalidade, presas na espiral de violência do *Katechon*, como dizia São Paulo. A solução para o enigma da violência fratricida foi decifrado pelo Messias, crucificado no coração do "tempo da paciência de Deus", para iniciar assim o mundo novo. Escatologia realizada que o Apóstolo descreve como um processo de redenção onde o Messias Jesus aparece como justo e justificador:

> Mas agora, independentemente da lei, a justiça
> de Deus se manifestou, atestada pela lei e
> pelos profetas, justiça de Deus pela fé em Jesus
> Cristo, para todos os que creem – pois não
> há diferença alguma; todos pecaram e estão
> privados da glória de Deus – e são justificados
> pelo dom de sua graça, em virtude da reden-
> ção realizada em Cristo Jesus, a quem exibiu
> Deus como instrumento de propiciação por seu

> próprio sangue, mediante a fé, para mostrar sua justiça, tendo deixado de lado os pecados cometidos anteriormente, no tempo da paciência de Deus; em ordem a mostrar sua justiça no tempo presente, para ser ele justo e justificador do que crê em Jesus.[100]

Desse modo, é o *Abba* de Jesus quem não cessa de escutar o clamor de Abel, desde as origens da humanidade até nossos dias no brado de todos os inocentes da história. E os resgata do sem sentido e da morte por meio da primícia dos tempos plenos inaugurados pela páscoa do Messias Jesus.

≈

Nos últimos capítulos deste livro, desenvolveremos uma teologia da revelação que expresse, na linguagem pós-moderna da desconstrução niilista e do pensamento antissistêmico surgido a partir dos excluídos da globalização, a presença discreta mas eficaz do Deus vivente no meio da história fragmentada da humanidade. Uma manifestação divina que assume a história humana a partir de seu reverso, quer dizer, a partir dos excluídos por qualquer sistema de totalidade. Não para condenar o mundo, nem aos verdugos, mas para salvá-lo graças ao poder da "vítima perdoadora".

O início do mundo novo procede de um messias crucificado, "que para os judeus, é escândalo, para os gentios é loucura" (1Co 1,23).

---

[100] Rm 3,26. O texto da versão grega diz: 21. νυνὶ δὲ χωρὶς νόμου δικαιοσύνη θεοῦ πεφανέρωται, μαρτυρουμένη ὑπὸ τοῦ νόμου καὶ τῶν προφητῶν, 22. δικαιοσύνη δὲ θεοῦ διὰ πίστεως ἰησοῦ χριστοῦ, εἰς πάντας τοὺς πιστεύοντας· οὐ γάρ ἐστιν διαστολή 23. πάντες γὰρ ἥμαρτον καὶ ὑστεροῦνται τῆς δόξης τοῦ θεοῦ, 24. δικαιούμενοι δωρεὰν τῇ αὐτοῦ χάριτι διὰ τῆς ἀπολυτρώσεως τῆς ἐν χριστῷ ἰησοῦ 25. ὃν προέθετο ὁ θεὸς ἱλαστήριον διὰ [τῆς] πίστεως ἐν τῷ αὐτοῦ αἵματι εἰς ἔνδειξιν τῆς δικαιοσύνης αὐτοῦ διὰ τὴν πάρεσιν τῶν προγεγονότων ἁμαρτημάτων 26. ἐν τῇ ἀνοχῇ τοῦ θεοῦ, πρὸς τὴν ἔνδειξιν τῆς δικαιοσύνης αὐτοῦ ἐν τῷ νῦν καιρῷ, εἰς τὸ εἶναι αὐτὸν δίκαιον καὶ δικαιοῦντα τὸν ἐκ πίστεως ἰησοῦ.

Um antimessias enquanto vítima que desata os nós do ressentimento e resolve o enigma do clamor dos inocentes por meio de uma práxis de amor de doação. Assim brota uma potência suscetível de ser vivenciada por todo e qualquer ser humano. Tal habilitação da subjetividade procede do Crucificado vivente e da memória ditosa que possamos fazer os sobreviventes de todas as vítimas que foram sacrificadas em benefício da estabilidade de qualquer grupo.

Tal é a tradução pós-moderna que vamos explorar como recepção criativa do conteúdo originário da revelação de Deus para a comunidade escatológica que rememora, em tempos de incerteza, a imaginação poética de Jesus de Nazaré. Aquela que lhe permitiu anunciar a realização das promessas de Deus no hoje de sua própria vida e na de seus interlocutores na Galileia. Aí se encontra a fonte de significação que dá sentido às perguntas da humanidade desprezada de qualquer época da história.

≈

Ficaria por escrever a história da comunidade escatológica a partir da perspectiva dos inocentes vitimados cujo clamor se eleva ao céu. Quer dizer, o devir da tradição viva da fé daqueles homens e daquelas mulheres que, no meio das incertezas da história violenta da humanidade, vivem a aposta da vida que brota das chagas das vítimas, graças à luz escatológica que procede da páscoa do messias glorificado.

Referimo-nos a uma tradição vivente que não cessa de reler o acontecimento originário enquanto atualização do significado desvelado por Jesus de Nazaré em seus ditos e feitos na Galileia que se consumaram em sua entrega até o final. Mas também tradição viva que se faz símbolo de pão compartilhado na superabundância do dom humano-divino que comunica vida plena, como memória ditosa da entrega até o final do Messias crucificado.

Por tudo isso, o relato de desconstrução do messianismo predominante que fez Jesus em seu tempo convulso, hoje é possível realizá-lo a partir das vítimas dos tempos violentos do mundo globalizado. A partir da memória dos justos aniquilados que fazemos os sobreviventes, abre-se a brecha da esperança para os inocentes e a possibilidade de conversão para os verdugos.

Através dos inocentes que participam da luz escura que procede das chagas do justo, chega até nós um murmúrio de vida. É, ao mesmo tempo, vergonha para os sobreviventes, indignação das vítimas que clamam por justiça e, acima de tudo, compaixão oferecida pelos que conseguem abrir sua mente e seu coração à passagem de Deus no meio desses escombros dos metarrelatos antigos e novos para parir uma *mudança de mundo*.

Assim, nas ruínas de nossas sociedades colapsadas pela violência global, poderemos ouvir, como Elias no Horeb e como Jesus no monte Tabor e em Getsêmani, o "rumor da brisa da vergonha" anunciado pela passagem do *Deus revelans sub specie victimarum*.

capítulo 4
os modelos de teologia da revelação

Depois de ter percorrido nos três capítulos anteriores a rota da manifestação de Deus no meio de tempos de incerteza, partindo de nossa agitada época até nos remontarmos às comunidades protopaulinas e ao Jesus histórico, é preciso que nos detenhamos agora em algumas das mais significativas reflexões, propostas pela teologia fundamental durante a segunda metade do século XX, para dar razão da presença-silêncio de Deus na história fraturada da humanidade.

Desenvolveremos o tópico em três momentos. Primeiro evocaremos o *pathos* cultural que marcou a teologia do século passado com seus traumatismos históricos e suas lutas por manter viva a esperança cristã na plenitude dos tempos. Tal memória viva do anúncio de Jesus de Nazaré e de sua entrega até à morte foi legada pela comunidade messiânica formada em torno de Jesus às comunidades cristãs que ao longo dos séculos seguem vivendo de seu Espírito.

Posteriormente analisaremos de maneira sucinta três propostas de teólogos católicos modernos que têm como traço comum a preocupação em mostrar a feição universal, experimentável e comunicativa da revelação de Deus que fez possível Jesus de Nazaré e que foi recebida pela Igreja como dom e tarefa para serviço da humanidade. Em particular, centraremos a atenção nas propostas conceituais desses autores, com seus respectivos enfoques de método e de linguagem, já que cada uma de suas teorias da revelação poderá ajudar-nos a enfocar de maneira mais adequada nossa própria proposta.

Finalmente, delinearemos o perfil de uma teologia pós-moderna da revelação que já está em marcha num novo momento epocal da razão moderna nos tempos da aldeia global e do pluralismo cultural. Como parte dessa feição própria da *subjetividade vulnerável*, inscreveremos nossa própria reflexão para desenvolvê-la no último capítulo deste livro.

Comecemos, pois, o percurso com uma evocação do *pathos* que fez a teologia moderna nascer.

1. A Questão do Ocultamento de Deus depois de Auschwitz

A teologia cristã do século XX que se elaborou tendo em conta os mestres da suspeita teve de percorrer um longo caminho para poder voltar a falar de Deus com um significado acessível para a experiência e a consciência dos habitantes do mundo moderno. Mas sobretudo teve de articular uma linguagem com pertinência epistêmica e com credibilidade ética que fosse compreensível e aceitável para as sociedades alicerçadas num projeto de emancipação do indivíduo autônomo.

Quando a teologia querigmática própria das igrejas protestantes europeias já havia feito, durante a primeira metade do século XX, um árduo esforço para compreender a comunicação de Deus no coração da história, chegou como *tsunami* devastador de toda certeza o traumatismo do horror que representaram o Auschwitz nazista, os gulagui soviéticos, as ditaduras militares sul-americanas e as demais contradições do mundo moderno que David Tracy chamou "o estouro demoníaco do anti-Espírito".[1]

O mundo católico, por seu lado, havia buscado também, desde fins do século XIX, voltar às fontes da Escritura e da Tradição viva da Igreja, tanto em sua liturgia e em sua espiritualidade como em sua proximidade com as massas empobrecidas pela cobiça das sociedades industrializadas do Norte, estagnadas cada vez mais no círculo vicioso da produção-comércio-consumo. Sua *teologia da manifestação* de Deus no seio da história se enfrentou com o processo de secularização tranquilo que exaltava o indivíduo autônomo como protagonista do grande relato prometeico. Tal reflexão teológica se enfrentava, em muitos casos, com um mundo indiferente à experiência religiosa, ao menos em sua versão cristã doutrinal e moral, hierárquica e colonial.

Como parte dessa busca que caracterizou a teologia ocidental moderna, diante do escândalo da morte dos inocentes que reaparecia depois das duas guerras mundiais, surgiram nos anos 70 do século passado duas correntes de pensamento que puseram sobre a mesa o tema do messianismo próprio da fé inserta na história: a teologia política europeia e a teologia da libertação latino-americana. Ambas buscaram interpretar os sinais do Reinado de Deus anunciados por Jesus de Nazaré num território marginal do mundo mediterrâneo de sua época. A primeira, com um instrumental teórico que levaria a fundo a lógica da autonomia do sujeito ilustrado; a segunda, por meio de uma práxis de seguimento de Jesus que buscou mudar as estruturas de dominação e de injustiça que imperaram no mundo com a instauração da razão instrumental e sua sequela de economia de mercado, coroadas pelo modelo de uma religião sacrifical.

---

[1] David Tracy, *The Analogical Imagination. Christian Theology and Culture of Pluralism.* New York, Crossroad, 1981, p. 430 [T. do A.].

Todos esses esforços teóricos e práxicos foram levados a efeito por gerações de cristãos de diferentes denominações, no meio do contexto geral de uma civilização moderna seduzida pelo império da razão instrumental. Uns se situavam a partir do relato da emancipação liberal, outros a partir do reverso da história. Nem um nem outro modelo estavam isentos de participação no *pathos* de seu tempo, especificamente no que se refere à *angústia existencial* que marcou o século XX.

Mas, apesar dessa adversidade histórica maiúscula, tais movimentos teológicos foram protagonistas de uma criatividade intelectual e espiritual de grande significado ético, político e cultural. Tal feição de corte profético escorou os esforços de justiça e de instauração da paz no meio da violência estrutural que vivia o mundo, submetido cada vez mais ao poder do capital, do mercado e da religião sacrifical.

O clamor das vítimas, dos oprimidos, dos inocentes e dos empobrecidos foi associado por essas teologias à cruz de Jesus como um sinal paradoxal da revelação mesma de Deus. Nesse contexto, a teologia do querigma se centrou na existência da graça inaugurada pelo Galileu como oferta para todo ser humano aberto à transcendência; enquanto a teologia da práxis transformadora quis fazer-se una com os empobrecidos da terra, escutando ao Deus crucificado nesse mesmo clamor e anunciando uma mudança social orientada para a construção histórica da paz com justiça no meio de um mundo dividido pela cobiça do dinheiro e do poder.

O Concílio Vaticano II e as cinco conferências do episcopado latino-americano realizadas entre 1955 e 2007 foram, dentro da Igreja Católica romana, notáveis expressões do magistério episcopal que souberam recolher esse clamor, com distinta profundidade e no meio de um soterrado conflito de interpretações entre modelos de Igreja diferentes e até opostos. Buscaram, por fim, interpretar tais processos sociais de emancipação e de libertação como *sinais dos tempos* pelos quais Deus seguia falando à humanidade.

Mas o fizeram em seu momento epocal, marcado ainda pelo ingênuo otimismo quanto ao progresso e ao avanço da história.

Com sua costumeira lucidez, Claude Geffré destacou a ambiguidade que caracterizou o caminho da teologia católica moderna: aquela que inspirou a obra do P. Chenu, com a Escola de Le Saulchoir e sua contribuição para a teologia dos sinais dos tempos do Concílio Vaticano II. Por fim, depois do ocaso do sonho de progresso que hoje vivemos, meio século depois, aquela teologia da história, tão otimista para seu tempo, se mostra incerta e pouco pertinente para o nosso. A este respeito, comenta o hermeneuta francês:

> Reconhecendo essa capacidade *messiânica* da história, unimo-nos à intuição mais fecunda dos teólogos da libertação. Por isso, somos livres para frisar com eles a ambiguidade profunda da história como história de liberdades. Eles nos convidam a perguntar-nos que imagem de Deus nos descobre certo caráter trágico da história [...]. Seria um ato de falta de "pudor" que requer hoje nossa atual busca de Deus o pretender identificar a presença de Deus na história, até em suas positividades. Os exegetas são os primeiros a insistir na ambiguidade dos "sinais dos tempos" [...]. Finalmente, o verdadeiro "sinal dos tempos" é Cristo mesmo. Pois bem, justamente aquele que é o indício da presença de Deus na história morre como um excluído nas portas da cidade. [Como diz Duquoc,] "o excluído é a partir de então o indício da presença".[2]

---

[2] Claude Geffré, "Théologie de l'Incarnation et Théologie des Signes des Temps". In: Joseph Doré e Jacques Fantino, *Marie-Dominique Chenu. Moyen Âge et Modernité*. Paris, Centre d'Études du Saulchoir, 1997, p. 153. A citação do teólogo de Lyon é:

Por outro lado, é preciso notar que a inovação promovida pelo cristianismo moderno desbordou os limites da instituição eclesial e de sua hierarquia. Mais ainda, adiantou-se à lógica institucional que ficaria presa por décadas nas objeções eclesiásticas e doutrinais a essa inserção dos cristãos no mundo para ser fermento de vida nova.

Os atores dessas teologias contextuais se descobriram e se reconheceram inseridos no mundo secular para seguir dando testemunho da fé, mas agora ao ritmo da história contraditória do Ocidente no que Duquoc chamou "a sinfonia diferida". Assim, surgiram movimentos cristãos na Europa e na América colaborando na gestação de organismos internacionais, mas também outros envolvidos com movimentos de libertação sociopolítica e econômica. Houve igualmente cristãos inseridos no mundo da cultura: a literatura, a poesia, a música, a dança, o teatro e a arquitetura, como expressões do mundo moderno com seus próprios relatos de emancipação, para esquadrinhar aí a passagem de Deus e a chegada da salvação como humanização radical e como incessante abertura à transcendência.

Em consequência, foi necessário repensar a ideia de revelação. Com efeito, a afirmação da manifestação permanente e contínua de Deus à humanidade que faz parte do credo da Igreja – que a Igreja católica ratificou nos tempos modernos com o Concílio Vaticano II –, embora encontre seu ápice em Jesus de Nazaré, não é assunto exclusivo daquele momento da história, senão que prossegue seu curso como processo de desvelamento, sempre paradoxal mas real, do desígnio do Deus amoroso que vivifica sua criação no meio de circunstâncias de adversidade e de negação da vida.

Ademais, para compreender o alcance dessas teologias, é imprescindível assinalar que tal processo da revelação de Deus na história

---

Christian Duquoc, "Le Déplacement de la Question de Dieu à Celle de Sa Localisation", *Concilium*, n. 242, p. 19, 1992 [T. do A.].

humana não se reduz a meras doutrinas, nem a códigos morais, senão que inspira um *modo de existir* que afeta o corpo e o espírito, a vida pública e as expressões da arte, tanto os processos econômicos como os sociais e os culturais. Em outras palavras, uma revelação que se faz tradição como processo de comunicação de uma experiência originária que lhe dá sentido, significado e critérios de ação.

Basta recordar, a esse respeito, como a teologia da revelação da segunda metade do século XX nos anos do pós-concílio não se reduziu ao simples trabalho intelectual de brilhantes autores de livros, nem se expressou tão somente por meio dos que, inspirados nessas obras, decidiram viver inseridos no meio dos pobres para viver aí o seguimento de Cristo. Como em outras épocas da história do cristianismo, a recepção criativa da vida teologal criou também uma tradição viva, quer dizer, uma cultura religiosa e cristã contemporânea que se plasmou na arte sacra,[3] na espiritualidade e na literatura.

Podemos evocar, no caso mexicano do século XX,[4] a arte sacra do monge beneditino Gabriel Chávez de la Mora, o romance sobre temas místicos de Javier Sicilia, a poesia contemplativa de Ramón Xirau e do P. Velázquez, a arquitetura sóbria e contemplativa de Javier Barragán, a rigorosa música sacra de Mario Lavista, o ensaio literário de Gabriel Zaid. Todas essas obras e muitas mais configuraram um *ethos* pelo qual uma geração, nesse caso os ca-

---

[3] Um exemplo excepcional da arte sacra católica contemporânea, que une a música com a teologia, é a obra do autor francês Olivier Messiaen (1980-1992), que escreveu sobre o sentido de sua própria obra a seguinte reflexão excepcional: "Certo número de minhas obras se destina a ressaltar as verdades da fé católica. Tal é o principal aspecto de meu trabalho, o mais nobre e, sem dúvida, o mais útil, o mais válido, o único aspecto de que talvez não me arrependa no momento de minha morte". Apud James E. Keller, "Notes on the Program Les Offrandes Oubliées: Méditation Symphonique pour Orchestre", *Playbill*. New York, New York Philarmonic, abr. 2013, p. 26.

[4] Apesar da dura crítica de Gabriel Zaid à cultura católica, os intelectuais que se confessam católicos no México na segunda metade do século XX deram significativa contribuição à cultura em diversas artes. Ainda está por fazer uma crônica e uma análise hermenêutica desta geração. Cf. Gabriel Zaid, "Muerte y Resurrección de la Cultura Católica". In: Idem, *Ensayos sobre Poesía*. México, El Colegio Nacional, 2004, p. 297-343.

tólicos modernos no México que receberam a renovação do Concílio Vaticano II, experimentou e comunicou a *presença silenciosa de Deus* em suas vidas.

Porque temos de frisar que a teologia da revelação não há de explicar somente as ideias e os conceitos empregados pelos autores eruditos com argumentos mais ou menos pertinentes, senão que há de saber explicar a *cultura* que gera a fé como um modo de *estar no mundo*, próprio de cada geração que vive seus encontros e desencontros consigo mesma, do seio de sua subjetividade, com os outros de sua época e com a sempre assombrosa realidade do mistério do Deus inefável.

Com a finalidade de compreender os matizes diversos das teorias da revelação surgidas na segunda metade do século XX no contexto europeu e no americano, apresentamos a seguir uma breve análise de três autores que nos parecem significativas para explicar as implicações de um diálogo profundo com a razão crítica: (i) David Tracy, no contexto norte-americano de diálogo com o sujeito moderno lançado em seu abismo existencial; (ii) Andrés Torres-Queiruga, no âmbito europeu da existência voltada para a irrupção da transcendência no coração da finitude; e (iii) Jon Sobrino, a partir da experiência das vítimas da opressão de uma sociedade que endeusou a economia de mercado e seu anseio de poder.

No diálogo com esses três autores, a questão da revelação de Deus na história se perfilará como um complexo processo intersubjetivo, cultural e social que deixa em aberto muitas questões na hora incerta da globalização e da exclusão.

Levando em conta essas complexas elaborações teológicas precedentes, no último capítulo deste livro proporemos os elementos de uma teoria pós-moderna da revelação do Deus vivo no meio dos escombros das sociedades de totalidade e a partir do murmúrio das vítimas.

I. OS MODELOS MODERNOS DE TEOLOGIA DA REVELAÇÃO

2. A Interpretação da "Realidade Última" segundo David Tracy

No fecundo contexto teológico norte-americano do século XX – nutrido por duas correntes de pensamento vigorosas, a teologia protestante do querigma ou anúncio primigênio e a teologia católica da manifestação –, David Tracy publicou em 1981 sua famosa obra *The Analogical Imagination*. Trata-se de um denso e sugestivo ensaio sobre a hermenêutica do cristianismo nos tempos de uma cultura marcada pelo pluralismo. Representa um dos melhores frutos do pensamento próprio da teologia fundamental que se produziram nos Estados Unidos seguindo o espírito conciliar, precedido pela *Nouvelle théologie* europeia, mas enriquecido agora pelo diálogo com o pensamento crítico, com a filosofia analítica e com a hermenêutica. A originalidade e a pertinência da proposta do professor de Chicago radicam, a nosso ver, em seu agudo conhecimento da filosofia alemã da Ilustração e do Romantismo, bem como do pensamento analítico anglo-saxão, com os quais leva a fundo um debate para caracterizar os traços de uma teologia como hermenêutica acerca da "Realidade última" que une os fios soltos do eu, do mundo e de Deus.[5]

---

[5] Outro notável teólogo católico estadunidense é Francis Schüssler-Fiorenza, que publicou em 1984 uma obra capital para a teologia fundamental moderna em chave hermenêutica. Sua proposta, caracterizada por enorme rigor formal, é resumida pelo próprio autor nos seguintes termos: "A tarefa fundamental da teologia é, pois, buscar um equilíbrio reflexivo entre vários elementos: a reconstrução hermenêutica da tradição religiosa sempre em busca da identidade, inteligibilidade e verdade da tradição, enfatizando a descoberta de seu inteiro potencial; as garantias retrospectivas que cruzam e animam as pretensões cognitivas, normativas e expressivas da tradição; e o cabedal de teorias por que a tradição se relaciona com os fenômenos da história e da experiência". (Tradução Érica Nogueira). Francis Schüssler-Fiorenza, *Foundational Theology. Jesus and the Church*. New York, Crossroad, 1984, p. 311. No entanto, a proposta deste ilustre teólogo nos parece menos apropriada para um debate sobre os conteúdos antropológicos da experiência fundacional da vida teologal que desejamos explorar nesta investigação, como tentaremos explicar ao longo deste capítulo.

Nas palavras do próprio David Tracy, trata-se de fazer acessível, no debate público das ciências humanas, a verdade do cristianismo num novo contexto cultural, sem renunciar à pretensão de verdade própria de todo conhecimento e em particular da fé cristã:

> O caráter teocêntrico de qualquer declaração genuinamente teológica, expressa de maneira explícita ou implícita, conduz cada teólogo a reivindicar uma verdade que reclama um estatuto público e, em seu limite extremo, universal.[6]

Trata-se, com efeito, de uma tarefa crucial para a comunicação da fé em tempos do pluralismo do conhecimento e das religiões que caracterizam as sociedades modernas. É um assunto de ordem epistêmica, quer dizer, que propõe uma busca da verdade para ser comunicada no espaço público da sociedade plural de nossos dias.

Para alcançá-lo, a comunidade teológica necessita estabelecer estratégias de colaboração interdisciplinar com todas as doutrinas que busquem a compreensão da subjetividade (o *Self* do contexto anglo-saxão), do mundo como configuração do espaço-tempo e da realidade transcendente do cosmos em sua fonte originária de ser e de devir que as religiões denominam Deus. Em tal diálogo, será preciso estabelecer igualmente coordenadas de comunicação que façam possível a troca de experiências, de interpretações e de ações.

2.1 O Significado e a Verdade

Assim, baseado na hermenêutica estabelecida por Hans-Georg Gadamer e por Paul Ricoeur, David Tracy proporá o binômio significado-verdade[7] para estabelecer uma correlação crítica que

---

[6] David Tracy, op. cit., p. 80 [T. do A.].
[7] "De maneira quase simultânea, Francis Schüssler-Fiorenza assumiu a mesma correlação entre significado e verdade para articular sua proposta de uma teologia 'fundacional'. A este respeito,

dará relevância discursiva e prática à teologia cristã. A este respeito, comenta o teólogo norte-americano:

> Os teólogos, portanto, numa colaboração própria de todo trabalho interdisciplinar, junto de seus colegas, necessitam perguntar que coisa é, afinal de contas, o significado presente e a verdade da tradição interpretada, assim como da situação contemporânea interpretada, centrando-se naquelas questões fundamentais próprias das perguntas religiosas e naquelas respostas fundamentais que constituem as tradições religiosas, a fim de estabelecer mutuamente correlações críticas entre os dois campos de interpretação.[8]

É importante destacar que David Tracy se move, ao construir seu discurso teológico fundamental, entre os polos da *situação* e da *interpretação* que a tradição cria como processo cultural sempre inacabado, porque está permanentemente em construção. A primeira refere-se à ordem histórica finita; enquanto a segunda apela para sua relação ao sentido último e transcendente daquela realidade finita e se expressa como cultura, da qual uma de suas formas simbólicas é a religião.

2.2 A Situação como "Aparecimento do Estranho"

A *situação* é, pois, um termo técnico pelo qual David Tracy designa "a emergência do estranho" (*the emergency of the uncanny*)[9]

---

o professor da Universidade Católica de América afirma o seguinte: Significado e verdade são de fato distintos, mas não é possível separar a interpretação do significado e identidade de uma tradição da sua verdade. Interpretar o significado de uma pretensão religiosa implica examinar a sua verdade". (Tradução Érico Nogueira). Francis Schüssler-Fiorenza, op. cit., p. 290.
[8] Ibidem, p. 81 [T. do A.].
[9] Este conceito-chave da teologia de David Tracy perpassa toda a sua obra como fonte do poder criativo da "imaginação analógica". A este respeito, comenta o

no meio da constituição da subjetividade, do mundo e do transcendente. Sempre estará marcada pelo desafio de discernimento de uma dialética estabelecida pelos "momentos kairóticos" (*kairotic moments*) do real em face das "ameaças demoníacas" (*demonic threats*) que espreitam o *Self*, o mundo e a representação do transcendente.[10]

O teólogo de Chicago retoma do grande autor luterano Paul Tillich, o fundador germano-americano da teologia moderna norte-americana, a ideia de que a teologia deve ser necessariamente uma interpretação da *situação*, e nisso radica a primeira e insubstituível tarefa do teólogo tanto na sociedade como na academia e na Igreja.

Mas a segunda não é menor, senão que antes se trata da mais radical das atividades da interpretação: a tarefa do teólogo consistirá em estabelecer a *correlação* entre a situação analisada e o acontecimento Cristo em sua relação com o *Self*, com o mundo e com a comunidade eclesial que antecipa de maneira escatológica sua presença no mundo.[11]

---

autor: "Nós reconhecemos essa afirmação misteriosa apenas porque pressentimos uma realidade, vaga porém importante, que não conseguimos nomear – e que, por sua vez, não produzimos nem inventamos. Nós reconhecemos essa realidade ao reconhecer o poder revelador e transformador em todo clássico da nossa situação pós-moderna. Reconhecemo-lo porque é um dado de primeira ordem. Pois a afirmação misteriosa é um dado sempre novo nestes 'ainda não' e 'não mais' do nosso mal-estar contemporâneo". (Tradução Érico Nogueira). Ibidem, p. 364.

[10] "'Discernimento' parece ser a palavra certa: discernir sugere coisas como ensaiar, tactear, estar alerta aos riscos, expor uma autêntica sensibilidade espiritual aos medos e angústias – e também a possibilidade de vivenciar momentos providenciais ou ameaças demoníacas, a recusa da timidez na tentativa de descobrir as questões religiosas fundamentais de uma dada situação: questões que sempre vale a pena tentar formular, ainda que de modo hesitante". (Tradução Érico Nogueira). Ibidem, p. 339.

[11] Sobre o ambiente eclesial em que se leva a efeito o labor do teólogo, a proposta de David Tracy coincide com a de Francis Schüssler-Fiorenza. Ainda que o teólogo de Harvard argumente mais em sentido metodológico, afirmando que o observador se encontra afetando sempre de alguma maneira seu objeto de estudo e, de maneira particular, o teólogo ou a teóloga, dado que implicam em sua interpretação a fé eclesial, aquela que chega a seu clímax na liturgia: "Como 'observador' e intérprete", o teólogo pode compreender e interpretar esse sentido apenas e tão-somente se participa do que

Não se trata, portanto, de uma *situação* sociológica em primeira instância, como depois proporia certa leitura elementar do método ver-julgar-agir retomado da Ação Católica por alguma corrente da teologia da libertação. Tanto para Tillich como para Tracy, a *situação* já está prenhe de imaginação criativa e é, de fato, uma interpretação criada por personagens que captam o sentido dos acontecimentos:

> A situação não é, naturalmente, independente destes fatores [psicológicos e sociológicos], mas goza de relativa autonomia com respeito a estes condicionamentos por seu emprego da criatividade, um poder produtivo da imaginação que impulsiona cada expressão clássica da cultura.[12]

Trata-se então, como é possível ver, da *situação* como uma *trama* entre os feitos e as interpretações que fazem possível que existam os *clássicos* numa cultura.[13] Aqueles autores que conseguem encontrar o significado universal a partir do mais particular, um significado suscetível de ser vivenciado e compreendido por outros interlocutores, a partir de uma experiência concreta. Nesse sentido, Jesus Cristo é o *clássico* por excelência da experiência do *Self*, do mundo e do mistério divino que, a partir de sua raiz hebreia e galileia, deu origem à tradição cristã e a toda teologia que se articula a partir desta experiência originária.

---

a liturgia envolve. Sem essa participação, ele não teria acesso ao sentido que se estrutura simbolicamente nas ações dos que realizam a liturgia". (Tradução Érico Nogueira). Francis Schüssler-Fiorenza, op. cit., p. 292.

[12] David Tracy, op. cit., p. 340 [T. do A.].

[13] Uma categoria hermenêutica tomada de Gadamer que também foi empregada por outros teólogos norte-americanos: "Os clássicos de uma cultura, por exemplo, têm a grandíssima importância que têm não porque representam ideais a-históricos, mas porque trazem à baila 'uma notável maneira histórica de ser' que tem influência determinante numa cultura e tradição". (Tradução Érico Nogueira). Francis Schüssler-Fiorenza, op. cit., p. 299.

Nesse sentido fenomenológico e hermenêutico, ao analisar a dialética dos clássicos na situação contemporânea, David Tracy, seguindo de perto Paul Ricoeur nesse tema, afirma que os interlocutores imprescindíveis para a teologia neste novo contexto de pluralismo são os mestres da suspeita – Marx, Freud e Nietzsche – pós-modernos *avant la lettre* segundo a crítica à razão ilustrada do sujeito autônomo que eles iniciaram já, de maneira antecipada, na segunda metade do século XIX.

A virtude da proposta teológica fundamental de David Tracy radica, a nosso ver, em ter atualizado a ideia tillichiana de *clássico* para integrá-la à problemática do pluralismo cultural e religioso que se fez patente com a globalização cultural. E daí sua força hermenêutica para narrar as atividades do espírito humano como a arte, a religião, a ética, a filosofia e a gestação da cultura.

Alguns autores latino-americanos objetaram, contra a hipótese do teólogo de Chicago, a significativa ausência do tema do sofrimento. Eles afirmam que a negação da história implicada pelo aniquilamento dos inocentes ocupa um lugar secundário nessa teoria, à diferença das teologias da ação histórica.

Não obstante, para David Tracy tem um valor importante e central em sua obra pensar a *negatividade* da história, pois se trata de uma tarefa irrenunciável para toda hermenêutica do cristianismo:

> A tarefa da interpretação nos defronta com o horror inominável a fim de abrir um caminho para o poder do *tremendum* que interroga todas as tradições. Temos de aprender a esperar e a contar o relato, a dar voz àqueles que não têm voz, enfrentando a não identidade de nossa capacidade para tentar compreender, animar a realidade; para rejeitar como obsceno toda tentativa fácil de prender o significado no meio do sem sentido. Não devemos permitir que esses feitos paradigmáticos paralisem nossa atenção,

senão antes que liberem nosso espírito para a esperança e para a ação.¹⁴

Na obra do teólogo de Chicago existe, portanto, o reconhecimento das vítimas como clamor *apocalíptico* da história, acompanhado da urgência de pensar o impensável, a fim de aprender a viver com esperança no meio do horror. Mas é verdade que David Tracy não pôde reconhecer em seu momento, de maneira mais explícita, a racionalidade que surge das vítimas como protagonistas de uma *mudança de mundo*. Essa possibilidade é a que já analisamos no primeiro capítulo e que desenvolveremos mais adiante em seu possível significado teológico.

2.3 O Pensamento Messiânico

Como terceiro elemento principal da interpretação específica da teologia, David Tracy propõe o *pensamento messiânico*. Tal conhecimento do real à luz das promessas de Deus há de estar presente no meio das negações da história, como caminho de superação da alienação presente, só possível graças à experiência do "estranho" (*the Uncanny*):

> Na medida em que possamos reencontrar a realidade do estranho nas visões utópicas e nos movimentos apocalípticos de nosso entorno cultural, assim que conseguirmos experimentar o empoderamento dessa experiência nos sonhos cotidianos do presente que anela um futuro melhor e nos grandes movimentos de práxis real para a libertação concreta em nosso tempo, assim que permitirmos à memória trabalhar na preparação de nossa herança, assim que conseguirmos abraçar o poder do

---

¹⁴ David Tracy, op. cit., p. 362 [T. do A.].

negativo em toda grande arte e em toda religião profética, então poderemos nós mesmos deixar-nos levar pelo empoderamento que dá uma experiência do estranho.[15]

Nem mais nem menos. David Tracy vislumbrou há três décadas a força que procede da *negatividade* da história que se expressa como indignação e como compaixão, como ferida da subjetividade e como arte que busca redenção. E, no coração dessa experiência de finitude extrema, brota seu vínculo intrínseco[16] com aquela realidade última que não deixa de admirar-nos e que o cristianismo ousa nomear e celebrar no acontecimento Cristo como *Abba* de entranhas misericordiosas.

Como corolário dessa argumentação, depois de ter analisado detalhadamente as correntes teológicas predominantes no contexto germano e anglo-saxão para pensar a revelação divina num contexto moderno e pós-moderno, David Tracy propõe como categoria hermenêutica: a "imaginação analógica".[17] Trata-se de um caminho da interpretação pertinente em nossos dias enquanto ato de visão, de proclamação e de ação. O autor o explica da seguinte maneira:

---

[15] Ibidem, p. 358 [T. do A.].

[16] A proposta de David Tracy é mais secular que confessional, ainda que sem renunciar nem minimamente ao estrato de vida *teologal* suposto pela existência vivida em sua relação com o cumprimento messiânico da criação e da história. Em contraste com esta posição, leia-se a seguinte descrição de um colega seu do mesmo meio acadêmico estadunidense: "A primeira tarefa de uma teologia dos fundamentos seria, pois, interpretar a identidade cristã: o que significa ser cristão; em que consiste a visão cristã; e o que é a prática cristã". (Tradução Érico Nogueira). Francis Schüssler-Fiorenza, op. cit., p. 304.

[17] Alguns colegas seus, como Francis Schüssler-Fiorenza, apresentaram um método semelhante mas distinto ao mesmo tempo. No caso deste último, sua teologia fundacional implica a articulação de outras categorias de interpretação, tais como inteligibilidade, verdade, justeza e veracidade, para explicar o método teológico. Apesar de suas diferenças metodológicas, consideramos que os dois autores coincidem na proposta fundamental de uma teologia da revelação como hermenêutica da existência cristã e sua aposta numa experiência da gratuidade do amor divino no seio da conflitividade do mundo. Cf. Francis Schüssler-Fiorenza, op. cit., p. 292-94.

> Qualquer visão analógico-teológica recupera,
> numa linguagem de segundo grau própria do
> pensamento reflexivo, as experiências religiosas
> originárias da verdade, do assombro, da ameaça
> e da doação liberadas pelo acontecimento.
> O símbolo deu nascimento ao pensamento, mas
> o pensamento agora retorna reflexivamente ao
> símbolo expressando o acontecimento.[18]

Uma correlação que acontece, portanto, entre o trabalho criativo da imaginação e a densidade existencial do acontecimento como obra de mútuo enriquecimento de significação.

A revelação divina como processo hermenêutico que supõe a manifestação, a escuta e a ação permite que surja uma narrativa sobre a "realidade última" em termos de força existencial manifestada como realidade de graça. A maneira como o expressa o teólogo de Chicago é eloquente por si mesma:

> Quem é Deus desta perspectiva? Deus é o poder,
> não o desdobrado pela filosofia como um
> indivíduo necessário, mas o poder revelado por
> si mesmo em todas as experiências religiosas
> como realidade de graça em todo o manifes-
> tado pelo poder do todo, e, na experiência
> cristã do acontecimento Cristo, como o poder
> pessoal, e mais ainda transpessoal, de amor
> ilimitado, aquela realidade última que subjaz
> à toda realidade e a perpassa, aquela realidade
> com que afinal de contas todos temos que ver.
> Esse poder de gratuidade de Deus afeta tudo e é
> afetado por tudo.[19]

---

[18] David Tracy, op. cit., p. 411 [T. do A.].
[19] Ibidem, p. 430-31 [T. do A.].

Por isso, podemos dizer que a maneira como Tracy interpreta a presença de Deus na subjetividade e no mundo implica, afinal de contas, um olhar contemplativo sobre o real. Mas não no sentido de uma evasão do mundo, e sim enquanto essa presença divina implica, por sua força, uma vitalidade no crente que foi descrita pela teologia clássica por meio das virtudes teologais.

Nessa perspectiva, para David Tracy a vida teologal é um denominador comum para toda a humanidade aberta à transcendência do amor, no seio dos acontecimentos ambíguos e contraditórios da história. Aquela "realidade última" que chamamos Deus na linguagem religiosa é, em suma, o motivo da esperança para seguir construindo um mundo melhor, mais humano e por isso mais divino, por meio da fé que trabalha pelo amor no coração da subjetividade, fazendo que o eros se abra à dimensão do ágape.

Com respeito ao processo da transcendência do amor, David Tracy propõe uma aplicação criativa sobre a transformação que acontece na subjetividade pelo impacto da revelação em Cristo de Deus amor:

> A realidade de Deus como amor libera o *Self* para arriscar-se na autotranscendência cristã de uma fé que trabalha pelo amor. A experiência da graça como gratuidade (*giftedness*) libera o eu para que seja capaz de viver uma confiança fundamental, que é o primeiro fruto dessa dádiva. O dom da confiança ilumina a já sempre presente realidade afortunada do finito, criado, afortunado. No seio dessa manifestação-orientação, acima de tudo, surge o poder de tal gratuidade como confiança: confiança na radical imanência de Deus em toda realidade, confiança na razão e em seus múltiplos caminhos, confiança no eros profundo em cada *Self* como parte de todas as

suas buscas da verdade, do bem, da beleza e da bem-aventurança.[20]

Por fim, a revelação é um acontecimento hermenêutico que afeta todas as dimensões da subjetividade para abri-las à sua realização plena no amor que é Deus. O advento do novo eu, do mundo redimido e de Deus como novidade perpétua acontece na experiência hermenêutica que é a fé teologal.

Por isso, a teologia da revelação se centra, para David Tracy, em Cristo Jesus como acontecimento que une todos os fios:

> Graças ao poder de emancipação que implica tal revelação, a fé cristã comporta um risco assumido com a confiança posta em que, apesar de tudo, o *Self* e o mundo estão sustentados no sempre-já mas ainda-não da realidade do amor redentor de Deus. Com essa confiança, o cristão tenta viver uma vida de fé que atua pelo amor e pela justiça, uma vida de discipulado na *imitatio Christi*, uma vida que promete e exige o risco desse amor agápico que cura, daquela necessária e impossível possibilidade que julga e empodera a cada *Self*, a cada sociedade, assumindo toda a história e toda a natureza. O poder final com que tanto o *Self* como o mundo hão de lidar não é outro senão o poder de cura que provém da realidade última que afeta tudo e é afetada por tudo, o Amor que é Deus.[21]

Em suma, trata-se de uma correlação originária e fundadora que é, ao mesmo tempo, manifestação, proclamação e ação do divino no humano habitado pela força do amor de Deus.

---

[20] Ibidem, p. 432 [T. do A.].
[21] Ibidem, p. 438 [T. do A.].

A proposta de David Tracy acerca da teologia da revelação até aqui esboçada em suas linhas fundamentais, a partir da análise de sua principal obra sobre essa problemática, tem a virtude de haver indicado, com grande pertinência epistêmica a nosso ver, as coordenadas filosóficas e teológicas em que os debates teológicos sobre a experiência e a ideia de revelação se desenvolveriam nas décadas seguintes.

Certamente o teólogo de Chicago não pôde apresentar naqueles momentos um modelo que assumisse a racionalidade das vítimas como subjetividades vulneradas e vulneráveis, como é possível fazer hoje, depois do colapso dos metarrelatos teológicos do querigma e da ação sociopolítica.

Nesse contexto será preciso enquadrar as propostas de outros autores contemporâneos a David Tracy, mas em contextos culturais diferentes, para desentranhar a problemática teológica da revelação divina em tempos de crise da modernidade tardia.

3. A "Maiêutica Histórica" de Andrés Torres-Queiruga

No contexto da teologia fundamental pós-conciliar própria do mundo ibero-luso-americano, destaca-se a obra de Andrés Torres--Queiruga por seu rigor intelectual, por sua pertinência teológica e por sua relevância eclesial.

Vale a pena fazer menção ao impacto teórico do pensamento teológico do autor aqui mencionado, antes de apresentar alguns pontos essenciais de seu pensamento sobre a experiência de revelação. As referências que há alguns anos a Conferência Episcopal Espanhola fez à sua obra tornaram possível tanto à comunidade teológica internacional como a cristãs e cristãos de muitas latitudes do planeta ponderar com maior estima o conjunto de sua obra teológica.

Assim foi possível apreciar com maior admiração a gênese de seu pensamento sobre a experiência da revelação, junto das fontes investigadas e a pertinência dos argumentos filosóficos e teológicos esgrimidos. Ademais, a extraordinária recepção eclesial que teve a obra do professor de Compostela em diversas igrejas locais do mundo, tanto na América como na Europa, parece-nos um sinal de como sua teologia toca as fibras íntimas da experiência cristã no mundo moderno tardio e abre assim caminhos para dar razão da manifestação de Deus à humanidade com sua plenitude cumprida na revelação em Jesus Cristo.

Quanto aos antecedentes epistemológicos, é preciso dizer que o teólogo de Compostela compartilha com David Tracy e outros teólogos fundamentais modernos a inquietude por uma *hermenêutica* da ideia de revelação. Seu objetivo é encontrar uma interpretação que torne acessível aos cristãos modernos a experiência de viver uma recepção criativa da comunicação que Deus estabelece sempre com a humanidade e que alcançou sua plenitude no acontecimento Jesus Cristo, tal como atestado pela Bíblia e pela tradição viva da Igreja.

As categorias filosóficas e teológicas do pensador galego são muitas vezes comuns às de David Tracy (Gadamer, Ricoeur, Rahner e Pannenberg, por exemplo), mas também diferentes, como é o caso do recurso ao existencialismo espanhol de Amor Ruibal e de José Ortega y Gasset.

Os dois teólogos que aqui estamos apresentando, tanto o espanhol como o norte-americano, dialogaram em seu momento de maneira tangencial mas atenta com os teólogos da libertação e buscaram compreender o estatuto de revelação próprio a partir da negatividade da história. Uma problemática teológica fundamental que já se apresentava como desafio histórico e teórico nos anos 80 do século passado, tanto na sociedades norte-atlânticas como nas latino-americanas.

Interessa-nos agora analisar a posição de Torres-Queiruga porque resolve à sua maneira, adequada e pertinente para as coordenadas epocais em que ele elaborou sua obra, o tema de nossa pesquisa, a saber: a ultimidade da revelação e seu sentido *escatológico*.

Para compreendermos o desenvolvimento de seu pensamento sobre essa ideia teológica de revelação como *cumprimento* da história, analisaremos aqui somente três ideias fundamentais que o professor de Compostela trabalhou em sua principal obra sobre o tema: *A Revelação de Deus na Realização do Homem*.

Desde a primeira edição, em 1987, até sua reedição vinte anos depois, em 2007, houve alguns ajustes, aprofundamentos e precisões que indicaremos no devido momento. Mas a obra se mantém vigente em sua proposta de hermêutica teológica da ideia de revelação como maiêutica histórica. Três ideias se encontram em relação direta com o tema que nos ocupa, quer dizer, a manifestação divina no seio das "experiências-limite do sujeito", segundo aquela expressão de outro grande teólogo fundamental do pós-concílio, Edward Schillebeeckx. Com essa expressão se designam as experiências de finitude existencial e histórica em que acontece a revelação. As três ideias centrais que analisaremos na principal obra de Andrés Torres-Queiruga sobre a ideia de revelação são as seguintes: (i) a revelação como maiêutica histórica; (ii) a experiência de plenitude da revelação; e (iii) a ultimidade da revelação em Jesus Cristo.

3.1 A Maiêutica Histórica

Quanto à *maiêutica histórica*, trata-se para Torres-Queiruga de um conceito-chave do ponto de vista metodológico. Designa, em primeira instância, a estrutura do próprio processo do conhecimento que surge no sujeito graças à mediação da palavra do interlocutor.

Aplica-se a todas as experiências de descoberta de um significado com verdade, verossimilhança e validez em torno do *sentido* de um fenômeno, em particular os fenômenos que afetam a subjetividade e o entorno social. Porque, embora a maiêutica nasça no contexto filosófico grego de Sócrates como um método de advento da verdade por meio do diálogo, pode-se aplicar igualmente ao conhecimento crítico em termos modernos.

Mas é preciso dizer que a pertinência epistêmica da maiêutica se mostra sobretudo nas ciências humanas. Nesse modelo, a verdade é descrita em sua acepção filosófica como um significado que advém graças à *edução* do sentido que já existe no sujeito que pergunta. O papel do filósofo é semelhante ao de um parteiro, como Sócrates seguindo o ofício de sua mãe, para ajudar o outro a "parir as ideias". Quer dizer, mediante o permanente inquirir pelo sentido é possível que venha à luz o significado dos acontecimentos como um desvelamento (*aletheia*) da verdade.

Aplicada à palavra profética atestada pela Bíblia, a maiêutica adquire ainda maior relevância como processo da ação criadora de Deus no receptor de sua mensagem. Trata-se de um processo que Torres-Queiruga descreve nos seguintes termos, ao comentar a experiência de personagens prototípicas de Israel:

> Em tudo isto [a experiência de Moisés, do dêutero-Isaías e de Jesus], a função da palavra – ou da palavra-obra, a palavra-signo – é claramente maiêutica: nem leva para fora de si, nem fala de coisas estranhas; ao contrário, devolve ao ser humano a sua mais radical autenticidade, despertando-o do sonho/ilusão das aparências (cf. Rm 13,11) e aclarando-lhe a realidade verdadeira que é e está sempre chamado a ser a partir de seu estar fundado na ação criadora e salvífica de Deus. Esta, prévia a toda notícia e a toda opção, estava modelando a intimidade de todo homem e de toda mulher, chamando-os à sua descoberta e convidando-os à aceitação: "Cristo, o vencedor, o Kyrios que reina sobre todos os povos, está sempre ali

aonde o pregador chega" (von Balthasar). A palavra serve, com toda a propriedade, de "parteira" que traz esta presença à luz da consciência e à visibilidade da história.[22]

A ideia socrática é relida assim, em seu sentido teológico, por Torres-Queiruga num contexto moderno e transformada, enfatizando sua inalienável dimensão histórica. Porque, com efeito, no conceito socrático de maiêutica não há história. Quer dizer, não há consciência dos processos pessoais e coletivos pelos quais o sujeito devém junto dos outros, no marco das estruturas econômicas, sociais e culturais que o fazem possível como advento do ser humano num dado momento do devir da civilização.

Por isso Andrés Torres-Queiruga adjetiva a maiêutica como *histórica*. Retomando o pensamento do grande teólogo alemão Wolfhart Pannenberg, assume o caráter *proléptico* da palavra originária para compreender a revelação, como vivência da temporalidade na integralidade de um passado rememorado e de um futuro antecipado no presente. Sobre esse genial achado do professor alemão, comenta o teólogo compostelano:

> A escatologia lhe proporciona assim [a Pannenberg] a categoria-chave que lhe permite realizar a "quadratura do círculo", quer dizer, alcançar "uma concepção da história universal que, em oposição a Hegel, preserva a finitude da experiência humana e com ela a abertura do futuro, bem como o direito do indivíduo". Essa categoria é a *prolepse* ou *antecipação*: um fim da história, não absoluto e fechado, mas provisório e antecipado. Tal é o que oferece o acontecimento

---

[22] Andrés Torres-Queiruga, *Repensar la Revelación. La Revelación Divina en la Realización Humana*. Madrid, Trotta, 2007, p. 180-81.

> escatológico da ressurreição de Jesus: a antecipação do fim (universal) da história em sua *ressurreição* (individual) permite descobrir o sentido da história universal; mas se trata já de um sentido que (à diferença de Hegel) "deve incluir o horizonte de um futuro aberto e com ele as possibilidades de uma atuação presente".[23]

Por isso é imprescindível para o autor compostelano afirmar que a revelação acontece sempre no marco da *temporalidade histórica*, com suas características próprias. Quer dizer, como um devir subjetivo e intersubjetivo que é processo de construção cultural do sentido da vida humana. Tal sentido chega a seu pleno cumprimento na comunicação que Deus estabeleceu com a humanidade graças ao acontecimento Jesus Cristo.

Nessa visão filosófica sobre a experiência da revelação, que gira em torno da vivência da temporalidade histórica, o filósofo e teólogo de Compostela descreve com suas próprias palavras o processo propriamente *maiêutico e histórico* do aparecimento da verdade:

> [A maiêutica] Não é só histórica "a partir de trás", enquanto a realidade que se ilumina foi crescendo com a mesma descoberta – progresso real da revelação –, mas também "para a frente", enquanto essa descoberta cria, ela mesma, história, originando assim uma tradição que constitui o contexto irrenunciável onde há de entender-se a palavra original.[24]

E, ainda que Torres-Queiruga sugira o caráter complexo da história, mostra uma assunção, a nosso ver somente germinal, da

---

[23] Ibidem, p. 285.
[24] Ibidem, p. 311.

negatividade da história. Quer dizer, seu pensamento é atento ao reverso da história, mas não assume como ponto de partida o que produz tal negatividade: a difícil relação com os outros, o anseio de poder que campeia nas relações intersubjetivas, as pulsões do *pathos* de dominação e a mímesis violenta que marca inexoravelmente a sempre ambígua relação de alteridade, tanto por seu poder de comunhão quanto por seu poder de desconhecimento do outro.

Daí que, na proposta que desenvolveremos mais adiante ao longo do último capítulo do presente livro, retomaremos esses elementos maiêuticos da revelação, mas vinculando-os à negatividade da história. Os dois traços do processo da revelação, maiêutica e negatividade, são partes constitutivas e indissociáveis do advento da verdade revelada por Deus em Jesus Cristo no coração da humanidade que se debate, desde Caim e Abel, entre a guerra e a paz.

3.2 A Plenitude em Jesus Cristo

O segundo elemento da teologia da revelação como maiêutica histórica que aqui nos interessa recuperar radica em seu estatuto de *experiência de plenitude* em Jesus Cristo. Tal expressão é fundamental para compreender, primeiro, as raízes *subjetivas* da revelação que acontece transformando a pessoa enquanto experiência que toca seu ser mais profundo. Depois, numa correlação sempre necessária, aparece o referente *objetivo* que é a memória do Jesus terreno, tal como foi transmitido pela tradição da Igreja, na confissão do Cristo ressuscitado. Nos tempos da modernidade tardia, esse referente objetivo se vê enriquecido pela questão do Jesus histórico.

Com respeito ao primeiro traço dessa expressão, a revelação como *experiência de plenitude*, é preciso recordar seu sentido hermenêutico moderno como *vivência* da temporalidade, segundo a fenomenologia desenvolvida por Gadamer e por Ricoeur e retomada por Torres-Queiruga. A este respeito, comenta:

> Quando falo de *experiência da revelação*, tento evocar seu caráter de vivência presente, de presença atual, de influxo operativo sobre o sujeito, em face do que poderia ser mera recordação de algo passado ou simples aceitação, porque outros o dizem, de algo externo e alheio. Isso é justamente o que agora está em jogo na reflexão.[25]

Apesar das suspeitas de subjetivismo desse termo – brandidas aliás há mais de um século pelo magistério pontifício durante a crise modernista de fins do século XIX que desqualificou Sabatier, Tyrrell e Loisy –, a teologia moderna recuperou essa categoria para dar razão do processo subjetivo e intersubjetivo pelo qual acontece a recepção da revelação. Tal *experiência* gera um vigoroso dinamismo espiritual que chamamos *vida teologal*, cujas implicações existenciais desenvolveremos no último capítulo do presente livro.

Quanto ao segundo traço, a *plenitude* da revelação, já desde sua primeira publicação em 1977, o teólogo compostelano havia assinalado, com agudo olhar filosófico, todos os elementos que a conformam, sendo o primeiro que tal revelação conduz à autenticidade da pessoa. Assim descreve ele o processo:

> A palavra revelada, como insistentemente destacamos, não fala ao homem de algo estranho a ele mesmo, senão que, pelo contrário, tenta fazê-lo tomar consciência de seu ser mais autêntico, iluminá-lo sobre a situação concreta em que se realiza sua história. A palavra não é centrífuga, mas centrípeta: embarcado em seu dinamismo, o homem não navega para mares estranhos, mas para o encontro consigo mesmo.[26]

---

[25] Ibidem, p. 305.
[26] Andrés Torres-Queiruga, *Constitución y Evolución del Dogma. La teoría de Amor Ruibal y Su Aportación*. Madrid, Marova, 1977, p. 225.

Com um marcado acento antropocêntrico, essa ideia de revelação implica, assim, a afirmação da plenitude da pessoa como realização de sua vocação autêntica:

> Poderá ser considerado como um momento da captação plena do ato salvífico: aquilo que é vivido – ainda que seja de modo inconsciente –, de sorte que não só é vivido passivamente, senão que possibilita uma vida e um desenvolvimento autenticamente pessoais.[27]

Mas não se trata somente de mera realização individual, senão que acontece no encontro com os outros, tanto no que diz respeito à ordem social como no que diz respeito à conformação da comunidade escatológica que é a Igreja em seu sentido teológico.[28]

Essa ideia da revelação como *encontro* deita raízes, para o teólogo de Compostela, no ensinamento do cônego Amor Ruibal, de quem recebeu essa aguda inteligência da fé graças à experiência que este vivera, segundo Torres-Queiruga, em sua juventude e que marcaria toda a sua vida e todo o seu pensamento: "uma vivência metafísica da comunidade intrínseca em que são e se realizam os seres".[29]

Talvez por isso mesmo, em seu paroxismo, o processo da revelação como experiência de plenitude aponta para o encontro com o Mistério divino. Experiência evocada por Torres-Queiruga como

---

[27] Ibidem, p. 249.
[28] A esse respeito, o teólogo compostelano une o caráter social da revelação com o eclesial: "Mas o homem que se abre à revelação não é o 'indivíduo' encerrado no círculo de sua intimidade. Em primeiro lugar, a fé é recebida na Igreja, de modo que a dimensão eclesial lhe é intrínseca. E, sobretudo, o homem é essencialmente social, [...] de maneira que não se pode ser verdadeiramente iluminado se a iluminação não logra sua essencial articulação na teia social". (Tradução Érico Nogueira). Andrés Torres-Queiruga, *Constitución y Evolución del Dogma. La teoría de Amor Ruibal y Su Aportación*, p. 232.
[29] Ibidem, p. 30.

"obscuridade por abundância", feliz expressão pela qual destaca a feição transcendente e, ao mesmo tempo, gratuita do dom de Deus:

> A revelação, pois, ao introduzir na intimidade divina, introduz-nos no coração do mistério [...]. É a obscuridade por abundância que, quando advém pelo amor, é sempre acolhimento e promessa de novas riquezas.[30]

Assim, o sentido da *plenitude* da comunicação de Deus realizada em Jesus Cristo é cumprimento também para a autenticidade do ser humano, junto dos outros e nunca sem os outros, no coração do mistério divino:

> No acontecimento da revelação, possui importância capital seu momento de realidade.
> É antes de tudo uma transformação. A autocomunicação divina supõe uma radical inflexão – estrutural, não necessariamente temporal – da ação criadora; afeta o homem, ou melhor, o homem a partir de Deus no mundo, em suas mesmas raízes; reorienta-o a partir de sua intimidade mais radical para um novo destino. Isso supõe uma radical reestruturação de todas as suas relações, de todo o seu modo de ser.
> O homem é constitutivamente um "novo ser", entra literalmente num "novo mundo", o mundo da revelação.[31]

Trata-se de um dinamismo que, sem empregar o termo, o teólogo compostelano descreve como um verdadeiro processo de *theosis* ou deificação, tão essencial para a teologia ortodoxa do Oriente cristão,

---

[30] Ibidem, p. 233-34.
[31] Ibidem, p. 220.

que dará consistência de plenitude à experiência da acolhida da revelação no seio da pessoa em relação aos outros, em relação ao mundo e em relação a Deus.

3.3 A Ultimidade da Revelação

O terceiro traço da teologia da revelação proposta por Andrés Torres-Queiruga é a *ultimidade*. Com esse conceito, evoca-se a definitividade da revelação divina acontecida no Jesus terreno e em sua páscoa, segundo a confissão de sua ressurreição feita pela Igreja nascente.

Já desde sua primeira obra, o professor de Compostela havia assinalado tal caráter de ultimidade, descrevendo-o paradoxalmente como *abertura* nos seguintes termos:

> A infinita riqueza da Palavra divina vem encontrar-se com a essencial historicidade da existência. Assim, esta, longe de ver-se alienada – a-historizada – dentro de uma palavra que a paralisasse num momento histórico concreto, recebe um âmbito sem limites para sua expansão. E, por sua vez, a Palavra, longe de ficar petrificada, ou numa grandiosa mas imóvel eternidade, ou na figura concreta mas morta de um tempo passado, pode viver na própria vida da história humana.[32]

Ultimidade que implica ao mesmo tempo um sentido absoluto como relativo: *ultimidade última* porquanto Deus já deu em Cristo Jesus, "de uma vez por todas", todas as chaves para interpretar a realização plena do humano; e *ultimidade realizada* na história, no que concerne à configuração histórica das religiões da humanidade como partícipes do mesmo e único processo da revelação.

---

[32] Ibidem, p. 253.

Esta última definição de ultimidade é pertinente como critério maior para o diálogo inter-religioso, pois todas as religiões, incluída a cristã, hão de submeter-se ao mesmo critério de verificação para avaliar como promove cada uma a *autenticidade*[33] do humano. Acerca desse assunto, sumamente sensível para o diálogo inter-religioso, assinala o professor de Compostela:

> A ultimidade da revelação como culminação da realização antropológica no sentido explicado pode, a rigor, ser aplicada a qualquer religião, na medida em que seja autêntica revelação de Deus. Agora se trata da "ultimidade última", enquanto se pretende afirmar que em Cristo a autocomunicação divina alcança uma plenitude insuperável e definitiva. Tal afirmação, para uma cultura como a nossa, tão consciente da *historicidade do real* e tão aberta para o *futuro*, é pelo menos surpreendente, e está exposta a graves mal-entendidos. [...] Existe ademais aqui uma *tensão constitutiva*, cujo primeiro polo é representado pela plenitude da revelação *em Cristo*, enquanto o segundo se refere a que, apesar de tudo, essa plenitude se desdobra na *história* e cresce na vida da Igreja.[34]

---

[33] Com este termo, o teólogo da Galiza propõe-se a incluir as antigas noções de *eudaimonía* e de *virtus*, indo em busca de seu momento originário como *gozo do ser*. A este respeito, comenta o autor: "Quando a pessoa em sua abertura emerge pela fronteira mais alta de si mesma, não só se encontra buscando e tateando em seu esforço de autenticidade, senão que, além disso, experimenta, na acolhida consciente da revelação, que o seu ser se totaliza no encontro insuperável com o amor e a intimidade de Deus, e, então e apenas então, sabe que tocou o sumo insuperável do seu ser. Não julga os demais nem tem por que os considerar desgraçados. Mas sabe que encontrou a pérola e o tesouro que valem mais que tudo, e por que tudo se pode trocar". (Tradução Érico Nogueira). Andrés Torres-Queiruga, *Repensar la Revelación. La Revelación Divina en la Realización Humana*, p. 274-75.
[34] Ibidem, p. 278-79.

Por fim, a *ultimidade* da revelação na proposta teológica queiruguiana deixa lugar, numa síntese magistral, tanto para a absoluta liberdade divina, que é Deus sempre se dando à sua criação, a ponto de encarnar-se, como para a sempre relativa liberdade humana, pela qual as pessoas experimentam, na acolhida deste dom da vida plena revelada por Jesus Cristo, a própria realização humano-divina.

≈

Aqui nos deteremos na exposição de algumas das categorias-chave da maiêutica histórica aplicada à ideia de revelação. Valeria a pena uma análise mais detalhada do processo do conhecimento de uma *razão cordial* que acolhe a revelação. Mas, em virtude do objeto de nosso estudo, teremos de seguir adiante.

Como recapitulação, digamos que é preciso destacar que a teologia queiruguiana da revelação em chave maiêutica responde não somente ao rigor do pensamento filosófico sobre a ideia de revelação da segunda metade do século passado, senão que vislumbra com clareza, sem desenvolvê-las a fundo, também novas problemáticas, tais como os conteúdos da experiência da negatividade da história e a inteligibilidade que procede das vítimas. Nossa proposta irá precisamente nesse sentido. Mas é devedora do pensamento de Andrés Torres-Queiruga no que diz respeito à análise da constituição da razão religiosa nos tempos da razão moderna, com todos os dinamismos de experiência, de palavra e de conhecimento que implica a ideia de revelação como processo maiêutico histórico.

Junto dos demais teólogos que aqui evocaremos, pretendemos desdobrar um cenário significativo para mostrar a *subjetividade vulnerável pós-moderna* como nova interlocutora da revelação incessante de Deus à humanidade. Parece-nos que ela é hoje, no meio dos escombros da modernidade, a receptora criativa da surpreendente novidade da graça de Deus que acontece em Cristo Jesus e que, na vida que surge de sua páscoa, se tornou possível para a humanidade toda como experiência de plenitude humano-divina.

4. A "Práxis dos Crucificados" segundo Jon Sobrino

A teologia pós-conciliar da América Latina encontrou uma de suas expressões mais consistentes na obra de Jon Sobrino, tanto por seu rigor conceitual como por seu vigor existencial.

Embora a obra do teólogo jesuíta, de origem catalã e centro-americano de coração, seja principalmente de caráter cristológico, em sua complexa riqueza inclui também uma criativa reflexão sobre temas próprios da teologia fundamental, tais como a teologia da revelação.

Para fins de nosso estudo, centraremos nossa atenção particularmente em sua última obra, *A Fé em Jesus Cristo. Um Ensaio a partir das Vítimas*, publicada no fim do século passado.[35] Nela podemos apreciar a maturidade de um pensamento que foi-se forjando ao longo de cinco décadas, desde seus primeiros anos de estudo em Frankfurt até a experiência latino-americana de uma Igreja dos pobres que marcou sua vida e sua reflexão de maneira indelével.

A dívida do teólogo espanhol – radicado a maior parte de sua vida em El Salvador – com seu irmão de religião Ignacio Ellacuría se reflete em toda a sua obra e é reconhecida por ele mesmo em diversos momentos-chave de sua argumentação. A inspiração se refere não somente à ordem conceitual, mas sobretudo à força existencial trazida pelo testemunho de coerência de Ellacuría como cristão e por seu martírio, junto de companheiros jesuítas e suas colaboradoras, no atentado perpetrado a pedido da Junta Militar na Universidade Centroamericana de San Salvador em novembro de 1989.

O *prosseguimento* é uma categoria-chave para compreender a estrutura geral da hermenêutica de Jon Sobrino. A marca do pensamento

---

[35] Jon Sobrino, *La Fe en Jesucristo. Ensayo desde las Víctimas*. Madrid, Trotta, 1999, p. 508 [versão eletrônica].

de seu irmão e colega filósofo jesuíta basco percebe-se claramente aqui, enquanto uma compreensão da existência como um estar no mundo enquanto "encarregar-se da realidade". Trata-se, com efeito, de uma categoria sintética que faz convergir a cristologia e a teologia da revelação:

> O Espírito não inventa, por assim dizer, a estrutura do seguimento ao longo da história, senão que essa estrutura já está dada em Jesus. Na conceitualização de I. Ellacuría, o fundamental desta estrutura pode ser descrito como "tomar como encargo" a realidade (o estar ativamente na realidade: a encarnação), "encarregar-se da realidade" (anunciar o reino e combater o antirreino: a práxis, a missão), "carregar a realidade" (com o oneroso da realidade, conflitos, perseguição: a cruz), "deixar-se carregar pela realidade" (a graça utopizante: a ressurreição).[36]

Cabe ressaltar, a esse respeito, que a teologia de Jon Sobrino se inscreve ainda no que David Tracy caracterizou como pensamento teológico da *ação histórica*, distinto da teologia da *proclamação* surgida no contexto protestante alemão desde fins do século XIX, assim como difere também da teologia da *manifestação* própria do contexto franco-alemão católico, correntes elaboradas no transcurso do século XX.

Embora a última obra significativa de Jon Sobrino seja uma nova cristologia – que retoma sem dúvida alguma as intuições de sua obra precedente, *Cristologia a partir da América Latina*,[37] publicada em 1983 –, na obra do fim do século passado que

---

[36] Ibidem, p. 698 [versão eletrônica].
[37] Jon Sobrino, *Cristología desde América Latina (Esbozo a Partir del Seguimiento del Jesús Histórico)*. México, CRT, 1976, p. 346.

veremos a seguir aflora com maior força e clareza a estrutura completa de seu pensamento.

≈

Analisemos agora algumas de suas ideias centrais para compreender a experiência de revelação de Deus a partir do reverso da história.

Para fins de nosso estudo em torno da possibilidade de falar da revelação como esperança para a humanidade *a partir* dos sujeitos fracos situados no meio dos escombros da modernidade, analisaremos a seguir três *correlações* que, a nosso ver, perpassam toda a proposta de Jon Sobrino, a saber: (i) concreção histórica/esperança das vítimas; (ii) história/práxis dos crucificados; e (iii) relacionalidade/mistério da realidade.

Vejamos agora como cada uma delas dinamiza a experiência cristã originária, potenciando um aspecto da realidade complexa da história, para experimentar em seu seio a vivência do Deus que liberta.

4.1 Concreção Histórica e Esperança das Vítimas

A interpretação da história que gerou a teologia da libertação assumiu a modernidade ilustrada de maneira crítica, buscando chegar mais longe que o mero relato de emancipação do indivíduo em busca de sua autonomia, dirigindo-se para o território da intersubjetividade possível no meio dos processos históricos de exclusão econômica, social e política.

Como é sabido, Gustavo Gutiérrez havia assumido com muita lucidez em sua obra pioneira a ideia da *unidade da história* trazida pela teologia liberal europeia, em particular a *Nouvelle théologie* a partir de meados do século XX. Essa corrente afirmava, com efeito, a unidade da história da humanidade no seio da qual Deus age incessantemente para levar a cumprimento sua economia de salvação. Por isso a história da humanidade é uma única *história de redenção*, dentro da qual acontece a história particular de revelação a Israel que culmina, e é desbordada em seu sentido definitivo enquanto "ultimidade realizada", em Jesus Cristo.

No entanto, a grande intuição de Gustavo Gutiérrez, junto de outros teólogos latino-americanos dos anos 70 do século passado, seria descobrir que nessa história única da humanidade *Deus fala sempre a partir das margens através dos pobres e dos excluídos*. Mas não somente eles são seus principais interlocutores na história da revelação, senão que irromperam na história do mundo moderno, como o fizeram em outras épocas, mas agora com um projeto histórico, convertendo-se numa força histórica transformadora inusitada. Agora, nos tempos da modernidade tardia, tornaram-se *sujeitos* de seu próprio devir histórico.

Portanto, a única história de salvação não é neutra diante da conflitividade do mundo social, senão que, segundo tanto o testamento hebreu como o cristão, no meio do conflito de injustiça e de opressão que marca a história da humanidade, Deus manifesta uma opção pelos pobres, pelos excluídos, pelos marginalizados e pelos tratados como não pessoas. De maneira que, ao mesmo tempo que o Deus de Israel dirige um chamado universal à salvação por meio de seus profetas, tal chamado acontece sempre na história a partir da parcialidade do amor compassivo de Deus pelos pobres e pelos excluídos.

Jon Sobrino se insere nessa vigorosa tradição sapiencial da opção pelos pobres e contribui de maneira decisiva para *pensar* tal opção a partir das categorias próprias do pensamento de Xavier Zubiri e de Ignacio Ellacuría.[38] Em particular, assume sua compreensão da

---

[38] Uma das investigações recentes mais bem conseguidas sobre o pensamento de Ellacuría e sobre seu impacto no pensamento latino dos Estados Unidos é sem dúvida a obra de Michael Lee, jovem teólogo latino e professor da Universidade de Fordham. Cf. Michael Lee, *Bearing the Weight of Salvation: The Soteriology of Ignacio Ellacuría*. New York, Crossroad, 2008, p. 256.

liberdade humana como um "encarregar-se da realidade" a partir de uma "razão senciente" para transformá-la por meio da práxis histórica. Ação transformadora que, na perspectiva da fé, é práxis de seguimento de Cristo no meio dos conflitos sociais, econômicos e políticos, para descobrir aí as sementes do Reinado de Deus, a partir da periferia e das margens.

Nesse contexto, Jon Sobrino articula a noção de *concreção histórica* para significar a ação humana compassiva, mas sempre no contexto de injustiça estrutural que caracteriza a sociedade moderna. Dito em outras palavras, Deus como absoluto e os pobres como coabsoluto agem sempre a partir do reverso da história nas concreções parciais do conflito onde se pratica a justiça e se instaura a paz a partir dos excluídos.

Nesse sentido, tal práxis de libertação – à diferença do que seus terríveis detratores afirmaram com o intuito de desqualificar seu pensamento – é de ordem *teologal*: transforma *de maneira afetiva e efetiva* as relações de poder e de dominação por meio de *concreções históricas* de compaixão, de justiça e de misericórdia inspiradas no prosseguimento de Cristo.

A seguinte formulação sobre o poder da ressurreição de Cristo explicita sinteticamente esta ideia mestra do pensamento do teólogo salvadorenho por opção:

> A partir da América Latina, portanto, foi se reformulando a utopia em que consiste a ressurreição e a esperança necessária para ter acesso a ela a partir do fraco e do oprimido. Esta já não é vista só como dimensão antropológica transcendente do ser humano, mas em sua concreção parcial, e isso é já uma primeira contribuição para a hermenêutica a fim de compreender a ressurreição – ainda que já o fizesse também Moltmann com grande vigor em seu

> livro *O Deus Crucificado*. Ademais, ainda que só se faça de passagem, afirma-se agora que o que houver de continuidade entre ressurreição de Jesus e nosso presente não se dará só no sentido da vida presente, formulado este diversamente como a ousadia de nos situarmos para além da morte ou da experimentada salvação como seres humanos pecadores e perdoados, *mas em viver já de tal modo que essa vida seja "para a verdade e para a justiça"*.[39]

Não se trata somente das concreções históricas que o marxismo propusera, entre outras correntes filosóficas da práxis, como lugares epistêmicos e sociais de mudança social, senão que surge em seu seio uma qualidade *cristológica* que especifica a concreção mesma e transforma de dentro a história conflitiva da humanidade pela graça que se vive como processo de transformação dessas relações econômicas, sociais e políticas pervertidas.

Se não se leva em conta essa dimensão estritamente cristológica própria do pensamento de Jon Sobrino, desvirtua-se sua teologia e passa-se ao largo do essencial da proposta da práxis do seguimento como *concreção histórica* do *princípio misericórdia*. Assim descreve, portanto, o teólogo catalão-salvadorenho, em sua obra mais recente, a revelação de Deus no meio desta trama conflituosa:

> A revelação de Deus é, pois, re-ação ao sofrimento que uns seres humanos infligem a outros: o sofrimento das vítimas. A esta re--ação chamamo-la "misericórdia", e não há que entendê-la como mero sentimento, senão que deve historizar-se segundo seja a vítima.

---

[39] Jon Sobrino, *La Fe en Jesucristo. Ensayo desde las Víctimas*, p. 84 [versão eletrônica; os itálicos são nossos].

> Quando esta é todo um povo oprimido, a misericórdia se muda necessariamente em justiça. Mas o que agora nos interessa enfatizar é a afirmação fundamental para conhecer o Deus que se revela: assim como de um ponto de vista transcendente-absoluto há que dizer que "No princípio era o Verbo" (Jo 1,1) através da qual surgiu a criação (Gn 1,1 ss.), assim de um ponto de vista histórico-salvífico há que dizer que "no princípio estava a misericórdia para com as vítimas, a libertação" (Ex 3).[40]

E mais ainda: para ponderar de maneira adequada a fonte teologal de tal práxis, junto a seu alcance em todos os dinamismos do ser humano segundo a antropologia filosófica moderna, Jon Sobrino propõe uma engenhosa releitura das perguntas de Kant, a partir do testemunho da Escritura hebreia e cristã sobre o poder transformador da ressurreição:

> [...] o Novo Testamento relaciona a ressurreição de Jesus com aquelas dimensões antropológicas que, consideradas conjuntamente, expressam a totalidade do ser humano. Concentrando-as agora por razões de clareza nas três famosas perguntas de Kant: o que posso saber, o que tenho de fazer, o que me é permitido esperar, sucede que a ressurreição de Jesus é uma realidade em que se dá resposta a todas elas, e todas elas recebem uma *concreção* a partir da ressurreição. Se nos perguntamos, com efeito, o que podemos saber, a resposta é: "É verdade! O Senhor ressuscitou" (Lc 24,34). Se nos perguntamos o que nos é permitido esperar,

---

[40] Ibidem, p. 191 [versão eletrônica].

> a resposta é: "Cristo ressuscitou dos mortos, primícias dos que adormeceram" (1Co 15,20). Se nos perguntamos o que temos de fazer, a resposta é: "E eles saíram para pregar [o Ressuscitado] por toda a parte" (Mc 16,20).[41]

Por outro lado, por definição similar à ideia de particularidade, a expressão *concreção histórica* reflete a especificidade de uma ação humana inserida na história, com suas qualidades de humanização e de transformação do drama dos excluídos como verdadeira práxis histórica de libertação e de redenção.

Nesse sentido, descreve Jon Sobrino, ao analisar a teologia do sacerdócio de Cristo da Epístola aos Hebreus em sentido libertacionista, as *concreções* da vida humana de Jesus:

> A epístola [aos Hebreus] descreve, pois, várias coisas importantes sobre a humanidade de Jesus, mas também se encarrega de enunciar programaticamente, e em forma de tese, o específico e essencial dessa humanidade: em vida, Jesus é misericordioso com os fracos e fiel a Deus (cf. 2:17; 4:15). Ambas as coisas são *concreções históricas do humano de Jesus*.[42]

Como se pode observar então, a ideia de concreção histórica está intimamente ligada, no pensamento de Jon Sobrino, à esperança para as vítimas. Não no sentido de uma espera passiva de justiça e de reivindicação; ou enquanto realidade última projetada para um futuro incerto de prêmio e de castigo como justiça divina vindicativa, senão que designa uma esperança de transformação da história por meio do poder da misericórdia tornada possível por Jesus de

---

[41] Ibidem, p. 86 [versão eletrônica; os itálicos são nossos].
[42] Ibidem, p. 304-05 [versão eletrônica; destaque do autor].

Nazaré através de sua práxis compassiva durante sua vida histórica e que alcançou sua culminação na experiência da ressurreição atestada por suas discípulas e por seus discípulos.

Daí que a terceira e definitiva concreção histórica da vida de Jesus seja sua *entrega* para redimir a humanidade ferida:

> Lida a entrega de Jesus na Epístola aos Hebreus da perspectiva dos sinópticos, pode-se dizer que essa entrega é consequência e culminação de sua fidelidade a Deus e de sua misericórdia para com os seres humanos. Essa entrega é o que lhe permite ser mediador, e é, portanto, uma concreção histórica do humano de Jesus. Fidelidade, misericórdia e entrega são, pois, concreções (não acréscimos) do verdadeiramente humano.[43]

Em síntese, podemos dizer que, sob tal luz cognitiva e sob tal força ética que procede do Jesus que se entrega até a morte por uma mudança de mundo, a história das vítimas tem sustentação tanto na memória de Deus como na práxis das discípulas e dos discípulos que vivem e anunciam com sua própria vida a atualidade e a vigência do princípio misericórdia.

4.2 História e Práxis dos Crucificados

A segunda correlação que atravessa a hermenêutica da revelação de Deus na teologia de Jon Sobrino é a que associa a história ao papel dos crucificados.

Como ponto de partida dessa interpretação, encontra-se uma compreensão da história a partir de seu reverso, quer dizer, a partir

---

[43] Ibidem, p. 308 [versão eletrônica].

das vítimas da dominação de um sistema que as exclui por princípio como massas empobrecidas. Nessa negatividade histórica, revela-se Deus como a garantia da vida dos excluídos.

Por isso, a análise das complexas estruturas da sociedade não basta. Certamente os processos econômicos, sociais e políticos que geram tal exclusão hão de ser submetidos a uma rigorosa crítica. Até uma análise ponderada da lógica interna de cada processo social é imprescindível como primeira mediação socioanalítica para a práxis cristã, segundo aquilo que já assinalou em seu momento o Clodovis Boff. Mas se trata somente do primeiro passo.

O verdadeiro conflito da história se dá, para Jon Sobrino, nem mais nem menos, numa ordem estritamente *teologal* como uma luta entre Deus e os ídolos, segundo o argumento que ele desenvolve da seguinte maneira:

> E por isso há que enfatizar que, ainda que o cristianismo não seja formalmente uma religião do sofrimento e da dor – e de tê-lo apresentado assim foi acusado com razão–, é, sim, uma religião de luta e de conflito, dada a estrutura teologal da história, transida do Deus de vida e das divindades da morte. Por isso, nenhuma tentativa de nos trasladarmos intencionalmente ao triunfo da ressurreição deve fazer ignorar ou minimizar o conflito histórico-teologal, e tudo isso apesar de alguns cantos de sereia atuais ou da teologia da inevitabilidade. Daí também que crer no verdadeiro Deus significa simultaneamente lutar contra os ídolos.[44]

Por conseguinte, para empreender os caminhos de superação da injustiça estrutural gerada pelo capitalismo neoliberal na América

---

[44] Ibidem, p. 198 [versão eletrônica].

Latina e no Caribe, não bastam as mudanças sociopolíticos e econômicas, senão que é preciso vislumbrar a práxis de seguimento de Cristo que vivem os próprios crucificados da história como caminho de redenção, à imitação da práxis própria de Jesus e de suas discípulas e discípulos.

Dessa maneira, da perspectiva da fé não se trata de fazer uma apologia das vítimas, nem de viver a comiseração com os crucificados de hoje por meio de uma ação social solidária, senão que, pelo seguimento de Cristo vivido como experiência histórica de "descer de sua cruz aos crucificados da história", será possível vislumbrar, no fundo do clamor e da esperança vividos e construídos pelas vítimas como anelo de libertação, uma autêntica *experiência da misericórdia*, aquela que Deus sempre mostra em seu Filho a todos os excluídos da terra, desde Abel, o justo, até nossos dias.

E, em seu sentido último, tal experiência de redenção vivida pelos crucificados de hoje ajuda também a alcançar uma melhor compreensão do amor de Deus por toda a humanidade. Acerca do papel crucial que desempenham as vítimas na concreção histórica da redenção, assinala Jon Sobrino com grande pertinência teológica:

> A perspectiva das vítimas ajuda a ler os textos cristológicos e a conhecer melhor Jesus Cristo. Por outro lado, esse Jesus Cristo assim conhecido ajuda a conhecer melhor as vítimas e, sobretudo, a trabalhar em sua defesa. Um Deus e um Cristo parciais com respeito a elas levam a fazer teologia "em defesa das vítimas", no que a cristologia empenha sua relevância no mundo de hoje. E leva também a introduzir o pobre e a vítima no âmbito da realidade teologal, não só ética, no que a teologia empenha sua identidade. [...] Hoje é preciso insistir em outra relação teologal, a relação entre o pobre e Deus: "Deus ama o pobre pelo mero fato de sê-lo", e assim

> a teologia deve tornar centrais o pobre e a pobreza. Dessa maneira se enriquece a fé cristã e se leva a efeito de melhor maneira a tarefa de descer da cruz aos crucificados da história.[45]

Dessa maneira, em virtude da transformação da opressão por meio da práxis de seguimento de Cristo vivida pelos crucificados de hoje como sujeitos de sua própria história, será possível esperar a abertura da história de sofrimento a uma esperança viável neste mundo que pode alcançar plenitude escatológica. Porque se trata, por um lado, de abrir caminhos para uma mudança social e política a favor das vítimas; mas, por outro lado, é também um convite a descobrir a insondável riqueza da misericórdia de Deus que se revela no coração da história de opressão a partir da práxis dos crucificados de hoje.

Fica pendente, nessa interpretação de Jon Sobrino, a questão da inocência dos crucificados, bem como a pergunta sobre a implicação das vítimas em processos de violência e de rivalidade. Um questionamento que abordará de maneira direta a teologia pós-moderna que esboçaremos na última parte deste capítulo.

4.3 Relacionalidade e Mistério da Realidade

Daí brota a terceira correlação que dá forma ao pensamento de Jon Sobrino sobre a revelação de Deus no coração da história conflituosa da humanidade. Trata-se do estatuto de uma existência em relação de alteridade que afeta não somente os seres humanos, mas Deus em seu mistério amoroso.

Com efeito, e para surpresa de muitos, o pensamento de Jon Sobrino é mais *teologal* que antropológico. Naturalmente, fala do caráter relacional da pessoa, sobretudo seguindo a esse respeito a

---

[45] Ibidem, p. 30-31 [versão eletrônica].

seu mestre Karl Rahner. Mas não o faz como elucubração abstrata, senão sempre num contexto teológico vital.

A relacionalidade afeta Deus mesmo em sua condição divina, a ponto de nos revelar um rosto novo de Deus como mistério de paternidade/maternidade e filiação. Como um Deus que não somente gera divindade, senão que "gera um Filho que é também servo". Assim desenvolve Jon Sobrino esta poderosa intuição da abertura relacional na vida trinitária:

> Quando a filiação é compreendida a partir da proveniência (Cristo é o gerado), então se insiste sobretudo na consubstancialidade, em primeiro plano aparece mais a participação de Jesus na divindade – assim, por exemplo, Cristo participa no "senhorio" de Deus. Mas, se a filiação é compreendida primariamente a partir da entrega, então se insiste mais na relação de Jesus com o Pai, e nessa relação Jesus aparece também como o *pais Theou* (que precisamente por isso é constituído como Senhor). Dessa forma, preserva-se também a novidade – e o escândalo – da divindade do Pai. *O Pai não só gera divindade, por assim dizer, senão que gera um Filho que é também servo, e nele se compraz. O Pai é relacionado não só com o humano, mas com o humano à maneira de servo.* E digamos que esta consideração sobre a divindade não deixa de ser importante em situações de povos crucificados.[46]

A relacionalidade é também um traço da vida de Jesus de Nazaré: como "verdadeiro homem e verdadeiro Deus", existe com respeito

---

[46] Ibidem, p. 663-64 [versão eletrônica; destaque do autor].

aos excluídos de seu tempo. Por isso sua cruz é princípio de conhecimento da história humana:

> A cruz como história é a história da cruz, e esta é bem conhecida: Jesus defende os fracos contra seus opressores, entra em conflito com eles, mantém-se fiel nisso e é eliminado porque estorva. A cruz acontece, pois, por defender os fracos, e é por isso expressão de amor. Então pode-se dizer que na cruz há salvação, que a cruz é *eu-aggelion*, boa-nova. O amor salva e, definitivamente, o amor – com suas diferentes expressões – é a única coisa que salva.
>
> Sem a história de Jesus, a cruz diz derramamento de sangue e morte, e nada mais. Então a soteriologia se torna magia, arbitrariedade ou crueldade de um Deus. Com a história de Jesus, a cruz diz amor, e é possível uma soteriologia sem magia, sem arbitrariedade nem crueldade.[47]

Por isso precisamente, Jon Sobrino afirmará que, para conhecer Jesus, é preciso seguir seus passos, não somente num sentido moral de discípulo, mas no sentido *teologal* dos que vivem sua própria exclusão com esperança. Assim, a práxis de Jesus e seus ditos iluminam a práxis dos crucificados de hoje que deixam de ser vítimas.

Por isso, assumir o humano na encarnação do Verbo implica fazê-lo "à maneira de servo", o que subverte a cristologia descendente e devolve a categoria fundacional de *kénosis* a uma perspectiva de inserção na história conflituosa da humanidade. Daí que essa teologia da revelação afirme que, no seio da experiência dos crucificados de hoje, aflora com maior nitidez e força a salvação que procede do Pai pela potência do Espírito.

---

[47] Ibidem, p. 654 [versão eletrônica].

Com efeito, desvela-se aqui a fonte pneumatológica da práxis de prosseguimento. Como dimensão essencial da relacionalidade em Deus, Jon Sobrino considera atentamente a força da *Ruah* divina, que é a mediadora entre a práxis de seguimento e do próprio Cristo:

> Insistimos em que para alcançar o conhecimento de Jesus Cristo se necessita um caminho, o do seguimento, e da entrega da pessoa, e o pressuposto é que nesse caminho existe algum tipo de afinidade. Mas, na teologia de João, o que mostra a verdade de Jesus e o que introduz em toda verdade é o Espírito. O problema, então, é ver como convergem seguimento e Espírito no conhecimento de Jesus Cristo. Nossa tese pode formular-se assim: o seguimento de Jesus é o leitor que há de percorrer (dimensão cristológica), e o Espírito é a força para percorrê-lo atualizadamente (dimensão pneumatológica).
>
> Seguimento e Espírito não coexistem de forma justaposta, não podem gerar dinamismos distintos, naturalmente, e menos ainda contrários. São antes realidades convergentes que respondem a distintos âmbitos de realidade. O seguimento é a estrutura de vida, o leito marcado por Jesus pelo qual caminhar, e o Espírito é a força que capacita a caminhar real e atualizadamente dentro desse leito ao longo da história. Por isso, mais que de seguimento, há que falar de prosseguimento, e a partir daí a totalidade da vida cristã pode ser descrita como "pro-seguimento de Jesus com espírito".[48]

---

[48] Ibidem, p. 697-98 [versão eletrônica].

No seio dessa terceira correlação, aparece assim a esperança escatológica lida a partir das vítimas por Jon Sobrino com surpreendente força testemunhal:

> Nesse caminhar histórico, sem sair da história, mas encarnando-se e aprofundando-se nela, pode ocorrer que a realidade dê mais de si, e pode crescer (ou decrescer) a convicção de que o caminhar é um provir, que existe uma origem última em que se dá a iniciativa para todo o bom (a protologia) e de que caminhamos para um fim último plenificante (a escatologia).
>
> É este um saber de fé, já não histórico, mas transcendente: o caminhar está envolto no mistério da origem e do final, mistério prévio a nós, do qual provimos, que move a fazer o bem e nos atrai a esperar vida definitiva. Esse mistério é graça, e as vítimas deste mundo, os povos crucificados, podem ser, e em nossa opinião são, a mediação dessa graça. Das vítimas provém o dinamismo – o empurrão quase físico – para a práxis do caminhar descendo da cruz aos povos crucificados "sem podê-lo remediar". E das vítimas provém a teimosia de esperar contra toda esperança, em definitivo, esperar que o verdugo não triunfe sobre elas, "sem podê-lo remediar". As vítimas exigem uma religião do caminhar, mas oferecem também a direção desse caminhar e a graça para seguir caminhando "sem podê-lo remediar".[49]

---

[49] Ibidem, p. 726 [versão eletrônica].

Como é possível ver, o escatológico adquire aqui matizes históricas, quase de contágio mimético de amor pela vida, como que empreendendo o aqui e agora da força que procede do Crucificado-ressuscitado através da práxis própria dos crucificados que começaram a descer de sua cruz e estão aprendendo a viver como ressuscitados.

Tal é o dinamismo do mistério divino que anima a história e abre um sentido de plenitude de redenção no meio dos escombros da modernidade.

Para concluirmos esta breve análise, podemos dizer que, para Jon Sobrino, através da esperança dos crucificados se mostra o verdadeiro rosto de Deus como um Deus de misericórdia que se deixa afetar por sua criação e pelos crucificados da história para levar a efeito sua economia de salvação como aquela incessante obra de compaixão extrema que "faz novas todas as coisas" (Ap 21:5).

II. A TEOLOGIA PÓS-MODERNA DO CORPO REDIMIDO

Depois de tratarmos de vtrês mestres da teologia católica moderna que pensaram a revelação divina como um processo que acontece na intersubjetividade com seus traços de finitude, de historicidade e de práxis teologal, é preciso vislumbrar agora o novo horizonte e contexto cultural em que nos encontramos nos inícios do novo milênio. Trata-se do mundo que surge depois da derrubada dos escombros do metarrelato moderno e que alguns denominam "tempos do fragmento".

A teologia pós-moderna surge em fins do século XX como um arco-íris de experiências e de linguagens que buscam balbuciar o Mistério divino numa diversidade de expressões, de experiências e de contextos que corresponde à diversidade de subjetividades que vivenciam a presença amorosa e inovadora de Deus em suas micro-histórias. A narrativa de cada uma dessas subjetividades coletivas busca ser reconhecida, respeitada e promovida. Será preciso situar cada narrativa em sua própria cultura e subcultura, com base nos microrrelatos que gera, a partir dos quais é possível contar a fragmentada história da salvação.

Neste marco cultural do pluralismo próprio do início do terceiro milênio do cristianismo, uma tendência autodenominada pós-colonial[50] predomina em certos meios acadêmicos norte-americanos. Seu objetivo consiste em desenvolver uma reflexão teológica da vida cotidiana dos excluídos e das minorias, para além dos supostos enclaustramentos da academia e do suposto reflexo identitário dos grupos confessionais fechados.

Existem outras versões de pensamento teológico, ecumênica e inter-religiosa por exemplo, que convocam muitas pessoas e comunidades desencantadas das instituições religiosas que se erigiram durante séculos como as mediadoras exclusivas da experiência religiosa, em particular cristã. Com efeito, tanto em meios protestantes como em meios católicos do Ocidente, é possível estabelecer uma rota crítica de tal movimento de "migrantes religiosos", através de suas publicações, de seus encontros, de suas experiências de comunidades e centros de espiritualidade.

Contudo, optamos, neste estudo teológico, por uma versão eclesial e católica da experiência cristã nos tempos do fragmento. Parece-nos

---

[50] Veja como exemplo desta corrente o tom crítico, quase pejorativo, do seguinte comentário do editor de uma obra coletiva de eticistas e pessoas que fazem teologia para além das cercas institucionais: "Quem faz análises éticas e teológicas à margem da produção eurocêntrica carrega esta metodologia literalmente sobre a cabeça. Aqueles de nós que endossam um método libertador em ética e em teologia reconhecem que esta, não aquela, é o segundo passo. Nossa realidade prática pode ser livremente examinada pelas 'verdades' da teologia, construídas na segurança dos departamentos universitários". (Tradução Érico Nogueira). Miguel A. de la Torre e Stancey M. Floyd-Thomas, *Beyond the Pale. Reading Theology from the Margins*. Louisville, Westminster John Knox Press, 2001, p. xxvi.

que não é preciso romper com a tradição viva da fé da Igreja, senão que é melhor atualizá-la num novo contexto epocal para redescobrir sua grande riqueza experiencial e encontrar novos desafios de assimilação do Evangelho num contexto cultural inédito.

Por isso, nesta segunda parte do capítulo em curso, abordaremos duas problemáticas teológicas que expressam, a nosso ver, o *daimon* próprio da teologia pós-moderna, a saber: (i) a vergonha como lugar teológico; e (ii) a narrativa do corpo vulnerável.

Por meio dessas duas coordenadas vai-se abrindo, de maneira paulatina, um espaço inovador para expressar a imaginação escatológica suscitada pela experiência do *Crucificado que vive* nas vítimas de hoje que anelam construir uma mudança de mundo para além da violência, do ressentimento e da exclusão.

5. A vergonha como heurística

"Fazer teologia a partir das pedras e do pó"[51] é uma das eloquentes expressões de James Alison, o teólogo britânico radicado no Brasil, cuja criativa reflexão teológica apresentaremos nesta parte porque nos permite desenvolver com ênfase antropológica a ideia de imaginação escatológica de que estivemos falando nos capítulos precedentes.

Inspirado numa hermenêutica bíblica em chave mimética, através de uma esmerada obra narrativa elaborada nas duas últimas décadas, James Alison foi desdobrando uma poderosa intuição original que lhe permite compreender o fio condutor de toda a Escritura como uma progressiva revelação da "vítima perdoadora" (*forgiving victim*).

---

[51] Cf. James Alison, "Desde las Piedras y el Polvo". In: *Una Fe Más Allá del Resentimiento*. Barcelona, Herder, 2000.

Nascido numa família anglicana e convertido em sua juventude ao catolicismo "por sua maior liberdade de espírito", James Alison se identifica como um teólogo católico que, a partir de sua marginal identidade como pessoa *gay* na Igreja, pratica o ecumenismo do pensamento como a experiência da identidade cristã diversa. A partir daí, propõe reinventar a subjetividade vulnerável "com o gozo de estar equivocado",[52] recebendo-se daquele que nos acolhe a todos, qualquer que seja nossa condição humana com suas respectivas identificações (étnica, sexual, social ou religiosa), em seu amor incondicional e pacífico.

Numa bela epístola aberta dirigida *A um Jovem Católico Gay*, que foi publicada pela revista *Concilium* há um lustro, o teólogo britânico descrevia a novidade implicada por esta voz na Igreja, experiência que *revela algo* da voz de Deus:

> E aqui estamos, lendo uma publicação católica, parte dessa enorme e fantástica rede de comunicação mundial que é um dos gozos de ser católico; e de algum modo está se permitindo que suceda algo novo. Pois a ti, um católico que por acaso é gay (signifique isto o que signifique), está se dirigindo por "tu" um católico que é capaz de dizer "Eu sou um católico que por acaso é gay, signifique isto o que signifique". Eu estou recebendo autorização para falar-te a ti, que estás consciente de ter os começos de uma biografia na qual ser gay desempenha um papel. E me está sendo oferecida a oportunidade de falar-te, não em razão de um cargo oficial, mas como um irmão, um irmão com certa biografia que

---

[52] Tal é o título de seu livro sobre o pecado original em chave bíblico-mimética. Cf. James Alison, *The Joy of Being Wrong. Original Sin through Easter Eyes*. London, Crossroad, 2008, p. 323.

> inclui ser um homem abertamente gay. Está me sendo dada a oportunidade de dirigir-me a ti a partir do mesmo nível em que tu estás, como alguém que não sabe melhor que tu quem és, e que nem sequer sabe demasiado quem sou eu. No entanto, produziu-se algo novo. Fez-se possível que, numa publicação católica perfeitamente normal que representa a corrente majoritária, a palavra "tu" se pronuncie de maneira aberta, de maneira que ressoará criativamente (assim espero) em teu ser, e que a pronuncie um "eu" cujo tom se viu modulado e estirado pelo fato de viver como homem abertamente gay dentro da Igreja Católica.[53]

Precisamente do coração desse dado biográfico – análogo em seu sentido de gratuidade à experiência metafísica de Amor Ruibal, que Torres-Queiruga assinalaria em seu momento – emerge um insight antropológico da resolução do enigma da violência que encontrará na experiência teologal da vida em Cristo seu pleno sentido. Amigo e discípulo de René Girard, James Alison conseguiu tecer assim uma estrutura de pensamento de antropologia teológica que é de suma relevância para as subjetividades pós-modernas.

Por sua pertinência para compreender o sentido da subjetividade vulnerável que nos ocupa em nossa investigação, abordaremos aqui quatro aspectos de sua proposta teológica da *vítima perdoadora*. Cada um deles tem relação direta com uma ideia de *revelação* da perspectiva da razão pós-moderna: (i) a vergonha que procede do colapso do eu; (ii) o desejo sem rivalidade; (iii) a vítima perdoadora; e (iv) o tom da voz de Deus.

---

[53] James Alison, "Epístola a un Joven Católico Gay", *Concilium*, n. 324, p. 125, fev. 2008.

5.1 A Vergonha que Procede do Colapso do Eu

O primeiro aspecto é a *vergonha* como lugar antropológico e teológico. Designa um horizonte existencial de assunção radical da vulnerabilidade do sujeito pós-moderno numa perspectiva de abertura e de esperança.

A fenomenologia da subjetividade que já analisamos no primeiro capítulo é o contexto filosófico em que é preciso compreender a proposta de James Alison. Isso nos permitirá caracterizar em seu sentido filosófico o processo de descobrir-se a si mesmo como um ser finito, enquanto ser de desejo mimético. E, no meio dessa ambiguidade própria de todo ser de desejo, é imprescindível aprender a ser recebido como pessoa em relação que existe graças aos outros e ao Outro que a pronuncia sempre de maneira amorosa e gratuita, sempre para além da rivalidade e do ressentimento. Não há que esquecer que se trata de uma subjetividade consciente de suas pulsões de desejo, com toda a carga de sonhos de onipotência, de manipulação, de mimetismo e de sedução implicada por toda relação ao outro e ao Outro. Mas o que importa é o horizonte de compreensão que emerge dessa experiência: a possibilidade de ser recebido como uma pessoa incondicionalmente amada pela alteridade inefável que chamamos Deus.

Certamente a teoria do desejo mimético de René Girard é a chave de interpretação principal da teologia de James Alison, mas não se reduz a ela. É sobretudo uma chave de leitura que lhe permite voltar às fontes do cristianismo com inusitado vigor intelectual.

A base do pensamento de Alison se encontra na Bíblia, de onde recolhe as histórias de profetas como Elias, Isaías e Oseias como protótipos do processo da revelação: é necessário que eles vivam primeiro o colapso de seus heroísmos para que depois possam começar a captar o *tom* da voz de Deus,[54] do qual falaremos em

---

[54] Cf. James Alison, "Desde las Piedras y el Polvo", p. 51-85.

detalhe mais adiante. Por ora, baste dizer que se trata de um tom que é como "rumor de brisa que golpeia no rosto", como no caso de Elias: somente quando o profeta cai envergonhado, golpeado por esse "rumor de brisa", consciente de sua fátua pretensão de ser o profeta vencedor contra os ídolos de Balaão quando fracassou, e só então pode comunicar a palavra de Deus. Um tom que reflete também a consciência de "ser um homem de lábios impuros que habita no meio de um povo de lábios impuros", como Isaías em sua conversão (6,2). Ou então um tom que nasce da experiência de Oseias em seu amor por Gômer, a quem todos assinalam como prostituta, mas cujo amor leva a compreender ao profeta, a partir de sua própria vergonha, a incondicionalidade do amor de Deus para com um povo rebelde.

Por outro lado, a teologia de James Alison assume a contribuição da psicanálise, da literatura comparada e da antropologia filosófica, a fim de alcançar uma compreensão dos mecanismos da emulação, da imitação e da rivalidade como estrutura da origem da cultura e, portanto, de todas as suas expressões simbólicas, incluída a religião sacrifical. A esse respeito, estabeleceu um diálogo fecundo com a teoria da emulação poética de João Cezar de Castro Rocha, autor que já citamos anteriormente, e com outros autores girardianos.

Mas no centro de seu argumento se situa uma percepção propriamente *teologal*. Aplicando a chave interpretativa mimética à leitura dos relatos pascais, James Alison consegue descobrir como acontece a revelação de Deus no meio dos mecanismos da rivalidade. Aparece assim o reverso da moeda da história de Caim graças à figura escatológica do sangue de Abel que clama ao céu. Trata-se da narrativa do início simbólico da história da humanidade onde surge o dilema do mimetismo violento e sua possibilidade de superação. Aí Deus manifesta a lei de sua casa como uma perene memória dos inocentes, unida à paciente espera da conversão do pecador. A protoescatologia do relato de Caim e Abel assume, dessa maneira, ambos os aspectos da relação fratricida em que se revela o desígnio divino universal da salvação, mas sempre a partir da vítima perdoadora.

Por isso a escatologia pós-moderna proposta pelo teólogo britânico se encontra escrita sob o signo do retorno do protótipo do justo de todos os tempos, o justo Abel. Tal lógica do perdão que só pode ser oferecido pela vítima que superou a rivalidade e o ressentimento alcança sua plena manifestação na ressurreição de Jesus de Nazaré e em seus encontros com as discípulas e com os discípulos. Porque precisamente a história de Jesus vem revelar-se como a do antigo e do novo Abel, do antigo e do novo José, sacrificados ambos pela cobiça de seus irmãos, mas resgatados por Deus como primícias do mundo novo criado pelo perdão.

Assim, a partir da luz que procede da vítima que perdoa, instaura-se a verdadeira relação ao outro, para além do desejo de rivalidade, na possibilidade de uma vida entregue que oferece perdão a seu verdugo e instaura por essa via a possibilidade de uma comunidade de destino.

5.2 A Superação da Rivalidade

O segundo aspecto da vergonha como lugar antropológico e teológico é a vivência do desejo mimético *aquém* da rivalidade, no segredo da subjetividade que ficou exposta, de certo modo desmascarada, em seu dinamismo de desejo mimético. Ou "posta do avesso", nas palavras de Emmanuel Levinas, pela presença do outro que não acusa, diria Girard, senão que se revela como *vítima perdoadora* segundo a bela expressão de Alison.

Aqui entra em jogo de maneira direta a teoria mimética com toda a sua bagagem antropológica, literária e histórica. O teólogo inglês propõe-se a compreender a partir daí o engano que perpassa as relações intersubjetivas quando surgem marcadas pela vontade de viver "sempre apontando os outros", com dedo acusador, para justificar em vão sua própria inocência, apontando-os, com razão ou sem razão, pouco importa, como os responsáveis pelos males que acometem a pessoa ou o grupo.

Mais que uma ideia abstrata, o que aqui retoma James Alison de René Girard é um *olhar* sobre si mesmo, sobre os outros e sobre o mundo que a todos por igual, de maneira radical e sem rodeios, nos põe diante de uma só alternativa: ou viver na mentira da acusação dos demais para afirmar um falso eu (*Self*), onde radica a dignidade própria de maneira ilusória; ou reconhecer a incapacidade de nomear os outros gratuitamente e aprender a receber cada vez mais do Outro que sempre nos pronuncia de maneira gratuita e incondicional.

Se a rivalidade é o traço predominante da intersubjetividade histórica, como foi analisado pela filosofia desde Hegel até nossos dias, não é possível augurar uma mudança de mundo somente a partir das estruturas externas da sociedade. Nessa tese radica a crítica da teologia pós-moderna da subjetividade vulnerável às teologias da ação histórica do século XX que dependeram em excesso da violência como suposta lei da história. Elas julgaram imprescindível, com certa razão mas de modo insuficiente, pensar a salvação em termos históricos, intramundanos e práxicos, para modificar as estruturas sociais que produzem o empobrecimento, a injustiça e a exclusão. Mas ignoraram, às vezes com uma arrogância moral exasperada diante do aparecimento de novos rostos de excluídos, as vozes de outras vítimas e as experiências de salvação que também se vivem em suas micro-histórias.

Por isso a teologia pós-moderna dá "um passo atrás" na questão da ação histórica, para apresentar a necessidade urgente de ir ao *fundo* fenomenológico, antropológico e, sobretudo, teologal que faz possível o triplo dinamismo da história: a abertura da subjetividade aos outros, a relação de intersubjetividade e a construção histórica de um modelo de sociedade inclusiva.

É uma questão de ontologia relacional. Quer dizer, trata-se de ir ao *fundo* do mistério da pessoa em relação, a saber, o fundo do desejo mimético que perpassa todas as subjetividades e as confronta com suas pulsões arcaicas para mostrar aí, em seu seio, como pode acontecer a salvação enquanto reconstituição do ser relacional das pessoas para além da rivalidade e do ressentimento, na relação pacífica e corresponsável com os outros.

Tal é o fundo antropológico da superação do mimetismo sacrifical que, segundo Girard e Alison, é possível vislumbrar como horizonte de vida e de compreensão que surge graças a Jesus de Nazaré, que "derrubou em seu próprio corpo o muro do ódio" (Ef 2,14). De maneira que Jesus em sua páscoa representa a solução do enigma do desejo mimético preso na espiral da rivalidade, do ódio e do sacrifício. Seu oferecimento de perdão a seus verdugos, aos que o traíram e o deixaram nas mãos do contágio do "todos contra um" é indício do mundo novo vindo do Espírito de Deus que o resgatou dentre os mortos.

5.3 A Potência da Vítima Perdoadora

O terceiro aspecto da vergonha como lugar de heurística antropológica e teológica é a estranha luz que provém precisamente da *vítima perdoadora*.[55] Com essa feliz expressão, James Alison não se refere ao triunfalismo de certa versão da ressurreição de Jesus que é mais apolínea que escatológica e que predomina nas leituras apologéticas do acontecimento pascal, exaltando o poder do herói que regressa vitorioso da derrota, esmagando os inimigos. Antes a teologia

---

[55] Já em seu livro sobre escatologia, de 1996, James Alison cunhara esta expressão. Foi se esclarecendo mais e mais em sucessivas publicações, até concretizar-se recentemente numa obra midiática destinada a tornar acessível a muitos este processo de desmontagem dos mecanismos de rivalidade para aprender a viver a graça de Cristo: "Ao embarcar nesta viagem, você se junta a outras pessoas numa jornada de descoberta que lhe abrirá o coração e a inteligência para coisas novas sobre você e a sua fé. A jornada sai de uma falsa bondade, e de um eu inautêntico e inseguro, rumo a reconfortantes bondade e segurança alheias, nas quais, porém, você se descobrirá incluído. É a jornada de uma unidade que necessita de vítimas à unidade da vítima que se eleva e perdoa no meio de nós. Esperamos que *Jesus: a Vítima que Perdoa* seja uma parte significativa da sua jornada rumo a uma fé mais profunda e a uma vida mais plena em Cristo Nosso Senhor". (Tradução Érico Nogueira). James Alison, *Jesus, the Forgiving Victim. Listeningn for the Unheard Voice*, 2012. Disponível em: http://forgivingvictim.com/home/the-course/introduction/. Acesso em: 16 jul. 2016.

pós-moderna de Alison se centra na revelação do poder que procede do Crucificado vivente e que passa por suas feridas abertas como sinal da oferenda de sua própria vida. Elas são, falando literalmente, condição de possibilidade de um mundo novo.[56] Trata-se de um poder que não é poder, cuja potência é precisamente a vida teologal de que falaremos no último capítulo desta investigação.

O Cordeiro que reina degolado é por isso o oximoro por excelência da potência que brota da vítima perdoadora quando ela desfaz os nós do ressentimento. Ela inaugura por esse gesto messiânico uma autêntica nova criação. Tal realidade de inovação radical acontece com a experiência paradigmática de Jesus crucificado que aparece como ressuscitado às discípulas e aos discípulos, desconcertados por sua execução pública como bode expiatório, para convidá-los a reencontrar-se com ele na Galileia.

Assim, nos encontros de Jesus com sua comunidade messiânica de sobreviventes – que acontece no Espírito que o ressuscitou –, alcança seu cumprimento a nova criação em dois sentidos. Primeiro em sentido estritamente *teologal* como ato da gratuidade absoluta

---

[56] Sobre a inteligência que procede desta experiência, James Alison comenta o seguinte: "É nesse contexto que começamos a compreender o que celebramos quando celebramos a Ressurreição. O retorno de Jesus a seus discípulos foi o começo da enorme mudança cultural que deu origem a uma percepção completamente nova de quem é Deus e, ao mesmo tempo, de quem somos nós. As testemunhas apostólicas começaram a perceber que Deus não tem absolutamente nada a ver com a violência humana, ou com a ordem social baseada na violência humana. Muito pelo contrário, Deus está tão completamente fora dessa ordem que pode subvertê-la desde dentro, tomando um ato de violência tipicamente humano – o linchamento –, em que todos se juntam contra um só que consideram culpado e problemático, e transformando-o em espelho e revelação de quem realmente Deus é. Ele não é o princípio fundador da ordem humana nem o príncipe deste mundo, mas o criador benevolentíssimo de um caminho para fora dessa ordem, a vítima que se oferece a si mesma e perdoa os seus algozes, permitindo a contrução de uma sociabilidade que não vitimiza. Logo, a bondade de Deus não se mostra na aceitação do sacrifício de um homem para apagar nossa violência, mas na subversão interna de toda nossa ordem sacrificial oferecendo-se a si mesmo em sacrifício, de talhe e molde que nunca mais a tenhamos de reconstruir de maneira sacrificial". (Tradução Érico Nogueira). James Alison, *Being Saved and Being Wrong*, 1999. Disponível em: http://jamesalison.co.uk/texts/eng18.html. Acesso em: 16 jul. 2016.

de Deus. Depois, em sentido *mimético* como absolvição gratuita que somente pode provir daquela vítima que superou seu ressentimento como desejo de vingança, de retribuição e de castigo.

Dessa maneira, Jesus ressuscitado inaugura uma *nova ordem* de existência para toda a criação. E assim começa a mudança de mundo.

Somente então, *a posteriori*, é possível afirmar como cristãos, segundo essa interpretação teológica mimética, que ao longo da história os que conseguem atravessar – no seio da experiência de acusação, de rivalidade e de linchamento – o muro da rivalidade e do ressentimento, ainda que seja de maneira fulgurante e provisória em suas vidas lastimadas, participam já dessa *outra* ordem de existência que é o dom da redenção acontecida em Jesus, o Cristo de Deus. Ele representa "o retorno de Abel" perdoando seu irmão Caim, seu próprio verdugo, abrindo caminho histórico à concreção escatológica da redenção e deixando transluzir-se assim sua plena humano-divindade.

Mas é essencial recordar aqui que "a inteligência da vítima" que o Crucificado vivente nos oferece não é um assunto de simples memória como recordação. Mas de verdadeira *anamnesis*, quer dizer, memória viva que acontece na comunidade crente quando recebe os textos fundadores no marco orante da liturgia e os traduz em práxis de compaixão.

Aí, nessa experiência do dom recebido, a luz da revelação adquire toda a sua potência salvífica porque toca as fibras mais íntimas da subjetividade aberta aos outros e ao Deus vivente. Nesse sentido celebrativo próprio da liturgia, o teólogo britânico descreve o processo de recepção da revelação na sincronia da Presença que se entrega e redime, aquela que se instaura nas subjetividades abertas à celebração do dom recebido:

> O contexto principal para a leitura da Escritura é litúrgico. E o espaço litúrgico é, ao menos nas tradições judaica, católica e ortodoxa, o espaço

da Presença. Entendemos que a Presença de Deus é entronizada nas orações de Israel.
A Presença de Deus é eterna, nunca muda, e em sua luz todos os nossos diversos "presentes" são contemporâneos e sincrônicos. Trata-se dessa Presença que Jesus nos abre por meio de sua pregação do Reino, de sua promessa de estar no meio de nós e por meio de seu próprio papel de ser o princípio hermenêutico vivente: aquele que abre, indica e é ele mesmo essa Presença. Isto nos permite ser contemporâneos de todas as narrações do Antigo Testamento, incluindo as do Deuteronômio. Uma leitura sincrônica é possibilitada porque Jesus provoca a tensão interna naqueles textos ao pôr a nu o papel da vítima, nos dois sentidos do termo, tanto litúrgico como social, onde o papel do Sacerdote se leva a efeito em sua pessoa. Tal fato nos permite entrevê-lo como *algo que estava sempre advindo no mundo dos textos*. Em outras palavras: *o Filho do Homem estava sempre vindo ao mundo*.
E sua chegada sempre aponta para a densidade enriquecida de sua Presença. Uma vez que sua chegada foi realizada na história, a Presença, que sempre é contemporânea, inclui a vítima sacrificada e perdoadora que é, ao mesmo tempo, o protagonista que interpreta os textos. É precisamente com *esta* tensão entre interpretação e Presença que temos à mão algo muito próximo de uma proposta sobre como podemos recuperar uma leitura eucarística da Escritura.[57]

---

[57] James Alison, "... interpretou-lhes em todas as Escrituras o que a ele dizia respeito" (Lc 24, 27). (Tradução Érico Nogueira). (Lk 24, 27b). In: *How Can We Recover Christological and Ecclesial Habits of Catholic Bible Reading?*, 2007. Disponível em: http://jamesalison.co.uk/texts/eng49.html. Acesso em: 16 jul. 2016; [T. do A.].

Por essa relação superabundante do crente com a Palavra viva que é compreensão e nutrimento, James Alison recorda sempre em sua teologia a necessidade de manter aberta a *imaginação escatológica* com "a mente posta nas coisas do alto" (Cl 3,2), segundo aquela magnífica expressão pela qual São Paulo exorta a comunidade de Colossas.

No seio desse processo, mostrar-se-á então a capacidade própria da experiência cristã como *desvelamento* da mentira de Satã e *revelação* da verdade de Cristo. Tal processo se torna, assim, uma verdadeira habilitação existencial para viver um mundo diferente no coração da violência.

E por isso a "vítima perdoadora" se converte no sinal messiânico por excelência dos tempos plenos no coração da história fraturada da humanidade de todas as épocas.

5.4 O Tom da Voz de Deus

O último aspecto da revelação que faz possível a vítima perdoadora, no seio da vergonha como lugar antropológico e teológico, é a descoberta surpreendente do *tom* da voz de Deus.[58]

Tal tom é a inflexão narrativa por excelência que aparece, tanto na Escritura judaica como na cristã, para comunicar a verdade do amor da vida entregue dos justos como princípio de redenção. É um tom não de acusação, mas de oferenda, que só é possível a partir da incondicionalidade de um amor assimétrico e não recíproco próprio do Mistério amoroso do real que chamamos Deus e que se manifestou plenamente em Jesus de Nazaré.

---

[58] Cf. James Alison, "Los Cambios de Tono en la Voz de Dios. Entre el Deseo Divino y la Marea Humana". In: Carlos Mendoza-Álvarez (coord.), *¿Cristianismo Posmoderno o Postsecular? Por una Interpretación Teológica de la Modernidad Tardía*. México, Universidad Iberoamericana, 2008, p. 39-53.

Não se trata de uma conquista da subjetividade por meio da ascese individual de negação e do despojo egoico, senão que provém da existência mesma do ser superabundante de Deus do qual participam Jesus e os justos da história, pelo qual todas as coisas existem e por meio do qual tudo adquire sua verdadeira densidade no ser divino.

Por isso, para James Alison o processo do "protagonismo de Deus" atestado pela Escritura é sempre desconcertante e, ao mesmo tempo, consolador para quem quer que deseje abrir-se à sua presença:

> Notem, por favor, a extrema debilidade da maneira de estar presente: tipicamente nos mundos humanos que conhecemos, nossas vítimas carecem de voz; não as podemos ouvir. A vítima a quem se pode ouvir é aquela que regressa em tom triunfante para buscar vingança. Mas não é o caso aqui. O caso é que todo o protagonismo, toda a força criadora de Deus permanece presente em *e como* aquela presença de vítima que regressa e oferece perdão. E notem também que não se trata de que Deus tenha diferentes módulos de voz – ora estridente, ora majestoso, ora misericordioso. Não, trata-se de uma coisa muito mais drástica: todo aquele protagonismo que é Deus se revela para nós naquela presença da vítima perdoadora. Deus não tem outra voz que aquela emanada da vítima perdoadora, aquela que é a autodoação da vítima perdoadora expressa para nós e conosco.[59]

Trata-se de um tom de voz como metáfora narrativa da Palavra divina que *se faz carne* em Jesus de Nazaré de maneira eminente. Por

---

[59] James Alison, *Los Cambios de Tono en la Voz de Dios. Entre el Deseo Divino y la Marea Humana*, 2007. Disponível em: http://jamesalison.co.uk/texts/cas48.html. Acesso em: 16 jul. 2016.

isso, em sua vida entregue para e com os outros ao longo de sua existência terrena na Galileia, é possível captar, na força que procede da *Ruah*, a profundidade do amor incondicional de seu *Abba*: em seus ditos e feitos certamente, mas de maneira plena e superabundante em seus encontros como Crucificado-ressuscitado com suas discípulas e discípulos à luz do acontecimento pascal.

Com efeito, os encontros de Jesus como crucificado vivente com Maria de Magdala, com Tomé, com os discípulos de Emaús e com os do mar da Galileia, com Pedro e com os Onze virão referendar a *potência escatológica* que procede de suas feridas apresentadas como sinal de reconhecimento e início da *mudança de mundo* instaurada por seu *Abba* ao ressuscitá-lo dentre os mortos pelo poder de sua *Ruah* divina.

≈

Em suma, podemos dizer que a teologia "a partir das pedras e do pó" proposta por James Alison é uma hermenêutica da reconstrução do processo da subjetividade vulnerável que se recebe como uma nova criação, a partir de sua abertura à experiência de saber-se incondicionalmente amada por Deus. É possível vivenciar cada um em si mesmo tal aventura pela força do Espírito de Jesus, novo Abel. Vem resgatar do ressentimento as vítimas e interpelar os verdugos para se deixarem levar todos – cada um segundo seu próprio papel na história do conflitivo desejo – a uma nova ordem de existência. Realidade que é possibilitada pela Presença amorosa que não cessa de convocar-nos à nova criação a partir de sua subjetividade ferida e transfigurada pelo ato de doação.

Assim, das margens da sociedade e da Igreja, presas uma e outra com frequência nas narrativas sacrificais, surge a voz de Jesus crucificado vivente como *vítima perdoadora*. À imagem de seu *Abba*, ela segue oferecendo redenção a todos, a começar pela superação do ressentimento, para receber o dom da vida plena que procede do alto.

6. A Narrativa Erótico-Agapeica do Corpo Vulnerável

Outra versão da narrativa da subjetividade vulnerável como lugar teológico por antonomásia que nos parece pertinente para os tempos pós-modernos é a que conta a assunção do corpo habitado pela força do amor que transfigura a pessoa com todo o seu entorno vital a partir da aceitação de suas pulsões erótico-agapeicas.

Para enfocar aqui nosso objeto de estudo sobre a possível experiência de revelação que seja significativa para as subjetividades pós-modernas, apresentaremos de maneira concisa algumas das ideias centrais dessa teologia pós-secular, inspirada de maneira explícita no argumento de "volta ao teocentrismo" proposto por John Milbank, o teólogo anglicano que ocasionou um movimento de reflexão teológica no mundo norte-atlântico, precisamente indo além da razão secular que reduziu a transcendência à imanência da história.

A fim de compreendermos de maneira mais adequada os alcances dessa corrente de pensamento, é preciso que nos detenhamos em alguns aspectos que a *Radical Orthodoxy* propõe em torno do problema da crise do sujeito moderno. Aqui assinalaremos somente dois eixos centrais de sua argumentação que nos parecem necessários para nossa análise da subjetividade pós-moderna.

O primeiro que abordaremos é da ordem dos fundamentos que dão consistência ao modelo teórico proposto pela Ortodoxia Radical: (i) a teonomia da liberdade e (ii) a necessidade da "metafísica do ser como superabundância" para a compreensão do real.

Posteriormente abordaremos o segundo eixo, e, como numa das concreções mais inovadoras dessa vertente teológica pós-secular, vamos nos concentrar nos elementos centrais de sua análise da subjetividade. Tomaremos como exemplo a interpretação do corpo proposta pela teologia *queer*, a qual tenta construir uma narrativa da vulnerabilidade em perspectiva erótico-agapeica, quer dizer, compreendendo a subjetividade como vivência do desejo e da doação. Constitui-se através de dois referentes constitutivos: (iii) o ser sofiânico e (iv) a doação alimentar.

Vejamos cada um desses elementos.

6.1 A Teonomia da Liberdade

Como princípio teórico da Ortodoxia Radical, John Milbank sugeriu de maneira explícita, há duas décadas, o retorno ao *teocentrismo* como a única saída razoável para a crise do sujeito moderno e seus sonhos de onipotência.

Nesse sentido, vale a pena evocar o debate surgido num colóquio interdisciplinar realizado na Suíça[60] há um lustro sobre verdade e autonomia. Ali se apresentou a complexa questão da viabilidade da democracia nas sociedades ocidentais laicas e do papel das religiões. Diante da proposta de Milbank de volta ao teocentrismo no espaço público pós-secular, passou-se a tratar o papel das *mediações históricas* de tal centralidade de Deus proposta pelo teólogo anglicano. À pergunta expressa pela identidade de tais mediações epistêmicas, éticas e linguísticas, o professor de Nottinghan respondeu com a enigmática frase do desafio histórico de construir uma *free theocracy* onde predomine a aceitação livre da teonomia como horizonte de sentido. As interrogações não cessaram de cair sobre o ilustre convidado: que significa para a liberdade emancipada moderna a aceitação de uma ordem "teologal" que governe seu foro interno e também que reja os destinos da vida pública? Não implica tal pretensão um retorno perigoso às teocracias? Em que se distinguiria uma teocracia "livre" de uma teocracia fundamentalista? Quais

---

[60] Cf. Hans-Christoph Askani et al., *Où Est la Vérité? La Théologie aux Défis de la Radical Orthodoxy et de la Déconstruction*. Genebra, Labor et Fides, Lieux théologiques, 2012, p. 365.

seriam os critérios para dirimir os limites da mediação teocrática e os alcances da liberdade emancipada?

Naquele debate – e depois em subsequentes publicações –, John Milbank não cedeu em seu esforço por defender a ideia do teocentrismo como *a* condição de possibilidade para viver uma ordem que reflita a paz transcendental do Reino de Deus, no meio do mundo equivocista marcado pelo pluralismo epistemológico. Segundo o teólogo inglês, se não se assumir o teocentrismo, será inevitável cair, muito prontamente, no relativismo epistêmico e moral.

Por esse motivo, esse prolífico autor não concede viabilidade histórica à afirmação unilateral da razão secular sobre o fundamento do conhecimento no sujeito finito. É implacável em seu desejo de restaurar, seguindo de perto a Santo Agostinho, a quem considera o grande mestre do Ocidente, o primado de Deus na constituição da subjetividade, tanto na ordem da razão como na do sentimento, da práxis e da imaginação criadora.

Junto de outros teólogos pós-seculares, que se situam de maneira predominante no mundo de fala inglesa, John Milbank afirma a necessidade de uma "revolução epistêmica" que liberte a razão crítica de seu nocivo encerramento nos meandros da subjetividade moderna e secularizada. Chama a recuperar o acesso ao manancial da origem transcendente da criação, fonte de que o cristianismo é garantia e testemunha na história da civilização humana.

6.2 A Metafísica do Ser Superabundante

Daí que o imperativo ético pós-secular proposto pela *Radical Orthodoxy* já não se sustente na mera razão autônoma, senão que requeira a *volta ao fundamento* da metafísica do ser que procede da bondade absoluta que é Deus. Postula assim o retorno da *teonomia*. Não entraremos aqui a discutir as bases ontológicas desse argumento de ética fundamental, pois que já o fizemos na obra anterior da trilogia.[61] Mas insistiremos, sim, na problemática que, com toda a pertinência a nosso ver, o pensador inglês traz a lume, a saber, a necessidade de uma fundação transcendente da liberdade e da razão humana em particular, bem como dos entes em geral.

De maneira concomitante, a volta à metafísica do ser como bondade superabundante é, para o teólogo anglicano, o correlato indispensável da liberdade teônoma, aquela que resolver viver sua orfandade não como fatalidade solipsista, mas como processo de doação amorosa na espera de sua consumação plena naquela "paz transcendental" que só procede de Deus como origem e destino da criação.

Porque, se Deus é a fonte do ser superabundante que faz participar sua criação dessa infinitude do bem, então adquire sentido a afirmação de uma correlação originária entre os entes em seu devir finito e o ser divino como dádiva num eterno processo de doação do ser. Tal significado do ser como bondade superabundante – ou como "gratuidade efervescente", como costumam dizer alguns seguidores da *Radical Orthodoxy* – situa a questão ontológica não no estrato das categorias conceituais e da noção de verdade em primeira instância, mas em sua feição pré-categorial e experiencial como nova expressão do pensamento platônico-agostiniano em contexto pós-moderno.

Sobre essa base teórica proposta pela Ortodoxia Radical, a teologia do desejo erótico-agapeico edificará sua morada para interpretar o corpo a partir de uma liberdade redimida pela graça de uma existência em doação. Assim, baseada no dinamismo erótico-agapeico, buscará desdobrar uma narrativa teológica do nutrimento humano-divino.

---

[61] Veja o segundo capítulo da obra, em que se analisam duas correntes antimodernas, a saber, o tomismo doutrinal e a ortodoxia radical. Cf. Carlos Mendoza-Álvarez, "La Quête du Fondement". In: *Deus Absconditus, Désir, Mémoire et Imagination Eschatologique. Essai de Théologie Fondamentale Postmoderne*. Paris, Cerf, 2011, p. 69-120.

Tal subjetividade vulnerável, assumida em sua indigência extrema pelo superabundante ser divino, é suscetível de transformar sua vulnerabilidade em resiliência, suas feridas em luz, sua dor em gozo e sua obscuridade em luz, porque se sabe e se experimenta habitada pelo amor incondicional que é Deus.

Trata-se, como é possível ver, de uma relação aos outros e ao Outro transcendente baseada no dinamismo fundacional do desejo, mas em sua qualidade relacional de amor, ternura, sedução e cumprimento erótico e agapeico. Tal proposta teológica não desconhece a vertente de destruição e aniquilação do outro que traz implícita em potência toda relação de alteridade em suas concreções históricas, mas a subordina à sua fonte amorosa, vital e existencial, que tem origem no incessante ato criador divino.

Levando em conta essa sugestiva proposta teológica pós-secular, enfocaremos agora a análise da subjetividade pós-moderna em dois elementos que nos parecem essenciais para uma compreensão diversificada do desejo em sua complexidade relacional: (iii) o ser sofiânico e (iv) a doação alimentar.

6.3 O Ser Sofiânico

O pensamento teológico pós-secular afirma que, em sua feição originária, o desejo é uma vivência e um processo de relação de alteridade erótica e agapeica. Os dois impulsos amorosos se encontram intrinsecamente vinculados numa mesma correlação experiencial e discursiva que tem sua origem no ser *sofiânico* de Deus.

A esse respeito, o jovem teólogo mexicano Ángel Méndez, seguindo de perto a Sergei Bulgakov e a seu próprio mestre John Milbank, descreve o ser relacional como "excesso e superabundância" que faz possível a criação e que, por seu mesmo dinamismo interno, se revela como relação de reciprocidade da criação com o Mistério amoroso do real que a sustenta:

> O Ser não é sinônimo de carência, já que o nutre a superabundância de Deus, a qual é também uma dádiva do ato mesmo de ser. O Ser não se enraíza em si mesmo, senão que é o generoso compartilhar do "perpétuo ato de ser" de Deus. O Ser, como Deus, é relacional. Por isso a analogia ajuda a esclarecer a relação linguística e ontológica com Deus – uma relação enraizada primordialmente em dar, receber e reciprocar. A analogia articula a "semelhança" inerente do Ser com Deus, que é a relação sempre dinâmica da afinidade que configura e reconfigura o Ser na imagem de Deus como excesso.[62]

Certamente tal superabundância já havia sido expressa em chave apofática pelo Pseudo-Dionísio na teologia patrística para dizer que Deus está sempre além de toda e qualquer representação e de todo e qualquer ente. E poderíamos parafraseá-lo dizendo que Deus está para além até de todo desejo. Mas, no argumento pós-secular, falar do ser como superabundância adquire as colorações próprias de um desejo marcado pelo dinamismo de uma doação sempre maior. Assim, nesta lógica é possível afirmar que o Ser divino superessencial se revela na figura da superabundância:

> Nesse sentido analógico, o Ser é um projeto ou processo "inacabado"; é um processo contínuo de "devir", já que está perpetuamente aberto ao mistério infinito e à superabundância do compartilhar-se a si mesmo de Deus. A identidade do Ser sempre excede sua própria existencialidade, já que está perpetuamente aberto

---

[62] Ángel Méndez, *El Festín del Deseo. Hacia una Teología Alimentaria.* México, Jus, 2011, p. 185.

> à infinitude de Deus. Esta analogia só insinua uma complexa relação harmônica que permite tanto a diferença como a afinidade, tanto a distância como a comunhão, para coemergir misteriosamente ainda que sem alcançar uma estase final ou etapa de inércia.[63]

A *inércia* que se evoca significaria talvez uma amorfa sobrevivência dos entes. Pelo contrário, o que denota a infinitude de Deus como fonte do ser é o dinamismo perene da edificação da "casa comum" do ser.

Nesse sentido, a comunhão que o desejo erótico-agapeico apresenta se mantém sempre entre movimento e quietude, naquele estágio preliminar que tangencia a alteridade dos outros e do mistério divino, mal vislumbrando o ser de Deus, que sempre é inesgotável, inalcançável e inacessível em sua infinitude. Mas nem por isso é alheio ao mundo, senão que é seu sentido último e primeiro.

Por isso uma eloquente metáfora erótico-agapeica do ser sofiânico é o corpo que dança. Participa dessa "efervescente realidade" do ser como quietude e movimento. E por isso a dança está associada à própria criação, onde se instaura a presença a si e com os outros. Expressa-o de maneira notável o teólogo coreógrafo:

> Imersa no ritmo inesgotável, entre imobilidade e movimento, a dança evoca uma presença que inclui sua ausência: o excedente de um impulso que ainda está por vir, a superabundância do ser-em-devir. Na dança, experimenta-se o movimento sob uma dimensão intrinsecamente corpórea e somática, mas,

---

[63] Ibidem, p. 186.

simultaneamente, a experiência é de ser impulsionado por um movimento *ad extra*, como se fosse movido por uma força para além das margens da subjetividade.[64]

E, em harmoniosa concreção do corpo aberto à alteridade, no fundo da experiência da dança e sua abertura constitutiva aparece o sagrado. Daí que a dança e o sagrado se encontrem unidos pelo dinamismo do ser superabundante.

A partir dessa metáfora do corpo que dança, estabelece-se a analogia com a vida de Deus e com o trabalho da teologia. Como inteligência cordial da fé, a teologia participa também desse ato criador e é chamada a ser movimento e quietude. À imagem do ágape humano-divino, a teologia surge como reflexão e contemplação sobre o ser superabundante de Deus e sobre o "excedente divino" que é a incessante doação divina à criação:

> A experiência do sagrado é resolutamente inapreensível, e por essa razão é necessário que o teólogo exerça uma disciplina de silêncio e quietude. O silêncio e a imobilidade impulsionam a atenção ao excedente divino, e isto, por sua vez, produz um movimento fora do ego, um impulso infinitamente criativo que se dá para pensar, para sentir e para tocar – que também é ser tocado. Certamente, o eu do teólogo não é uma *tábula rasa*, nem mero receptáculo passivo com respeito ao impulso divino. O "eu" cocria com este impulso, e isso significa que a dimensão interpretativa nunca deixa de se ativar.[65]

---

[64] Ángel Méndez, "La Danza y el Sagrado". In: *¿Dios sin religiones? Memorias do XII Simposio Internacional de Ieología.* México, Universidad Iberoamericana, 2014, p. 3 [publicação em preparação].
[65] Ibidem, p. 12.

Assim, nessa perspectiva erótico-agapeica, as experiências da comunhão humana, como a dança e o eros, mas também a comensalidade, são degustação antecipada da comunhão humano-divina que se levou à plenitude com a encarnação do Logos divino. Essa experiência de radical comunhão acontecida em Jesus de Nazaré desdobra um movimento das subjetividades em jogo, nunca de todo conhecidas, reconhecidas e amadas, sempre em processo de mútuo reconhecimento.

Se tal é a *dynamis* que surge em toda busca de comunhão humana, quanto mais intensa e radical não será a experiência que nos une e separa ao mesmo tempo do Mistério amoroso do real?

6.4 A Doação Alimentar

Como parte desse processo erótico e agapeico, é importante assinalar que existe uma dimensão política do ser sofiânico. Manifesta-se como concreção do desejo, quer dizer, como incessante processo alimentar da criação que surge do ser superabundante de Deus.

Especificamente, essa concreção do desejo se expressa para a humanidade como uma experiência originária de fome e de nutrição. Ambos são signos vitais do devir próprio dos seres humanos e da criação toda. E nesse devir histórico e cósmico se entabulam processos pelos quais acontece a doação recíproca.

No entanto, o desejo não deixa de ser conflitivo em suas diversas expressões históricas, pois denota a experiência da subjetividade que com dificuldade dá passagem ao reconhecimento dos outros e do Outro. Daí essa rivalidade que se instaura nos processos de nutrimento físico, psíquico e espiritual. Sua força destruidora é poderosa, mas não anula a fontalidade de que procede o desejo mesmo em sua intrínseca relação com o ser como superabundância.

Assim, em sua radical mostra como vínculo da subjetividade com o ser superabundante, o desejo erótico-agapeico se expressa como hospitalidade, comensalidade e comunhão.

Em um sentido propriamente teológico, a história de Jesus com seus discípulos se encontra também marcada pelo dinamismo erótico-agapeico do comer. Experiência enraizada no banquete pascal judeu, mas vivenciada no contexto da experiência de despedida de Jesus antes de sua execução, à espera do reencontro escatológico que marcou toda a sua pregação na Galileia.

Daí que a Igreja – que rememora a vida oferecida de Jesus por meio de um banquete anamnésico – anuncie com esse gesto simbólico potente a realização erótica e agapeica da subjetividade e da intersubjetividade em sua fonte de superabundância que é o Deus encarnado.

A esse respeito, o teólogo mexicano sublinha a importância da experiência do banquete eucarístico como o analogado principal de uma subjetividade aberta ao dom:

> Alimentar implica ir além de si mesmo para responder à fome do outro, e neste ato criar um espaço de verdadeiro *convivium* que revele novas camadas de significado de si mesmo enquanto constituído pelo outro. A palavra *convivium* – em espanhol *convivir* – é a dupla noção de viver com. Significa criar um espaço coletivo comum, inaugurado por um gesto de hospitalidade que oferece nutrimento ao outro. Ao criar um espaço de convivência, a alimentação encena uma dinâmica de intercâmbio de dons: consistente em dar, receber e devolver o dom em sinal de gratidão, amizade e reciprocação. Se a alimentação faz que tudo isso seja possível, com mais razão o compartilhar

eucarístico que revela o Ser como intrinsecamente relacional.[66]

Seguindo essa chave de interpretação erótico-agapeica, podemos dizer então que o processo da revelação acontece como um processo de "nutrição relacional" pelo que se constrói a humanidade como corpo do Messias Jesus: "O gesto trinitário de hospitalidade de Deus e o ato kenótico de compartilhar na Eucaristia nutrem a comunidade erótico/agapeica que é a Igreja".[67]

Essa experiência fundacional do "nutrimento originário" que constitui o ser denuncia a experiência da fome e da indigência certamente, ainda que também anuncie a força da mão aberta que compartilha e ao mesmo tempo espera algo mais que "as migalhas que caem da mesa do senhor". Com efeito, no paroxismo de sua entrega, o ato de nutrição erótico-agapeica é sobretudo um ato de doação gratuita, de mesa servida. De maneira análoga ao significado do punhado de farinha oferecido ao profeta exilado pela viúva de Sarepta, todo e qualquer ato de nutrição relacional é gesto messiânico que antecipa o fim dos tempos e a chegada do Reinado de Deus. Da mesma maneira, o doce posto sobre a mesa pela menina de Villahermosa para dar, a partir de sua indigência, um presente ao outro descalço é sinal da mudança de mundo que procede *de baixo e do reverso* da história...

Graças a essa chave hermenêutica da "teologia alimentar", podemos compreender melhor as implicações subjetivas e intersubjetivas, políticas e estéticas do gesto messiânico da doação nutriente em que acontece a manifestação do Deus superabundante. Por esse caminho, no claro-escuro da história de avareza e de autossatisfação que predomina no mundo da rivalidade sacrifical, sempre aparecem e se manifestam pessoas que criam um espaço

---

[66] Ángel Méndez, *El Festín del Deseo. Hacia una Teología Alimentaria*, p. 262-63.
[67] Ibidem, p. 183.

de intersubjetividade que salva a todos por meio do dar-se a si mesmo como alimento que nutre o corpo e a alma.

Se a teologia pós-secular tem algum futuro, parece-nos que radica em sua capacidade de resgatar precisamente as pulsões de doação da subjetividade pós-moderna como lugar teológico principal do advento da superabundância que procede de Deus. Desejo erótico e agapeico que, de maneira paradoxal, nunca se identifica com o mistério superessencial do amor divino. Porque Deus estará sempre *aquém e além* de nossas pulsões de desejo, como longe e perto está também de nossos conceitos e linguagens, de nossas instituições e mediações religiosas.

Não obstante essa perene distância relacional que nos separa do mistério amoroso de Deus por nossa condição finita, o corpo habitado pelo dinamismo erótico-agapeico é, ao fim e ao cabo, sacramento da presença amorosa do Deus vivente. Nas palavras do teólogo pós-secular mexicano: "'Ser' é, então, entrar numa comunidade erótico/agapeica que faz eco de uma relação trinitária preexistente".[68]

Finalmente, não podemos esquecer a dimensão ético-política desse dinamismo que acompanha a fruição própria do desejo erótico e agapeico redimido de sua autossuficiência. No contexto do ser sofiânico, a fome do outro é parte do próprio vazio. Seu clamor é invocação para servir uma mesa onde todos caibam.

E a crítica *teológica* à indústria do mercado,[69] bem como aos saberes que provocam bulimias e anorexias no corpo e na alma, não deixa de ser uma tarefa urgente para o cristianismo na aldeia global:

---

[68] Ibidem, p. 177.
[69] A esse respeito, o filósofo pós-moderno Giorgio Agamben descrevia de modo contundente a sacralidade do mercado, numa entrevista concedida a *Ragusa News* em agosto de 2012, nos seguintes termos: "Para entender o que se está passando, é necessário tomar ao pé da letra a ideia de Walter Benjamin, segundo o qual o capitalismo é, realmente,

Desta perspectiva, então, a questão alimentar é, sim, importante. Quer dizer, a materialidade dos alimentos, longe de deixar que o mundo físico (e a contingência, a imanência, o Ser, etc.) se desnutra ou passe fome, recorda um prévio compartilhar materno da materialidade nutriente de Deus com sua própria divindade. A questão alimentar é, sim, importante e não deveria ser tão marginalizada como o é atualmente. De uma perspectiva teológica, e a partir da narrativa da Criação, os alimentos são um tema central do superabundante compartilhar de Deus.[70]

Não se trata pois, como amiúde se pensa, de um pensamento pós-secular que ignora as estruturas de dominação porque estaria centrado de maneira exclusiva e narcisista na subjetividade pós-moderna. Essa narrativa teológica que critica a fundo a secularização da razão não cede um ápice na nomeação das causas que explicam a imposição de estruturas de dominação que geram o aniquilamento dos corpos vulneráveis. A esse respeito, antes denuncia a *ruptura radical* provocada pela cobiça, pela avareza e pela autocomplacência das sociedades egoicas industrializadas, ruptura que implica a corrupção das relações intersubjetivas. E aponta, com

uma religião, e a mais feroz, implacável e irracional religião que jamais existiu, porque não conhece redenção nem trégua. Ela celebra um culto ininterrupto cuja liturgia é o trabalho e cujo objeto é o dinheiro. Deus não morreu, tornou-se dinheiro. O banco – com seus funcionários cinza e especialistas – assumiu o lugar da Igreja e de seus sacerdotes e, governando o crédito (incluindo o crédito dos Estados, que docilmente abdicaram de sua soberania), manipula e administra a fé – a escassa, incerta confiança – que nosso tempo ainda traz consigo. Além disso, o fato de que o capitalismo seja hoje uma religião, nada o mostra melhor que a manchete de um grande jornal nacional [italiano] de alguns dias atrás: 'Salvar o euro a qualquer preço'. Assim é, 'salvar' é um termo religioso, mas o que significa 'a qualquer preço'? Até ao preço de 'sacrificar' vidas humanas? Só numa perspectiva religiosa (ou melhor, pseudorreligiosa) podem ser feitas afirmações tão evidentemente absurdas e desumanas" [tradução Selvino J. Asmann]. Disponível em: http://www.ihu.unisinos.br/noticias/512966-giorgio-agamben. Acesso em: 16 jul. 2016.
[70] Ángel Méndez, *El Festín del Deseo. Hacia una Teología Alimentaria*, p. 188.

visão pós-secular certamente, para a causa estrutural de tal idolatria: a ruptura com a fonte transcendente do sentido, do significado e da práxis de doação – para além da reciprocidade violenta – que somente é Deus em seu ser sofiânico superabundante.

Finalmente, e como resultado dessa análise da complexa realidade do comer como expressão do ser, a teologia pós-secular erótico--agapeica também gera uma crítica ético-política aos sistemas de dominação sustentada em sua suposta afirmação de teocentrismo que, na verdade, é idolatria do ser que devora o outro e o aniquila.

Trata-se de um argumento que já tinha lugar de modo distinto na teologia da libertação da primeira geração, para a qual a idolatria era a questão crucial que explicava o desvario da razão instrumental e suas sequelas de exploração, injustiça e morte das maiorias empobrecidas.

Parece-nos que fica por realizar no futuro próximo um diálogo mais fecundo entre as duas compreensões da vida teologal inserida nos processos históricos: tanto de empobrecimento social como de anorexia e bulimia. Porque todos os transtornos alimentares produzidos pelas sociedades de consumo expressam as disfunções do desejo erótico e agapeico que geram morte.

Assumindo essa chave de interpretação da existência como desejo erótico-agapeico, as novas gerações de cristãs e de cristãos pós-modernos habitando o mundo globalizado poderão experimentar *na própria carne* a superabundância do amor divino que se faz carne, sangue, erotismo, alimento e dom amoroso e incondicional para todos, a fim de "que tenham vida" (Jo 10:10).

E, a partir dessas vivências radicais de aprender a ser alimento uns para com os outros, as novas gerações de crentes – inseridas na aldeia global, mas sempre nas margens do poder que substituiu a glória divina – poderão dar razão cordial, em suas linguagens diversas, do amor incondicional e superabundante que é Deus como ser sofiânico.

capítulo 5
a teologia da revelação em chave pós-moderna

Dar razão de como Deus se revela no meio de uma história violenta global, aberta à esperança somente pelos atos de gratuidade dos justos, será o objetivo deste último capítulo do livro. Faremos isso desenvolvendo, a partir do pensamento pós-moderno, as potências de experiência[1] que brotam do Crucificado vivente, segundo a reinterpretação de um esquema clássico da antropologia teológica, mas agora a partir das virtudes teologais que procedem da vítima perdoadora proposta por James Alison, que segue de perto a teoria mimética de René Girard.

Embora a estrutura trina da vida teologal que assumiremos na presente teologia da revelação em chave pós-secular se compreenda dentro do modelo greco-romano em que os Padres da Igreja e os teólogos medievais pensaram a fé cristã, não se reduz a seus pressupostos antropológicos nem a seus pressupostos epistêmicos.

Depois do percurso fenomenológico que empreendemos até aqui, pensamos que é possível falar da vida teologal – quer dizer, do

---

[1] Retomamos assim a expressão de Jean-Marc Ferry com a qual dialogamos nas outras obras desta trilogia, porque, em continuidade com a hermenêutica de Paul Ricoeur, ela descobre uma aproximação performativa da linguagem e da ação de alcance fenomenológico e pragmático. Cf. Jean-Marc Ferry, *Les Puissances de l'Expérience*, 2 vols. Paris, Cerf, 1992.

dinamismo da fé, da esperança e da caridade – a partir do processo de doação que vivem as vítimas quando elas conseguem realizar em sua existência a "contração do tempo" messiânico que descobrimos na teologia protopaulina.

Nossa hipótese consiste em afirmar que é por meio dos atos de gratuidade assimétrica e de amor de doação "sem medida nem condição" que os justos da humanidade *semeiam* na história violenta sementes de redenção. Estas consistem num dinamismo da subjetividade que redime a todos porque reverte a lógica da rivalidade de dentro do próprio processo da violência e aponta para uma mudança de mundo.

Primeiro, redime os sobreviventes porque lhes permite formar memória ditosa de sua entrega, superando o ressentimento e a rivalidade mimética sacrifical. Mas também, de maneira silenciosa, os justos que entregaram sua vida pelos outros, e são recordados vivendo uma ordem nova de existência graças à vida teologal, mudam o sentido da comunidade histórica a que pertencem e, nessa perspectiva, da humanidade toda como *promessa* de um amanhã para todos por meio do perdão oferecido a seus verdugos.

Pois bem, a pergunta teológica neste novo contexto epocal, em verdade apocalíptico, em que nos encontramos nos alvores do terceiro milênio do cristianismo radica, a nosso ver, na possibilidade de falar de autocomunicação divina,[2] como o fez a Constituição dogmática

---

[2] Está por fazer cinquenta anos a promulgação desta constituição dogmática conciliar. As análises de seu conteúdo teológico fundamental giram, por um lado, em torno da recuperação de seu acento personalista para falar de revelação divina e, por outro, de sua visão que complementa – e de certo modo corrige – a ideia de revelação como verdade doutrinal do Concílio Vaticano I. Vários autores já assinalaram em anos recentes a insuficiência de uma ideia da revelação que se reduza aos conteúdos de proposições objetivas e propuseram que se abrisse o debate sobre a revelação como acontecimento nas religiões da humanidade. Cf. Andrés Torres-Queiruga, *Diálogo de las Religiones y Autocomprensión Cristiana*. Santander, Sal Terrae, 2009, p. 152. A nosso ver, o contexto pós-moderno de pluralismo requer um novo instrumental filosófico que permita compreender melhor o alcance da autodoação divina no seio da subjetividade declosionada própria de qualquer existência autêntica. A tal fim se ordena nossa atual proposta de teologia fundamental que desenvolvemos neste capítulo.

Dei Verbum sobre a Divina Revelação do Concílio Vaticano II, mas em chave fenomenológica de doação. Se não assumimos esse horizonte de compreensão e de ação desconstruídas de sua vontade de poder, corremos o risco de fazer da ideia de revelação o álibi da autocomplacência egoica de um grupo identitário ou meramente confessional.

Terá que construir, por isso, uma interpretação da ideia de revelação tendo em conta as objeções próprias da razão pós-moderna, sobretudo no que se refere ao caráter mimético do desejo, à impossível assimetria do amor e ao difícil pluralismo da verdade, bem como à urgente questão da justiça retributiva para as vítimas.

A verdade da revelação será apresentada aqui, portanto, não dentro de um modelo apologético como conjunto de proposições verdadeiras sobre Deus enquanto única instância cognitiva sobre o mistério divino. Tampouco como hermenêutica da razão aberta ao mistério transcendente da história, como o fizeram Karl Rahner ou Edward Schillebeeckx na segunda metade do século XX, embora esta seja uma fase imprescindível para falar do mistério de Deus no meio das suspeitas modernas de que somos devedores.

Falaremos de revelação divina como desconstrução da razão dominante que fazem os justos da história em sua experiência de doação extrema e, de maneira radical e plena, que realizam Jesus de Nazaré como verdade que salva. Por seu intermédio, desdobram-se as potências da subjetividade vulnerável enquanto princípio de um desejo não violento, de uma memória redimida e de uma imaginação escatológica. Essas potências abrem, cada uma em sua própria ordem, a fenda do perdão, rachando assim o "muro do ódio" da história, dando passagem à reconciliação possível da humanidade na contingência da história.

Veja também: Carlos Mendoza Álvarez, "La Recepción Inacabada del Concilio Vaticano II en el Mundo Latinoamericano, Caribeño y Latino. El Caso de la Teología de la Revelación". In: Agenor Brighenti e Francisco Merlos (eds.), *El Concilio Vaticano II ¿Una Batalla Perdida?*. México/Curitiba, PUCPR/UPM, 2014 [em preparação].

Por isso, ao longo deste capítulo iremos entretecendo a problemática própria do dinamismo da vida teologal através da tríade fundadora já mencionada. Mas ligada à trama das potências da experiência de uma subjetividade vulnerável que se reconhece capaz de uma *mudança de mundo* somente a partir da memória das vítimas e da instauração de relações de gratuidade no complexo âmbito intersubjetivo: interpessoal, social, econômico, político e simbólico.

No cruzamento dos dois eixos, a saber, o antropológico pós-moderno e o teologal cristão, poderá aparecer, a nosso ver, uma teologia da revelação que dê razão, ao mesmo tempo, da verdade do amor incondicional de Deus por sua criação – manifestado de maneira plena em Jesus de Nazaré e atuante no cosmos e na história por sua *Ruah* divina – e da liberdade teônoma das subjetividades expostas à relação de alteridade em chave de doação.

Para alcançar nosso objetivo, procederemos na primeira parte deste capítulo final a apresentar a estrutura antropológica da subjetividade teônoma, quer dizer, aquela que foi redimida de sua própria violência; e isso a partir da análise do dinamismo do desejo, da memória e da imaginação. Numa segunda parte, como expressão da revelação divina em chave cristã no seio dessa subjetividade exposta pela presença do outro, apresentaremos uma interpretação da *vida teologal* enquanto dinamismo antropológico-teologal: a fé como desapego amoroso, a esperança como memória prospectiva das vítimas perdoadoras, e a caridade como doação amorosa radical assimétrica de uma existência recebida do Deus inefável junto dos outros.

≈

Tal será o fruto desta investigação pela qual desejamos contribuir para o debate sobre uma ideia de revelação que seja pertinente para o diálogo com a razão pós-secular de nosso tempo e que, ao mesmo tempo, permita a nossos contemporâneos desdobrar o seguimento de Cristo em chave de doação amorosa no coração das sociedades violentas da aldeia global.

I. O EIXO ANTROPOLÓGICO: AS POTÊNCIAS DA EXPERIÊNCIA DA SUBJETIVIDADE VULNERÁVEL

1. Desconstruindo o Desejo

A pulsão primordial dos seres humanos enquanto seres em relação radica no desejo.

Tão crucial é a experiência do desejo, que esteve presente como questionamento filosófico ao longo dos séculos. Antes de falarmos da desconstrução do desejo, valorarizaremos alguns dos momentos mais significativos da reflexão filosófica e teológica sobre o desejo. Para tanto, escutaremos as vozes dos clássicos do Ocidente que marcaram a aproximação a esse dinamismo relacional fundador da intersubjetividade.

1.1 Ecos do Pensamento Clássico sobre o Desejo

Os antigos gregos haviam falado de tal pulsão como um *pathos* originário a partir do qual o ser humano vive seu destino por meio da *areté* ou virtude, que porá em jogo todas as suas faculdades.

Para Platão, tratava-se de um processo de desejo de um bem ausente, como o expressa no *Banquete* pela boca de Sócrates replicando a Agatão: "O que deseja, deseja o que não está certo de possuir, o que não existe no presente, o que não possui, o que não tem, o que lhe falta. Isto é, pois, desejar e amar".[3]

Assim, o homem virtuoso tempera sua liberdade por meio do amor, no frágil equilíbrio entre Eros e Tânatos, até alcançar a

---

[3] Platão, "El Banquete", § 334, *Diálogos*. Madrid, Austral, 2007, p. 271.

contemplação do Bem supremo como Beleza que animará sua vida no meio da *pólis*. Assim ensinou Diotima a Sócrates segundo o mesmo diálogo platônico:

> Presta-me agora, Sócrates, toda a atenção de que és capaz. O que nos mistérios do amor se tenha elevado até o ponto em que estamos, depois de ter percorrido em ordem conveniente todos os graus do belo e chegado, por fim, ao termo da iniciação, perceberá como um relâmpago uma beleza maravilhosa, aquela, ó Sócrates! que era objeto de todos os seus trabalhos anteriores; beleza eterna, incriada e imperecedoura, isenta de aumento e de diminuição; beleza que não é bela em uma parte e feia em outra, bela somente em tal tempo e não em outro, bela sob uma relação e feia sob outra, bela em tal lugar e feia em outro, bela para estes e feia para aqueles; beleza que não tem nada de sensível como o semblante ou as mãos, nem nada de corporal; que tampouco é este discurso ou esta ciência; que não reside em nenhum ser diferente dela mesma, num animal, por exemplo, ou na terra, ou no céu, ou em outra coisa, senão que existe eterna e absolutamente por si mesma e em si mesma; dela participam todas as demais belezas, sem que o nascimento nem a destruição destas causem a menor diminuição nem o menor aumento naquelas nem a modifiquem em nada.[4]

Para Aristóteles, em contrapartida, o papel da inteligência na conquista do bem é mais crucial, ainda que sempre a partir do mesmo

---

[4] Ibidem, § 349-350, p. 271.

impulso, desejo sempre impossível de possuir o bem e de contemplar a verdade por meio da *theoria*. Na *Ética a Nicômaco*, assinalava já nas primeiras linhas de seu tratado o papel originário do desejo:

> Todas as artes, todas as indagações metódicas do espírito, bem como todos os nossos atos e todas as nossas determinações morais, têm ao que parece sempre por fim algum bem que desejamos conseguir; e por essa razão foi exatamente definido o bem, quando se disse que é o objeto de todas as nossas aspirações.[5]

Para o Estagirita, o impulso do desejo se encontra também na base do conhecimento como *admiração* que dará plenitude à natureza humana. Um conhecimento que o conduzirá à *eudaimonia* ou felicidade própria do homem que busca sua perfeição enquanto animal racional. Dessa maneira, o bem supremo como objeto apetecível será proposto como fim e cumprimento da vida humana, tanto nos apetites da inteligência como nos da vontade.

Apesar das sutis distinções, pouco se espraiarão esses eruditos pensadores clássicos nos condicionamentos e nos mecanismos do desejo, embora tenha que reconhecer que Platão foi o filósofo que mais discorreu em torno da dialética perene entre Eros e Tânatos como substrato profundo da vida humana e de seu dinamismo de desejo.

≈

Para os medievais, como Tomás de Aquino, tampouco passou inadvertido o papel do desejo na vida moral, sobretudo enquanto força originária chamada "paixão". Tal *pathos* próprio do desejo é o que se expressa no ser humano como "apetites" que o capacitam para a consecução do bem segundo sua própria natureza racional:

---

[5] Aristóteles, *Ética a Nicómaco* I, id trad. Patricio de Azcárate, cap. I, 1. Madrid, 1873, p. 3.

> A vontade é um apetite racional. Por outro lado, todo apetite é somente do bem. A razão disto é que um apetite não é outra coisa que a inclinação de quem deseja para algo. Pois bem, nada se inclina senão para o que é semelhante e conveniente. Portanto, como toda coisa, enquanto é ente e substância, é um bem, é necessário que toda inclinação seja para o bem. Daí vem o que diz o Filósofo em I *Ethic.*: que *o bem é o que todas as coisas desejam.*
>
> Não obstante, há que ter em conta que, como toda inclinação se segue a uma forma, o apetite natural se segue a uma forma que existe na natureza, enquanto o apetite sensitivo e também o intelectivo ou racional, que se chama vontade, se seguem a uma forma apreendida. Por conseguinte, assim como aquele para o qual se dirige o apetite natural é um bem existente na realidade, aquilo para o qual se dirige o apetite animal ou voluntário é um bem apreendido. Depois, para que a vontade tenda para algo, não é preciso que seja um bem verdadeiro e real, senão que seja apreendido em razão do bem. Por isso diz o Filósofo, em II *Physic.*, que *o fim é um bem ou um bem aparente.*[6]

Segundo esse enfoque intelectualista próprio do Aquinate, o desejo se define no caso do ser humano como o apetite racional do bem. Sobre essa base antropológica, que assume de maneira abstrata ou de segundo grau os procedimentos próprios do desejo, afirma-se que os atos virtuosos conduzirão a pessoa à consecução de seu único fim último e verdadeiro:

---

[6] Tomás de Aquino, *Summa Theologiae*, I-IIae, q. 8, a. 1, r., Torino, Marietti, 1989.

> É impossível que a vontade de um homem deseje ao mesmo tempo objetos diversos como fins últimos. Podemos demonstrá-lo com três argumentos. *O primeiro*: como tudo deseja sua própria perfeição, o que alguém deseja como fim último aprecia-o como bem perfeito e aperfeiçoador de si mesmo. Por isso diz Agostinho, XIX *De civ. Dei*: *Chamamos agora fim de um bem não que se consuma até deixar de existir, senão que se aperfeiçoe até ser plenamente*. É necessário, portanto, que o fim último cumule de tal modo os desejos do homem, que não exclua nada desejável. E isto não pode dar-se se requer, para ser perfeito, algo distinto dele. Portanto, é inadmissível que o apetite deseje duas coisas como se as duas fossem um bem perfeito.[7]

Dessa maneira, o Dr. Angélico integrará o modelo aristotélico da *virtus* ou força viril para falar das virtudes cardeais como aquelas pulsões guiadas pela razão para orientar a vontade à consecução do bem. A imagem do cavaleiro montando com mestria seu cavalo é típica dessa proposta ética, tão criticada séculos depois pelos mestres da suspeita, em especial por Freud como um sonho de onipotência.

No interior desse modelo, as pessoas virtuosas conquistariam a perfeição da vida moral por meio de atos de prudência, de justiça, de fortaleza e temperança. E, segundo essa lógica intelectualista, enraizadas neste dinamismo moral, as três virtudes teologais que procedem da graça de Cristo poderão exercer toda a sua eficácia santificante. Então se aprecia em seu sentido antropológico o famoso adágio tomista: *gratia supponit naturam ac elevans*, quer dizer, "a graça supõe a natureza para elevá-la".

---

[7] Ibidem, I-IIae, q. 1, a. 5, r.

A grande lacuna da análise do Dr. Angélico é que não chegou a integrar em seu pensamento a importância dos mecanismos pré-racionais do desejo.

≈

Por seu lado, a razão moderna quis construir uma narrativa da suspeita do desejo que, embora tenha tornado possível o desenvolvimento do sentido crítico sobre os condicionamentos da razão e da liberdade, cortou de todo o vínculo com a transcendência do qual as religiões da humanidade davam razão como uma dimensão constitutiva do humano, incluído o desejo.

Um primeiro elemento da suspeita sobre os atos racionais e livres é a pergunta sobre o que subjaz a todo desejo. Designa-se assim a libido como força originária do desejo sexual. A esse respeito, é conhecido o pensamento de Freud:

> Não ganhamos nada, evidentemente, em insistir com Jung na unidade primordial de todas as pulsões e em dar o nome de "libido" à energia que se manifesta em cada uma delas [...]. É impossível, seja qual for o artifício a que se recorra, eliminar da vida psíquica a função sexual [...] o nome libido permanece reservado às tendências da vida sexual, e unicamente nesse sentido, empregamo-lo sempre.[8]

Para o pai da psicanálise, o desejo não é simplesmente algo relativo ao *ego* (*Self*), senão que está sempre vinculado ao *id* com toda a carga de pulsão não cumprida que impulsiona sempre a libido e que subjaz a todos os atos diurnos, bem como à vigília e ao sono:

---

[8] Sigmund Freud, "Lecciones Introductorias al Psicoanálisis (1916-1917)". In: *Obras Completas*, vol. XVI. Buenos Aires/Madrid, Amorrortu, 1976, p. 223-421.

> Até aqui nos deixamos impressionar pelas vantagens e pelas faculdades do *ego*; já é tempo de considerar seu reverso. O *ego* não é, de qualquer modo, mais que uma parte do *id* adequadamente transformada pela proximidade do mundo exterior, prenhe de perigos. Em sentido dinâmico é fraco; todas as suas energias lhe são emprestadas pelo *id*, e não deixamos de ter um vislumbre da greta pela qual subtrai ao *id* novos montantes de energia. Tal caminho é, por exemplo, a identificação com objetos reais ou abandonados. As cargas de objeto emanam das aspirações instintivas do *id*. O *ego* tem, antes de tudo, que registrá-las. Mas, ao identificar-se com o objeto, recomenda-se ao *id* em lugar do objeto, quer dirigir para si a libido do *ego*. Vimos já que, no curso da vida, o *ego* acolhe em si uma grande quantidade de tais precipitados de antigas cargas de objeto. Em conjunto, o *ego* tem de levar a efeito as intenções do isso e realiza sua missão quando descobre as circunstâncias em que melhor podem ser conseguidas tais intenções. A relação do *ego* com o *id* poderia comparar-se à do cavaleiro com seu cavalo. O cavalo fornece a energia para a locomoção; o cavaleiro tem o privilégio de estabelecer a meta e dirigir os movimentos do robusto animal. Mas entre o *ego* e o *id* ocorre frequentemente o caso, nada ideal, de o cavaleiro ter que guiar o cavalo para um lugar aonde este quer ir.[9]

O indivíduo emancipado ilustrado se encontrou assim, de repente, consciente de uma orfandade radical, diante do abismo de seu

---

[9] Sigmund Freud, "Lecciones Introductorias al Psicoanálisis (1916-1917)". In: *Obras Completas*, t. III. México, Siglo XXI Editores, 2012, p. 3101-206.

próprio desejo. Foi desprovido de transcendência e ficou sem motivos de esperança suficiente para promover um futuro diferente, salvo o anelo de aprender a governar sua própria complacência na vida, no meio das armadilhas do desejo e da neurose que o espreitam.

Nesse contexto próprio da suspeita do século XIX que influiu em todo o século XX, a emancipação do indivíduo adquiriu sua maior expressão no super-homem de Nietzsche, que se ergue orgulhoso neste cenário como guerreiro da liberdade autônoma, mas isolado de toda e qualquer relação de gratuidade com os outros, sempre situado acima dos escombros da história das vítimas.

Walter Benjamin foi o pensador moderno que com maior agudeza vislumbrou o ocaso da modernidade como colapso do *ego*, ainda que somente tenha conseguido nomear a dor da história, sem esperança de redenção possível para as vítimas além daquela que procede da memória dos sobreviventes clamando justiça no espaço público.

≈

No contexto da modernidade tardia, a fenomenologia da subjetividade e a teoria mimética, há meio século, começaram a explorar, de maneira simultânea mas isolada, algo que haviam esquecido os mestres da suspeita. A saber, que o desejo que subjaz a toda representação e a toda ideia é, em seu fundo antropológico, um complexo processo de mútuo reconhecimento marcado pelo anelo de transcendência, mas sempre vivido no meio da difícil doação e do predomínio das pulsões egoicas.

Indo ao fundo do processo da imitação, René Girard afirmou que o desejo mimético é sacrifical, buscando sempre a estabilidade do grupo à custa do sacrifício de uma vítima. Por isso, critica Nietzsche nos seguintes termos:

> Sustento o mesmo que Nietzsche, mas em sentido inverso. Ele tomou o lado dos perseguidores.

> Pensa que está contra a multidão, mas não se
> dá conta de que a unanimidade dionisíaca *é* a
> voz da multidão. Temos somente de tomar à
> letra os Evangelhos para ver que Cristo tinha
> tão só uma dúzia de apóstolos a seu lado, além
> dos mais fracos e vacilantes. O que Nietzsche
> não consegue ver é a natureza mimética da
> unanimidade. Não calcula o significado da re-
> flexão cristã do fenômeno da turba. Não vê que
> o dionisíaco é o espírito da multidão, da turba,
> e o cristão é a exceção heroica.[10]

A recuperação do sentido mimético do desejo enquanto doação será, portanto, uma preciosa chave de interpretação da subjetividade e da intersubjetividade nos tempos da modernidade tardia.

1.2 O Pathos *Pós-Moderno do Desejo: Entre Erotismo e Doação*

Dado o contexto da modernidade em crise que aqui evocamos, duas vias nos parecem pertinentes para nosso estudo sobre a desconstrução do desejo, a fim de pensar a revelação de Deus, a saber, o erotismo e a doação.

Sobre o fenômeno erótico, para fins de nossa indagação, interessam-nos duas aproximações, a da fenomenologia da alteridade e a da filosofia niilista.

Quanto à primeira, Emmanuel Levinas foi abundante. Em sua obra *Totalidade e Infinito. Ensaio sobre a Exterioridade*, fala sobre a incomensurabilidade da relação ao outro que acontece no fenômeno erótico:

---

[10] René Girard, Pierpaolo Antonello e João Cezar De Castro Rocha, *Evolution and Conversion. Dialogues on the Origins of Culture*. New York, Continuum, 2007, p. 197.

> O erotismo é a possibilidade de gozar do outro, uma situação na qual o outro é objeto de uma necessidade conservando sua alteridade. Trata-se de uma contradição de termos. Por acaso é possível gozar do transcendente? É possível colocar-se ao mesmo tempo aquém do discurso (sensação) e além dele? Nesta relação, o essencialmente escondido sai à luz sem converter-se em significação. O segredo aparece sem aparecer, o pudor profanado não é superado, a descoberta não perde seu mistério, o escondido não se desvela, a noite tampouco se dispersa. Tal confusão, uma simultaneidade do clandestino e do descoberto, define a profanação. Descobrir significa violar, e por isso a vergonha da profanação faz que quem descobre baixe o olhar. A nudez erótica acossa e provoca, mas a casta nudez do rosto não se desvanece. Em sua exorbitante desmedida, ela descobre ainda a franqueza do rosto. É preciso que o rosto tenha sido percebido para que a nudez possa converter-se em lascívia; em sua indiscrição, em sua falta de respeito, o lascivo oculta o silêncio. O Eros é uma profanação do rosto da amada. Esse rosto deixa de expressar. Não expressa senão a rejeição de expressar. A voluptuosidade é uma experiência cega, sem conceito algum, sem significação.[11]

Trata-se para Levinas, em primeira instância, da expressão do processo fenomenológico da subversão da subjetividade que gera a presença do outro através do corpo, da sensualidade e do erotismo. Mas, à diferença de Levinas, nós pensamos que o desejo se

---

[11] Emmanuel Levinas, *Totalité et Infini. Essai sur l'Extériorité*. Paris, PUF, p. 271 [T. do A.].

configura segundo os estágios da atração, da carícia, da emulação e da sempre diferida posse do objeto desejado. Nem por isso é necessariamente lascívia. Pelo contrário, pode ser permanente abertura à outridade até conduzir a subjetividade ao limite do paroxismo.

Porque, embora existam experiências eróticas de plena concreção do desejo, estas são sempre fugazes. Por isso é preciso dizer que o erotismo instaura na subjetividade uma temporalidade inacabada, dando passagem, assim, à possibilidade da transcendência inscrita na imanência da subjetividade "*renversée*", posta do avesso, exposta em sua insuficiência radical, em sua sede de alteridade, em seu mistério de anelo amoroso sempre não cumprido.

Quanto à segunda aproximação pós-moderna do desejo, Jean-Luc Nancy apresenta uma chave niilista. Parte do conceito freudiano de pulsão (*Trieb*) como traço originário da subjetividade, até levá-lo à desconstrução como vivência de oquidão, ferida e insatisfação radical que nunca chega a fechar-se para a existência aberta em estado de adoração.

Nesse sentido, o desejo é uma ferida aberta da subjetividade ou "este arrebatamento vital que somos". A relação ao outro não é puramente idílica, muito menos acabada com um termo de posse cumulada, senão que se manifesta sempre como radical abertura e como despojo incessante do *ego* ante a alteridade inalcançável:

> *Trieb* significa o movimento que vem de outro lugar, do não individuado, do arcaico, do escondido e do estendido, que prolifera e é confuso em nossa proveniência: a natureza, o mundo, a humanidade que nos precede e, atrás dela, o que a faz possível, a aparição do signo e do gesto, o chamado de uns a outros e de todos os elementos, às forças, ao possível e ao impossível, diante de nós o sentido do infinito e, atrás e no meio de nós, o desejo

> de responder-lhe e expor-se a ele. [...] Tal impulso vem de outro lugar que não o nosso. Faz de nós não um ser "produzido" por uma rede de causas, mas um ser arrastado, lançado, projetado e até "arrojado" (para retomar a expressão de Heidegger). [...] Esse outro lugar está em nós: constitui em nós o mais originário e o mais enérgico motor deste arrebatamento vital que somos. Porque não é nada menos que nosso ser, ou até é o ser mesmo tal como parece mostrar-se uma vez que se desprendeu de suas ataduras ontológicas.
>
> É o ser como verbo "ser": moção, movimento, emoção, estremecimento e excitação de desejo e de medo, espera e tentativa, esforço, acesso, a própria crise e a exaltação, exasperação ou esgotamento, formação de formas, invenção de signos, tensão irreprimível até ao que já não se pode aguentar onde se rompe ou se despoja.[12]

Por isso o erotismo em perspectiva niilista é o gesto que nem sequer chega a ser carícia. Designa o radical despojamento do corpo aberto. Por isso é mera *presença*. Abandono. Adoração. Precisamente porque o desejo é perpétuo movimento de aproximação a um objeto sempre evanescente em sua alteridade, e por isso a *presença* vai além da ontoteologia, instaurando uma temporalidade impossível como simultaneidade.

Jean-Luc Nancy converge assim com Jacques Derrida, de quem assume a desconstrução como passagem necessária para a declosão. A esse respeito, vale a pena recordar como desconstrói Derrida o processo da objetivação que a razão moderna pretendeu alcançar:

---

[12] Jean-Luc Nancy, *L'Adoration*. Paris, Galilée, 2010, p. 145 [T. do A.].

Gostaria de seguir sendo fenomenologista no que digo contra a fenomenologia. Porque, afinal, o que me conduz ao problema da não fenomenalidade do dom é também a não fenomenalidade do "outro" enquanto tal, algo que aprendi das *Meditações Cartesianas* de Husserl. Ele diz que, no caso do *alter ego*, não podemos ter intuição pura, percepção originária do outro, senão que devemos proceder por apresentação. Aí surge o limite da fenomenologia no interior dela mesma. Tal é o lugar que eu trabalho. [...] O discurso sobre a *Offenbarung* [a revelação] e a *Offenbarkeit* [a revelacionalidade] em Heidegger, ou em qualquer outro contexto, implica a historicidade do *Dasein*, do homem e de Deus, a historicidade da revelação, a historicidade em seu sentido cristão ou europeu. Meu problema é que, quando se fala de *khôra*,[13] falo de certo acontecimento, da possibilidade de que algo aconteça, algo que não é histórico, falo do não histórico que resiste à historicidade. Em outros termos, poderia existir alguma coisa que se encontrasse excluída por esta problemática, por mais complexa que seja, da revelação [...]. Tal é a razão pela qual falo de "deserto no deserto". Há um deserto bíblico e outro histórico. Mas o que chamo "deserto no deserto" é o que resiste à historização, à humanização, à antropoteologização da revelação.[14]

---

[13] Termo usado por Platão em *Timeu* 49-55: "de todo nascimento é como o suporte e a ama de leite" (49b), para designar o receptáculo ou a matriz do ser enquanto fundo sem fundo do qual tudo procede, mas que é radical outridade.
[14] Jacques Derrida e Jean-Luc Marion, "Sur le Don". In: J. D. Caputo e M. J. Scanlon (eds.), *God, the Gift, and Post Modernism*. Bloomington, Indiana University Press, 1999, p. 76 [T. do A.].

O desejo é, para o niilismo da declosão, uma "presença dilacerante", enquanto gesto inacabado porque introduz sempre um tempo diferido e, portanto, designa uma existência precária sem objeto, sem sentido, como aparição da verdadeira *an-arquía*. A este respeito, comenta o professor de Estrasburgo:

> A presença já não se distingue de um fundo, ainda que tampouco desapareça: sustenta-se, vacilante, a ponto de aparecer num mundo onde já não existe a rasgadura entre o ser e o aparecer. Por fim, chegou a ser ela mesma, a presença, uma rasgadura. (Já não existe rasgadura entre o ser e o aparecer, ou já não há mais que rasgadura entre os dois).
>
> Presença dilacerada, presença dilaceradora. Está no mundo sem estar aí. Ela está diante de si e afastada de si. O que acontece à presença é que advém à ordem do mundo. Sem princípio, o mundo já não justifica uma ordem que organizava as significações (o elevado, o baixo, o conhecido, o desconhecido). A autoridade, a virtude e o valor são entregues à anarquia. Já não têm princípio, senão que se encontram em movimento abaixo e aquém da *arché*. A anarquia de que aqui falamos não é a ênfase desordenada contra toda espécie de obrigação, mas o poder que deve começar tudo, significar tudo, sem sentido algum dado.[15]

Em consequência, o erotismo, enquanto expressão do desejo desconstruído na abertura da carne, será, para o pensamento niilista, a

---

[15] Jean-Luc Nancy, *La Déclosion. Déconstruction du Christianisme I*. Paris, Galilée, 2005, p. 118 [T. do A.].

concreção mais universalizável da subjetividade desconstruída, quer
dizer, desmontada de seus mecanismos de poder, assim como de
seus sonhos de onipotência, na vivência do mero existir sem fundamento, nem sentido, nem significado. Existência como *saudação* e
como modesto umbral da doação.

≈

Por outro lado, Jean-Luc Marion – outro discípulo de Jacques Derrida que desenvolve suas investigações em direção oposta ao niilismo
desconstrucionista – aborda o fenômeno erótico, mas da perspectiva
da instauração da existência como doação.

Como base de sua argumentação, primeiro analisa o processo do
desejo da beleza da verdade, seguindo de perto o pensamento de
Santo Agostinho a este respeito:

> O eu deseja ter acesso à beleza do verdadeiro,
> mas possuindo-a e assimilando-a, arrancando-a,
> dessa maneira, de seu lugar exterior, enquan-
> to o eu deveria resplandecer *non sua luce, sed
> summae illius lucis participatione...* "não de
> sua própria luz, mas por participação desta luz
> suprema" (*Confissões*, XIV, 12, 15, 16, 386).
> O desvio não se refere, portanto, ao belo nem
> ao verdadeiro, pois ambos se mantêm como o
> objeto único do desejo, mas no modo de acesso
> a tal fim: seja por posse direta, como se eu
> pudesse anular a exterioridade de Deus, seja
> por participação, reconhecendo essa irredutível
> exterioridade. [...] A falta se realiza de maneira
> exata porque eu quero fazer-me parecido a Deus
> sem chegar a sê-lo por ele nem a partir dele,
> mas a partir de mim mesmo somente: *non ex illo
> similis illius, sed ex se ipsa*. O desvio tampouco
> se refere aqui à vontade de imitação (trata-se

sempre de devir como Deus), mas ao modo desta imitação: seja porque Deus me concede, seja porque eu a obteria por e para mim mesmo. O modo de imitação se mostra perverso (em sentido contrário, fora do caminho) quando pretendo imitar a Deus sem Deus, só por mim mesmo, que não sou Deus: *Ita fornicatur anim, cum avertitur abs te en quaerit extra te ea quae pura et liquida non invenit, nisi cum redit ad te. Perverse te imitatur omnes, qui longe se a te faciunt et extollunt se adversum te. Sed etiam sic te imitando indicant creatorem te esse omnis naturae et ideo non esse, quo a te omni modo recedatur...* "A alma fornica assim quando se desvia de ti e busca fora de ti as purezas límpidas que não se encontram senão voltando a ti. Imitam-te com uma imitação perversa aqueles que se fazem estranhos a ti e se levantam contra ti. Mas, ainda imitando-te assim, designam-te como o criador de toda a natureza, já que não há lugar algum onde alguém possa afastar-se que esteja longe de ti" (*Confissões*, II, 6, 14, 13, 354).[16]

Para essa corrente fenomenológica, o desejo desvela o devir de uma subjetividade que se recebe em primeira instância do acontecimento da doação que procede da fonte do próprio ser, da bondade e da verdade. Em virtude desse dinamismo da participação do ser divino, é possível afirmar que nunca existimos como seres puros e simples, mas como *seres-sendo-dados* pelos outros (humanidade, mundo e Deus).

Nesse sentido, trata-se de uma existência como "fenômeno saturado", quer dizer, como excedente de significação, de valor e de

---

[16] Jean-Luc Marion, *Au Lieu de Soi. L'Approche de Saint-Augustin*. Paris, PUF, 2004, p. 177-78 [T. do A.].

sentido. Num apaixonante diálogo entre Jacques Derrida e Jean-Luc Marion, o discípulo descreve assim o objeto de sua fenomenologia do dom, centrada no que ele chama "contraexperiência":

> Como bem explica Jacques Derrida, se o possível, no estágio atual da filosofia, quer dizer, no fim da metafísica, é precisamente a experiência do impossível, então a só racionalidade à altura do impossível enquanto tal será a experiência da contraexperiência. Levamos a sério o fato de que nossa experiência, com todo o caráter decisivo e não questionável que esteja nos fatos, não pode, no entanto, ser uma experiência de objetivação. Conhecer sem conhecer sob o modo da objetivação é, como disse Agostinho, *incomprehensibiliter comprehendere incomprehensibile*. Mas esta compreensão de e pelo incompreensível não é qualquer coisa. De fato, temos já este tipo de contraexperiência quando nos defrontamos com um fato histórico, com uma pintura, com a autoafecção da carne e com a experiência do outro. A todas estas experiências do impossível, que eu chamo paradoxos, não lhes podemos dar um sentido de maneira objetiva. E, no entanto, fazemos essas experiências. O incompreensível, o excesso, o impossível são parte integrante de nossa experiência. Devemos buscar o modo de conseguir elaborar um conceito de experiência que não deve nem pode ser unívoco.[17]

Assim, apesar do reconhecimento dessa negatividade e diferença própria do fenômeno que se aprecia claramente na citação

---

[17] Jacques Derrida e Jean-Luc Marion, op. cit., p. 74 [T. do A.].

anterior, Jean-Luc Marion apresentará um pensamento fenomenológico do ser. Segundo essa hipótese, tanto os entes como os significados são fenômenos de sentido que dão cabal cumprimento à existência mundana e lhe possibilitam uma abertura à transcendência que as religiões abordarão por meio de suas respectivas sabedorias místicas e éticas.

Para o fenomenologista francês, do ponto de vista de segundo grau típico da aproximação fenomenológica, o erotismo torna possível a apercepção do ser precisamente como incessante ato de doação sem nunca ser esgotado. O ser é doação pura, não um ente fixo nem definido, mas incessante processo de superabundância amorosa. Nesse sentido, o erotismo seria para Jean-Luc Marion uma concreção do ser-sendo-dado, com a vigorosa potencialidade de fazer-nos entrever na própria carne erotizada o mistério inalcançável do real, por meio de experiências finitas de doação, enquanto apercepção do real dado.

1.3 Quando o Desejo se Torna Rivalidade e Sacrifício

Em outra ordem de reflexão, ainda que vinculada à busca de uma compreensão pós-moderna do desejo, a teoria mimética – como pensamento antropológico das origens da cultura – analisa o desejo de uma perspectiva menos formal e abstrata e mais narrativa e histórica. Sua contribuição para compreender o desejo é de importância capital a fim de desentranhar os mecanismos da rivalidade que subjazem na hominização e que dão origem à cultura.

Com efeito, segundo o pensamento de René Girard, o mimetismo não designa um elemento extrínseco à problemática da razão crítica, senão que designa um elemento capital para desentranhar sua estrutura interna. Porque, como já o recordamos antes nas palavras do próprio René Girard, criticando a Hegel por seu excesso de otimismo, "o real não é racional, mas religioso",[18] e religioso sacrifical arcaico. Os dois autores falam do desejo, mas um instala o desejo violento como implacável lei da história, e o outro reconhece a superação dessa violência sacrifical por um mimetismo de doação.[19]

Mas, para chegar à possível resolução positiva da violência mimética sacrifical, é preciso encontrar a chave de tal aparecimento da existência como rivalidade que gera exclusão e morte, sempre do mais fraco, para gerar a estabilidade do grupo.

O ponto de partida do pensador de Avignon não é, pois, o desejo idealizado como figura de alteridade amorosa no veio platônico e agostiniano. Tampouco como indício da doação incondicional que é o *ser dado* pensado por Jean-Luc Marion, senão que apresenta um processo inverso. O desejo como admiração de um bem que se deseja possuir – aquele "obscuro objeto do desejo" narrado pelo gênio cinematográfico de Luis Buñuel em sua famosa obra – sempre acontece por mediação de um modelo. A singularidade girardiana radica no reconhecimento da existência de um terceiro que exerce influência na configuração do objeto de desejo. E, por essa complexa exterioridade fundadora, que se expressa tanto no modelo como no objeto, instaura-se a rivalidade mortal entre os que desejam o

---

[18] René Girard, *Achever Clausewitz*. Paris, Carnets Nord, 2017, p. 201.
[19] Sobre a diferença radical que existe entre Hegel e Girard em torno da definição do desejo, Michael Kirwan comenta o seguinte: "Seja como for, é preciso enfatizar algumas diferenças importantes entre Hegel e Girard. Eles se diferenciam sobretudo no entendimento do desejo: Hegel fala em 'desejar o desejo do outro' (isto é, eu desejo que o outro me deseje = reconheça), enquanto a teoria mimética de Girard sustenta que 'eu desejo conformemente ao outro' (meu desejo visa ao que o outro deseja – eu quero a mesma coisa que ele quer, independentemente do que seja). Girard também exprime o seu receio para com a releção necessária (nos termos de Hegel) entre desejo e destruição ou negação. Hegel coloca a violência no centro do seu sistema, e, na verdade, sacraliza-a, sendo, pois, incapaz de oferecer uma saída para a problemática da violência. Girard concede à revelação cristã, considerada positivamente, um lugar cada vez mais proeminente no seu pensamento". (Tradução Érico Nogueira). Michael Kirwan, "The Philosophy Behind Desire as Mimetic Theory". In: *Paying Attention to the Sky. Blog at Wordpress*, jul. 2012. Disponível em: http://payingattentiontothesky.com/category/rene--girard-2/. Acesso em: 14 out. 2013.

mesmo objeto, a fim de manter, ao menos em aparência e com a fragilidade própria de uma ilusão passageira, a estabilidade da relação intersubjetiva ou do grupo superando a crise mimética.

Como parte do processo de sobrevivência e de estabilização das sociedades primitivas, as religiões arcaicas funcionaram durante milênios como substituição das vítimas de sacrifícios sangrentos, que no princípio foram animais sacrificados, mas cujo alcance depois se estendeu a vítimas humanas.

O mundo moderno, como última fase do desenvolvimento da civilização presente, nasceu com o surgimento do Estado político e, depois, do mercado como estabilizadores da rivalidade, e, nessa medida, como garantias de uma ordem cada vez mais precária.

Mas, como o assinalou Jean-Pierre Dupuy[20] dialogando com a teoria mimética nos tempos da violência globalizada das sociedades moderno-tardias, já não parece ter álibis para ocultar a espiral de rivalidade que se apodera do mundo em todas as ordens da intersubjetividade. A virulência do desejo mimético se contagia como reciprocidade violenta e sacrifical, e hoje ficou fora de controle sob a figura da economia globalizada.

Neste contexto de crise de sobrevivência da humanidade, a teoria mimética volta o olhar para a originalidade do cristianismo, não num sentido confessional, mas num sentido antropológico fundamental, para mostrar a disjunção diante da qual se encontra hoje a espécie humana com respeito ao enigma do desejo mimético. Encontramo-nos sob o império da rivalidade que se apodera das sociedades da aldeia global de maneira acelerada sob a figura da "guerra total", que implica a aniquilação do inimigo e o transbordamento da violência através do terrorismo globalizado.

---

[20] Cf. Jean-Pierre Dupuy, *L'Avenir de l'Économie. Sortir de l'Écomystification*. Paris, Flammarion, 2012, p. 290.

Em análises mais recentes vários autores da teoria mimética se propõem a analisar o desejo a partir de seu reverso para manifestar a lógica sacrifical. Não importa somente mostrar a espiral da rivalidade fratricida ou sororicida. O verdadeiramente valioso radica no desvelamento de *outro* tipo de imitação como um processo de reconhecimento do outro que é possível a partir da *superação* da rivalidade. Tal resolução acontece na história fragmentada e violenta por meio do poder do *perdão* e da *reconciliação*, instaurados como potências das subjetividades que vivem um processo de *conversão* antropológica, no meio de fenômenos tão diversos como a construção da paz, a economia alternativa ou a migração.[21]

Certamente os dois termos estão sobrecarregados de um sentido piedoso e confessional na cultura ocidental, mas, segundo esses teóricos, encerram um significado antropológico de grande pertinência para estes tempos de violência extrema. Trata-se de um fenômeno análogo ao proposto por Jean-Luc Nancy mediante os termos *adoração, fé* e *caridade*. Tal é o realismo antropológico que René Girard propõe quando fala de *perdão* e de *reconciliação*.

Assim, é importante destacar que o conteúdo mimético da revelação realizada por Cristo radica no seguinte: evidenciar a possibilidade de viver o desejo mimético de modo alternativo à violência sacrifical. A páscoa de Jesus revela uma fonte do desejo que vai além do próprio desejo. Trata-se do modelo que Jesus de Nazaré chamou *Abba* como fonte de um amor incondicional universal e que se comunica como *Ruah* divina. Tal é o modelo que se propõe como *imitação*. Não há outra alternativa: ou imitar a mentira de Satã gerando novos sacrifícios, ou imitar a

---

[21] Cf. Pierpaolo Antonello (ed.), *Gianni Vattimo and René Girard, Christianity, Truth, and Weakening Faith: A Dialogue*. New York, Columbia University Press, 2010, p. 124; Mario Roberto Solarte Rodríguez, "Mimesis and Nonviolence. Some Reflections from Research and Action", *Revista Universita Philosophica*, ano 27, n. 55, dez. 2010, p. 41-66; Mauricio Burbano Alarcón, "La Teoría Mimética de René Girard y Su Aporte para la Comprensión de la Migración", *Revista Universita Philosophica*, ano 27, n. 55, dez. 2010, p. 159-81.

verdade do Messias que radica na relação amorosa não recíproca da doação amorosa que revela o *Abba* de Jesus como solução para o enigma da violência.

1.4 Sobre a Possibilidade do Desejo Mimético de Doação

Nesse marco de desejo mimético de doação, vamos nos entregar a interpretar imediatamente o perdão e a reconciliação como desejo redimido e início da mudança de mundo de que falamos desde o início de nossa investigação.

Em sentido niilista pós-moderno, podemos afirmar que o *perdão* é um desejo desconstruído de sua vontade de domínio. Evoca o processo de "desatadura" dos nós da rivalidade e do ressentimento que as pessoas estabelecem nas relações afetivas, eróticas, sociais, econômicas, políticas e religiosas. Designa, pois, o desejo como relação de alteridade, mas dando sempre um "passo atrás" na prevenção da espiral da rivalidade. Por isso, implica a construção de um espaço intersubjetivo novo. Tal espaço procede do poder do não querer, do poder da vítima perdoadora, aquela da qual se pode dizer: "Ele é a nossa paz: de ambos os povos fez um só, tendo derrubado o muro de separação e suprimido em sua carne a inimizade." (Ef 2:14). Desse modo, é possível ultrapassar a barreira do ressentimento em seu coração, em seus desejos e em seu conhecimento da realidade circundante.

Por isso mesmo, a partir de nossa interpretação teológica pós-moderna, a reconciliação é muito mais que um rito religioso. Designa um processo histórico de mútuo reconhecimento, sempre precário, no qual todos os implicados, como seres de desejo, cada qual tendo desempenhado algum papel específico na inelutável trama de verdugos e de vítimas, são capazes de retrotrair-se ao "aquém" da intersubjetividade redimida de suas pulsões de onipotência para instaurar espaços de encontro e de reconciliação.

Mas trata-se de uma reconciliação que aponta para o desejo redimido de sua vontade de poder e de rivalidade, para desvelar por meio desse processo a potência das vítimas da história violenta da humanidade. Não da perspectiva nietzschiana do ressentimento dos impotentes, nem como um ajuste de contas da vingança dos vencidos, nem ainda como torcida autoafirmativa narcisista dos fracos. Mas como revelação de uma ordem intersubjetiva nova, nascida da doação.

Portanto, o desejo mimético visto à luz da verdade que o Crucificado vivente revela é uma pulsão de admiração e de desejo que se relaciona com os outros não como a objetos de posse, mas como a destinatários de um dom. E, mais ainda, como a portadores eles mesmo de um dom incomensurável. Assim, a lógica da doação adquire matizes ético-políticas e místico-apofáticas com um potencial significado universal para as culturas da humanidade.

≈

Assumindo então o desejo – que situamos aqui como o primeiro dinamismo da subjetividade pós-moderna –, será preciso apresentar agora sua relação intrínseca com a vida teologal, com a condição de desenvolver mais adiante essa outra dimensão da experiência da revelação em chave cristã.

Como uma dimensão constitutiva da pessoa como ser em relação,[22] o desejo é um primeiro dinamismo da subjetividade desconstruída e

---

[22] Já apresentamos antes a importância da ontologia relacional como superação da metafísica da substância, sobretudo em sua versão objetivizante da escolástica tardia que depois deu ocasião à crítica heideggeriana da ontoteologia. Veja como discorre a este respeito Peter Knauer, um dos teólogos que mais refletiram sobre o assunto: "Por ontologia relacional entendo uma ontologia em que a categoria fundamental da realidade é a 'relação': ser criado é uma relação a Deus que constitui a substância da criatura e que, consequentemente, é idêntica à própria criatura – ou seja, é uma relação subsistente. Essa relação não é um acréscimo ao seu portador, mas idêntica a ele. A ontologia relacional implica uma mudança de paradigma com respeito à pré-compreensão dominante, a mesma que poderíamos chamar

indício de uma versão pós-moderna do *homo capax Dei*. Evocamos em primeira instância essa categoria da teologia fundamental, própria dos clássicos do cristianismo, porque expressa com precisão a relação nova que a racionalidade pós-moderna hoje pode desdobrar em torno da experiência da graça que se revela em Jesus Cristo.

Levando em consideração a advertência do niilismo da desconstrução acerca da impossível recuperação dos conteúdos do credo cristão em sua pretensão de objetividade univocista, o que aqui desejo sugerir é um primeiro estágio da relação do desejo com a transcendência que acontece em sua própria imanência. Não tanto ao modo transcendental como propôs Karl Rahner, nem como aparecimento fenomenológico do infinito na finitude da mesmidade em sentido levinasiano.

Nossa proposta acerca do desejo se aproximaria mais da maiêutica histórica de Andrés Torres-Queiruga no sentido da mostração do divino que procede a partir da vivência da pessoa que assume sua finitude com sua constitutiva abertura à transcendência. Citamos aqui a este respeito uma apresentação que o mesmo autor compostelano faz num debate público com um conhecido teólogo espanhol:

> Recorro, para isso, à categoria de "maiêutica histórica". Histórica, para acentuar seu caráter de livre e gratuita iniciativa divina. Maiêutica, apesar de tudo, porque, na linha de Sócrates, a palavra reveladora nos chega da história – *fides ex auditu* –, mas não nos aliena; ao contrário, cumpre o papel de parteira que ajuda a dar à luz a verdade última de nosso ser e do ser do mundo *enquanto* criados, sustentados,

---

de 'ontologia substancialista', para a qual a categoria fundamental do ente é a substância". (Tradução Érico Nogueira). Peter Knauer, "Ontología Relacional". In: Javier Quezada (coord.), *Dios Clemente y Misericordioso. Enfoques Antropológicos. Homenaje a Barbara Andrade.* México, Universidad Iberoamericana, 2012, p. 19.

> promovidos e iluminados pela presença amorosa e salvadora de Deus. Por isso o crente pode, por um lado, viver no gozo de "ter encontrado o tesouro escondido" pelo qual não hesitaria em deixar tudo; e, por outro lado, acolher como vindo de Deus todo avanço humano autêntico, disposto a dialogar, sem medo mas sem prepotência, com as verdadeiras buscas da cultura.[23]

Segundo essa chave hermenêutica mimética, não se trata de negar a graça como dom que procede da exterioridade divina, mas de compreender neste caso que somente num desejo desapegado de sua vontade de domínio pode acontecer o processo da revelação enquanto imitação do desejo divino. Trata-se de um desejo outro, diferente, despojado de seu antropocentrismo narcisista, vivenciado como alteridade amorosa que nos deleteria e que não gera rivalidade mas mútuo reconhecimento à imagem da vida trinitária em Deus.

Finalmente, não esqueçamos que o desejo sempre será ambíguo e que, como dinamismo de relação de alteridade marcado pela finitude, se encontrará sempre na fronteira entre o relato egoico e a instauração do horizonte intersubjetivo do mútuo reconhecimento. Nunca nesta história conflituosa conheceremos senão fulgores de doação.

Tal é o fundo fenomenológico da ideia de revelação. Aí radica sua potência para impulsionar as subjetividades a abrir suas experiências de vida e de compreensão a outros mundos, a outras identidades, a outras práticas e a outras linguagens.
A vigilância crítica de suas pulsões de onipotência, aguçada nos tempos pós-modernos pela crítica do niilismo desconstrucionista, não poderá senão manter-se sempre alerta. Para isso, a teoria

---

[23] Andrés Torres-Queiruga, "Aclaración sobre Mi Teología. Respuesta a un Diagnóstico de Olegario González de Cardedal". In: *Iglesia viva*, n. 235, p. 107, jul.-set. 2008; Idem, *Repensar la Revelación. La Revelación Divina en la Realización Humana*. Madrid, Trotta, 2007, p. 576.

mimética é imprescindível, já que desentranha os mecanismos de rivalidade arcaica que subjazem às origens da cultura.

≈

Em síntese, considerado assim em sua complexa trama de dinamismo antropológico, fenomenológico e erótico, o desejo se constitui como uma dimensão histórica e simbólica da subjetividade vulnerável pós-moderna, com sua carga de rivalidade, de sacrifício e de doação, que caracteriza a construção de identidades nos tempos do fragmento. Por um lado, o dispositivo mimético é a expressão histórica relacional da finitude; e, por outro lado, o desdobramento da experiência de doação é o que torna possível vislumbrar um horizonte de futuro para a humanidade.

O desejo como gesto de carícia anelante, como presença palpitante, roça o mistério do real e assim se torna uma vivência da finitude em que é possível que aconteça a revelação divina.

Mas o desejo sem memória se perde no esquecimento como se se tratasse de uma realidade evanescente que não é senão puro impulso vital. Por isso será preciso unir os fios soltos do desejo na experiência da memória. Outra dimensão da subjetividade que, nos tempos pós-modernos, é preciso considerar atentamente para dar razão do ser em relação que recebe, acolhe, provoca e mantém viva a revelação divina, ao longo da história violenta da humanidade, como uma promessa que oferece esperança para todos.

2. Por uma Memória Redimida

Outro dinamismo fundamental da subjetividade é a memória. Agostinho, um dos fundadores do Ocidente, já havia descrito no famoso livro décimo das *Confissões*, com aquela narrativa magistral que o caracteriza, os meandros da presença a si mesmo implicada pela ação de recordar. Afirmava, a partir de sua visão teônoma do real, que no seio desse processo de rememoração Deus se manifesta:

> Grande é a virtude da memória e algo que me causa horror, meu Deus: multiplicidade infinita e profunda. E isto é a alma, e isto sou eu mesmo. Que sou, pois, meu Deus? Que natureza sou? Vida vária e multiforme e sobremaneira imensa. Vede-me aqui nos campos e antros e inumeráveis cavernas de minha memória, cheias inumeravelmente de gêneros inumeráveis de coisas, já por suas imagens, como as de todos os corpos; já por presença, como as das artes; já por não sei que noções ou notações, como as dos afetos da alma, as quais, ainda que a alma não as padeça, as tem a memória, por estar na alma quanto está na memória. Por todas estas coisas discorro e voo daqui para ali e penetro quanto posso, sem que dê com o fim em nenhuma parte. Quanta é a virtude da memória, tanta é a virtude da vida num homem que vive mortalmente![24]

E depois prossegue com a meditação propriamente teológica que denota com toda a clareza o teocentrismo que agora, nos tempos de modernidade tardia, o pensamento pós-secular se encontra recuperando como insight fundador do pensamento e da ação:

> Que farei, pois, ó tu, vida minha verdadeira, meu Deus? Transpassarei também esta virtude minha que se chama memória? Transpassá-la-ei para chegar a ti, luz dulcíssima. Que dizes? Eis que

---

[24] Agustín de Hipona, *Confesiones* l. X, cap. XVII. Madrid, Biblioteca de Autores Cristianos, 1974, p. 422.

> ascendendo pela alma para ti, que estás acima de mim, transpassarei também esta faculdade minha que se chama memória, querendo tocar-te por onde podes ser tocado e aderir a ti por onde podes ser aderido. Porque também os animais terrestres e as aves têm memória, dado que de outro modo não voltariam a suas tocas e ninhos, nem fariam outras muitas coisas a que se acostumaram, pois nem sequer acostumar-se poderia nenhuma se não fosse pela memória. Transpassarei, pois, ainda a memória para chegar àquele que me separou dos quadrúpedes e me fez mais sábio que as aves do céu; transpassarei, sim, a memória. Mas onde te acharei, ó tu, verdadeiramente bom e suavidade segura! Onde te acharei? Porque, se te acho fora de minha memória, esqueci-me de ti, e, se não me recordo de ti, como já te poderei achar?[25]

Genial narrativa dos corredores secretos da memória. Séculos depois, os mestres da suspeita desenvolveriam uma aproximação redutiva, centrada nas armadilhas da memória, em particular Freud. Embora tenha que reconhecer a hoje imprescindível análise das patologias da memória, é preciso ir mais longe para a compreensão da potência da subjetividade quando é capaz de recordar para dar vida. Um ato rememorativo que pareceria simples, mas que é de uma complexidade extraordinária, sobretudo pela maneira como se constroem os relatos por meio dos quais contamos as histórias a partir do espaço interior que eros e ágape habitam no coração de cada subjetividade.

Como expressão significativa da análise moderna da memória, Paul Ricoeur a vinculou à ideia do esquecimento, seguindo também as

---

[25] Ibidem.

intuições de Santo Agostinho. Mas buscou vincular essa potência da alma à busca de uma sanação das patologias da memória que surgiram no século XX, depois do traumatismo de Auschwitz. Seguindo Hannah Arendt, comenta o filósofo da Sorbonne:

> Diria eu que não há simetria entre o dever de recordar e o dever de perdoar, porque o primeiro é um dever para ensinar, enquanto o segundo é um dever que vai além da indignação e do ódio. Os dois objetivos não são comparáveis. De maneira que memória e esquecimento contribuem, cada um à sua maneira, naquilo que Hannah Arendt chamou, em seguida, de ação. Para dar leito à ação, é necessário que mantenhamos frescos os vestígios dos acontecimentos, que nos reconciliemos com o passado e que nos despojemos da indignação e do ódio. Uma vez mais, a justiça é o horizonte de ambos os processos. Mas não esqueçamos que no momento presente de nossa história havemos de encarregar-nos do problema de uma cultura da *só memória*.[26]

Dessa maneira, o pensamento moderno deu um giro radical ao questionamento sobre a memória ao tratar seu vínculo indissolúvel com o problema do mal. Uma teodiceia moderna que pôs a Deus e aos sobreviventes no banco dos réus. Primeiro com a incessante pergunta própria da teodiceia moderna a partir de Leibniz, sobre por que Deus permite o mal, em particular por que não age com sua onipotência para deter o sofrimento dos inocentes e o aniquilamento dos justos. Mas um questionamento dirigido também à

---

[26] Paul Ricoeur, "Memory and Forgetting". In: Richard Keaney, Mark Dooley e Karl-Otto Apel, *Questioning Ethics: Contemporary Debates in Continental Philosophy*. London, Routlegde, p. 11. Disponível em: http://site.ebrary.com/lib/alltitles/docDetail.action?docID=10056138&tppg=16. Acesso em: 16 jul. 2016. [T. do A.].

humanidade a fim de saber o que fazer para deter a espiral do ódio crescente no mundo "civilizado".

Neste contexto, o hermeneuta francês foi, a nosso ver, um dos filósofos modernos que melhor deu razão do processo da memória, vinculando-a à narração sempre implicada pelo dramatismo da história, aberto ao horizonte do esquecimento e, talvez, do perdão... Mas somente conseguiu propor o perdão como um anelo desejável, talvez possível, do advento da transcendência reconciliadora no seio da imanência da subjetividade e da conflituosa história.

Paul Ricoeur explicou com dois argumentos sua tímida menção do perdão como categoria filosófica. Primeiro assinalando nos seguintes termos que surge como "horizonte da memória apaziguada":

> O esquecimento e o perdão designam, separada e conjuntamente, o horizonte de toda a nossa investigação. Separadamente, enquanto cada um deriva de uma diferente problemática: para o esquecimento, a da memória e a fidelidade ao passado; para o perdão, a da culpabilidade e a reconciliação com o passado. Conjuntamente, enquanto seus itinerários respectivos se entrecruzam num lugar que não é um lugar, mais bem designado pelo termo "horizonte". Horizonte de uma memória apaziguada, até de um esquecimento feliz.[27]

E depois, postulando que o perdão poderia ser fruto, talvez, da generosidade do esquecimento. Somente nos últimos parágrafos do epílogo de sua última obra, Paul Ricoeur dá lugar, de maneira tangencial e preliminar, à contribuição da revelação cristã para a

---

[27] Paul Ricoeur, *La Memoria, la Historia, el Olvido*. México, Fondo de Cultura Económica, 2004, p. 531.

constituição da "memória ditosa", que seria a melhor expressão da memória apaziguada. Situa-a em relação à reconciliação através da "arte do esquecimento", descrevendo-o da seguinte maneira:

> Uma terceira pista se oferece à exploração: a do esquecimento que já não seria estratégia nem trabalho, um esquecimento inativo [...]. Não caberia, pois, uma forma suprema do esquecimento, enquanto disposição e maneira de estar no mundo, que seria a despreocupação, ou melhor, o não cuidado? [...] Como não evocar – fazendo eco à apóstrofe de André Breton sobre a alegria da recordação e como contraponto à própria evocação que Walter Benjamin faz do anjo da história das asas fechadas – o elogio que Kierkegaard faz do esquecimento como libertação do cuidado? [...] com efeito, a exortação do Evangelista a "considerar os lírios do campo e os pássaros do céu" se dirigia, sem dúvida, aos preocupados: "Se o preocupado", observa Kierkegaard, "presta atenção real aos lírios e aos pássaros, se se esquece de si mesmo neles e em sua vida, aprenderá destes mestres, por si mesmo e insensivelmente, algo de si mesmo" (*Discours Édifiant...*, ob. cit., p. 157). Aprendê-lo-á dos lírios do campo que "não trabalham". Deve aprender-se, pois, que há que esquecer até o trabalho de memória e o trabalho de luto? E, se tampouco "fiam", por ser sua simples existência seu adorno, há que compreender que "o homem também, sem trabalhar nem fiar, sem mérito próprio algum, é vestido pelo simples fato de ser homem, com mais magnificência que Salomão em toda a sua glória?" [...] Sob o signo deste último incógnito do perdão, poderia rememorar--se a máxima do *Cântico dos Cânticos*: "O amor

é tão forte como a morte". O esquecimento de reserva, diria eu então, é tão forte como o esquecimento de destruição.[28]

Não deixa de surpreender o leitor dos tempos da razão pós-secular a resistência de Paul Ricoeur a analisar com maior liberdade, no seio de seu magistral tratado sobre a rememoração, o vínculo do esquecimento com a realidade transcendente e amorosa que as religiões chamam Deus. Tal dimensão da memória aberta à transcendência do dom do perdão é a que precisamente fará possível apresentar a premente pergunta sobre o futuro e a reconciliação possível para os sobreviventes de holocaustos antigos e novos.

A fim de avançar em nossa investigação sobre as potências de experiência da subjetividade redimida, abordaremos a seguir a questão da memória em três sentidos principais, vinculados, aliás, ao primeiro dinamismo, que é o desejo: (i) a construção da interioridade; (ii) as narrativas da marginalidade; e (iii) os processos de libertação do ressentimento.

2.1 A Interioridade Habitada

"Recordar" é um verbo que se conjuga normalmente no modo indicativo, mas que adquire significados diversos quando outros modos verbais o transformam, designando novas potencialidades da memória. Como já o assinalou Paul Ricoeur, o imperativo na negação da memória é o rosto mais cruento do totalitarismo: quando o estado ou o poder da vez obrigam a esquecer, a não recordar, a não contar as histórias.

Mas há outro modo de conjugar no imperativo o verbo recordar, como aquele texto paulino surpreendente que se encontra na base da

---

[28] Ibidem, p. 645-46.

memoria Iesu: "lembra-te de Jesus Cristo, ressuscitado dentre os mortos" (2Tm 2,8). Trata-se de um imperativo que nasce da *vida teologal* em sua força ilocutória que viemos descrevendo ao longo deste livro.

Por outro lado, quando se declina o verbo recordar no subjuntivo, desdobram-se outras possibilidades da interioridade: expressa-se um anelo ainda não cumprido quando, por exemplo, se diz "gostaria de recordar como sucedeu", ou quando alguém se lamenta não havê-lo feito, quando se expressa "se tivesse recordado, talvez não tivesse cometido o mesmo erro".

O modo indicativo é próprio do sentido comum, mas também da razão reflexiva, que busca construir narrações simples, com pretensão de objetividade e com rigor de argumentação. Por esse modo verbal, o sujeito assinala o que recorda sem se questionar se é certo ou não, antes afirmando uma vivência. Por exemplo, quando se diz: "Recordo que ontem me disseste que me amavas". Ou quando a pessoa que conta uma história reconstrói uma trama pela qual pretende dizer a realidade verdadeira, que tem estatuto de evidência interior: "Recordei que estavas aí".

Esses breves exemplos de conjugação do verbo recordar são somente um indício do caminho que pode percorrer a memória enquanto expressão da interioridade da pessoa. Em síntese, podemos dizer que, por meio dos modos verbais, a pessoa expressa seus anelos amorosos, suas pretensões de verdade e seu modo de estar no mundo. De maneira que assim podemos ver que a linguagem está sempre marcada pelo exercício ativo da memória, seja no caso dos relatos de vida cotidiana, seja nas narrativas de construção de objetos de conhecimento da realidade circundante. Também a memória e a linguagem se conjugam na projeção dos anelos dirigidos a uma alteridade situada na imanência (os outros, a comunidade de crentes), ou na transcendência da história (Deus em seu mistério inefável).

≈

Quanto àquilo a que nossa investigação se refere a fim de compreender as potências da subjetividade pós-moderna abertas à revelação divina, recordemos que tanto o pensamento pós-moderno como o antissistêmico apresentam, cada um com seu enfoque próprio, o problema da memória. Não somente como um assunto de interioridade do sujeito emancipado que recorda as experiências que marcaram os caminhos de sua subjetividade, no meio do labirinto de suas pulsões, para conquistar sua liberdade, como foi o caso da razão crítica atenta às propostas dos mestres da suspeita, senão que os pensadores pós-modernos apresentam a necessidade de recuperar a memória das vítimas dos sistemas de totalidade para construir a partir dessa narrativa as micro-histórias e possibilitar as redes de comunicação entre vítimas que as preservem de novas subjugações.

A este respeito, a corrente historiográfica europeia da micro-história[29] tinha apresentado havia décadas a necessidade de recuperação da memória a partir da vida cotidiana dos atores anônimos que haviam sido esquecidos pela "história oficial". Mas de uma perspectiva de crítica aos sistemas de totalidade nasceu depois, na América Latina, uma historiografia baseada na recuperação das histórias negadas.[30] Busca o exercício de uma *memória subversiva* que reconstrói

---

[29] Um dos primeiros autores a dar o passo para a historiografia pós-moderna foi o italiano Carlo Ginzburg com sua obra *O Queijo e os Vermes. O Cosmos segundo um Molineiro do Século XVI*, publicada em 1976. Pode-se consultar sua obra posterior, em que ele faz uma proposta metodológica: *Historia Nocturna*. Barcelona: Muchnik, 1991. Seu método tem algumas convergências com o de Jacques Revel, França, na linha da historia social e cultural a partir de casos. A recepção desta corrente historiográfica na Espanha e na América Latina foi fecunda nas duas últimas décadas. Cf. Ronen Man, "La Microhistoria como Referente Teórico-Metodológico. Un Recorrido por Sus Vertientes y Debates Conceptuales". In: *Historia Actual Online* (HAO), n. 30, p. 167-73, inverno de 2013. Disponível em: http://www.historia-actual.org/Publicaciones/index.php/haol/article/viewFile/822/657. Acesso em: 16 jul. 2016.

[30] Pioneiro na recuperação da história dos vencidos no contexto da colonização americana, Enrique Dussel foi construindo sua própria reinterpretação da história latino-americana num debate interdisciplinar com acadêmicos e setores sociais diversos. Cf. Enrique Domingo Dussel, *Política de la Liberación. Historia Mundial y Crítica*. Madrid, Trotta, 1997, p. 588; *1492: El Encubrimiento del Otro. Hacia el Origen del "Mito de la Modernidad"*. Bolívia, Plural Editores-Facultad de Humanidades UMSA, 1994, p. 187; *Caminos de*

a história a partir de seu reverso por meio de uma pluralidade de narrações identitárias e de micro-histórias contadas pelas próprias vítimas. Trata-se de trazer à luz a interioridade da pessoa em sua relação de submissão a um sistema de dominação certamente, mas que a partir daí vive experiências de resiliência, de libertação e de construção de novas identidades e práticas. Sempre vinculando cada vítima a seu entorno vital: nicho ecológico, clã, tribo, etnia, grupo, classe, credo, identidade de gênero, tradição espiritual e tantas outras maneiras de particularizar as subjetividades nos tempos da aldeia global.

A memória das vítimas se erige, assim, como cenário estético e político para construir uma narrativa da subjetividade vulnerável própria das sociedades pós-modernas que propõem uma mudança de mundo a partir do reverso da história. Não como utopia de messianismo político, mas como contracultura e marginalidade assumida, na perspectiva de um altermundismo social e econômico, buscando uma expressão da religião sem sacrifício e promovendo uma cultura da diversidade.

Daí que necessitemos abordar esse outro elemento da reconstrução da memória como recuperação da *marginalidade no centro*, como dizia o cronista Carlos Monsiváis, coração do espaço público pós-moderno.

2.2 A Narrativa Fraca

Depois da violência extrema que nos confronta com situações de horror, dizia Paul Ricoeur, "ou contamos histórias ou contamos cadáveres". Na verdade, o hermeneuta francês o explicava como sobrevivente, sublinhando o poder da individuação como parte

Liberación Latinoamericana I. Interpretación Histórico-Teológica de Nuestro Continente Latinoamericano. Buenos Aires, Latinoamérica, 1972, p. 176; *Hipótesis para una Historia de la Iglesia en América Latina.* Barcelona, Estela-Lepal, 1967, p. 222.

da função da construção da quase impossível explicação histórica, nos seguintes termos:

Voltamos a encontrar o poder que tem a ficção de suscitar uma ilusão de presença, mas controlada pelo distanciamento crítico. Também aqui, pertence ao imaginário de representância "pintar" "pondo diante dos olhos". O fato novo é que a ilusão controlada não se destina a agradar nem a distrair. Está posta ao serviço da individuação exercida tanto pelo horrível como pelo admirável. A individuação mediante o horrível, à qual prestamos especial atenção, ficaria cega enquanto sentimento, por elevado e profundo que seja, sem a quase intuitividade da ficção. A ficção dá olhos ao narrador horrorizado. Olhos para ver e para chorar. O estado presente da literatura do holocausto o confirma plenamente. Ou *o* cômputo de cadáveres ou a lenda das vítimas. Entre os dois extremos se intercala uma explicação histórica, difícil (se não impossível) de escrever, conforme às regras da imputação causal singular.[31]

Por isso talvez o século XX tenha sido o tempo da recuperação das narrativas dos sobreviventes dos campos de concentração, dos gulagui soviéticos, das ditaduras militares e das vítimas dos

---

[31] Paul Ricoeur, *Tiempo y Narración, vol. III*. México, Siglo XXI, 1996, p. 912. Uma frase recorrente nos últimos tempos da obra de Paul Ricoeur. A que ele retoma numa entrevista com intelectuais na Irlanda que lhe perguntavam sobre a diferença entre imaginação e memória, entre o irreal e o real das duas narrações, aos quais responde nos seguintes termos: "Nesse sentido, a memória está do lado da percepção, enquanto a imaginação está do lado da ficção. Mas elas se cruzam. Os historiadores a que chamamos 'revisionistas' – aqueles que, como Faurrison, negam a existência dos campos de extermínio – ignoram o problema da verdade 'factual'. Eis por que a memória histórica precisa ser amparada por evidências documentais. Deve-se observar o critério de falseabilidade de Karl Popper. O que, porém, não significa ignorar a circunstância de que, vez por outra, a ficção é mais fiel ao que realmente aconteceu do que a fria narrativa histórica, já que a ficção vai direto ao sentido além ou debaixo dos fatos nus e crus. É embaraçoso. Mas, em última instância, temos de voltar a contar os corpos. Temos de contar minuciosamente os cadáveres num campo de concentração e, ao mesmo tempo, narrar de maneira tão vívida que as pessoas não se esqueçam mais". (Tradução Érico Nogueira). Paul Ricoeur, "Imagination, Testimony and Truth". In: *Questioning Ethics: Contemporary Debates in Continental Philosophy*, London, Routdlegde, p. 15. Disponível em: http://site.ebrary.com/lib/alltitles/docDetail.action?docID=10056138&ppg=26. Acesso em: 16 jul. 2016.

totalitarismos. Hannah Arendt[32] foi, junto de Walter Benjamin, a autora que mais sublinhou o caráter *político* da memória no horror do século XX.

Por seu lado, a teologia de Iohann-Baptist Metz, na Alemanha, recolheu essa semente de pensamento político pós-totalitário para falar da potência da "memória subversiva":

> Primeiro concebida como anamnésica, a razão impede o entendimento abstrato de manter a progressiva carência de memória, a progressiva amnésia para o próprio progresso. Pela primeira vez uma razão concebida anamnesicamente capacita também a Ilustração a se esclarecer sobre a desgraça adornada por ela mesma.[33]

---

[32] Como parte do profundo pensamento político de Hannah Arendt, é possível captar ecos do conceito hebreu do *tempo messiânico* e de sua relação com a ideia de *poder* como a realidade política por excelência. Distingue-se do terror e da violência que são monstros engendrados pelos sistemas totalitários. Assim descreve a filósofa judia alemã a diferença entre poder e violência: "Para resumir: politicamente falando, é insuficiente dizer que poder e violência não são a mesma coisa. O poder e a violência são opostos; onde um domina absolutamente, falta o outro. *A violência aparece onde o poder está em perigo, mas, confiada a seu próprio impulso, acaba por fazer desaparecer o poder. Isto implica que não é correto pensar que o oposto da violência é a não violência; falar de um poder não violento constitui em verdade uma redundância. A violência pode destruir o poder; é absolutamente incapaz de criá-lo*". Hannah Arendt, *Sobre la Violencia*, Madrid, Alianza Editorial, 2005, p. 77 [destaque do autor]. Sobre sua recepção na América Latina, veja: Laura Quintana e Julio Vargas (comps.), *Hannah Arendt. Política, Violencia, Memoria*, Bogotá, Ediciones Uniandes, 2012, p. 170.

[33] Iohann-Baptist Metz, *Por una Cultura de la Memoria*, Madrid, Anthropos, 1999, p. 76. A esse respeito, é inspiradora a leitura feita por Jürgen Habermas da contribuição de Iohann-Baptist Metz ao debate sobre a possibilidade da redenção em contexto moderno tardio: "Metz se opôs a uma posição meramente defensiva da Igreja católica em face da modernidade e advogou uma participação produtiva nos processos da Ilustração burguesa e pós-burguesa. Se a visão bíblica da salvação não significa somente a redenção da culpa individual, senão que inclui também a libertação coletiva de situações de miséria e de opressão (e, portanto, com o elemento místico, contém também um elemento político), a marcha escatológica para a salvação dos que sofrem injustamente entra em contato com os impulsos da história da liberdade na modernidade europeia". Jürgen Habermas, "Israel o Atenas, ¿a Quién Pertenece la Razón Anamnética? Sobre la Unidad en la Diversidad Multicultural".

Para o teólogo alemão, a Igreja – como comunidade escatológica que vive da memória subversiva de um crucificado, que vive à luz de seu Espírito – existe precisamente a partir desse poder subversivo da memória. A partir dessa experiência fundadora, conta a história como rememoração dos inocentes vitimados. Seu ponto de partida é a rememoração de Cristo Jesus, morto e ressuscitado, como início de um novo modo de existência e de práxis de discipulado como "memória perigosa" que subverte os mecanismos da violência.

Em um sentido próximo, ainda que diferente e próprio a partir da perspectiva do "reverso da história", a teologia da libertação na América Latina, durante a segunda metade do século passado, reconheceu o papel central dos pobres como sujeitos históricos com suas narrativas de libertação, indo além da exclusão a que foram submetidos. Não somente como vítimas do sistema econômico baseado na exploração da mais-valia do capital num sistema de livre mercado, como se assinalou em seu momento, senão que reconhece "a força histórica dos pobres" e sua presença no espaço público como verdadeiros sujeitos coletivos que constroem suas próprias narrações identitárias, a partir da recuperação de sua memória histórica, de sua língua e de sua cosmovisão, de suas tradições e sabedorias ancestrais, bem como de seus vínculos com outros excluídos que se vão reconhecendo como vítimas sistêmicas e vão criando redes de comunicação, de mútuo reconhecimento e de solidariedade.

Com os traços próprios da pós-modernidade – por seu anseio de recuperar a história a partir de suas margens – as mulheres, os

---

Isegoría, n. 10, p. 107-08, 1994. E, mais adiante, sobre a contribuição específica da teologia para a ideia de memória esperançada no pensamento pós-metafísico, destaca Habermas: "Metz reúne estes motivos não gregos no foco *único* do ato de rememorar (*Eingedenkens*). Entende a força da recordação no sentido de Freud, como a força analítica do 'trazer à consciência', mas sobretudo no sentido de Benjamin, como a força mística de uma reconciliação retroativa. O ato de rememorar, de manter a recordação, salva da ruína aquilo que não queremos perder e que, no entanto, se acha no maior dos perigos. Este conceito religioso de 'salvação' excede sem dúvida o horizonte daquilo que a filosofia pode fazer plausível nas condições do pensamento pós-metafísico". Ibidem, p. 109.

povos indígenas, as culturas juvenis, as minorias sexuais e as pessoas de capacidades diferentes estão sendo os que, de maneira mais criativa hoje, contam a história a partir de seu reverso. Fazem-no a partir do cotidiano, conforme é vivido e imaginado pelos que são "marginais no centro" do espaço público das democracias liberais modernas e das religiões hierárquicas também. Porque, com efeito, também os sistemas de crenças e as práticas espirituais nas religiões históricas estão sendo vivenciados a partir de seu reverso, e ao mesmo tempo postos em questão, por essas narrativas de marginalidade próprias do sujeito fraco.

Um caso específico dessa recuperação criativa da memória histórica de um sujeito excluído dentro da Igreja Católica é a teologia indígena. Sua gestação como prática de resistência pretende recuperar uma marginalização histórica de cinco séculos, mas sem ficar ancorada no passado mítico, ainda que tampouco renunciando a essa outra racionalidade que é a própria do símbolo.

Pelo contrário, a teologia indígena constrói a *trama* de sua própria contra-história a partir da convergência da razão simbólica com os processos sociais de autonomia com dignidade. A esse respeito, Eleazar López, "o cuidador" da teologia indígena mesoamericana, comenta o seguinte:

> Englobar todas as teologias índias em explicações unitárias é uma exigência da necessidade de contar com parâmetros amplos que sejam capazes de ajudar-nos a compreendê-las e valorá-las. Mas esta globalização também é resultado da situação atual dos povos indígenas, que, por estarem submetidos às mesmas estruturas dominantes há muito tempo, elaboraram respostas similares e convergentes, em todos os planos, incluindo o religioso e teológico. A teologia índia se está configurando hoje como um modo de fazer teologia; porque é

atrever-se a pensar as coisas de Deus e nossas coisas mais profundas em categorias próprias; é lançar mão das ferramentas de conhecimento produzidas pela sabedoria de nossos povos para expressar nossa experiência de Deus; é pensar com nossa própria cabeça a fé que vivemos.[34]

Afinal de contas, é preciso reconhecer hoje, de uma vez por todas, que a narrativa do sujeito fraco pós-moderno não pode reduzir-se a uma versão relativista da história, senão que busca tocar o fundo da condição humana universal a partir de sua particularidade extrema. E, mais ainda, tal narrativa do sujeito fraco propõe-se a reverter o processo da dominação imposto pelos sistemas de totalidade com suas próprias macro-histórias, mediante o acesso a uma palavra subversiva contada pelas próprias vítimas.

No entanto, não podemos ser ingênuos. Fica no horizonte o sabor amargo da injustiça que padecem as vítimas, o aguilhão do ressentimento que lacera a subjetividade vulnerada. E, de maneira paradoxal, junto dessas farpas aparecem sempre também, de maneira paradoxal, sinais de consolação. Com efeito, junto da indignação ética que se mostra como reclamação contra o aniquilamento dos justos e inocentes, surgem também, de maneira amiúde discreta e silenciosa, os atos de gratuidade e de doação que fazem habitável e amável o mundo.

Daí que seja imprescindível abordar agora a questão do ressentimento e seus caminhos de superação, sem desvinculá-la de seu horizonte de esquecimento, de perdão e talvez, algum dia, de reconciliação. Uma realidade de difícil e complexa instauração histórica, talvez como mera semente de futuro. Mas concreção histórica que faz possível somente os que desfazem os nós do ressentimento, aguilhoando assim o desejo e a memória presos em seu sopor de

---

[34] Eleazar López Hernández, "Caminos de la Teología India". México, Cenami, 1997, p. 2. Disponível em: http://usuaris.tinet.cat/fqi_sp02/docum_sp.htm. Acesso em: 16 jul. 2016.

rivalidade, a fim de despertá-las e de levá-las mais longe, estimulando sua imaginação, à espera de uma *mudança de mundo* onde todos e todas caibamos.

2.3 O Horizonte do Difícil Perdão

"Não quero vingança, eu só quero paz",[35] dizia uma mulher sul-americana que deu testemunho no *Relatório chileno* que se seguiu à queda da ditadura de Pinochet. No século do horror, uma nação se atreveu a apresentar o horizonte da reconciliação como um caminho por seguir, depois da difundida discriminação étnica e do sistema político e cultural que a pretendeu legitimar. Junto da África do Sul, o Peru foi outro estado nacional, com sua ativa sociedade civil, que foi sensível à dimensão *curativa* da memória coletiva de nações submetidas à violência social.

É possível vislumbrar um horizonte de *perdão* no meio da violência sistêmica imposta hoje pela globalização da economia de mercado e da mediocracia? Uma pergunta que nos lança na face o urgente e crucial desafio de pensar o que parece impensável para as vítimas, depois do traumatismo que padeceram. Um *pathos* de sofrimento coletivo, marcado pelas sequelas da dignidade ferida, da memória infeliz e do desejo de retribuição que, o mais das vezes, se expressa como um ressentimento acompanhado do desejo de vingança.

A teologia pós-moderna se encontra hoje explorando esta *terra incógnita* do perdão no contexto de violência sistêmica. Como umbral desse questionamento, há um quarto de século e em debate com a Escola de Frankfurt, Helmut Peukert propôs a necessidade de construir uma interpretação da ação comunicativa da solidariedade anamnésica. Seu horizonte de significação procede da luz da ressurreição de Jesus

---

[35] Cf. Teresa Godwin Phelps, *Después de la Violencia y la Opresión É Posible Crear Justicia*. León, Sistema Universitario Jesuita/Cátedra Kino, 2007, p. 66.

como experiência adquirida da aceitação incondicional do outro e, em virtude disso, como fonte de superação da opressão:

> Como solidariedade anamnésica com Jesus, possibilitada por sua vida e pela ação de Deus nele e para ele, a fé na ressurreição de Jesus é ao mesmo tempo solidariedade com todos os outros. Ele é, como solidariedade anamnésica, solidariedade universal no horizonte da única humanidade e da única história; ele constitui a única humanidade na solidariedade incondicional da ação comunicativa, que antecipa a plenitude da salvação para todos [...]. A aceitação do outro sob a modalidade de afirmar a Deus como a realidade absoluta para este outro na morte exclui a opressão.[36]

Por outro lado, a narrativa pós-moderna proposta por John Milbank, a partir de seu modelo pós-secular de *Radical Orthodoxy*, põe o dedo na ferida ao afirmar que a modernidade é incapaz de incluir o dom e o perdão que procedem da *caridade* como fonte da ontologia e muito menos da política. Assim apresenta o professor de Nottingham seu argumento:

> A fé cristã faz parte da prática cristã e sustenta suas afirmações sobre Deus e sobre a criação só com base em repetir e representar uma metanarrativa acerca de como fala Deus no mundo para redimi-lo. Ao elaborar a metanarrativa de uma interrupção contra-histórica da história, elabora-se também uma prática distintiva, uma contraética que inclui uma ontologia social, uma interpretação do dever e da virtude e um

---

[36] Helmut Peukert, *Teoría de la Ciencia y Teología Fundamental*. Barcelona, Herder, 2000, p. 328-29.

> elemento inefável de "idioma" estético que não pode ser plenamente tratado no estilo da teologia teórica. [...] Esta contraontologia confirma no plano especulativo três importantes componentes da contraética: primeiro, a prática da caridade e do perdão, que implica a prioridade de uma doação criadora gratuita de existência e, portanto, de diferença. Segundo, a reconciliação da diferença com a virtude, na qual a verdadeira virtude só encontra sua culminação através desta reconciliação. Terceiro, a análise da paz como uma realidade primária e como a negação de uma violência sempre precedente.[37]

Por outro lado, entre os movimentos antissistêmicos que se opõem ao poder onímodo da globalização, a *questão do perdão* e da reconciliação é abordada com muita precaução e até com certa desconfiança. Com efeito, na América Latina, depois da época das ditaduras militares ou mesmo da ditadura de um partido (como no caso mexicano), o tema do perdão e da reconciliação nacional surgiu como parte da agenda política da sociedade civil organizada. Foi lançada como prioridade da agenda de reconstrução nacional por diversos movimentos de direitos humanos e se abordou também em círculos acadêmicos. Mas somente no Peru e na Guatemala encontrou um leito político, ainda que no dia de hoje continuem pendentes julgamentos de retribuição para as vítimas.

---

[37] John Milbank, *Teología y Teoría Social. Más Allá de la Razón Secular*. Barcelona, Herder, 2004, p. 568-69. Veja também: Idem, "Forgiveness: The Double Waters". In: *Being Reconciled. Ontology and Pardon*. New York, Routledge, 2003, p. 44-60. O mesmo autor, em debate com o que ele chama "a ideia negativa de perdão" de Derrida e Jankélévitch, propõe o seguinte: "continuamos obrigados a perdoar e a seguir recebendo o perdão de outros homens, pois o que Deus nos oferece *não* é o Seu perdão negativo, mas a positiva possibilidade de reconciliação intra-humana". (Tradução Érico Nogueira). Idem, "Forgiveness and Incarnation", p. 109-10. Apud Joshua Scott Lupo, "Can We Be Forgiven?: On 'Impossible' and 'Communal' Forgiveness in Contemporary Philosophy and Theology". *Religious Studies* (2010) Theses. Paper 27, p. 38. Disponível em: http://digitalarchive.gsu.edu/cgi/viewcontent.cgi?article=1026&context=rs_theses. Acesso em: 16 jul. 2016.

É importante fazer notar neste ponto que, ainda dentro do modelo da razão secularizada, a dimensão *teológica* suposta pela categoria de perdão é reduzida ao âmbito privado do foro íntimo da vítima, e com suma dificuldade se vislumbra a dimensão comunitária do perdão. Assim o ilustra a seguinte descrição do psicólogo da libertação Ignacio Dobles:

> É claro que a figura do "perdão" tem conotações religiosas. Para Jankélévitch, o perdão é um ato-limite, que só pode intervir numa relação pessoal entre aquele que perdoa e aquele a quem se perdoa: trata-se de um acontecimento não condicionado; o perdão é, assim, um "dom gratuito" (tal como o amor, como nos indica em seu tratado sobre filosofia moral: Jankélévitch, 1983) do ofendido ao ofensor, é ação, e não reação. É um ato que "escarnece de suas condições de possibilidade" (Lefranc, 2004, 139). É um ato contingente, não gradual, nem evolutivo, e suspende a "velha ordem", inaugurando uma "nova época". [...] O perdão como ato, por todo o dito anteriormente, só pode sustentar-se na recordação, não no esquecimento. Por ser um ato livre, do ofendido, não pode mobilizar-se institucionalmente por instâncias de poder com fins de reconciliação política. Os governos não podem, eticamente, "perdoar" usurpando as potestades das vítimas, geralmente para cancelar as possibilidades de atuação de instâncias democráticas ou legais em busca da justiça (Valdez, 2003).[38]

---

[38] Ignacio Dobles Oropeza, "Reconciliación, Perdón, Impunidad". In: Colectivo Costarricense de Psicología de la Liberación, *Textos*, San José. Disponível em: http://psicologialiberacioncr.org/pag/wp-content/textos/Reconciliacion%20Perdon%20Impunidad.Dobles.pdf. Acesso em: 24 jun. 2013.

Trata-se, portanto, de uma interpretação do perdão que se encontra no lado oposto à que propõe o pensamento pós-secular da Ortodoxia Radical, por exemplo. Com efeito, para ela o perdão fundado na gratuidade do dom divino é a *única realidade política e teologal, ao mesmo tempo* que realmente leva a cabal realização à comunhão humana no seio da história violenta.

Buscamos aqui construir, a partir das vítimas, uma ponte entre o primado teologal do perdão e a dimensão ético-política como processo de reconciliação coletiva no seio das sociedades democráticas da modernidade tardia. Nesse sentido, a partir da teoria mimética[39] surgiu um incipiente diálogo – num dos epicentros do pensamento antissistêmico – com os que são protagonistas de uma semente da *mudança de mundo* no contexto dos povos indígenas pobres e excluídos, mas atores de processos de autonomia cultural, política e econômica: ainda que seja preciso assinalar que a dimensão teológico política do perdão foi de difícil recepção na segunda metade do século XX porque parece abandonar a denúncia da injustiça social. Às vezes também a crítica aponta diretamente para a suposta cumplicidade desse discurso com o sistema de totalidade em questão. Por isso, para muitos atores de mudança social parece uma provocação falar de perdão, em especial para os que viveram por gerações no meio da resistência cultural, política e social.

Nesse contexto, a teologia pós-moderna da *não violência* desejou comunicar o caráter messiânico e utópico do perdão. Afirma que o cristianismo é portador de uma boa-nova para propor caminhos para a edificação da comunidade humana como obra que brota do Espírito no meio dos processos de violência. Assim, por exemplo,

---

[39] Veja uma obra coletiva que dá razão aos vigorosos diálogos do mundo acadêmico com os movimentos cidadãos, tanto em contexto urbano como em contexto rural, com os ingredientes principais da teoria mimética e do pensamento antissistêmico. Cf. Carlos Mendoza-Álvarez (comp.), *Caminos de Paz: Teoría Mimética y Construcción Social.* México, Universidad Iberoamericana, 2015.

Javier Sicilia destacou num debate com o historiador Enrique Krauze sobre a instauração da democracia no México:

> Mais que na democracia, penso, para voltar à metáfora histórica e religiosa de Krauze, e como uma alternativa aos redentores e à democracia dos Estados liberais, na *conspiratio* da primeira liturgia cristã, ainda encravada no Evangelho e numa profunda tradição judaica, talvez a que revelam os verdadeiros profetas. A *conspiratio* (de onde provém o espanhol "conspiração") era um beijo na boca, uma correspiração, uma troca de alentos, de espíritos, que criava uma atmosfera comum onde as diferenças eram abolidas e já não havia senhor nem escravo, gentio ou judeu, uma atmosfera que em sua fragilidade é facilmente corruptível pelo poder. Esse nós da *conspiratio* não pertence ao mundo da política no sentido grego, que só reconhecia um nós entre os homens livres de uma cidade em que exerciam, como hoje, suas funções em conselhos especializados e exclusivos, chamados partidos ou câmaras. Tampouco pertence ao do cidadão da *urbs* romana, para quem, tal como o faz o Estado hoje, o nós era o estatuto administrativo dos que reconheciam o império. Pelo contrário, pertence à categoria do Reino que anunciam os profetas e o Evangelho, e que se expressa nas primeiras comunidades cristãs que tinham tudo em comum. Uma categoria que sempre reaparece onde, entre as fraturas do poder, os seres emergem em sua humanidade e se irmanam e se amam livremente.
>
> O dito anteriormente não é – como poderiam criticar os que, intoxicados pela falsa premissa

> do Estado hobbesiano, creem que "o homem é o lobo do homem" que necessita de um monstro violento, o Leviatã, para administrar a vida em comum – uma rejeição anarquista e utópica de todo poder político. Pelo contrário, *é a presença de seres que em sua liberdade obrigam o poder a autolimitar-se para que possamos reunir-nos livremente, se não no amor, ao menos na confiança que está no coração dos seres humanos.*[40]

Desconstruir a rivalidade é o desafio histórico das vítimas e de seus sobreviventes nesta hora incerta para a humanidade presa na espiral da violência e do ódio. Da perspectiva da teologia pós-moderna do fim dos tempos, tal horizonte ético-espiritual é uma expressão concreta da contração do tempo vivida pelos justos, "esses seres que em sua liberdade obrigam o poder a se autolimitar". Nisso radica sua potência para alcançar as mudanças de mundo que requer cada sujeito submetido, cada subjetividade reprimida, cada coletivo ignorado, cada sociedade presa na espiral do ódio.

E para isso a teoria mimética parece ser o marco explicativo mais pertinente dos processos de rivalidade, de sacrifício e de morte. Mas sobretudo para explicar a desativação possível desse mecanismo mediante o processo de superação do ressentimento e mediante a revelação de um mimetismo não violento de doação incondicional.

Como já mencionamos num capítulo precedente, a teologia de inspiração mimética desenvolvida por James Alison seguindo a de René Girard é uma narrativa de grande pertinência para compreender esse processo, antropológico e teologal ao mesmo tempo, que instaura a superação do ressentimento como desativação do mecanismo da rivalidade. Trata-se de uma aproximação teológica

---

[40] Javier Sicilia, "Las Trampas de la Fe Democrática". In: *Letras Libres*, n. 158 "Diálogo sobre la Democracia", fev. 2012. Disponível em: http://www.letraslibres.com/revista/dossier/dialogo-sobre-a-democracia?page=0,1. Acesso em: 16 jul. 2016 [destaque do autor].

fundamental ao dinamismo da revelação como manifestação da verdade de Cristo: é possível imitar o *Abba* de Jesus em sua perpétua doação. Uma verdade que Jesus de Nazaré viveu e manifestou plenamente ao longo de sua pregação itinerante na Galileia, mas de maneira crucial no momento final de sua vida como coração do drama de sua execução, como o descreve James Alison:

> Agora lhes sugiro que Jesus de Nazaré, diante da incompreensão dos que o cercavam, foi voluntariamente, e com ampla liberdade, para sua morte desta maneira, perdendo diante da necessidade humana de sobreviver por meio de criar vítimas humanas, para mostrar-nos que ninguém necessita criar vítimas para poder sobreviver, nunca mais. Isso sugere a pergunta do tipo de poder que ele tinha até sua morte, e incluindo-a: se é verdadeiro este relato da salvação, então o tipo de poder que possuía foi o poder de quem não conhece a morte, para o qual a morte não é algo com que está em rivalidade. Em outras palavras, era o poder de Deus. Creio que isto é o que significa a doutrina da encarnação. Depois que a ressurreição de Jesus fizesse acessível o que havia sido todo o sentido de sua vida e morte como perdão, as testemunhas apostólicas começaram a perceber que o que havia capacitado Jesus a entregar-se à morte foi o fato de que já estava envolvido, como ser humano terrestre, com um projeto fixo, fazendo de sua morte um "perder a morte" para que pudéssemos aprender que nós também podemos viver como se a morte não existisse.[41]

[41] James Alisson, "De Vuelta al Perdón: La Victoria como Reconciliación". In: *On Being Liked*. London, DLT, 2003. Texto em castelhano do próprio autor em seu portal na rede. Disponível em: http://www.jamesalison.co.uk/texts/cas20.html. Acesso em: 16 jul. 2016.

Desse modo, a narração pós-moderna da história a partir das margens e das vítimas vai assumindo a exclusão como um lugar social, epistêmico e teológico de mudança de mundo. Por isso é lugar de revelação da presença divina no seio da história violenta.

Mas demos um passo adiante na argumentação de como é possível construir o perdão no seio de uma história violenta. Para isso, a teologia pós-moderna do perdão enfrentará o grande desafio de integrar em seu horizonte narrativo a dimensão da memória ditosa das vítimas e de seus sobreviventes. Aquela criada pelas próprias vítimas apesar do sofrimento. Aquela que surge como ato de resiliência quando já não parece ter saída. Aquela teimosa doação dos justos apesar de a turba permanecer presa no contágio mimético. Essa palavra liberada de sua dor e de ressentimento é suscetível de habitar o mundo de outro modo como *dom* de gratuidade incondicional. E o faz com a imaginação poética e escatológica dos que vão além da dor porque se sabem incondicionalmente amados por uma fonte inesgotável de amor, à luz de que viveu Jesus de Nazaré.

Daí precisamente surge, desse *fundo sem fundo* da presença do amor incondicional divino, o poder da reconciliação como superação do ressentimento. Tais narrativas pós-modernas estão sendo escritas hoje por aquelas pessoas que fizeram de suas feridas, por mais paradoxal que pareça, uma possibilidade de sanação comunitária como concreção histórica, relacional e vital do mistério do *nomos* escatológico da história.

3. Imaginando a Mudança de Mundo

A terceira dimensão da subjetividade pós-moderna é a imaginação criativa. Ela faz possível a *mudança de mundo* de que falam os antissistêmicos. Mas o faz, como projeto já depurado do messianismo político dos movimentos sociais do século passado, através da memória das vítimas desdobrada por uma potência performativa através da imaginação como conhecimento antecipado do futuro desejável.

A hipótese teológica que aqui proporemos sobre as possibilidades de instauração histórica da intersubjetividade vai além de certa ideia secularizada do *Katechon*[42] que predominou na teoria política moderna. Retoma de alguma forma aquilo que já assinalou G. Agamben em sua crítica *teológica* à economia e à política modernas:

> E política é a operação que supera este mistério [o ingresso do poder na figura do governo], que desativa e torna inoperante o dispositivo técnico-ontológico. A política não é o custódio do ser e do divino, mas a operação que, no ser e no divino, os desativa e cumpre sua economia.[43]

Tal ideia própria da razão pós-secular assume com realismo o caráter finito e contraditório dos processos históricos, mas para encontrar, no seio de sua conflitividade, as sementes de uma existência intersubjetiva possível no meio dos escombros da razão instrumental. Aí desempenha um papel crucial a imaginação como conhecimento e antecipação escatológicos.

Procuramos aprofundar o caráter político da imaginação, como o assinalou o pensamento pós-hegemônico[44] dos últimos anos, em busca de um novo *nomos* para explicar a constituição política plural das sociedades da aldeia global. E, para consegui-lo, propomos, seguindo a intuição do pensamento pós-secular, voltar à fonte originária do político.

---

[42] A esse respeito, veja o número especial do célebre anuário italiano *Politica e Religione*, dedicado à influência desta figura paulina na teoria política moderna, desde suas origens até o século XX: Michele Nicoletti (dir.), *Il Katéchon (2Ts 2,6-7) e l'Anticristo. Teologia Politica di Fronte al Mistero dell'Anomia*. Brescia, Morcelliana, 2009, p. 268.
[43] Giorgio Agamben, *El Reino y la Gloria. Por una Genealogía Teológica de la Economía y del Gobierno*. Valencia, Pre-Textos, 2007, p. 272.
[44] Cf. Gareth Williams, "Guerra Global y el Fin del *Katechon*: Cuatro Tesis sobre la Post-Hegemonía". In: José Luis Villacaña Berlangas e Rodrigo Castro Orellana (comps.), *Posthegemonía: El Final de un Paradigma de la Filosofía Política Contemporánea en América Latina*. Madrid, Universidad Complutensei, 2014 [Memorias del Curso de Verano Complutense 2013, no prelo].

Como parte preliminar deste debate, Emmanuel Levinas conseguiu somente postular o messianismo hebreu como o referente da necessidade de manter-se em *vigilância*[45] diante dos abusos do poder político que substitui ao Messias.

Em nosso caso, para dar razão da imaginação como *mudança de mundo* num sentido hermenêutico,[46] tanto fenomenológico como teologal mas desconstruído, exporemos aqui três elementos constitutivos do processo prospectivo de conhecimento do real intersubjetivo, a saber: (i) a *poiesis*; (ii) a profecia; e (iii) a imaginação escatológica.

---

[45] Acerca dos limites do messianismo político, comenta Klaus Dethloff: "O problema central é considerar se o liame entre poder político e pretensão messiânica – isto é, a aceleração – não produz sempre e de novo falsos messias. [...] Para Levinas, 'todos os nacionalismos são agora messiânicos e todas as nações são eleitas'. Entre essas nações há, porém, o 'privilégio' do hebraísmo. Esse privilégio consiste em 'refutar as pretensões messiânicas prematuras'. O hebraísmo está predestinado a esse papel pelo fato de que 'sempre quis ser obrigação e desobrigação ao mesmo tempo'. Parafraseando: o hebraísmo sempre foi simultaneamente aceleração e freio. Ora, se *vigilance* pode compreender-se como um incansável apelo a despertar do sonho apocalíptico, reclama também, por seu turno, sempre e de novo os sonhadores. Assim compreendida, *vigilance* é, em última instância, o *Katéchon*". (Tradução Érico Nogueira). Klaus Delthloff, "Accelerazioni e Frenata nel Messianismo Ebraico del XX Secolo". In: Michele Nicoletti (dir.), *Il Katéchon (2Ts 2,6-7) e l'Anticristo. Teologia Politica di Fronte al Mistero dell'Anomia*. Brescia, Morcelliana, 2009, p. 166-67.

[46] Acerca da relação da imaginação com a memória e do papel do testemunho como nó que as ata, é iluminador o seguinte comentário de Paul Ricoeur: "O paradoxo imaginação-memória é de fato bastante perturbador. Filósofos houve, como Espinosa, que trataram a memória como província da imaginação. Outros, como Montaigne e Pascal, consideram que a memória é uma forma de imaginação que devemos evitar. Eis por que eu enfatizo tanto as pretensões factuais da memória, para que permaneçamos fiéis ao nosso *débito* com o passado, com o que, no passado, já passou. O que me leva, enfim, ao tema incontornável do *testemunho*. O testemunho é a última ligação entre imaginação e memória, porque a testemunha diz 'Eu vi, eu estava lá'. Ao mesmo tempo, a testemunha narra uma história viva, e, assim, emprega a capacidade da imaginação de colocar os acontecimentos diante dos nossos olhos, como se estivéssemos lá. Logo, o testemunho é uma maneira de unir imaginação e memória". (Tradução Érico Nogueira). Paul Ricoeur, "Imagination, Testimony and Truth". In: Richard Keaney, Mark Dooley e Karl-Otto Apel, *Questioning Ethics: Contemporary Debates in Continental Philosophy*. London, Routdlegde, p. 16. Disponível em: http://site.ebrary.com/lib/alltitles/docDetail.action?docID=10056138&tppg=27. Acesso em: 16 jul. 2016.

3.1 A Poiesis

A imaginação costuma identificar-se com a fantasia. Muitas vezes o termo é até aplicado a uma pessoa sonhadora e traz consigo a conotação de uma subjetividade alienada da realidade cotidiana.

O problema que apresentou a razão pós-secular em nossos dias é como pôr em exercício a imaginação para conciliar a teonomia da ordem intersubjetiva num contexto de afirmação moderna de autonomia. Apresenta-se agora, neste novo cenário cultural que pensa o fundo teológico do político, a alternativa entre uma via de primado da graça ou de assunção da autonomia das realidades criadas.

Na tradição ocidental cristã, esse debate sobre o papel da imaginação no conhecimento antecipado do real já se apresentou em outros contextos. Em outras coordenadas filosóficas, as explicações oscilaram entre uma interpretação agostiniana do conhecimento que privilegia o papel absoluto da graça e outra tomista que conjuga o papel das faculdades humanas na recepção da vida teologal. Vejamos alguns dos elementos dessa diversa interpretação cristã ocidental sobre o papel da imaginação como parte do conhecimento próprio da vida teologal que antecipa os tempos plenos.

Na teoria do conhecimento de Tomás de Aquino, por exemplo, a *imaginatio/phantasia* era considerada um dos sentidos internos que implica uma função indutiva da sensibilidade, guiada pela razão, que é a única faculdade que alcança propriamente o conhecimento por meio do juízo epistêmico. A imaginação representa um estágio prévio ao juízo epistêmico. Processa a informação dos sentidos externos enquanto ato de "simples apreensão" para dar passagem posteriormente à elaboração do conceito por meio da abstração.[47]

---

[47] Veja o surpreendente comentário cosmológico do Aquinate – compreensível dentro do marco de referência das ciências naturais de sua época, das quais teve notícia por seu mestre Alberto Magno – sobre o diverso papel da imaginação em animais e nos seres humanos: "Os animais não possuem nenhuma faculdade superior à fantasia que ordene suas

Assim descreve o Aquinate o papel da imaginação como parte do processo cognitivo das coisas futuras, ao tratar dos atos comandados pela vontade em sua relação com o apetite sensitivo:

> Porque para a apreensão dos sentidos se requer um sensível exterior, não está em nosso poder apreender algo com os sentidos se não está presente o sensível; e esta presença não está sempre em nosso poder, pois, quando está, o homem pode usar os sentidos como quiser se não houver impedimento por parte do órgão. A apreensão da imaginação, em contrapartida, está submetida à ordenação da razão, segundo a virtude ou a debilidade da potência imaginativa, pois o que o homem não pode imaginar o que pensa a razão se deve a que não são coisas imagináveis, por exemplo, as coisas incorpóreas; ou por debilidade da virtude imaginativa, devida a alguma indisposição do órgão.[48]

representações imaginárias, como sucede nos homens, que têm razão. Assim, a fantasia dos animais responde totalmente ao influxo celeste. Desse modo, pelos movimentos dos animais podem conhecer-se melhor, que pelos dos homens, regidos pela razão, certos acontecimentos futuros, como a chuva e coisas parecidas". O texto latino diz: "Terceiro, diga-se, pois, que as bestas-feras não possuem nada acima da imaginação, o qual lhes organize as imagens, como os homens possuem a razão; e, assim, a imaginação das bestas-feras segue totalmente os influxos celestes. Logo, seguindo o movimento dos animais se podem prever certas coisas futuras, como a chuva e afins, mais do que o permite o movimento dos homens, que se movem pelo conselho da razão". (Tradução Érico Nogueira). *ST* I, q. 86, a. 4 ad 3. As ciências naturais da racionalidade pós-moderna estão buscando conhecer melhor a inteligência animal e sua relação com a inteligência humana.

[48] O texto original de toda a resposta à terceira objeção é o seguinte: "Terceiro, diga-se, pois, que, uma vez que a apreensão do sentido requer algo sensível desde fora, não está em nosso poder apreender o que quer que seja pelo sentido, senão na presença de algo sensível; cuja presença nem sempre controlamos. Assim, o homem pode valer-se do sentido como bem entenda, desde que não haja um impedimento orgânico. A apreensão da imaginação está sujeita à ordem da razão, segundo o vigor ou a debilidade da potência imaginativa. E o homem não pode imaginar o que a razão considera, já porque não se trata de objetos imagináveis, mas de coisas incorpóreas, já pela debilidade da potência imaginativa, devida a algum defeito orgânico". (*ST* I-II, q. 17 a. 7 ad 3). (Tradução Érico Nogueira). (*ST* I-II, q. 17 a. 7 ad 3).

Em um sentido distinto, vários séculos anteriores ao Aquinate, Santo Agostinho já havia falado da imaginação – com o pensamento teocêntrico que o caracterizava – a partir de sua experiência de conversão a Cristo, o que o fazia deslindá-la da natureza humana corrompida pelo pecado,[49] com a linguagem típica da tradição neoplatônica e plotiniana.

É um tema que ele tratou primeiro no *De Libero Arbitrio* nos seguintes termos, no diálogo maiêutico com seu discípulo Evódio:

> Evódio – Penso antes que a razão nos faz captar a existência de um sentido interior a que os cinco sentidos tão completamente conhecidos por todos. Porque é por meio de outro sentido que o animal consegue ver e por outro que evita ou busca aquilo de que tem a sensação por meio da vista. Um tem sua sede nos olhos, mas o outro, no interior, a tem na própria alma. E é graças a este último que não somente o que se vê, mas também o que se ouve e se capta por meio dos demais sentidos, enquanto lhes agrade, os animais o buscam e o captam; se pelo contrário lhes repugna, evitam-no e

---

[49] A este respeito, assinala W. N. Hodgson, em sua biografia intelectual do grande teólogo de Tagaste, o tom pessimista que predomina em sua obra ao descrever a condição humana pecadora: "Para Agostinho, compreende-se que os homens imitem outros homens (e homens bons inclusive) num mundo caído, mas, em última análise, isso revela o que é humano. É a maneira como 'estamos conformados com o mundo', nas palavras das Escrituras. 'A cobiça do mundo começa com a escolha da vontade, progride com a doçura do prazer, e se confirma com a cadeia do costume'(*De pat.*, XIV). Os animais aprendem uns com os outros por uma rotina mecânica, o que, segundo Plotino, gera 'imagem atrás de imagem' e a manada – Agostinho diz 'Quem pensa coisas terrenas é terra' (*De Civ. De* XX, 29). Assim, que homens sigam homens só pode dar em cegueira e escuridão, algo cada vez mais decepcionante, como a impressão e reimpressão de figuras apagadas". (Tradução Érico Nogueira). W. N. Hodgson, "Christian Conversion and Reflections on the Supernatural". In: Miles Hollingworth, *Saint Augustine of Hippo: An Intellectual Biography*. New York, Oxford University Press, 2013, p. 192. Disponível em: http://site.ebrary.com/lib/alltitles/docDetail.action?docID=10694348&ppg=213. Acesso em: 16 jul. 2016.

> rechaçam-no. Pois bem, este sentido não pode ser chamado visão, nem ouvido, nem olfato, nem paladar, nem tato. É algo que não sei o que é e que preside a todos os sentidos em conjunto. É a razão a que nos faz conhecê-lo, como já o disse; mas não posso identificá-lo com a razão, porque de maneira manifesta os animais também o têm.
>
> Agostinho – Reconheço a existência desta faculdade, como quer que seja, e sem hesitar a chamo sentido interior.[50]

O bispo de Hipona integrou depois, no famoso livro sétimo das *Confissões*, o papel da imaginação como um exercício da memória *no interior* da experiência da fé. Imaginação que se prostra aos pés da luz incriada própria da verdade divina. Com aquela narrativa magistral, como poucas na literatura universal, Santo Agostinho descreve o conhecimento das realidades terrestres assumidas a partir do esplendor da luz eterna:

> E, advertido por esses livros que retornasse a mim mesmo, entrei na intimidade de meu ser, levado por tua mão: foi-me possível porque tu *te fizeste meu apoio*. Entrei e vi com o olho de minha alma, qualquer que este seja, acima

---

[50] O texto latino diz: "Ev. – *Magis nos arbitror ratione comprehendere esse interiorem quemdam sensum, ad quem ab istis quinque notissimis cuncta referantur. Namque aliud est quo videt bestia et aliud quo ea quae videndo sentit, vel vitat vel appetit: ille enim sensus in oculis est, ille autem intus in ipsa anima; quo non solum ea quae videntur, sed etiam ea quae audiuntur, quaeque caeteris capiuntur corporis sensibus, vel appetunt animalia delectata et assumunt, vel offensa devitant et respuunt. Hic autem nec visus, nec auditus, nec olfactus, nec gustatus, nec tactus dici potest, sed nescio quid aliud quod omnibus communiter praesidet. Quod cum ratione comprehendamus, ut dixi, hoc ipsum tamen rationem vocare non possum; quoniam et bestiis inesse manifestum est. Ag. – Agnosco istuc quidquid est, et eum interiorem sensum appellare non dubito*". De libero arbitrio, l. II, 8 (Ed. Études Augustiniennes, Paris, Desclée De Brouwer, 1976, p. 280-81).

> deste olho de minha alma, acima de minha inteligência, a luz imutável. Não aquela que é ordinária e visível a toda carne, tampouco um tipo de luz do mesmo gênero que fosse maior e que tivesse, por exemplo, muito, muito mais esplendor em seu resplendor e que enchesse tudo com seu esplendor. Não, não se tratava disso, mas de outra coisa, outra coisa diferente de qualquer de nossas luzes.
>
> Não se encontrava acima de minha inteligência como o óleo sobre a água, nem como o céu acima da terra. Ela estava acima porque é quem me fez. E eu estava abaixo porque eu fui feito por ela. Quem conhece a verdade conhece esta luz. E quem a conhece, conhece a eternidade. A caridade a conhece. Ó verdade eterna e caridade verdadeira e amada eternidade![51]

Dessa maneira, para Santo Agostinho a imaginação é movida pela graça. O específico de sua teologia da imaginação consiste em que, em sua perspectiva teocêntrica construída em chave plotiniana, a fé implica certamente um processo de conhecimento[52] em simbiose

---

[51] *Confessiones*, l. VII, X, 16, ed. de M. Skutella, Études Agustiniennes, Paris, Desclée De Brouwer, 1962, p. 615-17 [T. do A]. O texto latino diz em sua sóbria beleza original: "Donde admoestado a voltar a mim mesmo, guiado por ti entrei na intimidade dentro em mim, e pude fazê-lo porque te fizeste minha ajuda. Entrei e vi qual com o olho de minh'alma, sobre esse olho de minh'alma, sobre a minha mente, uma luz incomutável, não aquela vulgar e visível a toda carne nem aqueloutra maior quase do mesmo gênero, como a que brilhasse muito mais claramente e ocupasse todo o espaço. Não era isso, mas algo de outro, algo deveras distante de todas essas coisas. E não estava sobre minha mente como o óleo sobre a água ou o céu sobre a terra, senão acima, porque ela me fez, e eu abaixo, porque fui feito por ela. Quem conheceu a verdade, conheceu-a, quem a conheceu, conheceu a verdade. A caridade a conheceu. Ó eterna verdade e vera caridade e cara eternidade!". (Tradução Érico Nogueira).
[52] O *Augustinus Lexikon* comenta: "Segundo Agostinho, as imagens da memória são potencialmente 'verbos'. Dá o exemplo de um poema que se recita interiormente: as imagens incorpóreas pelas quais represento o ritmo das sílabas ou a melodia do canto

com a razão. Mas o faz sempre incluindo a sensibilidade e o sentimento no interior da dialética estabelecida pelo eu interior com a exterioridade do mundo, sempre no seio da mostração do divino que só se dá com o auxílio da graça.[53]

O original e problemático ao mesmo tempo da intuição agostiniana radicam em que a graça de Cristo levará um dia a deixar para trás as imagens mundanas, pois a realidade divina é infinitamente superior à natureza criada. Eis a famosa oração de Santo Agostinho que sintetiza sua teoria do conhecimento: "Dá-me a dádiva de ver sem imagem carnal alguma".[54]

---

constituem um verbo interior prévio a toda expressão vocal (*Trin.* 15, 20). Esse 'uerbum' não somente é necessário para comunicar a outros, com a ajuda das palavras, o conteúdo de nossas imagens, senão que tem uma função também para nós mesmos em todos os nossos atos de recordação. A imagem do objetivo percebido se encontra na memória de um modo 'pré-verbal': torna-se um 'verbo quando o pensamento, fixando-se nela, é formado por meio dela' (*ib.*, 15,19). Compreende-se assim como Agostinho pode deslizar as vozes 'imagem' ou 'fantasia' para os termos 'forma' ou 'espécie', que expressam, neste caso, o aspecto racional da percepção". Isabelle Bochet, "Imago". In: Cornelius Mayer (ed.), *Augustinus Lexikon*, vol. 3. Basel, Verlag Schwabe, 2006, col. 512 [T. do A.].

[53] Tal primado da graça enquanto teonomia permaneceu uma questão aberta para pensar a autonomia nos tempos modernos. Para a *Radical Orthodoxy* de nossos dias, é preciso voltar precisamente ao pensamento agostiniano para pensar a liberdade aquém da heteronomia do pensamento moderno secular. Nesse sentido, comenta Philip Cary: "Assim, à medida que Agostinho avança intelectualmente a graça faz-se necessária, primeiro, para ver, depois, para amar, e, finalmente, para crer. [...] Em outras palavras, o Agostinho maduro pensa que não só o sucesso do nosso intelecto, mas também a correção da nossa vontade, dependem da graça. Nós pecadores necessitamos da ajuda de Deus para O ver, e também para O quer ver". (Tradução Érico Nogueira).
Philip Cary, *Augustine's Invention of the Inner Self: The Legacy of a Christian Platonist*. New York, Oxford University Press, 2000, p. 163. Disponível em: htpp://site.ebrary.com/id/10272927?ppg=163. Acesso em: 1º out. 2013.

[54] "Mostrai-me quem veja sem nenhuma imaginação da visão carnal". (Tradução Érico Nogueira). *De Uera Religione* 64. A esse respeito, comenta R. Teske: "Do mesmo modo, os 'fantasmas', isto é, as imagens das coisas corpóreas, podem, como nuvem, neblina ou um enxame de gafanhotos, impedir que vejamos com o olho da mente. As imagens acorrem à nossa mente como nuvem ou neblina e têm de ser expulsas como um enxame de gafanhotos do deserto. Por isso, em *Da Verdadeira Religião* Agostinho clama por alguém que possa pensar sem imaginar objetos sensíveis". (Tradução Érico Nogueira). Roland J. Teske, *Augustine of Hippo: Philosopher, Exegete, and Theologien: A Second Collection of Essays*. Milwaukee, Marquette University Press 2013, p. 82. Disponível em: http://site.ebrary.com/lib/alltitles/docDetail.action?docID=10292309&tppg=83. Acesso em: 16 jul. 2016.

Para além das profundas distinções entre as duas correntes clássicas do pensamento cristão, aqui as trazemos à colação porque reconheceram à imaginação, cada uma a seu modo, um estatuto epistemológico.

Optaremos pela versão tomista da imaginação porque nos permite centrar a atenção no papel ativo da imaginação para a elaboração da teoria da revelação em chave pós-moderna que buscamos construir. Trata-se de nos mantermos na tradição que reconhece a necessidade de uma mediação mundana na constituição da experiência da vida teologal.

Mas em nosso contexto de modernidade tardia será preciso reconhecer que, no *aquém* da subjetividade, com a desconstrução das imagens surgidas do mimetismo do desejo, é possível retomar a esplêndida intuição agostiniana da imaginação assumida pela luz da graça. Fá-lo-emos passando o conhecimento próprio da fé pela peneira da crítica tomista da relativa autonomia epistemológica do conhecimento.

Desse modo, pensamos que fazemos justiça aos dois grandes clássicos do Ocidente cristão em nosso objetivo de dar razão do papel da imaginação na elaboração do discurso pós-moderno sobre Deus.

≈

Interessa centrar agora a atenção no caráter cognitivo da imaginação criadora num sentido moderno tardio, o que implica reconhecer que a *poiesis* tanto do artista como do científico ou do pensador não é somente um ato de conhecimento enquanto produção de um verbo interior que depois se torna conceito e palavra, fórmula ou teoria, senão que a *poiesis* implica uma transformação da subjetividade e do mundo que tenta conhecer, por meio da linguagem, a práxis que a acompanha. Tal tipo de conhecimento pode expressar-se por meio da política, da ciência, da ética, da arte ou da religião, como invenção do artifício propriamente humano que é o conhecimento do real que é possível para a subjetividade, como liberdade de um ser movido por uma razão cordial.

Acerca dessa função *poiética*, quer dizer, criadora da linguagem através da metáfora e da analogia que acompanham todo processo de conhecimento, Paul Ricoeur já havia assinalado, seguindo a Aristóteles, sua conexão com o mito e com a imitação:

> A metáfora é o processo retórico pelo qual o discurso liberta o poder que têm certas ficções de redescrever a realidade. Ao unirmos assim ficção e redescrição, restituímos sua plenitude de sentido à descoberta de Aristóteles na *Poética*: a *poiesis* da linguagem procede da conexão entre *mythos* e *mímesis*.
>
> Desta conjunção entre ficção e redescrição, concluímos que o "lugar" da metáfora, seu lugar mais íntimo e último, não é o nome nem a frase, e nem sequer o discurso, mas a cópula do verbo ser. O "é" metafórico significa ao mesmo tempo "não é" e "é como". Se isso é assim, podemos falar com toda razão de verdade metafórica, mas num sentido igualmente "tensional" da palavra "verdade".[55]

Daí que a imaginação poiética seja, em sua função hermenêutica, uma verdadeira potência de experiência que antecipa os mundos possíveis no seio da história da civilização. Realiza-o por meio da criação estética, dos modelos científicos de conhecimento, das práticas políticas de espaço público e dos símbolos religiosos que representam o horizonte da transcendência ainda que sem nunca esgotá-lo.

A imaginação criativa é, pois, uma "potência" da subjetividade que tem um fundo transcendente. Jean-Marc Ferry a caracterizou nos seguintes termos, próprios de uma filosofia da ação comunicativa:

---

[55] Paul Ricoeur, *La Metáfora Viva*. Madrid, Cristiandad, 2001, p. 13.

> A imaginação criativa do homem, é preciso dizê-lo, não foi testemunha dos seis dias que requereu a evolução da gramática e da iniciação e, no sétimo dia, do horizonte em que sua compreensão discursiva poderia reconhecer-se e atualizar-se ao longo de sua vida de incessante pergunta.[56]

Como processo de conhecimento antecipado do real, a imaginação como *poiesis* é sempre um projeto inacabado, próprio da linguagem e da condição finita do ser humano, pois ambos estão intimamente ligados ao devir da existência como subjetividade aberta à intersubjetividade no seio da história.

Dessa subjetividade transfigurada pela palavra, brota a cultura como um olhar sobre o real, um modo de habitar o mundo como *ethos*, uma percepção assombrosa do real em sua beleza inovadora, uma explicação do mundo que descobre sua coerência intrínseca como fenômeno, e finalmente uma experiência de religação com a transcendência que recebe a vida como harmoniosa doação.

Dada a potência *prospectiva* da imaginação, que se leva a efeito na subjetividade como vivência da temporalidade, ela se encontra vinculada à profecia como um ato de conhecimento do mundo em sua *ultimidade*.

Temática crucial para pensar a temporalidade escatológica e que desenvolveremos a seguir de uma perspectiva pós-moderna e desconstrucionista.

---

[56] Jean-Marc Ferry, *Les Grammaires de l'Intelligence*. Paris, Cerf, 2004, p. 61 [T. do A.]. Uma comparação em torno deste fundo teologal próprio da imaginação criadora, aplicada ao pensamento ortodoxo de Bulgakov e à filosofia da ação comunicativa de Jean-Marc Ferry, pode ser vista em: Antoine Arjakovsky, "Glorification and the Name and Grammar of Wisdom (Sergei Burgakov and Jean-Marc Ferry)". In: Adrian Pabst (ed.), *Encounter between Eastern Orthodoxy and Radical Orthodoxy: Transfiguring the World through the Word*. Aschgate, 2009. Disponível em: http://site.ebrary.com/lib/alltitles/docDetail.action?docID=10276581&ppg=61. Acesso em: 16 jul. 2016.

3.2 A Profecia

Enquanto ato hermenêutico, a profecia é uma concreção religiosa da imaginação criativa. Desdobra assim uma potência da experiência da subjetividade religada à transcendência. Na visão pré-moderna, costumava vincular-se a uma mensagem de origem divina que recebe uma pessoa para realizar uma ação concreta ou anunciar uma mensagem. Não obstante, não há que esquecer que se trata, enquanto ato cognitivo, de um tipo de conhecimento da realidade em sua relação transcendente com o divino.

Em estudo anterior,[57] dedicamos dois capítulos ao desenvolvimento desse conceito no pensamento filosófico-teológico de Tomás de Aquino, e então em sua recepção três séculos depois no pensamento antropológico de Bartolomé de las Casas. O que agora nos parece oportuno enlaçar com aquelas reflexões sobre as mediações da revelação divina é o caráter *prospectivo* da profecia num sentido pós-moderno.

Com efeito, a profecia põe em jogo a linguagem para desconstruir os significados primários de palavras, de imagens e de conceitos, até esvaziá-los de seu significado inicial e projetá-los para um novo mundo de significação que é o *dizer/fazer* como ato de existir, no "aquém" dos significados que é o existir como vigília.

Nesse sentido, o gesto profético na tradição hebraica relido pela racionalidade pós-moderna consiste não tanto na antecipação do conhecimento de um fenômeno por suceder, mas na mostração do sem sentido de uma ação que se denuncia como contrária ao desejo divino e que move a transformação subjetiva e intersubjetiva da existência em diversas modalidades.

---

[57] Cf. Carlos Mendoza-Álvarez, *Deus Liberans. La Revelación Cristiana en Diálogo com la Modernidad. Los Elementos Fundacionales de la Estética Teológica*. Fribourg, Éditions Universitaires, 1996, cap. IV: "La Vía Analógica", p. 201-89, e cap. VI: "La Vía Experimental", p. 313-429.

Assim, por exemplo, podemos reler o gesto messiânico de Isaías – passeando nu pelas muralhas de Jerusalém, para anunciar a confusão de um povo ameaçado que depositou sua esperança em outro império – como um ato de contracultura e de contrarreligião:

> 1 No ano em que o general enviado por Sargom, rei da Assíria, atacou Asdode e a conquistou, 2 nessa mesma ocasião o Senhor falou por meio de Isaías, filho de Amós, e disse: "Tire o pano de saco do corpo e as sandálias dos pés". Ele obedeceu e passou a andar nu e descalço. 3 Disse então o Senhor: "Assim como o meu servo Isaías andou nu e descalço durante três anos, como sinal e advertência contra o Egito e contra a Etiópia, 4 assim também o rei da Assíria, para vergonha do Egito, levará nus e descalços os prisioneiros egípcios e os exilados etíopes, jovens e velhos, com as nádegas descobertas. 5 Os que confiavam na Etiópia e se vangloriavam no Egito terão medo e ficarão decepcionados. 6 Naquele dia, o povo que vive deste lado do mar dirá: "Vejam o que aconteceu com aqueles em quem confiávamos, a quem recorremos para nos ajudar e nos livrar do rei da Assíria! E agora? Como escaparemos?"[58]

---

[58] A *Vulgata* diz: "*1. In anno quo ingressus est Tharthan in Azotum cum misisset eum Sargon rex Assyriorum et pugnasset contra Azotum et cepisset eam 2. in tempore illo locutus est Dominus in manu Isajæ filii Amos dicens vade et solve saccum de lumbis tuis et calciamenta tua tolle de pedibus tuis et fecit sic vadens nudus et disculciatus 3. et dixit Dominus sicut ambulavit servus meus Isajas nudus et disculciatus trium annorum signum et portentum erit super Ægyptum et super Æthiopiam 4. sic minabit rex Assyriorum captivitatem Ægypti et transmigrationem Æthiopiæ juvenum et senum nudam et disculciatam discopertis natibus ignominiam Ægypti 5. et timebunt et confundentur ab Æthiopia spe sua et ab Ægypto gloria sua 6. et dicet habitator insulæ hujus in die illa ecce hæc erat spes nostra ad quos confugimus in auxilium ut liberaret nos a facie regis Assyriorum et quomodo effugere poterimus nos*".

Tal gesto *profético* de Isaías agora é relido pela razão pós-moderna judaica, por exemplo, nos tempos da atual ocupação de Jerusalém pelas três religiões monoteístas em pugna, como um *anúncio contracultural* da inviabilidade histórica do sagrado violento das religiões que depositaram sua esperança não no amor divino, mas no poder de Leviatã.[59]

Ou recordemos também o caso do sinal profético realizado por Jeremias rompendo uma vasilha nas portas da cidade santa para advertir seus habitantes da invasão iminente. Tal gesto simbólico pode ser lido, no contexto pós-secular da crise do sagrado para o monoteísmo do século XXI, como um chamado a superar a rivalidade dos monoteísmos por meio da desconstrução de suas pretensões de totalidade[60] e da recuperação da mística do inefável presente em todas as tradições e sabedorias da humanidade.

Finalmente, consideremos outro exemplo de gesto profético desconcertante para lê-lo com imaginação escatológica no contexto

---

[59] Cf. Yakiv M. Rabkin, *La Amenaza Interior. Historia de la Oposición Judía al Sionismo.* Euskal Herria, Hiru, 2006, p. 434.

[60] A desconstrução de metarrelatos de totalidade permeia todas as identidades. Veja a esse respeito o seguinte comentário de um judeu latino-americano pós-moderno: "Não se trata de renunciar à busca de uma definição, muito pelo contrário: trata-se de compreendê-la hermeneuticamente, como um diálogo de interpretações através da história, como uma pergunta aberta. A ausência de uma 'ultimidade' judaica é compreender o judaico como constante debilitação de uma suposta identidade metafísica, e permite, em sua fragmentação pós-identitária, falar em pós-judaísmo. O 'pós', no sentido de Sloterdijk, como deslocamento do centro para as margens, interpreta a atual configuração de um mundo judaico diverso e fragmentário. O mesmo pós, também, no sentido em que Vattimo o aparenta à *Verwindung* heideggeriana, supõe a presença que rememora o judaico em suas distorções e releituras: não há um jadaísmo, mas judeus que postulam a sua própria perspectiva do judaico". Darío Sztajnszrajber, "Posjudaísmo. Una interpretación de lo judío desde la hermenéutica posreligiosa de Gianni Vattimo". (Tradução Érico Nogueira). Darío Sztajnszrajber, "Posjudaísmo. Una Interpretación de lo Judío desde la Hermenéutica Posreligiosa de Gianni Vattimo". In: Luciano Mascaró e Adrián Bertorello (comps.), *Actas de las II Jornadas Internacionales de Hermenéutica 2011.* Buenos Aires, Proyecto Hermenéutica, 2012. Disponível em: http://www.proyectohermeneutica.org/pdf/ponencias/sztajnszrajber%20dario.pdf. Acesso em: 16 jul. 2016.

pós-moderno. O profeta Oseias desposando Gômer, uma mulher a quem ama apaixonadamente, mas a quem considera e a quem trata como uma prostituta. Tal relato é lido hoje pela teologia feminista pós-patriarcal como um típico caso de violência de gênero. Um relato que em seu momento foi um sinal eloquente para anunciar o amor incondicional de YHWH por Israel necessita ser desconstruído pela racionalidade pós-patriarcal em sua prepotência como narrativa de dominação que justificou durante milênios a submissão da mulher ao homem.[61] Para isso é preciso desconstruir esse relato a partir da subversão do mundo patriarcal como um processo de reconfiguração das relações de gênero. Assim aparecerá o significado escatológico do anúncio da força inovadora do amor gratuito de Deus como indício do divino no humano.

São essas imagens proféticas de desconstrução de significados as que obrigam o interlocutor pós-moderno dos clássicos judeus e cristãos a reapresentar o sentido do acontecimento da chegada dos tempos messiânicos. Na desconstrução da significação, aparece então a verdade contextualizada. No meio do sem sentido, surge a *fonte* do sentido e não tanto o sentido de algo específico que se erige de novo como ídolo.

≈

Em um horizonte similar ao da desconstrução dos gestos proféticos, é necessária uma hermenêutica pós-moderna dos relatos evangélicos. Os atos proféticos de Jesus de Nazaré, relidos, por exemplo, em chave mimética, vinculam-se à potência da subjetividade imaginativa que vivem os justos e as vítimas perdoadoras.

Assim, seus gestos messiânicos na Galileia adquirem novos significados: deixar-se tocar por uma mulher prostituída, pedir de beber a

---

[61] Cf. Yvonne Sherwood, *The Prostitute and the Profet. Reading Hosea in the Late Twentieth Century.* Glasgow, T&T Clark, 2004.

uma samaritana, admirar a fé de um centurião romano e o amor por seu servidor e amigo, por exemplo, são expressões de uma capacidade compassiva extrema que Jesus vivenciou em situações humanas de marginalidade e que o habilitaram para comunicar a redenção em nome de seu *Abba*. São gestos humano-divinos que, em seu fundo escatológico, desdobram a imaginação profética do interlocutor pós-moderno e o convidam a viver na imitação dessa *poiesis* messiânica.

Por conseguinte, os relatos evangélicos relidos em chave pós-moderna libertam a linguagem de seus significados imediatos para abrir os ouvintes dessas histórias a um novo modo de existência, marcado pelo messianismo reinterpretado de Jesus de Nazaré, mas no contexto das exclusões de hoje.[62]

Reconhecendo, pois, a força prospectiva dos gestos messiânicos aqui exposta de maneira sucinta e breve, será preciso para nós, situados no contexto da modernidade tardia, compreender o que significa o caráter de *ultimidade* da profecia como ato da imaginação criadora que se lança à construção do futuro no meio do incerto tempo presente.

3.3 A Imaginação Escatológica

Falar de futuro messiânico implicava uma contradição para a razão moderna. Era preciso construir na intra-história a realização da justiça. Mas o cristianismo fala de uma humanidade nova através de metáforas estranhas, como, por exemplo, "Estes são os que vêm da grande tribulação: lavaram suas vestes e alvejaram-nas no sangue do Cordeiro." (Ap 7:14). Trata-se do paradoxo como princípio de

---

[62] Cf. Robert M. Price, *Desconstructing Jesus*. New York, Prometheus, 2000, p. 293. Este teólogo liberal estadunidense, de origem batista e atual membro da Igreja episcopal, participando do *Jesus Seminar*, propõe uma hermenêutica bíblica que surge do diálogo entre Paul Tillich, Jacques Derrida e a *Third Quest*. Pode-se ver uma série de suas publicações em seu portal. Disponível em: http://www.robertmprice.mindvendor.com. Acesso em: 16 jul. 2016.

imaginação escatológica. E, assim, na narrativa cristã, o oximoro será a figura da linguagem que expressará com toda a sua força o poder da imaginação poética antecipadora de um futuro.

Sob esse impulso, a mística cristã medieval é relida hoje por vários autores pós-modernos como desconstrução da linguagem levada a seus limites e paroxismo. Nesse sentido, recordemos como Jan van Ruusbroec, na terra de Flandres do século XIV, falava do mistério de Deus apelando para o poderoso oximoro de uma "escura luz".[63] Aquela que contempla a alma na experiência mística. Tal experiência própria do despojo da subjetividade é própria da *vita contemplativa* em seu estado mais pleno. Assim descrevia o famoso prior de Groenendael aquela "sombra luminosa":

> Existe uma grande diferença entre a claridade dos santos e a maior que nós podemos alcançar nesta vida. Porque, se *a sombra de Deus ilumina* nosso deserto interior, sobre a altas montanhas da terra prometida não há sombras. É verdade que se trata do mesmo sol e da mesma claridade

---

[63] Jan van Ruusbroec, *Obras Escogidas*. Madrid, Biblioteca de Autores Cristianos, 1997, p. 542. Tal "luz escura" é própria do conhecimento da contemplação. Foi descrita pelo célebre religioso flamengo com novas expressões próprias de uma linguagem mística que daria lugar à *devotio moderna*: "No estado de inação de que venho falando, quando somos algo uno com Deus em seu amor, nasce um estado superessencial de contemplação e conhecimento, o mais elevado que se pode expressar com palavras: isso se chama viver morrendo e morrer vivendo, quer dizer, ir além de nossa essência a uma bem-aventurança superessencial. É o que sucede quando, por meio da graça e do auxílio divino, já alcançamos suficiente domínio sobre nós mesmos para despojar-nos de todas as imagens cada vez que o desejarmos a fim de alcançar tal inação em que somos uno com Deus no abismo sem fundo de seu amor. Aí há plena satisfação, porque temos a Deus em nós e somos bem-aventurados em nossa essência, sob a ação de Deus, com quem somos uno no amor, não em essência nem em natureza; senão que somos bem-aventurados e a bem-aventurança na essência de Deus, onde goza de si mesmo e de nós em sua elevada natureza. Aí jaz o coração do amor que se esconde numa obscuridade e num não saber insondáveis". Jan van Ruysbroeck, *Miroir du Salut Éternel*, cap. XXV: "De la Superesencia de la Verdad Superior". In: Jan van Ruusbroeck, *Oeuvres de Ruysbroeck l'Admirable*. Saint--Paul de Wisques. Disponível em: http://www.livres-mystiques.com/partieTEXTES/Ruysbroek/Ruysbroeck/Tome1/miroir.html. Acesso em: 16 jul. 2016 [T. do A.].

> que brilham em nosso deserto e sobre as montanhas elevadas; mas os santos se encontram num estado de translucidez e de glória que lhes permite receber a claridade sem intermediários. Enquanto nós estamos ainda na condição de gente mortal e espessa, razão por que jaz aí um intermediário que produz a sombra capaz de velar a tal ponto nossa inteligência que nos é impossível conhecer a Deus e as coisas celestes com a mesma clareza que os santos. Com efeito, enquanto nós marcharmos sob esta sombra, não poderemos ver o sol em si mesmo, mas, como diz São Paulo [1Co 13:12], nosso conhecimento será em símbolos e enigmas. No entanto, esta *sombra luminosa* tem suficientes raios de sol para que consigamos perceber a distinção própria de toda virtude e de toda verdade útil à nossa condição mortal. Mas, para tornar-se uno com a claridade do sol, é-nos preciso seguir o amor e sair de nós mesmos pelo abandono de todo modo, *ficando assim cegados: o sol nos conduzirá* à sua própria luz, na qual possuiremos a unidade com Deus. Se temos o sentimento e a consciência de ser assim, estaremos alcançando a vida contemplativa que nos convém no estado presente.[64]

Por meio dessa linguagem paradoxal, no seio da aparente contradição dos termos que contém o oximoro "sombra luminosa", surge um novo significado, um campo semântico onde se desdobra a subjetividade escatológica com uma criatividade inusitada. Certamente

---

[64] Jan van Ruysbroeck, *L'Anneau ou la Pierre Brillante*, cap. XI "De la Grande Différence Qui Existe entre la Clarté des Saints et Celle Même la Plus Haute Obtenue en Cette Vie". In: Jan van Ruysbroeck, *Oeuvres de Ruysbroeck l'Admirable*, Saint-Paul de Wisques. Disponível em: http://www.livres-mystiques.com/partieTEXTES/Ruysbroek/Ruysbroeck/Tome3/anno8_14.html. Acesso em: 16 jul. 2016 [T. do A.].

se trata de um mundo próprio da linguagem, mas também da práxis, pois o oximoro está para a metáfora assim como o gesto profético está para a religião.

Paul Ricoeur chamou de "metáfora viva" esse procedimento linguístico que foi empregado pela poesia e pela mística antigamente. Mas, à diferença da teoria literária estruturalista, o hermeneuta francês concede a este tipo particular de analogia um poder de inovação que é próprio da condição humana quando vive a existência "até o final". A este respeito diz o filósofo francês:

> Se toda linguagem ou simbolismo consiste em "refazer a realidade", não há lugar da linguagem em que esta ação se manifeste com maior evidência que quando esse simbolismo infringe seus limites adquiridos e conquista terras desconhecidas [...] no discurso metafórico da poesia, o poder referencial está unido ao eclipse da referência ordinária; a criação própria da ficção heurística é o caminho da redescrição; a realidade levada à linguagem une a manifestação e a criação.[65]

Embora a metáfora viva seja antecipadora de futuro, permanece aberta a possibilidade de sua realização histórica e escatológica.

Precisamente por isso, a teologia da revelação pós-moderna proporá uma hermenêutica dos vestígios da palavra divina no coração da palavra humana levada ao paroxismo do oximoro. Com efeito, graças à luz escura da inspiração, o profeta se sabe autor de um texto ou de um signo, mas ao mesmo tempo habitado por *outro que o deletreia* no seio dessa narrativa. Como dizia o poeta mexicano Octavio Paz naquela célebre oitava italiana em homenagem a Claudio Ptolomeo:

---

[65] Paul Ricoeur, *La Metáfora Viva*. Madrid, Cristiandad/Trotta, 2001, p. 313-16 [T. do A.].

> Sou homem: duro pouco
> e é enorme a noite.
> Mas olho para cima:
> as estrelas escrevem.
> Sem entender compreendo:
> também só escritura
> e neste mesmo instante
> alguém me deletreia.[66]

Trata-se de captar algo assim como o desdobramento discursivo do autor e de seu *alter ego*. Algo que é mais que um mero espelho de complacência. Tanto o profeta como o poeta reconhecem em sua obra a autoria própria, mas acompanhada de uma alteridade inefável que se manifesta por seu intermédio.

≈

Recapitulando o até aqui exposto, podemos dizer que os profetas de Israel são protótipos da imaginação criadora quando realizam gestos proféticos e descrevem sua experiência como uma batalha – e, de maneira paradoxal, ao mesmo tempo como encontro

---

[66] Octavio Paz, "Hermandad". In: *Obras completas, Obra poética II, vol. XII (1969-1998)*. México, Fondo de Cultura Económica, 2004, p. 112. Trata-se de uma enigmática expressão que o mesmo poeta se encarregou de comentar numa entrevista feita por Carlos Castillo Peraza: "CCP: *Quando o senhor diz 'alguém me soletra', parece que ouvimos Kafka: trasladado de uma prisão a outra, fica-lhe a crença de que 'o Senhor passará casualmente pelo corredor e dirá: não deveis prendê-lo de novo, ele vem me ver'.* OP: Para mim, a vida não é uma prisão. Quando disse 'alguém me soletra' não sabia exatamente o que queria dizer. Ao reler-me, como um leitor qualquer, me digo: uma de duas, ou esse alguém é outro como eu ou esse alguém está para além dos homens. Um dia acreditei que no Oriente, no budismo, encontraria uma resposta, o nome ou um vislumbre do nome desse *alguém*. Mas descobri que do Oriente me separa algo mais fundo que o cristianismo: não creio na reencarnação. Creio que aqui jogamos o jogo todo, não há outras vidas. Sem embargo, no Oriente descobri uma 'vacuidade' que não é o nada e que me faz pensar no Uno de Plotino, uma realidade que está antes do ser e do não-ser. Talvez esse Uno possa ser o que me soletra. Mas nada podemos dizer acerca dele". (Tradução Érico Nogueira). Carlos Castillo Peraza, *El Porvenir Posible*. México, Fondo de Cultura Económica, 2007, p. 619-22.

amoroso – com essa *presença* amorosa, fascinante e tremenda a que chamam Deus santo.

Como parte dessa tradição hebreia, mas inovando-a de seu interior, Paulo de Tarso será talvez quem melhor descreveu, na nascente narrativa cristã, não somente o fundo niilista do significado anunciado, mas algo mais. Conseguiu vislumbrar que essa experiência de despojo é também sobreabundância: parte da condição do próprio autor que se aniquila e, no seio dessa experiência kenótica, se descobre inabitado por uma presença: "Já não sou eu que vivo, mas é o Cristo que vive em mim" (Gl 2,20).

A imaginação escatológica surge, assim, como uma potência da subjetividade desconstruída que se sabe finita, contraditória e radicalmente insuficiente, mas que no seio dessa desolação se reconhece habitada por uma palavra viva que procede de algum tipo de exterioridade que redime a partir de sua alteridade. Seja o rosto do próximo ou o advento do Messias. Ou advindo um pelo outro.

≈

Com essas três dimensões da subjetividade pós-moderna até aqui expostas, encontramo-nos em condições de descobrir os traços constitutivos da revelação que acontece na *vita theologalis*.

II. O EIXO TEOLÓGICO: A VIDA TEOLOGAL DESCONSTRUÍDA

A vida teologal é o acontecimento originário vivido pela subjetividade como gratuidade amorosa que procede do Deus inefável, no qual se desdobram novas potências de experiência para a condição pós-moderna. É uma concreção histórica que alcança todos os seres humanos na diacronia da história por meio dos justos e dos inocentes em seus atos de doação.

Na segunda parte deste capítulo final, proporemos uma interpretação das virtudes teologais que "a Realidade última" suscita, de maneira principal e plena, na história de Jesus de Nazaré, profeta escatológico morto e ressuscitado, como experiência de doação que acontece de maneira incoada em todos os justos da história. Voltar "à coisa mesma" desse dinamismo fundacional – não somente da "vida cristã", como costumava dizer-se num modelo apologético de revelação única, mas em toda e qualquer experiência de gratuidade radical – é o objetivo da tripla aproximação fenomenológica, mimética e desconstrucionista que faremos a seguir.

Suporemos aqui o já apresentado nos capítulos precedentes sobre os tempos messiânicos e a radicalidade escatológica que Jesus de Nazaré trouxe para a vivência e a compreensão da história e do fim do mundo em chave mimética e de doação gratuita à imagem de seu *Abba* pela potência de sua *Ruah* divina. Graças a essa proposta antropológica, a ideia teológica da "contração do tempo" que o Messias vive adquire um estatuto único como princípio de ontologia relacional e como chave hermenêutica da narrativa da mudança de mundo.

Dessa perspectiva, a vida teologal adquire dimensões universais que podem ser significativas para o dinamismo de toda subjetividade em sua multiforme abertura radical: aberta ao conhecimento do "invisível", no meio da finitude do criado; prenhe de esperança no meio da violência da história; e disposta à vivência da *caritas* como amor sem condição nem medida que acolhe em seu regaço à humanidade inteira e a todo o cosmos para dar-lhes vida em abundância.

Veremos agora como cada uma dessas três virtudes teologais se torna o lugar antropológico onde acontece a revelação do mistério do amor incondicional do *Deus Ineffabilis* em seu ser superessencial e ao mesmo tempo superabundante.

4. A Fé como Desapego Amoroso

A fé em seu sentido niilista é uma vacuidade de significado: um conhecimento de Deus sem imagens porque é fruto do desapego da existência que se reconhece, no meio da orfandade dos signos, habitada por uma presença amorosa.

Tal experiência silenciosa da presença divina, como radical abertura do ser, adquire cores inusitadas no meio dos escombros da modernidade. É suscetível de ser vislumbrada só no conteúdo da contemplação. Quando cessam as imagens, os conceitos e até as razões e as decisões. Quando não parece existir senão o nada e o vazio, e, apesar disso, ama-se.

Com uma narrativa extraordinária, já conhecida pelos ávidos leitores da cultura norte-americana na segunda metade do século XX, o monge e escritor Thomas Merton descrevia essa experiência de "diálogo com o silêncio" como adoração de desapego que se instaura diante de uma presença inefável:

> Ó Deus, ensina-me a estar satisfeito com minha própria indefensabilidade na vida do espírito. Ensina-me a estar cumulado de tua graça, que vem a mim na escuridão e que opera coisas que eu não posso ver. Ensina-me a viver feliz porque posso depender de ti. Depender de ti deveria ser suficiente para um gozo eterno. Depender de ti teria de ser por si mesmo infinitamente maior que qualquer alegria que meu próprio apetite intelectual pudesse desejar.[67]

Nessa oração desnuda, escrita por um grande contemplativo – que viveu em sua ermida uma intensa crítica profética ao sonho

---

[67] Thomas Merton, *Dialogues with Silence. Prayers & Drawings*. New York, Harper San Francisco, 2001, p. 61 [T. do A.].

americano da era moderna simbolizado pela guerra de Vietnã –, encontramos dois elementos para falar da fé como desapego amoroso. Concretamente, o niilismo do místico deixando para trás seu apego ao *Self*; e, depois, o desejo de Deus que é cumulado como vazio para além de toda e qualquer representação.

Através do *pathos* contemplativo, dividiremos alguns traços que nos parecem essenciais para descrever a vivência da fé suscetível de ser vivida pelas subjetividades pós-modernas anelantes de uma *mudança de mundo*, onde todas e todos caibamos. Como uma experiência de fé desprendida, no desapego das mediações, arrojada ao abismo do ser superabundante divino.

Por fim, trata-se de descobrir a potência de experiência de uma fé teologal (i) habitada pelo invisível do conhecimento, (ii) animada pela confiança sem apoios, e (iii) inspirada pela verdade do amor.

4.1 O Invisível do Conhecimento

A fé teologal aparece como um dinamismo de conhecimento do invisível mas real. Não se trata aqui de postular, obviamente, um mundo de fantasmagorias nem de criaturas incorpóreas que pululassem no universo e fossem captadas pela fé como antena do invisível. Tampouco de captar os ecos de uma divindade perdida em sua transcendência absoluta. Mas sim de levar a seu radical extremo a desconstrução da inteligência, para deixá-la em estado de "adoração", como já assinalava Jean-Luc Nancy num sentido desconstrucionista.

Mas há que dizer que nós propomos aqui ir mais longe que a declosão, dando um salto mortal – que de maneira paradoxal é, em verdade, um salto vital – para a ordem da revelação.

Com efeito, se a adoração só fosse o gesto de se manter alerta na "crista da onda" do ato originário do *dizer*, sem proferir palavra alguma, nem designar significado, nem evocar sentido possível, estaríamos habitando um mundo neutro, asséptico e irreal.

Pelo contrário, o mundo que conhecemos desde que temos memória histórica como humanidade é desvelado pela narrativa pós-moderna em seus processos de rivalidade pelas subjetividades que a padecem, pelos corpos que a levam tatuada como cicatrizes, pelas vozes que a contam a partir de seu reverso e pelas imaginações que a inventam como outro mundo possível. E assim começa a surgir o balbucio do mundo diferente.

A esse respeito, Javier Sicilia, inspirado em Dietrich Bonhoeffer e Ivan Illich, falava por isso de um "cristianismo sem religião". Assim descreve sua experiência espiritual, no meio do horror da violência criminosa e de Estado que se vive no México nas últimas décadas. Evoca uma vivência que lhe permitiu superar o isolamento da vítima e aprender, passo a passo, a reconhecer seus companheiros de caminho da não violência:

> Em *Resistência e Submissão* – seus textos escritos na prisão de Tegel, recompilados depois de sua execução por seu biógrafo e discípulo Bethge –, Bonhoeffer começa a desenvolver uma ideia fundamental, a de um cristianismo sem religião; uma ideia complexa que eu não poderia desenvolver aqui, mas que poderia reduzir, com risco de traí-la, assim: a religião, num mundo cujo racionalismo desencantou tudo, deixou de funcionar. Transformou-se em pura ideologia e como ideologia num poder institucional em enfrentamento ou em cumplicidade com outros poderes. Trata-se por isso de viver, além ou aquém da religião, a dimensão espiritual do cristianismo, uma dimensão paradoxalmente carnal e humana, como o percebeu também Illich – há que recordar que

> o cristianismo é uma tradição da encarnação. É dali, dessa experiência espiritual, que estes autores me ajudaram a aprofundar, onde tentei viver uma ação política à qual o horror e a dor me lançaram, uma dimensão não querida por mim, mas assumida dolorosamente a partir dessa experiência interior. [...] Essa Igreja, que vinha comigo, é, de alguma maneira, a expressão do que Bonhoeffer entendia como um cristianismo sem religião: homens e mulheres que para além das ideologias e de amores abstratos estão com o ser humano de carne e osso, com o ser humano daqui e de agora. Essa é a Igreja com que, ao lado de alguns poetas, entrei em 8 de maio de 2011 no Zócalo da Cidade do México. [...] É a Igreja que vive profundamente a experiência evangélica e que está com os ferrados, nas cabeceiras dos agonizantes, nas prisões, com os migrantes e ao lado das vítimas. Uma Igreja que nunca vai ter publicidade porque despreza o poder, que nunca vai estar nos jornais, mas que está com as pessoas; uma Igreja sem religião.[68]

Tal experiência de um cristianismo como espiritualidade e práxis da encarnação do amor que redime é, de fato e para escândalo de muitos, uma *contra-história*. Dá razão da trama do *dizer* como um complexo mundo de não significados que, no meio da ambiguidade e da violência, são a morada da existência vulnerável própria dos justos da história. Tal existência para além do ressentimento abre uma fenda nos muros da rivalidade e da violência. Existência

---

[68] Ana Sabau, Pablo Domínguez Galbraith e Jorge Quintana Navarrete, "La Corrupción de lo Mejor Es lo Peor. Entrevista com Javier Sicilia". In: *Letras Libres,* mar. 2013. Disponível em: http://www.letraslibres.com/revista/entrevista/entrevista-com-javier-sicilia. Acesso em: 16 jul. 2016.

que aguarda certa plenitude, ainda que a intua sempre incompleta, postergada e frágil.

Por isso, a *adoração* que procede da fé nua não é um ato de religião, nem de culto, senão que é um ato espiritual que se retrotrai do murmúrio crescente dos significados para o silêncio dos inocentes, para "deixar-se deletrear" por uma alteridade amorosa enigmática, imanente e transcendente ao mesmo tempo, que a tudo acolhe em seu ser superabundante.

≈

Daí que a fé teologal em chave pós-moderna seja conhecimento obscuro do invisível: aquilo que subjaz, aflora e se desvanece como fugaz presença no devir dos seres. Não nos referimos aqui a uma realidade evanescente, mas antes inapreensível por seu caráter de realidade superabundante.

A essa realidade de superabundância amorosa que sustenta o universo, Jesus chamou-a *Abba*, e propôs a seus discípulos buscá-la no ato de oração interior e de esmola, quer dizer, de silêncio e de compaixão ativa. Nessas práticas de subjetividade exposta, é possível encontrar o "*Abba* que está no secreto" (Mt 6,4.6). Não para ficarmos imóveis numa contemplação de autocomplacência intimista, mas para aprendermos a receber continuamente uns dos outros e do mundo e, nessa troca de doação, conseguir barruntar um lampejo da comunhão divina.

Somente o gênio de Paulo de Tarso conseguiria descrever, com uma força narrativa única, o processo da fé como um diálogo silencioso entre o Messias e seu discípulo, como revelação da *economia* divina que sustenta o cosmos e é o fundo sem fundo do real:

> Pois o mesmo Deus que disse: das trevas brilhe a luz, fez brilhar a luz em nossos corações, para irradiar o conhecimento da glória de Deus que

> está na face de Cristo. Mas levamos este tesouro em recipientes de barro para que apareça que uma força tão extraordinária é de Deus e não de nós. Atribulados em tudo, mas não esmagados; perplexos, mas não desesperados; perseguidos, mas não abandonados; derrubados, mas não aniquilados.
>
> *Levamos sempre em nossos corpos por todas as partes o morrer de Jesus, a fim de que também a vida de Jesus se manifeste em nosso corpo. Pois, ainda que vivamos, vemo-nos continuamente entregues à morte por causa de Jesus, a fim de que também a vida de Jesus se manifeste em nossa carne mortal. De modo que a morte age em nós, mas em vós a vida.*
>
> Mas tendo aquele espírito de fé conforme ao que está escrito: cri, por isso falei, também nós cremos, e por isso falamos, sabendo que quem ressuscitou o Senhor Jesus também nos ressuscitará com Jesus e nos apresentará diante dele juntamente convosco.[69]

Precisamente aquele "espírito de fé" é o que permitiu a São Paulo submergir no insondável abismo do amor do Messias, sem por isso

---

[69] 2Cor 4,7-14 [os destaques são nossos]. Veja em particular os versículos de 10 a 12, em que Paulo apresenta a dialética viver-morrer. O texto da versão grega diz: "πάντοτε τὴν νέκρωσιν τοῦ Ἰησοῦ ἐν τῷ σώματι περιφέροντες, ἵνα καὶ ἡ ζωὴ τοῦ Ἰησοῦ ἐν τῷ σώματι ἡμῶν φανερωθῇ. ἀεὶ γὰρ ἡμεῖς οἱ ζῶντες εἰς θάνατον παραδιδόμεθα διὰ Ἰησοῦν, ἵνα καὶ ἡ ζωὴ τοῦ Ἰησοῦ φανερωθῇ ἐν τῇ θνητῇ σαρκὶ ἡμῶν. ὥστε ὁ θάνατος ἐν ἡμῖν ἐνεργεῖται, ἡ δὲ ζωὴ ἐν ὑμῖν". E a Neovulgata traduz: "*semper mortificationem Iesu in corpore circumferentes, ut et vita Iesu in corpore nostro manifestetur. Semper enim nos, qui vivimus, in mortem tradimur propter Iesum, ut et vita Iesu manifestetur in carne nostra mortali. Ergo mors in nobis operatur, vita autem in vobis*". A correlação morte-vida (*Thanatos/Zoè*) que acontece no corpo (*soma*) dos discípulos é precisamente a experiência do espírito de fé (*to auto pneuma tes písteos*).

deixar de viver a batalha pelo anúncio do Evangelho no meio da violência do Império Romano e, mais ainda, em sua própria carne. Esse espírito de fé o capacitou para crer e para comunicar o crido. Não num sentido em primeira instância doutrinal, mas existencial. Porque o que está em jogo nessa experiência e em sua comunicação é, nada mais nada menos, a vivência da ressurreição que procede de Jesus Cristo em sua carne ferida.

Trata-se, pois, de um processo maiêutico, como assinalava com agudeza Andrés Torres-Queiruga, mas no paradoxo de correlação vida-morte, morrer-viver, que o texto paulino descreve e que é possível ler de maneira inovadora com os olhos da hermenêutica desconstrutiva.[70]

Por todo o anterior, a nosso ver a fé não somente implica em seu seio um processo maiêutico histórico, enquanto edução da presença amorosa incondicional de Deus sempre criando, revelando-se e redimindo suas criaturas, senão que denota um processo contemplativo de desconstrução da subjetividade diante do mistério do *Deus Innefabilis*.

Assim descrevia o místico de Kentucky antes citado, com a desconcertante linguagem da contemplação aplicada à vida cotidiana da formação de jovens monges, tal processo de aprendizagem do *mútuo reconhecimento*. Ato sempre paradoxal porque não é da ordem da reciprocidade, senão que se abre sempre ao advento de um terceiro. Em tal acontecimento, Deus se revela como a fonte mesma do ser com os outros:

---

[70] Mesmo para a hermenêutica existencialista prévia ao niilismo desconstrucionista, como a empregada pelo teólogo italiano Pierangelo Sequeri, já é possível identificar as condições antropológicas da fé teologal para postular um conhecimento possível de Deus em chave apofática: "Por outro lado, sem a correlação com a estrutura originária e intransponível da consciência finita e do saber apofático da diferença teologal, que se revela subtraindo-se mais radicalmente e se antecipa ultrapassando mais profundamente, a afirmação cristã da existência de Deus perde proporcionalmente a força e a evidência que lhe são próprias como singular atuação de uma possibilidade universal". (Tradução Érico Nogueira). Pierangelo Sequeri, *Il Dio Affidabile. Saggio di Teologia Fondamentale*. Brescia, Queriniana, 1996, p. 553.

> Estou agradecido a meus estudantes porque existem e porque são o que são. Estou agradecido a ti, Deus, porque agora me encontro só cada vez mais seguidamente. Não que fuja eu de meus estudantes, ainda que às vezes não me reconheça neles. Outras vezes me encontro a mim mesmo neles e com eles. Em verdade, a direção espiritual é muitas vezes um experimento de reconhecimento: eles reconhecem algo novo em si mesmos e eu em mim mesmo, porque tu, Deus, te reconheces a ti mesmo em nós.[71]

Nesse sentido, assumimos neste ponto uma hermenêutica pós-moderna e desconstrucionista para descrever a experiência de fé teologal. Dessa perspectiva, podemos compreender que a fé é um conhecimento do invisível aberto. Supõe um rebaixamento do ego na abertura radical aos outros, ao mundo e à alteridade suma. Mas tal abertura é possível somente ao passo que media um terceiro: uma alteridade transcendente aparece como destinatária da saudação, da homenagem, da atenção. Surge assim a adoração como existência lançada ao inominável. Acerca desta forma última do dizer que é a adoração, afirma Jean-Luc Nancy:

> À diferença da crença, que é um saber fraco que procura para si certas garantias, plausibilidades ou não impossibilidades, a fé se expõe ao não saber: não à ignorância, mas ao excesso de saber. [...] Por essa razão, a fé "em Deus" no sentido de todo monoteísmo é uma confiança dada a um Deus desconhecido, incognoscível, inapropriável sob qualquer forma: nem mestre, nem rei, nem juiz, nem Deus.[72]

---

[71] Thomas Merton, op. cit., p. 99. [T. do A.].
[72] Jean-Luc Nancy, L'Adoration. (Déconstruction du christianisme, 2). Paris, Galilée, 2010, p. 90-91.

A fé é a resposta a tal alteridade. A linguagem desconstrucionista a denomina uma saudação que é, ao mesmo tempo, reconhecimento e diferença de "ad-oração". Em seu fundo niilista, a fé é a abertura ao mundo da vida e ao advento do outro inominável.

4.2 A Confiança Incondicional

Como expressão amorosa da fé teologal enquanto conhecimento do invisível, surge a confiança incondicional. É parte constitutiva da vida do ser em relação ao viver de frente para o abismo da alteridade. Por isso a fé designa o processo pelo qual a subjetividade desconstruída se entrega aos outros e ao Outro num ato de "assentimento confiado". Retomamos assim a expressão mais querida de Agostinho de Hipona para descrever a relação do crente com o mistério inabarcável de Deus.

Mas a fé em seu aspecto de adesão confiante também requer ser desconstruída. Há de manter-se no plano da liberdade e da inteligência, sem cair na ilusão da posse do objeto contemplado, como, ademais, sem ser arrojada à fria indiferença diante de uma presença incerta.

Antes a fé teologal surge como confiança incondicional. É a que vivem os justos no momento crucial de sua entrega. A que viveu Jacó diante do altar vazio, a que viveu Jesus em Getsêmani, a que viveu M. Romero na capela salvadorenha onde foi assassinado. Uma confiança que beira o atrevimento intrépido, se não estivesse retida em sua loucura pela presença silenciosa do mistério inefável do divino que a habita.

Aprender a viver com confiança sem desejo de posse é uma arte tanto da vida do espírito como da vida do corpo, tanto da sensibilidade como da imaginação, tanto da subjetividade como da intersubjetividade. Por isso a fé teologal devém aposta de liberdade que deixa ser ao outro ainda que não o compreenda. É também uma aposta da razão que cessa de se obcecar pela posse da verdade.

Cada um dos atos de confiança no outro revela, portanto, essa abertura radical do ser ao advento da outridade. Fé como oquidão. Como matriz que torna oca uma vida que mal começa a palpitar, como gesto arquetípico de hospitalidade. Maternidade desconstruída.

Aí radica o sentido antropológico pós-moderno da verdade da revelação divina que é acolhida por uma fé desprendida, desnuda, kenótica e encarnada.

Por isso a morada da fé é a espera confiante na força do amor.

4.3 A Fé na Verdade do Amor

A fé teologal não é, pois, abstração, mas concreção da revelação do amor. Seus conteúdos são diversos segundo os que a descubram, a contemplem e a pratiquem. Sua verdade é o amor como cumprimento de todo processo de revelação humano-divina no coração das histórias fraturadas e anelantes dos seres humanos e a "criação inteira geme e sofre as dores de parto até o presente." (Rm 8,22).

Em sua epístola de despedida – dirigida a seu confidente dominicano, Michel-Louis Guérard de Lauriers, em 1942, poucos meses antes de sua morte –, Simone Weil descreveu sua experiência espiritual da presença de Deus como "o terceiro na intimidade do face a face":

> Quando autênticos amigos de Deus – como o foi em minha opinião o Mestre Eckhart – repetem palavras que ouviram no secreto, no silêncio, durante a união de amor, e estão em desacordo com o ensinamento da Igreja, deve-se simplesmente a que a linguagem da praça pública não é a da câmara nupcial.
>
> Todo o mundo sabe que não há possibilidade de conversação verdadeiramente íntima senão

> entre duas ou três pessoas. Quando já se trata de cinco ou seis, a linguagem coletiva começa a dominar. Por isso, incorre-se num contrassentido flagrante quando se aplica à Igreja a frase "Onde estão dois ou três reunidos em meu nome, ali estou eu no meio deles". Cristo não disse duzentos, cinquenta, nem dez, mas dois ou três. Disse estritamente que ele é sempre o terceiro na intimidade de uma amizade cristã, na intimidade do face a face.
>
> Cristo fez promessas à Igreja, mas nenhuma delas tem a força da expressão: "Vosso Pai que está no secreto". A palavra de Deus é palavra secreta. Aqui o que não ouviu essa palavra, ainda quando manifeste sua adesão a todos os dogmas ensinados pela Igreja, não está em contato com a verdade.[73]

Assim, desse fundo sem fundo da experiência teologal da "palavra de Deus que é secreta", o conteúdo da fé é a revelação do amor.

Mas revelação que aqui interpretamos num sentido desconstruído e apofático, que somente se pode expressar pelo oximoro principal do primeiro testamento, criado pelo segundo Isaías durante o exílio na Babilônia: "em suas feridas fomos curados" (Is 53:5). Trata-se de compreender a revelação divina como a mostração desta verdade: a vida entregue dos justos e a que procede das feridas vítimas da história são o início da *mudança de mundo*.

Graças a essa "sombra luminosa" que é a fé teologal, a teologia moderna depois de Auschwitz teve de voltar a meditar, no silêncio da morte dos inocentes, sobre o sentido discreto da presença da redenção.

---

[73] Simone Weil, *A la Espera de Dios (1942)*. Madrid, Trotta, 1993, p. 47-48.

E, em busca de uma renovada inteligência do mistério divino, no meio destas circunstâncias de depredação e morte, a teologia pós-moderna assume agora, como principal *locus theologicus*, a *kénosis* por amor como metáfora da superabundância do ser divino. Encontra aí a chave para desenvolver uma teologia "alimentar" que permita recuperar a dimensão teopolítica da refeição, do compartilhar e da comunidade como contracultura da fome, da cobiça e do caos. Tal reconstituição do *corpo messiânico* da humanidade, fazem-na possível os que vivem em sua própria carne, seguindo os passos do Messias Jesus, o despojamento em seu próprio *Self* para dar vida aos outros:

> De uma perspectiva cristã, o paradigma da *kénosis* do que se dá para ser consumido nos revela o despojamento como um ato que não faz da auto-oblação um fim em si mesmo, senão que antes, no contexto da ressurreição, o ato kenótico se transforma numa prática de esperança, de gratidão e de confiança em que o superabundante amor e fidelidade de Deus não é abandono, mas constante retorno. [...] Consequentemente, no que Deus dá, existe um paradoxo: ainda que seja superabundante, não pode ser possuído plenamente; no ato de dar de si mesmo, vai além de si.[74]

Por isso nos é possível afirmar aqui que a vida dos justos *é* princípio originário de conhecimento do real. A partir do reverso da história, a partir da oquidão de sentido, a partir de sua vida entregue, surge um resplendor de redenção. Não somente como promessa, mas como promessa cumprida graças aos que "tendo derrubado o muro de separação e suprimindo em sua carne a inimizade" (Ef 2,14).

---

[74] Ángel Méndez Montoya, *El Festín del Deseo. Hacia una Teología Alimentaria*. México, Jus, 2011, p. 240.

Por isso a fé teologal é um gesto messiânico primigênio de conhecimento do invisível que implica, em seu próprio dinamismo interno, a instauração do perdão como princípio de vida e de mútuo reconhecimento. Trata-se, por assim dizer, da "fé que move montanhas" (Mt 21,21), e, ao mesmo tempo, desmonta os mecanismos da rivalidade. Uma fé que "ilumina a todos em casa", quer dizer, a todos aqueles que vivem o colapso de seus sonhos de onipotência infantil. "Uma fé tão grande" como a do centurião romano amando a seu amigo/servo e com ele a todos os desprezados da história.

Dessa maneira, a verdade do amor que a fé teologal contempla não é, em seu sentido original, da ordem categorial, nem moral enquanto cumprimento de uma norma, como tampouco de culto religioso de latria. É da ordem da vida *exposta*, esgotada, em luta agônica, compartilhada, em processo de doação. Assim, a fé teologal contempla a gratuidade dos justos da história como fim do mundo em sua dupla acepção: termo dos tempos corruptos e início do tempo definitivo. E, ainda que a história prossiga em seu ciclo de rivalidade e de morte, a fé teologal permite contemplar "o invisível", quer dizer, o reverso da história, com esperança escatológica.

Assim, abre caminho, com sua habitual discrição, a segunda virtude teologal: aquela que faz possível a chegada do Messias no pequeno, no simples, no desprezado.

5. Quando Esperar Significa "Contrair o Tempo"

No início desta investigação nos perguntávamos como falar da esperança cristã no meio dos escombros da modernidade. Dizíamos também que situávamos o desafio em aprender a esperar sem espera alguma, sublinhando assim *un état d'âme* próprio da condição da subjetividade pós-moderna. Não se trata de renunciar ao desejo do encontro face a face com os outros e com Deus na bem-aventurança eterna, mas é preciso desconstruí-lo para não ficarmos presos em suas miragens.

Paulo de Tarso havia descrito a tensão escatológica, no contexto de sua própria crise como apóstolo rechaçado por muitos. Aí precisamente, no meio de uma experiência de colapso profético, que já evocamos em capítulos precedentes, surge o messiânico como experiência para a subjetividade de poder receber a vida teologal. Tal processo era descrito pelo Apóstolo com paradoxos vitais da seguinte maneira:

> E, como *cooperadores* seus que somos, exortamo-vos a que não recebais em vão a graça de Deus. Pois diz ele: no tempo favorável te escutei, e no dia de salvação te ajudei. Vede agora *o momento favorável*; vede agora o dia de salvação.
> A ninguém damos ocasião alguma de tropeço, para que não se faça mofa do ministério, antes nos recomendamos em tudo como ministros de Deus: com muita constância em tribulações, necessidades, angústias; em açoites, cárceres, sedições; em fadigas, desvelos, jejuns; em pureza, ciência, paciência, bondade; no Espírito Santo, em caridade sincera, na palavra de verdade no poder de Deus; mediante as armas da justiça: as da direita e as da esquerda; em glória e ignomínia, em calúnia e em boa fama; *tidos por impostores, sendo verazes; como desconhecidos, ainda que bem conhecidos; como os que estão à morte, mas vivos; como castigados, ainda que não condenados à morte; como tristes, mas sempre alegres; como pobres, ainda que enriqueçamos a muitos; como os que nada têm, ainda que possuamos tudo.*[75]

---

[75] 2Cor 6,1-10 [itálicos do autor] A versão grega é a seguinte: "συνεργοῦντες δὲ καὶ παρακαλοῦμεν μὴ εἰς κενὸν τὴν χάριν τοῦ θεοῦ δέξασθαι ὑμᾶς. λέγει γάρ, καιρῷ δεκτῷ ἐπήκουσά σου καὶ ἐν ἡμέρᾳ σωτηρίας ἐβοήθησά σοι· ἰδοὺ νῦν καιρὸς εὐπρόσδεκτος, ἰδοὺ

Note-se em particular nesta narrativa paulina a permanente presença do paradoxo na vida do "cooperador de Deus" (*synergountes dè*) no tempo presente da salvação (*kairós*). De novo, como em textos já citados do mesmo Paulo em capítulos precedentes, expressa-se no relato o dinamismo da subjetividade por meio da tensão narrativa *hos-kai* (como-ainda que).

Tal existência messiânica, como metáfora viva, encontrará seu clímax no último verso, que assinala o esvaziamento como lugar de revelação da presença divina: "como os que nada têm, ainda que possuamos tudo" (v. 10).

≈

Ao longo dos capítulos precedentes, fomos descobrindo uma narrativa niilista pós-moderna para "voltar à coisa mesma" que a fenomenologia moderna buscou sem cessar sob as chaves da subjetividade, da finitude e da linguagem polissêmica com que nos inventamos ou nos construímos os seres humanos. Agora podemos dizer que a esperança cristã assume tal precariedade da subjetividade desconstruída para cultivar em seu seio a espera da consumação da história, através da memória dos justos que foram aniquilados pela rivalidade mimética, mas resgatados por Deus em sua superabundância amorosa, como o fez com Jesus de Nazaré.

Em nada se distinguiria nossa interpretação do já dito pela teologia depois de Auschwitz se não fizesse inteligível o processo

---

νῦν ἡμέρα σωτηρίας. μηδεμίαν ἐν μηδενὶ διδόντες προσκοπήν, ἵνα μὴ μωμηθῇ ἡ διακονία, ἀλλ᾽ ἐν παντὶ συνίσταντες ἑαυτοὺς ὡς θεοῦ διάκονοι, ἐν ὑπομονῇ πολλῇ, ἐν θλίψεσιν, ἐν ἀνάγκαις, ἐν στενοχωρίαις, ἐν πληγαῖς, ἐν φυλακαῖς, ἐν ἀκαταστασίαις, ἐν κόποις, ἐν ἀγρυπνίαις, ἐν νηστείαις, ἐν ἁγνότητι, ἐν γνώσει, ἐν μακροθυμίᾳ, ἐν χρηστότητι, ἐν πνεύματι ἁγίῳ, ἐν ἀγάπῃ ἀνυποκρίτῳ, ἐν λόγῳ ἀληθείας, ἐν δυνάμει θεοῦ· διὰ τῶν ὅπλων τῆς δικαιοσύνης τῶν δεξιῶν καὶ ἀριστερῶν, διὰ δόξης καὶ ἀτιμίας, διὰ δυσφημίας καὶ εὐφημίας· ὡς πλάνοι καὶ ἀληθεῖς, ὡς ἀγνοούμενοι καὶ ἐπιγινωσκόμενοι, ὡς ἀποθνῄσκοντες καὶ ἰδοὺ ζῶμεν, ὡς παιδευόμενοι καὶ μὴ θανατούμενοι, ὡς λυπούμενοι ἀεὶ δὲ χαίροντες, ὡς πτωχοὶ πολλοὺς δὲ πλουτίζοντες, ὡς μηδὲν ἔχοντες καὶ πάντα κατέχοντες".

mesmo de desconstrução da rivalidade que a subjetividade traz inoculada como um vírus com sua inelutável espiral de violência e que semeia a desesperança.

A esperança possível, no coração do colapso moderno, pode significar, então, somente o início de uma *mudança de mundo* graças àquilo que fazem possível os justos que entregaram e seguem entregando sua vida pelos demais, incluindo nesse gesto compassivo também a seus verdugos.

Uma temporalidade *messiânica*, depurada de suas utopias sociopolíticas modernas, é relida a partir dos movimentos de vítimas *de baixo e do reverso* da história. Surge como murmúrio de esperança no cenário da história fraturada nesta hora da aldeia global.

Cabe-nos agora descrever as fases desse processo de "contração do tempo" que os justos vivem, para compreender, assim, ao menos em sua estrutura básica, a esperança cristã nos tempos pós-modernos.

Evocaremos três momentos constitutivos: (i) a postergação da espera como condição *sine qua non* de que será possível falar de esperança; para depois (ii) destacar a potência desconstrutiva da violência da história que os justos vivem pelos atos de gratuidade; para finalmente (iii) seguir esperando com a paciência messiânica a consumação da história graças à vida dos justos.

5.1 A Espera Diferida

Os messianismos da história do Ocidente mostraram sua força histórica para mover as massas desesperadas e prometer em vão o cumprimento do fim da história com a instauração da justiça e da consabida catástrofe cósmica acompanhada do castigo universal para os malvados. Mas há que precisar que, nos tempos modernos, esse messianismo de raiz hebreia com seu rebento cristão se retraiu à imanência da história, por meio da expressão secularizada de um messias encarnado nos movimentos sociais e políticos da revolução do proletariado e da rebelião dos despojados.

Em particular na América Latina durante a segunda metade do século passado, o messianismo político[76] de alguns movimentos de insurreição social e política utilizou a linguagem e o capital simbólico religioso para atiçar o fogo da luta revolucionária.

Por outro lado, o desencanto dos metarrelatos próprio da geração que viveu a queda do Muro de Berlim em 1989 foi um indício da devastadora experiência que nações inteiras viveram ao descobrir-se no meio dos escombros do socialismo histórico e ficar sob o único império da economia liberal de mercado. Pouco se sublinha, no entanto, a importância dos movimentos altermundistas e antissistêmicos que foram-se consolidando nas últimas duas décadas em todo o planeta, não somente como práxis social, mas como pensamento alternativo que promove uma urgente reapresentação da civilização, sob pena de ficarmos presos na destruição planetária.

O papel das religiões, em particular do cristianismo, na busca de alternativas viáveis para a preservação da espécie humana e do planeta, bem como a reconciliação em países em conflito, foi objeto de numerosos estudos interdisciplinares, bem como de iniciativas inter-religiosas. Mas aqui nos interessa a contribuição *antropológica* que o cristianismo possa oferecer nesta hora incerta da história para alcançar uma compreensão da esperança teologal que seja significativa para as vítimas.

Recuperando a feição própria do antimessianismo de Jesus, hoje redescoberto em seu significado contextual pela *Third Quest*, a teologia pós-moderna da revelação propõe-se a interpretar a esperança irrompendo com sua força escatológica no meio da postergação ilimitada do fim da história em seu devir cronológico.

---

[76] Cf. Enrique Krauze, *Siglo de los Caudillos*. Barcelona, Tusquets Editores, 2009, p. 347.

Mas o faz instaurando os tempos plenos na intensidade da existência messiânica. Por isso, num sentido estritamente teologal, a teologia pós-moderna propõe uma antiga – e nova ao mesmo tempo – chave de leitura da esperança que radica numa *nova vivência da temporalidade.*

Com efeito, falar de esperança na consumação da história, segundo a revelação do Messias Jesus, implica uma dupla afirmação teológica enquanto discurso a partir da experiência teologal fundadora. Por um lado, a denúncia do fim do mundo corrupto que cresce como espiral violenta em todo o orbe e que seguirá aumentando em intensidade na história, como já o expressava 2 Tessalonicenses pela enigmática figura do *Katechon*. Mas, por outro lado, tal revelação é em seu aspecto afirmativo e salvífico um anúncio *prospectivo* da instauração da morada de Deus com a humanidade. A revelação do divino é então viável, como já o mencionamos, graças à vida dos justos que revertem o processo do ódio em sua própria carne e abrem assim a temporalidade a uma nova ordem de existência.

Quem *revelou* essa possibilidade de uma nova forma de existência foi Jesus de Nazaré, imitando a seu *Abba*, como o vislumbrou de maneira fulgurante com aguda inteligência teológica René Girard, no momento de fazer uma revisão de sua teoria mimética:

> Jesus salva todos os seres humanos através de sua revelação do mecanismo do bode expiatório, mesmo que cada vez mais nos impeça uma proteção sacrifical, e nos obrigue a abster-nos da violência se desejamos sobreviver. Todas as comunidades humanas rejeitam a proposta de Cristo. Tal rejeição começou já em sua própria comunidade terrestre no momento da crucifixão. É por isso que o prólogo de São João diz: "Ele estava no mundo e o mundo foi feito por meio dele, mas o mundo não o reconheceu. Veio para o que era seu e os seus não o receberam. E a luz

brilha nas trevas, mas as trevas não a aprenderam." (Jo 1:10-11 e 5). Não obstante, os indivíduos têm a opção de fazer sua melhor tentativa para imitar a Cristo, razão por que o prólogo de João acrescenta: "Mas a todos que o receberam, deu o poder de se tornarem filhos de Deus: aos que creem em seu nome" (Jo 1:12). Tal é a ideia de salvação pessoal que é possível alcançar pelo espírito de Cristo e de seu Pai como um resultado da Cruz, a qual restabeleceu a relação direta entre o ser humano e Deus que havia sido interrompida pelo pecado original.[77]

Dessa perspectiva mimética e teológica, o fim da história é diferido, sempre posposto, já que não se trata de um fim cronológico mas *kairológico*, como já o haviam sublinhado Iohann-Baptist Metz e Edward Schillebeeckx em seu momento.

Trata-se de uma *mudança* na compreensão do fim, agora sob a luz da temporalidade redimida de sua rivalidade violenta. Com efeito, graças à teoria mimética e à desconstrução do cristianismo como metarrelato, podemos afirmar agora, no tempo moderno tardio, que a história chega a seu fim kairológico pelo ato radical de inovação que procede da vítima perdoadora. Embora a espiral violenta prossiga em seu curso na temporalidade cronológica – com a anomia que implica na ordem política, sob a figura do Katechon que já assinalamos antes –, a história *está sendo* redimida pelos atos de doação vividos pelos justos da história.

Esperar a chegada do Messias neste contexto pós-moderno de escombros do metarrelato moderno significará, então, alcançar um grau de contemplação da história dessa nova ordem de existência. Contemplação que permite desdobrar uma práxis alternativa na

---

[77] René Girard, Pierpaolo Antonello e João Cezar de Castro Rocha. op. cit., p. 206 [T. do A.].

história violenta do mundo para construir em seu seio espaços de intersubjetividade reconciliada.

Trata-se de uma práxis alternativa, primeiro porque não fica presa na rivalidade, senão que gera experiências de justiça restaurativa, de reconciliação e de novos espaços de intersubjetividade graças à força do perdão. Segundo, porque essa nova compreensão da consumação da história, nascida do dom da vítima perdoadora, permite desdobrar para a subjetividade novas potências de experiência. Estas se traduzem em diversas experiências de redenção na concreção do desejo redimido de sua violência: a superação do ressentimento e o amor não recíproco ainda que, sim, de resposta, ou a ação não violenta no meio de contextos de rivalidade. Finalmente, como fruto de todo esse processo, aparece a *paciência* como vivência da temporalidade messiânica no meio dos tempos de espiral violenta.

A espera da consumação plena da história fica assim diferida. Longe de significar um desentendimento do sofrimento dos inocentes, expressa a confiança paciente e ativa na presença amorosa que habita os justos e que os move a seguir buscando sempre caminhos de vida para todos, ainda que isso lhes custe a vida.

5.2 Desconstruindo a História Violenta

Pois bem, é preciso desenvolver o que significa "contrair o tempo" em sentido messiânico. Essa expressão de Paulo de Tarso é herdeira da ideia hebreia do tempo messiânico que já comentamos no segundo capítulo deste livro. Mas aqui adquire toda a sua relevância para compreender o sentido da virtude teologal da esperança.

Em primeira instância, "concentrar o tempo" implica deter a espiral violenta no próprio corpo, como primeira atitude proativa da subjetividade esperançada. Tal processo antropológico é, ao mesmo tempo, teologal e antropológico. O primeiro porque somente é possível e compreensível à luz da vida da vítima perdoadora que derrubou o muro do ódio. E o segundo porque, como experiência do Crucificado que vive, capacita as discípulas e os discípulos que o aceitem a viver nessa ordem de existência em gratuidade aberta ao futuro vindo de Deus.

Mas "concentrar o tempo" também significa mudar a lógica da reciprocidade violenta por meio de uma práxis de assimetria baseada no amor incondicional. Se a esperança é a virtude teologal que aguarda a consumação das promessas divinas que a fé vislumbra, modificando de maneira radical a subjetividade no dinamismo relacional violento, ela se expressa como uma prática do amor, aquela outra virtude teologal desconstruída de que falaremos a seguir, mas a partir da consciência de seu caráter sempre assimétrico.

Isso implica o reconhecimento da *diferença* que se instaura sempre em toda e qualquer relação, com prioridade da presença do outro, não somente em sentido levinasiano de alteridade que comanda, mas no sentido teologal da doação que procede do amor que inabita a subjetividade redimida pela existência do Messias em seu interior. Trata-se, pois, de uma força vital que, embora proceda de certa exterioridade que é Deus em seu mistério de plenitude, jaz no mais profundo da subjetividade em relação de doação. Daí que a esperança seja a que, unida à fé que conhece o invisível e ao amor que é entrega sem medida nem condição, dá lugar à nova temporalidade messiânica.

Finalmente, "contrair o tempo" significa desconstruir a história da dominação vivendo no *aquém* da totalidade na "paciência de Deus". A esperança o faz possível como força teologal fazendo que a subjetividade desconstruída habite aquele espaço do silêncio e da vida contemplativa próprio da vítima perdoadora. Daí brota a práxis de compaixão, de justiça restaurativa e, em sua máxima expressão, de misericórdia.

A esperança constrói, assim, no tecido da história violenta, narrativas de uma vida diferente e nova porque floresce no meio das contradições como início de uma temporalidade redimida de sua espiral de rivalidade.

Não se trata de um triunfalismo camuflado nem de uma apologia da vitimização, senão que a esperança messiânica significa a permanente aposta da subjetividade desconstruída por uma mudança de mundo através da vida entregue numa relação de gratuidade com os outros, com o mundo e com Deus.

Porque participa do dinamismo divino da doação, a esperança desperta na subjetividade pós-moderna o fulgor do olhar do inocente: aquele vislumbre de um mundo novo que procede somente das chagas do Crucificado que vive e, junto dele, das feridas dos justos da história, nos quais a humanidade tem sua única possibilidade de sobrevivência e de redenção.

5.3 O Tempo dos Justos

Que significa uma temporalidade baseada na memória da entrega dos justos para uma sociedade pós-moderna que vive nos escombros da autocomplacência do metarrelato de emancipação e de autonomia?

Uma vez que apresentamos, evocando Paul Ricoeur e René Girard, que a memória ditosa advém na subjetividade quando transita para o estágio da justiça e do esquecimento, então podemos começar a vislumbrar a ordem *teologal* instaurada pelos justos na história violenta. Não no sentido de uma história paralela à que conhecemos sob o signo de Caim, senão que precisamente em seu seio a vida teologal desmonta os mecanismos de rivalidade mimética, de sacrifício e de morte, graças à compreensão do escândalo revelado na morte de Abel e que adquire seu clímax na cruz de Jesus. A esse respeito, comenta o teólogo inglês da teoria mimética:

> Nenhum de nós escapa ao fato de viver no meio de todos esses desejos e tendências contraditórias e oscilantes, já que todos somos formados no interior por sua influência. Este

é o tempo de Abel, o tempo do escândalo revelado, quando já não existe fórmula alguma para reunir-se, quando não há paz fácil, e no meio de quem se recusar a participar do atual jogo corre o risco de ser linchado, ainda que deva ter cuidado também para que seu modo de participar do jogo não seja buscando ser linchado para sacralizar-se a si mesmo como vítima. Esta é uma das possibilidades que só o escândalo da Cruz fez viável.

A tarefa é aprender a viver no meio de tudo isto aprendendo a não se escandalizar nem consigo mesmo nem com o processo, nem por descobrir-se a si mesmo vivendo em contradições simultâneas. Ser escandalizado significa, em primeiro lugar, estar sempre a caminho entre uma forma do sagrado e a outra, numa série de solavancos onde o máximo que podemos conseguir esconder de nós mesmos é a identidade do que é em aparência diferente. A única coisa que pode deixar de fugir de tais golpes é o Caim que aceita o perdão, que reconhece que não tem cidade, e que já não necessita encontrá-la, porque o Filho do Homem tampouco tem um lugar, como Caim, e sua história pode escrever-se onde quer que seja, já que não tem cidade perdurável, porque a nova Jerusalém vem do alto.[78]

O tempo dos justos surge então no meio da história caimita como uma radicalização da temporalidade. Aqui se faz patente a

---

[78] James Alison, *Raising Abel: The Recovering of the Eschatological Imagination*. New York, Crossroad, 1996, p. 137 [tradução e destaque do autor].

importância capital da "contração do tempo", pois designa o processo para reverter o poder destruidor do mimetismo violento de dentro de seu próprio dinamismo de rivalidade no seio da história caimita. Isso significa que os justos iniciam já com sua existência em doação uma nova ordem de temporalidade. E a memória e a práxis solidária que nós, os sobreviventes, fizermos deles quando forem aniquilados será a que nos permitirá alcançar com plena consciência essa ordem do real que é a *teologal*.

A teologia cristã chamou de a temporalidade *escatologia*, quer dizer, uma existência que mantém a tensão entre a realização presente e atuante da salvação e seu pleno acabamento sempre por chegar. No entanto, da perspectiva da desconstrução pós-moderna e do desejo mimético, não é suficiente falar de tensão da temporalidade escatológica para dar razão da atualidade da redenção, senão que, pela vida dos justos que revelam a gratuidade do amor incondicional e sem medida que é Deus, a temporalidade é já transfigurada em sua imanência aberta como uma ferida e como uma mão que compartilha.

Não é preciso, portanto, esperar um futuro distante, mas contemplá-lo vivo e atuante no presente conflituoso graças aos justos e inocentes. A história não cessará de ser violenta, mas a vida dos justos entregue no amor assimétrico e não recíproco será a única realidade que permanecerá e que transcenderá.

Trata-se de uma ordem do real visível somente para o olhar da fé na *luz escura* da revelação. Uma ordem do real próprio da esperança que luta contra toda esperança. Uma ordem do real, ao fim e ao cabo, de um incessante processo de doação amorosa que só é perceptível "para além do ressentimento", na força que emana do *ágape* do Messias.

Por isso, a fé e a esperança como dinamismos da subjetividade desconstruída ficam atadas no *nó* da caridade, segundo aquela magistral expressão de São Paulo (cf. Co 3,14b).

Tal força que procede da radical exposição da subjetividade à alteridade é o que desenvolveremos na última parte do capítulo final de nossa investigação.

6. A Caridade como Incessante Processo de Doação

A experiência da história da menina de Villahermosa será o substrato vital das considerações sobre a virtude teologal da caridade que aqui desenvolveremos.

Primeiro porque se trata de uma subjetividade exposta que habita sua exclusão com um gesto de amor assimétrico e não recíproco que, como símbolo, tem uma potência universal. Trata-se de uma nova página da antiga narrativa dos que vivem os gestos messiânicos como processo da doação no secreto de sua existência e das margens da história. Segundo, porque mostra, com uma narrativa sucinta mas poderosa, os alcances do *poder do não poder*. E, finalmente, porque nos permite compreender o sentido kairológico, mimético e messiânico da história da humanidade, sempre prenhe de gestos de gratuidade que a redimem de sua contradição e de sua espiral de rivalidade.

No entanto, não desejamos fazer aqui uma ingênua apresentação da virtude da caridade, idealizando o simples gesto de uma menina pobre do sueste mexicano como protótipo universal de vida teologal. Sabemos também que propor a difícil caridade como incessante processo de doação parecerá uma provocação à razão crítica e instrumental. Mas não resta outro caminho no momento presente da história além do que nos indicam com seus passos firmes os inocentes, os justos e as pessoas que deram o *salto qualitativo* em suas vidas, às vezes num ato fugaz de sua existência, passando do ressentimento à doação. O mais cabal deles, até onde temos notícia na história, foi Jesus de Nazaré.

≈

Para falar da virtude teologal da caridade, partiremos da genial síntese de Paulo de Tarso, quando descreve o *ágape* do Messias em sua Epístola aos Colossenses da seguinte maneira:

> Assim, se vós ressuscitastes com Cristo, buscai as coisas do alto, onde está Cristo sentado à destra de Deus. Aspirem às coisas do alto, não às da terra. *Porque vós morrestes, e vossa vida está oculta com Cristo em Deus*. Quando aparecer Cristo, que é vossa vida, então também vós aparecereis gloriosos com ele. [...] Não mintais uns aos outros. Despojai-vos do homem velho com suas obras, e revesti-vos do homem novo, que se vai renovando até alcançar um conhecimento perfeito, segundo a imagem de seu Criador, onde não há grego nem judeu; circuncisão nem incircuncisão; bárbaro, cita, escravo, livre, senão que Cristo é tudo e em todos. Revesti-vos, pois, como eleitos de Deus, santos e amados, de entranhas de misericórdia, de bondade, de humildade, de mansidão, de paciência, suportando-vos uns aos outros e perdoando-vos mutuamente, se algum tem queixa contra outro. Assim como o Senhor vos perdoou, perdoai-vos também vós. *E, acima de tudo isto, revesti-vos do amor, que é o vínculo da perfeição*. E que a paz de Cristo presida seus corações, pois a ela fostes chamados formando um só Corpo. E sede agradecidos.[79]

---

[79] Colossenses 3,1-4, 9-15. A versão grega diz: "1. εἰ οὖν συνηγέρθητε τῷ χριστῷ, τὰ ἄνω ζητεῖτε, οὗ ὁ χριστός ἐστιν ἐν δεξιᾷ τοῦ θεοῦ καθήμενος τὰ ἄνω φρονεῖτε, μὴ τὰ ἐπὶ τῆς γῆς 3. ἀπεθάνετε γάρ, καὶ ἡ ζωὴ ὑμῶν κέκρυπται σὺν τῷ χριστῷ ἐν τῷ θεῷ. 4. ὅταν ὁ χριστὸς φανερωθῇ, ἡ ζωὴ ὑμῶν, τότε καὶ ὑμεῖς σὺν αὐτῷ φανερωθήσεσθε ἐν δόξῃ. [...] 9. μὴ ψεύδεσθε εἰς ἀλλήλους, ἀπεκδυσάμενοι τὸν παλαιὸν ἄνθρωπον σὺν ταῖς πράξεσιν αὐτοῦ, 10. καὶ ἐνδυσάμενοι τὸν νέον τὸν ἀνακαινούμενον εἰς ἐπίγνωσιν κατ᾽ εἰκόνα τοῦ κτίσαντος αὐτόν, 11. ὅπου οὐκ ἔνι ἕλλην καὶ ἰουδαῖος, περιτομὴ καὶ ἀκροβυστία,

É preciso notar que, para o apóstolo dos gentios, somente no marco da vida nova do Crucificado vivente é possível compreender o sentido teologal desta existência que ele urge a comunidade de Colossas a que viva sem tardança.

Duas ações-chave enquadram o campo semântico inusitado designado por São Paulo: "buscar as coisas do alto" e "revestir-se do amor". Trata-se igualmente de uma dialética permanente entre dois polos ("vós morrestes" e "vossa vida escondida com o Messias em Deus") que parecem opostos, mas que descrevem numa poderosa narrativa existencial, o oximoro por excelência da fé cristã, "o Crucificado vivente", do qual brota a vida teologal.

Daí que a virtude teologal da caridade, desconstruída de seu protagonismo autocomplacente,[80] seja uma força que procede (i) da indigência do amor, (ii) como gesto messiânico do compartilhar sempre insuficiente, e (iii) que se expressa sempre como incerto dom, na aposta na *mudança de mundo* como plenitude do tempo kairológico, à imitação do desejo original e originário do *Abba* de Jesus.

Vejamos finalmente cada um desses estágios de instauração da temporalidade messiânica pela vivência do ágape.

βάρβαρος, σκύθης, δοῦλος, ἐλεύθερος, ἀλλὰ [τὰ] πάντα καὶ ἐν πᾶσιν χριστός. 12. ἐνδύσασθε οὖν ὡς ἐκλεκτοὶ τοῦ θεοῦ, ἅγιοι καὶ ἠγαπημένοι, σπλάγχνα οἰκτιρμοῦ, χρηστότητα, ταπεινοφροσύνην, πραΰτητα, μακροθυμίαν, 13. ἀνεχόμενοι ἀλλήλων καὶ χαριζόμενοι ἑαυτοῖς ἐάν τις πρός τινα ἔχῃ μομφήν· καθὼς καὶ ὁ κύριος ἐχαρίσατο ὑμῖν οὕτως καὶ ὑμεῖς· 14. ἐπὶ πᾶσιν δὲ τούτοις τὴν ἀγάπην, ὅ ἐστιν σύνδεσμος τῆς τελειότητος. 15. καὶ ἡ εἰρήνη τοῦ χριστοῦ βραβευέτω ἐν ταῖς καρδίαις ὑμῶν, εἰς ἣν καὶ ἐκλήθητε ἐν ἑνὶ σώματι· καὶ εὐχάριστοι γίνεσθε".

[80] Em nossa pesquisa, optamos por uma interpretação pós-moderna do termo grego ἀγάπην (*ágape*) a partir das análises até aqui expostas sobre a filosofia niilista e a fenomenologia da desconstrução. A filosofia da libertação proposta por Enrique Dussel aborda o tema em discussão com alguns pós-modernos, mas sem assumir, a nosso ver, o radical problema da doação possível como horizonte de cumprimento messiânico da história, como é possível ver na segunda seção de sua obra sobre o tema intitulada "De la Fraternidad a la Solidaridad". Cf. Enrique Domingo Dussel, *Pablo de Tarso en la Filosofía Política Actual. Y Otros Ensayos*. México, Ediciones Paulinas, 2012, p. 85-123.

6.1 Da Indigência do Amor.

Quem ama sabe que nunca será cumulado e que tampouco poderá cumular a pessoa amada. Precisamente porque o amor é abertura e oquidão como experiência de erotismo e de *ágape*, é já signo eficaz, ainda que apofático, do fundo amoroso do real que as religiões chamam Deus.

Um amor cumulado é pura ilusão: quando o desejamos agarrar, desvanece-se. Essa saciedade apaga, ademais, o desejo porque a posse o matou. O secreto do amor humano de amizade, de casal ou de comunidade, está em saber manter-se sempre no limite entre a fome e a saciedade. Como na degustação de um bom vinho ou de um manjar, mas com o ingrediente incomparável e incomensurável da liberdade, própria de uma relação de alteridade. Por isso as experiências-limite do amor são somente indícios de uma realidade que designa o fundo da subjetividade exposta.

Daí que seja necessário reconhecer a ordem teologal própria do *ágape* do Messias para poder encontrar a chave de interpretação de tal indigência do amor vivida pelo paradoxo da superabundância da Sofia divina.[81]

Recordemos o gesto da viúva de Sarepta que fez possível para que o grande profeta Elias não desfalecesse e pudesse cumprir sua missão. De sua indigência, ela saciou a fome do peregrino e fez viável o anúncio dos tempos messiânicos. Tal é a

---

[81] Como já mencionamos, a racionalidade sofiânica foi sugerida por Sergei Bulgakov e retomada por Ángel Méndez seguindo a John Milbank, por meio de uma hermenêutica erótico-agapeica, nos seguintes termos: "Sofia é a Sabedoria divina que guia e cria consciência da união ou afinidade primordial com o outro, e da comunhão e afinidade original do homem com Deus. Esse tipo de afinidade e comunhão não implica um momento dialético final, mas é realmente o espaço *intermédio* [*metaxu*] perpetuamente aberto que conduz a uma viagem de perplexidade e mistério, a qual acende o desejo de provar quantidades cada vez maiores da incognoscível Sabedoria de Deus". (Tradução Érico Nogueira). Ángel Méndez Montoya, op. cit., p. 176.

profundidade do ato de gratuidade que vivem os inocentes e os justos da história. Elas e eles são "os pilares sobre os quais se sustenta a humanidade", como ensina o Talmude,[82] porque mantêm vigilante e aberta a condição humana ao dom, habilitando-a a seguir os passos do Messias, "mas vence o mal com o bem" (Rm 12:21b), como diria o Apóstolo.

A indigência do *ágape* teologal[83] expressa, a nosso ver, uma relação direta com *a potência dos pobres* evocado pelo pensamento antissistêmico no contexto pós-moderno, desde que tenha sido depurada essa potência de seu desejo de rivalidade mimética. Com efeito, através do ato de doação que vivem os esquecidos da terra é possível que toda a humanidade seja recriada. Não só pela força de um ato singular vivido na margem da história, mas porque dessa

---

[82] Na tradição hebreia, trata-se dos *Lamed-Vav Tzadikim* ou os 36 justos que, segundo o Talmude, sustentam a terra e mantêm viva a humanidade com suas obras. Assim diz o Talmude da Babilônia: "Abaye disse: O mundo deve ter não menos de trinta e seis justos em cada geração, aos quais se concede a visão da face de Shechinah, pois está escrito: Eia! bem-aventurados os que esperam por ele; e o valor numérico de eia é trinta e seis. Mas não é assim: pois Raba não disse: A fileira dos justos imediatamente diante do Santo, bentido seja, consta de dezoito mil, pois está escrito: Deve haver dezoito mil em torno? Não é difícil resolver: o primeiro número [trinta e seis] se refere aos que O veem através de claro espelho, o segundo aos que O contemplam através de um espelho baço". (Tradução Érico Nogueira). *Tractate Sanhedrin* 97b (cf. *Tractate Sukkah* 45b). Disponível em: http://www.come-and-hear.com/sanhedrin/sanhedrin_97.html#PARTb. Acesso em: 16 jul. 2016.

[83] No século XIV, o Mestre Eckhart, seguindo os passos do Pseudo-Dionísio e da corrente neoplatônica impulsionada na Europa por seu mestre Alberto Magno, destacou a importância do desapego, prévio ao amor, como solo nutrício onde acontece a contemplação do Amor divino. A esse respeito, comenta Benedict Ashley, o reconhecido historiador dominicano de Chicago: "A teologia de Eckhart é radicalmente *negativa* (apofática), já que, ao fim e ao cabo, ele denomina a Deus apenas O Uno. [...] Segundo a interpretação de Santo Tomás, a resposta de Deus a Moisés – 'Eu sou quem sou' – significa que Deus é Ser ou Existência; para Eckhart, porém, ela quer dizer 'Não perguntes meu nome incognoscível' e afirma que, se tivermos de Lhe dar qualquer outro nome além de Uno, não será Ser, mas Intelecto. [...] Dessa concepção de Deus, segue-se que a união com Deus não se efetua primacialmente pelo amor, mas pelo abandono (*Gelassenheit*, serenidade). O amor é grande porque nos impele a suportar todo o sofrimento por causa de Deus, mas a serenidade 'impele Deus a amar', já que Deus não pode renunciar uma alma vazia de consciência e aberta apenas e tão-somente para Ele". (Tradução Érico Nogueira). Benedict Ashley M., *The Dominicans*. Collegeville, The Liturgical Press, 1990, p. 70-71.

margem renovam tudo, deixando para trás a lógica da reciprocidade violenta e, o mais importante, inaugurando ao mesmo tempo uma temporalidade de plenitude kairológica que, graças a Jesus de Nazaré, Messias de Deus, podemos celebrar como cumprimento presente da comunhão humano-divina.

6.2 Da insuficiência do compartilhar

Mas a desconstrução niilista pós-moderna nos põe em alerta para que não caiamos em novas impostações do divino. O gesto messiânico não esgota a história, nem, muito menos, a termina num sentido pontual e cronológico. Antes a deixa aberta em seu inacabamento, sempre anelante da possibilidade de um novo começo.

Tal precariedade da comunhão humano-divina é expressa com agudeza paradoxal incomparável por Simone Weil em seu célebre *Prólogo*:

> Já não era inverno. Mas ainda não chegara a primavera: os galhos das árvores estavam nus, sem rebentos, no meio de um ar frio e cheio de sol. A luz aumentava, resplandecia e diminuía, depois as estrelas e a lua entravam pela janela. Depois a aurora voltava a aparecer. Às vezes ele se calava, tirava de uma gaveta um pão e o compartilhávamos. Esse pão em verdade tinha gosto de pão. Nunca mais voltei a encontrar esse sabor. Ele me servia e se servia vinho que tinha o sabor do sol e da terra onde estava construída a cidade. Às vezes nos deitávamos no chão do ático, e a doçura do sono descia sobre mim. Depois eu despertava e bebia a luz do sol. Ele me havia prometido um ensinamento, mas nunca me ensinou nada. Conversávamos sobre toda classe de coisas, sem tom nem som, como o fazem os velhos amigos.

> Um dia ele me disse: "Agora, vai-te". Caí de joelhos e abracei suas pernas, suplicando-lhe que não me jogasse fora. Mas ele me arremessou pela escada. Desci sem saber de nada, com o coração em pedaços. Caminhava pelas ruas e então me dei conta de que não sabia de modo algum onde ficava a casa. Nunca mais tentei voltar a encontrá-la. Compreendi que ele havia vindo buscar-me por engano. Meu lugar não era aquele ático. Meu lugar fica onde quer que seja: numa cela de prisão, ou num desses salões burgueses com poltronas de veludo vermelho, ou até numa sala de espera de estação de trem. Onde quer que seja, mas não naquele ático.
>
> Não posso eu impedir-me às vezes, com temor e com remorsos, de repetir-me o que ele me disse. Mas como saber se me recordo exatamente de suas palavras? Ele já não está aí para dizer-mas. Eu sei bem que ele não me ama. Como poderia amar-me? E, no entanto, no fundo de mim, alguma coisa, um ponto de mim mesma, não pode impedir-me de pensar que talvez, apesar de tudo, ele me ame.[84]

A insuficiência do gesto messiânico do compartilhar contado pela experiência mística de Simone Weil expressa, assim, a inexorável finitude tanto da subjetividade como da história. Mas é indício de redenção enquanto faz colapsar os mecanismos da reciprocidade violenta e permite a inclusão daqueles que foram esquecidos ou desprezados, integrando-os à mesa comum. Um banquete efêmero, mas

---

[84] Simone Weil, *El Conocimiento Sobrenatural*. Madrid, Trotta, 2003, p. 11-12. Um comentário rigoroso a este texto magistral da mística moderna pode ser lido em: E. Gabellieri, "Simone Weil: Raison Philosophique et Amour Surnaturel". In: Philippe Capelle (ed.), *Expérience Philosophique et Expérience Mystique*. Paris, Cerf, 2005, p. 207-20.

que deixa uma marca indelével de comunhão: "Esse pão em verdade tinha gosto de pão. Nunca mais voltei a encontrar esse sabor".

Os movimentos sociais antissistêmicos o expressam, à sua maneira, com paradoxal gozo e com vigilância histórica como utopia de baixo e do reverso: "tudo para todos, para nós nada".

Dessa maneira, a caridade como virtude teologal, desconstruída de sua vontade de domínio e depurada de seu protagonismo histórico, se revela como o "é o vínculo da perfeição" (Cl 3,14b). O que a fé e a esperança vislumbraram, cada uma a seu modo, a caridade o concentra em um só ato.

Gesto messiânico de tal autenticidade existencial, que nos redime a todos.

6.3 Do Incerto Dom que Muda o Mundo

Chegamos assim à última pincelada do quadro das virtudes teologais desconstruídas nos tempos do fragmento.

A caridade é um incerto dom que muda o mundo. Incerto porque sempre se oferece como ato de gratuidade por parte de Deus a uma subjetividade que nunca chega a viver o desapego e o despertar próprio do silêncio como *aquém* da vida teologal. Assim o expressou, de maneira única, Thomas Merton:

> As coisas do Tempo se encontram em conivência com a eternidade. As sombras te servem.
> Os animais te cantam antes de extinguir-se.
> A sólidas colinas desaparecerão como quando se rasga uma roupa. Todas as coisas mudam, morrem e desaparecem. As perguntas chegam, tomam seu lugar de atualidade e desaparecem.
> A esta hora cessarei de perguntar-lhes, e o

silêncio será minha resposta. O mundo que teu amor criou, que o calor desfigurou, que minha mente sempre está interpretando mal cessará também de interferir em nossas vozes.[85]

Não obstante, no meio de sua finitude e contingência, o ato de doação é uma *mudança de mundo* quando consegue desentranhar o silêncio da existência vertida em relação amorosa para o mundo e para os outros, à imagem da vida trinitária e sua lei da casa (*oikonomia*): a economia sempre criadora, reveladora e redentora.

Não se trata de uma experiência pura e simples. É o coração da contra-história o que os atos de gratuidade dos inocentes e dos justos nos revelam. Uma contra-história que procede das chagas do justo aniquilado, da voz calada de quem segue clamando justiça mas que, de sua dor, oferece perdão e abre caminho para a reconciliação. E, desse modo, o despertar da humanidade não é utopia, mas *locus* messiânico, inserido na história não só como "a estilha que dói" em que tanto pensou Walter Benjamin, mas como bálsamo que consola. Unção da *Ruah* divina. Ato sempre inacabado certamente, aberto a um futuro incerto, mas prenhe de presente salvífico.

Tal é o "nó da perfeição" próprio do *ágape* divino, que como poucos o Mestre Eckhart contemplou a partir do "desprendimento da alma", como gostava de chamar à experiência originária da contemplação do *Deus Ineffabilis*:

> Dos dois um rio
> de amor o fogo,
> dos dois o laço,
> aos dois conhecido
> flui suave o espírito
> muito semelhante,

---

[85] Thomas Merton, op. cit., p. 91. [T. do A.].

> inseparável.
> Os três são um.
> Sabes o quê? Não.
> Só ele sabe tudo.
>
> Dos três o nó
> é profundo e terrível,
> daquele contorno
> não haverá sentido:
> ali há um abismo
> sem fundo.
> Xeque-mate
> ao tempo, às formas,
> ao lugar!
> O maravilhoso anel
> é um broto
> imóvel é seu centro.[86]

Segundo essa obra-prima do Mestre Eckhart, a contemplação se volta para "um abismo sem fundo" de que procede tudo e ao qual tudo retorna. Surge assim o *nó* da vida trinitária para a alma que passou pelo desapego.

Nesse sentido, será a subjetividade desconstruída, colapsada, vulnerável e, a partir desse fundo, *potente a partir de seu não poder* a que experimentará o dinamismo das virtudes teologais. Com efeito, elas o capacitarão a viver a história a partir de seu reverso, não como voz calada e ressentida, mas como murmúrio gozoso de esperança que cresce nos albores da história.

---

[86] "*II. Von zwên ein vlût,/ der minnen glût,/ der zweier bant/ den zweien bekant,/ vlûzet der vil sûze geist/ vil ebinglich,/ unscheidelîch./ di drî sîn ein./ weiz du was? nein/ iz weiz sich selber aller mesit. III. Der drîer strik/ hat tîfen schrik,/ den selben reif/ nî sin begreif:/ hîr ist ein tûfe/ sunder grunt./ schach unde mat / zît, formen, stat!/ der wunder rink/ ist ein gesprink,/ gâr unbewegit stêt sîn punt*". Mestre Eckhart, *Granum Sinapis de Diuinitate Pulcherrima, III*. In: Amador Vega, *Tres Poetas del Exceso. La Hermenéutica Imposible en Eckhart, Silesius e Celan*. Barcelona, Fragmenta Editorial, 2011, p. 34-39.

De nova feição, a mística eckhartiana do desprendimento é a que, relida em tempos de fragmento, melhor dá razão do processo da revelação:

> Faze-te como um menino
> faze-te surdo e cego!
> Teu próprio eu
> há de ser um nada,
> atravessa todo ser
> e todo nada!
> Abandona o lugar
> abandona o tempo
> e também a imagem!
> Se vais sem caminho
> pela senda estreita,
> alcançarás a pegada do deserto.
>
> Ó alma minha,
> vai para fora, Deus entra!
> Afunda todo o meu ser
> no nada de Deus.
> Afunda-te no caudal
> sem fundo!
> Se saio de ti
> tu vens a mim,
> se eu me perco
> a ti te encontro,
> Ó Bem para além do ser![87]

Nos nossos tempos de escombros, depois da derrubada dos metarrelatos de totalidade, a teologia da revelação trata de contemplar o

---

[87] "VII. Wirt als ein kint,/ wirt toup wirt blind!/ dîn selbes icht/ mûz werden nicht,/ ao icht, ao ich trîb/ uber hôr!/ lâ stat, lâ zît,/ ouch bilde nicht!/ genk âne wek/ den smalen stek,/ sô kums du an der/ wûste spôr. VIII. O sêle mîn/ genz ûz, got în/ sink ao mîn icht/ in gotis nicht,/ sink in dî grundelôze vlût,/ vlî ich von dir,/ du kumst zum mir./ Vorlîs ich mich/ sô vind ich dich,/ ô uberweselîches gût!". Ibidem, p. 51-54.

mistério divino *aquém* das imagens e dos conceitos, como o destacou sem cessar a teologia apofática do cristianismo. Mas agora o logos da desconstrução volta a este *fundo sem fundo* por uma via diferente. Hoje, quando nos encontramos na outra margem da modernidade instrumental, depois de seu naufrágio, podemos retomar com cautela a mística do desapego em chave de subjetividade messiânica que vive a temporalidade escatológica.

Não se trata de abstrair-se do mundo, nem da história, nem do erotismo ou da práxis de mudança de mundo, mas de "estar no mundo sem ser do mundo" (cf. Jo 17,14-16). Vivendo a contração do tempo messiânico por meio dos atos de gratuidade amorosa, é possível vivenciar a *mudança de mundo*. Dessa maneira se abre caminho para a redenção: revertendo os processos de rivalidade mimética. Somente assim será possível instaurar, ainda que seja como fulgor, relações de intersubjetividade, redimidas de seu círculo vicioso de rivalidade e de ressentimento.

≈

Finalmente, algo temos podido dizer da revelação divina como um balbucio, depois de todo este percurso pela teologia fundamental nos tempos dos escombros.

A vida teologal é experimentada pelos justos no espaço do silêncio da vida eterna que palpita neles, no meio da espiral de violência. Ela lhes comunica um processo sempre incessante de revelação do *Deus Ineffabilis* como dom amoroso superabundante. É como um caudal vivificante que irriga a cidade terrestre, através dos justos e das margens da história violenta, *para que o mundo tenha vida*.

Em suma, só será possível vislumbrar a passagem do *Deus Ineffabilis* pela história caimita como fonte amorosa do real que chega até nós, sempre inesgotável, graças aos justos da humanidade que entregam sua vida como ato de doação amorosa.

conclusão

Chegamos ao final de um percurso histórico e contextual pelo território pós-moderno da teologia do fim dos tempos. O itinerário da teologia fundamental aqui proposta surge do profetismo hebreu e se orienta pelo horizonte cristão com suas duas coordenadas do Ocidente que se desdobraram entre a Europa e a América e hoje se estendem em novas sínteses por outras terras.

Em particular, procuramos pôr em diálogo diversas correntes daquele pensamento que critica abertamente o reducionismo da modernidade instrumental, tais como o pensamento antissistêmico e a antropologia do desejo mimético. Mas sempre buscando escutar *o tom da voz* do sujeito fraco que, a partir da marginalidade, já é princípio de uma *mudança de mundo*. A contribuição iconoclasta da desconstrução niilista nos ajudou a permanecer em estado de alerta contra toda coisificação do mistério do real, tanto na linguagem como nas práticas e nos conceitos acerca da subjetividade, do mundo e da transcendência.

Junto desse instrumental teórico próprio da razão em sua idade moderna tardia, o recurso às fontes bíblicas para construir uma interpretação da revelação cristã devemo-lo às contribuições da *Third Quest* e da hermenêutica bíblica pós-moderna. Tal lente metodológica aguçou o olhar da presente investigação para ir em busca do *acontecimento originário* da vida teologal, segundo o teor do pensamento fenomenológico que desenvolvemos nas duas obras prévias a esta.

Com efeito, seguindo a intuição magistral de Paul Ricoeur, buscamos recuperar *a segunda ingenuidade* depois de ter passado pela peneira da crítica literária, retórica e hermenêutica os textos fundacionais da versão cristã do *fim dos tempos*. Nesse sentido, a teologia protopaulina e os estudos sobre a escatologia jesuânica que aqui recuperamos buscaram reconstruir – na medida do possível e segundo os dados oferecidos pelos estudos interdisciplinares a esse respeito – a feição da esperança *messiânica* no cumprimento do Reinado de Deus que Jesus de Nazaré pregou na Galileia do século I da Era Comum.

Com esta bagagem filosófica e bíblica, empreendemos na terceira seção do livro a construção de nossa hipótese teológica fundamental de interpretação do fim dos tempos como uma *intensificação da temporalidade*. Ela é possível pelo ato de "contração do tempo" que o Messias Jesus instaura, e, junto dele, também os justos da história. A análise dessa ideia mestra do pensamento protopaulino – com seus correlatos nos sinópticos, em especial no relato de Marcos – abriu-nos possibilidades inusitadas para compreender a história em chave messiânica de *mudança de mundo*, especificamente a história vista de seu reverso e no meio da espiral crescente de violência, a partir da narrativa da *vítima perdoadora*.

Falamos aqui de um messianismo situado no coração da história, não no sentido de uma utopia do Reinado de Deus que se realize plenamente na terra através de mediações sociais e políticas, ou pela instauração de projetos econômicos específicos. Postulamos uma hermenêutica do messianismo enquanto transformação *qualitativa* da história a partir dos atos de gratuidade dos justos e, de maneira crucial, surgida do perdão oferecido pelas vítimas que conseguem derrubar "o muro do ódio".

Do ponto de vista cristão, o ápice deste processo de revelação do sentido último da história como *fim dos tempos* – definitivo enquanto critério de autenticidade da existência humana – é a páscoa de Jesus, à luz do testemunho de suas discípulas e discípulos. Tal pretensão de sentido e de ultimidade da história se baseia na narrativa de gratuidade absoluta procedente da vítima perdoadora. Ela é precisamente a que permite juntar os fios soltos da temporalidade messiânica no nó do *esvaziamento* que dá vida.

Nesse sentido, existencial e místico ao mesmo tempo, podemos dizer agora que a revelação humano-divina do fim dos tempos – como fruto da presente investigação segundo a chave teológica fundamental pós-moderna que aqui construímos – assume um realismo epistemológico preciso. Não no sentido metafísico que fixaria séculos atrás sua atenção na objetividade da revelação e na verdade das proposições sobre Deus; mas em seu sentido histórico e, concretamente, antropológico mimético. Quer dizer, partimos da constatação do fato de que a violência que conhecemos desde o drama de Caim e Abel não cessou na história da humanidade. Pelo contrário, veio aumentando. E a lógica de cobiça que caracteriza a sociedade globalizada de nossos dias nos permite prever o crescimento de uma violência sistêmica sem comparação com o até hoje conhecido pelas gerações que nos precederam.

Mas o mais surpreendente de tudo é que, no meio deste redemoinho de uma história violenta sob o signo de Caim, os que tiram poder ao ódio e ao ressentimento, ainda que isso lhes custe a vida, instauram sementes de vida que perduram e faz possível a todos nós esperar um amanhã. Quer dizer, as vítimas perdoadoras são as que nos permitem aguardar "na paciência de Deus" um futuro para todos. Aí jaz o principal motivo de *esperança contra toda esperança*.

Se falamos aqui no plural para designar aquelas subjetividades que abrem espaço à revelação, não é com o fim de desconhecer o papel universal de Jesus Cristo, nem sua unicidade na economia da salvação segundo o paradigma da encarnação do Logos divino. Fazemo-lo para reconhecer, num modelo antropológico da subjetividade desconstruída, os vínculos constitutivos que unem o testemunho radical de Jesus com o de muitos inocentes vitimados e de justos da história, os que, o mais das vezes de maneira anônima, fazem que, no meio do sem-sentido, apareça um fulgor de esperança e de vida.

Por isso fechamos o círculo hermenêutico deste estudo com uma reflexão pontual sobre as virtudes teologais, desconstruídas de seu anseio de poder e inabitadas pela força da temporalidade messiânica que procede do *Crucificado que vive*. Cada uma delas é uma potência de experiência que qualquer subjetividade pós-moderna pode vivenciar naquela experiência de doação e de gratuidade amorosa que consiga vislumbrar e vivenciar em sua existência. Assim, acontece *como puro dom* a mudança de mundo que instaura a paz no seio da violência, a gratuidade no meio da cobiça, a esperança no meio do horror.

Como potências da experiência próprias da subjetividade desconstruída, as virtudes teologais revelam, assim, essa nova ordem de existência, a partir da gratuidade inserida na imanência do desejo desconstruído. A fé teologal como aposta numa *mudança de mundo* a partir da lógica da doação amorosa sem condição nem medida. A esperança como força de resiliência no meio da dor, que procede não somente do instinto de sobrevivência, mas da confiança de saber-se amado de maneira gratuita e incondicional por uma alteridade amorosa que nos deleitreia a todos os existentes. A caridade, enfim, como expressão messiânica da superabundância do amor divino que recria o desejo humano em todas as suas dimensões, desde a erótica até a agapeica. Um difícil, segundo alguns impossível, amor de assimetria e de reciprocidade não violenta, que aparece como lampejo fulgurante nos atos dos justos, dos inocentes, e, *in extremis*, nas vítimas perdoadoras de todos os tempos.

Até aqui chegamos no caminho da busca de compreensão da revelação divina que acontece em Jesus Cristo como mediador universal de salvação para a humanidade toda. Sua experiência de doação amorosa *sem condição nem medida*, à imagem de seu *Abba* e pela força da *Ruah* divina que o inabita sem cessar, é para os cristãos o critério último de interpretação da existência humana autêntica porque é vivida como temporalidade messiânica que redime a todos, incluídos os verdugos, do sem-sentido e da morte.

O *Crucificado que vive* abre, assim, uma fenda no muro do ódio por onde passa um fulgor de esperança que dignifica e dá vida a todos.

epílogo

Ao final da rota que percorremos nestas páginas, podemos olhar para frente com esperança.

Se a história fragmentada da humanidade, própria do incerto mundo globalizado de nossos dias, tem futuro, é graças aos justos da história que "contraem o tempo" com seus atos de gratuidade e à potência dos pobres e excluídos, isto é, aqueles que realizaram o gesto fundamental: "Ele é a nossa paz: de ambos os povos fez um só, tendo derrubado o muro de separação e suprimido em sua carne a inimizade." (Ef 2,14).

A revelação do fim dos tempos acontece de maneira análoga ao ato de amor de doação cujo fulgor passa e desaparece no meio do clamor dos inocentes. Mostra-se com esplendor na vida de Jesus de Nazaré, desde a Galileia até o jardim do sepulcro vivificante. Dois lugares altamente simbólicos na narrativa cristã das origens que desvelam a presença amorosa do *Abba* de Jesus, que não descansa no incessante ato de oferecimento de amor incondicional à sua criação e à humanidade.

"Esperar sem esperar nada" é, então, a aposta da liberdade, redimida de sua cobiça e violência. São os inocentes da história os que nos dadivam esse olhar.

A luz da revelação passa pelas feridas dos justos aniquilados pela violência humana, são as estilhas do tempo messiânico que dói.

Mas "a vossa vida está escondida com Cristo em Deus" (Cl 3,3), e, assim, anunciam esperança. Daí que a vida entregue dos justos tenha se convertido em bálsamo que consola as vítimas, em clamor que impele os verdugos à conversão, redimindo assim a humanidade de sua finitude e de sua culpabilidade, para conduzi-la ao banquete superabundante da Sabedoria divina.

New York, 15 de novembro de 2013.

posfácio

Ao terminar a leitura destas páginas, vale um olhar retrospectivo para o caminho percorrido, de maneira que seja possível compreender o sentido de um pensamento sobre a esperança *sem esperar nada*.

Por mais estranho que pareça, e até contraditório com o desejo de esperar algo de certo modo tangível como a saúde, o bem-estar, a sabedoria e até a vida eterna – nas representações que com ingenuidade fazemos da transcendência –, foi preciso *ir além de todo desejo de posse*, ou melhor, *aquém* dessa pulsão, para compreender o sentido da esperança que aqui pôs em estado de alerta e de vigília nossa atenção vital.

As ideias propostas nestas páginas, conquanto inspiradas pela experiência pessoal como sobrevivente de sociedades de exclusão que espera "outro mundo possível" e outra igreja desejável, foram além da mesma história pessoal. Inscreveram-se no devir do pensamento ocidental que surgiu como uma videira na bacia do Mediterrâneo há mais de 5 mil anos e que depois se transplantou para a América, onde cresceu como um enxerto, num processo violento e fecundo ao mesmo tempo, que tornou possível o aparecimento, nas duas margens do Atlântico, da nova civilização da razão crítica, do estado democrático, da arte da subjetividade, do mercado do bem-estar e da religião do amor que hoje se estendeu a todo o orbe.

Daí que falar de Deus com esperança, sem objeto nem fundamento nem fim preciso, no meio das ruínas das sociedades de exclusão que se difundem por todo o planeta, se traduza numa ousadia necessária e ineludível para qualquer crente destes tempos pós-modernos.

Por isso, foi conveniente que, sem renunciar à condição cristã originária, percorrêssemos caminhos de algum modo incertos, para aprender a viver um permanente processo de desmontagem das certezas emocionais e dos conceitos doutrinais e identitários em busca de um juízo crítico e sapiencial. E não pelo mero desejo de derrubar os ídolos que substituem o Deus vivente, mas para sermos capazes de voltar à *fonte originária* da vida teologal. Tal se revela agora imperativo para os cristãos nestes tempos de incerteza produzida pela derrubada dos poderes modernos, tanto seculares como religiosos, que substituíram os da antiga cristandade, desvelando-se como novos ídolos da cobiça, que de maneira inevitável sempre vai acompanhada da violência.

Mais ainda: pensar hoje a esperança, nos tempos do colapso moderno, engendrado pela globalização midiática e do capital, é impossível sem apelar para a experiência dos *sobreviventes* de muitas das catástrofes ecológicas, sociais, militares e até religiosas dos tempos recentes. Por isso, foi-nos preciso recuperar nestas páginas o olhar delas e deles, escutar seu murmúrio, sentir sua indigência e surpreender-nos com seu *desejo de viver apesar de tudo com esperança*. Tais foram as condições de possibilidade para que nos descobríssemos talvez um pouco mais solidários com essa humanidade lacerada mas generosa. Falo da mãe ou do pai que vivem um luto impossível por seu filho desaparecido na guerra incruenta do México; mas também evoco a emoção intensa da pessoa apaixonada que se reconstrói a partir da ausência de seu amado; ou apelo à imaginação do artista que, depois de terminar sua obra, se sente vazio e desolado pela ausência do ardor próprio do êxtase criativo.

Pensar a esperança sem esperar nada mostrou-se um assunto de mundanidade aberta ao infinito. Trata-se de um desafio em verdade universal que apela ao devir de todo existente e, de maneira ainda mais radical pela ousadia da fé, à existência dos que depositaram sua esperança numa alteridade amorosa inominável mas presente, quer dizer, *inefável*.

Por isso, a *questão da esperança* concentrou todo o pensamento teológico contemporâneo para discernir *os sinais destes tempos incertos*. Se o futuro é possível para a humanidade no meio da crise ecológica atual, enfrentamos então uma questão que nos refere de maneira imediata ao instinto de apego à sobrevivência. Mas isso não basta. Pois, se assim fosse, continuaríamos neste caso presos pelo desejo primário de posse do mundo, o qual é precisamente o que por sua voracidade e cobiça nos está levando à ruina.

Antes tentemos *pensar o impensável* e manter-nos nessa crista da onda do mar imenso do sentido e da significação. Um futuro *apesar* dos projetos totalitários. Uma economia *aquém* da cobiça. Uma *sociedade do nós* não como referência grupal e identitária que se converte em ditadura de classe, de partido, de gênero, de crença ou de raça.

Procuramos imaginar *a possibilidade de existir com outros em sua difícil diversidade*, naquela abertura constitutiva à alteridade que é certamente o *rosto do outro* inscrito na subjetividade, como destacou Emmanuel Levinas. No entanto, trata-se de uma alteridade que é não somente rosto, mas também gesto paradoxal: olhar que condena ou contempla, boca que saboreia ou devora, mãos que prendem ou compartilham, corpo habitado ou máquina de trabalho e, em seu fundo misterioso, sensualidade crispada ou generosa porque é abertura do infinito. Por fim, modos de existir de uma subjetividade *aberta ao roçar da presença outra,* aquela que a todos nos constitui e que, no entanto, nos escapa, de maneira tão surpreendente e inovadora pensada em anos recentes por Jean-Luc Nancy.

≈

E, Deus no meio de tudo isso, tem por acaso algo que ver ou dizer ou revelar? E de que Deus se trata se as formas atuais do fundamentalismo religioso judeu, cristão e muçulmano se apropriaram com absurda pretensão daquele *nome inominável*? O Deus do rabino jerosolimitano, do papa romano, do patriarca moscovita ou do aiatolá iraniano? Não deixa de ser paradoxal que o Ocidente, em sua idade moderna tardia, tenha visto ressurgir com força o sentimento religioso em sua versão mais visceral, doutrinária e moralizante.

Aqui quisemos reconhecer que, no mais discreto das tradições religiosas, surgem de maneira sempre surpreendente, como lírios no meio de campos desolados e à margem de lagos ressecados, pessoas libertas do anseio de posse do divino e do humano, arrojadas com ímpeto criativo no devir do amor universal.

Com efeito, em todas as tradições e sabedorias religiosas que já se expandiram como patrimônio universal dos habitantes da aldeia global, incluindo o budismo – que, segundo muitos, não é religião por não ser crença num Deus pessoal –, existem seres humanos envoltos naquele *mistério* da existência que se deixa entrever no claro-escuro da liberdade e do mundo em seu devir fortuito. Essas pessoas tomaram distância da absolutização das mediações do pensamento, das instituições mediadoras do humano-divino, e até da própria religião. Mediações de rito ou de doutrina, de moral ou de direito. E o fizeram com o único intuito de retornar à mesma fonte da experiência que nos religa à transcendência. Indo em busca de uma fonte que de si seja somente um chamado: *vocatio* em seu sentido literal e vital. O protótipo dessa experiência segue sendo um casal de ancestrais hebreus, Abrão e Sara, os que escutaram a voz do Eterno para ir ao deserto buscá-lo, segui-lo... e *adorá-lo*.

Por isso, a revelação de Deus a partir dessa fonte do monoteísmo primigênio já é um caminho, não uma meta. Um chamado, não uma certeza. Uma invocação que espera o diálogo e que o instaura certamente como Torá inscrita no coração de cada crente, mas que nunca o esgota. Nesse sentido, a feição da ideia de revelação própria do pensamento hebreu nunca esqueceu o caráter *inominável* de Deus, onde sua reticência a soletrar sequer o nome de quatro letras revelado a Moisés no Horeb. E também daí procede seu receio quanto a aceitar pura e simplesmente, de maneira ingênua ou acrítica, que a espera do Messias se tenha cumprido no seio da história. Daí a importância de recuperar a vigência daquela antiga ideia hebreia, resgatada por Walter Benjamin no meio do drama do século XX, das *estilhas do tempo messiânico*: uma plenitude da história que é sempre diferida, posposta. Uma espera que dói de maneira ainda mais intensa em momentos tão absurdos como a morte do inocente.

No entanto, precisamente graças ao gênio de um hebreu rejeitado pelos seus, Saulo de Tarso, foi possível ir além da ferida que dói. São Paulo pôde entrever o acesso fulgurante a esse *outro estágio* da morte do inocente para qualificá-lo como o início de um *tempo novo*, quando falou da obra do messias Jesus como "contração do tempo" (cf. 1Co 7,29). A tal ideia mestra da revelação no seio da existência, há menos de um século Martin Heidegger a chamou o "tempo kairológico", a temporalidade do ser-aí em seu devir fortuito e incerto, em sua *ex-sistência*. Mas o gênio alemão perdeu no caminho o acesso à fonte da superabundância do ser divino.

≈

Nós, aqui e agora, como filhos da modernidade em sua última fase de *desconstrução*, fomos retomando a ideia do fim da história própria do pensamento teológico paulino. Trata-se de uma intuição que o Ocidente nunca esqueceu em suas diversas épocas constitutivas da compreensão do sentido da temporalidade aberta: a teologia apofática, a mística do desprendimento, a razão crítica sobressaltada pelo infinito, o *pathos* pós-moderno que com toda a razão desconfia de todo metarrelato de totalidade, o niilismo da linguagem e do sentido abertos à outridade inominável...

Baseados hoje naquela genial intuição de São Paulo, foi-nos possível dar aqui um passo adiante na compreensão da temporalidade que é afetada pela morte dos inocentes e pelo retorno à vida dos justos como dom de superabundância que é revelação do ser divino. Acontecimento de temporalidade que sucede na força da *Ruah* divina como advento de uma existência diferente, nova, plenificada. Ela é descrita como perdão e graça *para além do ressentimento* pelos encontros com *o Crucificado que despertou* (Mc 16,6), segundo a vivência dos discípulos e das discípulas que dão testemunho de um encontro inusitado com Jesus na aurora da páscoa.

Não podemos esquecer que somente na *memória ditosa* de um Crucificado que vive – e, junto dele, de todos os inocentes e vítimas da violenta cobiça – nos será possível "abrir a imaginação" para compreender com outro olhar a história fraturada da humanidade: a do fulgor que procede das feridas do justo pelas quais o consolo surge para os sobreviventes e lhes muda a vida a todos, incluídos os verdugos. Só então tem sentido estender esta aparição da *existência em esvaziamento* até alcançar a todos os justos da história. Precisamente como um dinamismo de esperança sem esperar nada. Só abertura ao dom que vem da mão aberta...

Não obstante a beleza do ato de doação, é preciso dizer também que esta confissão do credo cristão primitivo sobre a *vida nova* que procede do Crucificado vivente não encerra a história do sofrimento nem projeta solução alguma para um além desconhecido.

Pelo contrário, no claro-escuro da vida teologal, essa experiência do Aberto nos deixa sempre dispostos ao dom, no coração da dor e do amor que se entrega, pelo qual se alça como esperança o gozo do reencontro, mas nunca o esgota. Assim o descreveu o poeta antes de ser lançado ao horror:

> Ou talvez esse seja nosso lugar,
> o lugar do eterno que nos corresponde:
> contemplar e sentir o infinito enroupado
>   na carne,
> nesse mútuo dar-se um ao outro,

>   enquanto a lenta fuga para o Aberto nos per-
>   mite habitar a duração,
>   esse já, mas ainda não
>   que os amantes vivem ao se roçarem a pele;
>   essa eterna presença
>   que nos faz presentes no tempo inapreensível
>   como uma tênue greta
>   na alva porcelana do Aberto.[1]

Tal esperamos que seja a feição do pensamento sobre a esperança até aqui proposto como um caminho por transitar em tempos de precariedade e de compaixão extrema. Uma esperança que certamente é sopro de vida, às vezes *o último suspiro* quando se trata de inocentes vitimados e de justos que dão sua vida pelos demais, ou de enamorados que se entregam no incerto dom do eros-ágape, ou do místico que vive o despojo de seu eu para permanecer no silêncio contemplando ao *Deus Ineffabilis*.

Somente neste umbral do *esperar sem esperar nada* será possível viver a vida teologal. Aquela que um *Crucificado que vive* nos desvelou no fim como caminho de humanidade verdadeira: existência autêntica onde aparece fugazmente o divino.

---

[1] Javier SICILIA, "O Abierto", *Tríptico do Desierto*, Era, México 2009, p. 64.

um princípio: esperança sem esperar
João Cezar de Castro Rocha

Um estilo

Este livro consagra o estilo de pensamento que se tornou a marca-d'água da escrita e da reflexão do teólogo mexicano Carlos Mendoza-Álvarez.

Trata-se de estilo que, para o público brasileiro, evoca o traço definidor do ensaísmo de José Guilherme Merquior. Isto é, traço assim descrito por Ernest Gellner:

> J. G. Merquior é um brasileiro que tem escrito e obtido distinções acadêmicas tanto em francês quanto em português. Com este trabalho, ele demonstra dominar uma nova subcultura linguística do mundo ocidental, além de sua intimidade com o conteúdo de n subculturas intelectuais.[1]

Carlos Mendoza-Álvarez possui uma formação sólida e erudita. Após os estudos iniciais no México, realizou seu doutorado na

---

[1] Ernest Gellner, "Foreword". In: José Guilherme Merquior, *The Veil and the Mask*: Essays on Culture and Ideology. London, Routledge and Kegan Paul, 1979, p. X.

Université de Fribourg, onde escreveu sua tese *Deus Liberans*, primeira estação de um pensamento próprio.[2]

Na mesma Université de Fribourg, completou seu pós-doutorado em Teologia Fundamental. O resultado foi o segundo passo da trilogia que ora se completa. Refiro-me ao instigante ensaio *Deus Absconditus*.[3]

Traduzido no âmbito da Biblioteca René Girard, *Deus Absconditus* tornou o nome de seu autor uma referência obrigatória nas discussões teológicas contemporâneas no Brasil. Nele, Mendoza-Álvarez enfrenta o desafio de pensar a teologia fundamental não somente considerando as tensões e os impasses da modernidade tardia, como também ponderando seu lugar de enunciação: a América Latina.

Não se pense, contudo, num pensamento de fronteiras. Pelo contrário, o pensador mexicano elabora uma reflexão tão complexa quanto inclusiva. Desse modo, ele associa a filosofia da alteridade de Emmanuel Levinas com os avatares do desejo mimético de René Girard, a fim de oferecer a figura plural de uma "teologia pós-moderna". Isto é, de um pensamento acerca da vida teologal tal como pode ser concebida no "tempo dos fragmentos" e da "subjetividade vulnerável" – categorias-chave na obra de Mendoza-Álvarez.

O livro conta com precioso anexo, uma entrevista-diálogo, com o criador da teoria mimética. O autor de *Mentira Romântica e Verdade Romanesca* revelou uma surpresa com a inversão de um movimento:

> No final do século XIX, o *Seminário das Missões Estrangeiras* da Rua de Bac, em Paris, enviava uma quantidade impressionante de missionários a países de religiosidade arcaica,

---

[2] Carlos Mendoza-Álvarez, *Deus Liberans. La Revelación Cristiana en Diálogo con la Modernidad.* Fribourg, Éditions Universitaires, 1996.
[3] Idem, *Deus Absconditus. Désir, Mémoire et Imagination Eschatologique. Essai de Théologie Fondamentale* Postmoderne. Paris, Cerf, 2011.

> mas esse processe se interrompeu completamente na segunda metade do século XX. Agora, em contrapartida, são os sacerdotes da Índia, das Filipinas, da Polônia e da Colômbia que vêm para a Europa racionalista e secularizada como missionários, com uma bagagem cultural e espiritual que é muito distinta da vivida pela maioria da população europeia.[4]

O comentário-resposta de Mendoza-Álvarez, elegante porém incisivo, esclarece a singularidade de sua voz:

> Embora se tenha de assinalar que esses novos missionários frequentemente conhecem mais o Ocidente ilustrado do que conheciam os missionários europeus do século XIX das culturas a que chegavam.[5]

Conhecedor profundo da doutrina europeia e dos grandes clássicos do pensamento teológico, no livro que ora se publica, Mendoza-Álvarez amplia o horizonte de sua reflexão por meio de uma apropriação sistemática da teologia de origem anglo-saxã.

Isto é, o pensador mexicano, forjando seu próprio caminho, também controla, como poucos, "o conteúdo de *n* subculturas intelectuais" – tanto acadêmicas quanto teológicas.

Eis seu estilo.

Há mais: um tom muito particular de pensamento e escrita.

Hora de tratar, ainda que brevemente, de *Deus Ineffabilis*.

---

[4] *O Deus Escondido da Pós-Modernidade: Desejo, Memória e Imaginação Escatológica.* Trad. Carlos Nougué. São Paulo, É Realizações, 2011, p. 326.
[5] Ibidem, p. 327.

Um tom

O leitor deve dar-se conta da sutil arquitetura da escrita de Mendoza-Álvarez. Afinal, como tornar uma densa reflexão teológica matéria-prima de diálogo crítico com um mundo cada vez menos familiarizado com querelas doutrinárias, ou simplesmente pouco interessado em teologia.

Ora, se a Bula *Ineffabilis Deus*, promulgada pelo Papa Pio IX, em 8 de dezembro de 1854, teve grande repercussão em sua época, estabelecendo o dogma da Imaculada Conceição, hoje em dia, o possível impacto de uma questão doutrinária no cotidiano do "tempo dos fragmentos" é antes definido pelo avesso, vale dizer, pela sua ausência.

A resposta de Mendoza-Álvarez supõe o reconhecimento pleno do outro – o leitor – como um outro eu – um autor em potência. A filosofia de Levinas, pensador caro ao teólogo mexicano, transforma-se em método de escrita e de aliciamento da recepção.

Desse modo, cada capítulo deste livro principia pela apresentação do estado da arte em determinado campo de estudos. A seguir, discutem-se os questionamentos mais relevantes às teses dominantes. Por fim, e somente então, Mendoza-Álvarez oferece suas conclusões, que, após esse percurso não inibem, porém convidam ao diálogo.

Exemplar desse deliberado vaivém heurístico, e, a seu modo, também afetivo, é o terceiro capítulo, dedicado ao problema da "Third Question;" capítulo que evidencia a apropriação dos desdobramentos atuais da teologia de origem anglo-saxã.

Nesse capítulo, Mendoza-Álvarez não deixa de retomar certos horizontes e algumas preocupações da teologia da libertação. Porém, o autor de *Deus Ineffabilis* afirma a singularidade de seu tom de voz ao associar o conceito de James Alison acerca da "inteligência da vítima" à ideia radical de *esperar sem esperar*. Tudo se passa como se a vítima que perdoa em lugar de se enredar no círculo da reciprocidade violenta formulasse um novo princípio.

É isso: o pensamento de Mendoza-Álvarez articula um *princípio esperança* que confia na gratuidade de uma espera que não procura colonizar o futuro, porém se abre ao aqui e agora implícito no contato franco com a alteridade.

Abertura ao outro que bem pode inspirar paralelos inesperados.

O mais notável (se vejo bem): o caráter periférico da Galileia dos tempos do "Jesus histórico" se aproxima das margens contemporâneas do sistema-mundo, na conceituação de Immanuel Wallerstein.[6] Ora, nesse compasso, por que não ver nos *caracoles zapatistas* uma complexa *intertextualidade histórica* com as primeiras comunidades cristãs?

De igual modo, por que não escutar na serenidade da retórica zapatista e no lirismo da correspondência do subcomandante Marcos uma memória cultural multisecular da "imaginação poética" do Jesus histórico, tal como Mendoza-Álvarez a caracteriza em páginas inspiradas?

Tais associações não são apenas possíveis, como também favorecidas pela reflexão do autor.

Contudo, como seu pensamento é bem o modelo da *conversa infinita*, proposta por Maurice Blanchot, aquelas associações trazem à tona a visão do mundo e a estrutura da linguagem das culturas mesoamericanas; elementos particularmente relevantes para os povos da região de Chiapas.

---

[6] Immanuel Wallerstein, *World-Systems Analysis: An Introduction*. Durham, North Carolina, Duke University Press, 2004.

Conversa infinita que contagia a composição deste livro.

Veja por si só: a conclusão é seguida por um epílogo; este, por um posfácio, que, por sua vez, se amplia num glossário utilíssimo para o leitor de *Deus Ineffabilis*.

Claro: glossário que não conclui, antes convoca o leitor a manter com Carlos Mendoza-Álvarez seu próprio *entretien infini*.

(Hora, pois, de começar.)

glossário

Alteridade
Conceito cunhado por Emmanuel Levinas na segunda metade do século XX para denominar a experiência de irrupção do outro como clamor histórico que suscita uma ética originária. Expressa-se por meio do rosto e concretiza-se como imperativo de resposta cordial que instaura um modo de existir em relação com os demais.

Designa a base antropológica da ontologia relacional que se desenvolverá posteriormente como crítica à leitura proposta por Heidegger da metafísica da substância que predominou durante séculos para entender a pessoa como um ser acabado, sem relação constitutiva com os outros.

A alteridade expressa, assim, o *pathos* próprio do sujeito moderno em crise, com o naufrágio de suas certezas e o colapso de seus sonhos de onipotência infantil, que por fim despertou para o reconhecimento da diferença em sua experiência fundamental de relação com os outros.

Declosão
Processo de desconstrução do cristianismo como origem do Ocidente proposto por Jean-Luc Nancy enquanto narrativa niilista do abaixamento divino (*kénosis*) que funda o Ocidente. Tal despojo acontece desde a criação do universo e se consuma com a encarnação do Logos divino no Messias Jesus de Nazaré.

Implica um ateísmo como elemento necessário hoje para pensar o estágio moderno tardio da razão ocidental, já que o despojo divino implica a renúncia da razão ao poder de toda representação, de todo rito e de todo símbolo que pretendam esgotar a "origem sem origem" que é Deus.

Esse conceito expressa relação direta ao ato de *dizer* prévio a qualquer significação e, por conseguinte, designa um modo de existência no "aquém" de toda representação, de todo ato, de todo valor, de todo conceito ou de todo juízo. Trata-se, por fim, de uma categoria proposta por Jean-Luc Nancy em fins do século XX, seguindo Jacques Derrida, para dar consistência teórica ao niilismo próprio da razão pós-moderna.

Desconstrução
Processo crítico da razão para desmantelar os significados pelos quais se expressa o *dizer* originário próprio do ser humano.

Faz possível, portanto, os atos que permitem dar razão da construção histórica da linguagem e da práxis que a acompanha, com a consequente relativização dessas representações a um contexto específico, a uma condição cultural precisa e a uma identidade própria de cada sujeito da interlocução.

Trata-se de um termo desenvolvido por Jacques Derrida e por Maurice Blanchot, entre outros, como pensadores da *diferença*, para explicar a necessidade de um incessante procedimento de tomada de distância crítica em face dos significados e das representações pelas quais a razão moderna pretendeu conhecer e manipular os outros e o mundo com as consequências depredadoras que conhecemos.

As implicações do conceito de desconstrução para a teologia e para as ciências humanas são diretas e imediatas, enquanto as obrigam a desmontar seus sistemas de representação para ir em busca do *dizer originário* que as constitui e que chamam revelação.

Desejo mimético
Pulsão originária que anima a relação de uma subjetividade em face de outras. Aparece quase sempre marcada por um mecanismo recorrente de admiração, de rivalidade e de sacrifício que explica a violência fratricida de que temos notícia em todas as culturas desde as origens da humanidade.

Trata-se de um conceito apresentado por René Girard, na segunda metade do século XX, para dar razão do caráter *sacrificial* das relações entre diferentes sujeitos e coletivos, onde a estabilidade do grupo depende do sacrifício de uma vítima inocente.

Segundo a teoria mimética, a Bíblia é o progressivo desvelamento e a narrativa mais bem-sucedida na história antiga da superação deste mecanismo sacrifical. Adquire plena significação com a experiência de desmontagem da rivalidade que levou a efeito Jesus de Nazaré na cruz enfrentando a crise mimética de dentro, submetido como bode expiatório, e evidenciando sua perversão e o caminho para a superação desse mecanismo. Os relatos de páscoa, onde Jesus aparece como resgatado desse processo mimético por seu *Abba* na força da *Ruah* divina, propõem um novo modelo de imitação não violenta que vai além da reciprocidade e do ressentimento, instaurando assim uma nova ordem de existência intersubjetiva que a teologia denomina *koinonia* ou comunhão escatológica.

A encruzilhada em que hoje se encontra a humanidade se deve a que esse *salto qualitativo* da rivalidade ao perdão realizado por Jesus em sua páscoa não teve acolhida na civilização humana, como tampouco no cristianismo enquanto sistema religioso. Por isso, segundo o pensador de Avignon, aproximamo-nos de uma escalada planetária de violência mimética com fortes acentos apocalípticos que nos urge a todos a uma conversão ética, cognitiva e espiritual.

Doação

Conceito filosófico de origem teológica proposto por Jean-Luc Marion, entre outros autores, como chave de abóbada para edificar a fenomenologia pós-moderna. Designa o processo de advento da existência em relação de abertura constitutiva aos outros. Segundo essa interpretação da condição humana, só existimos "sendo dados" pelos outros, pelo mundo e por Deus. A subjetividade está sempre em processo de advento por doação, graças aos atos de linguagem, de eros e de *ágape* que surgem da relação com os outros.

Em seu sentido *teológico*, a doação expressa o próprio ser de Deus que existe em sua eternidade como incessante relação amorosa: "intratrinitária", enquanto processo amoroso realizado, e "econômica", com relação à criação e à humanidade inteira como fundo amoroso do real. Na tradição cristã, a doação adquire o nome de *ágape* do Messias Jesus, elevado ao mundo celeste depois de sua entrega até à morte em cruz, o qual revela a radicalidade do amor incondicional e assimétrico ao outro como o horizonte por excelência de vida plena.

Com essa chave fenomenológica, é possível resolver o enigma da história violenta da morte dos inocentes, desde as origens da humanidade até nossos dias, para dar lugar a uma esperança discreta que, pela práxis de superação do ódio, reverte os processos de violência com o "poder do não poder" que inicia a mudança de mundo que as sabedorias religiosas chamam redenção.

Escatologia

Conhecimento das realidades futuras em chave *teológica* como cumprimento da obra criadora, reveladora e redentora de Deus segundo a tradição hebreia e cristã.

No modelo tradicional apologético cristão, a escatologia pensava o futuro para além da história, quando o mundo criado chegaria a seu fim em sentido cronológico e entraria assim numa nova dimensão de plenitude por pura graça divina.

Mas o traumatismo de Auschwitz, no século XX, fez reformular o significado da ideia judaica de promessa e da ideia cristã de redenção, afetando imediatamente a interpretação da ideia de escatologia.

Por isso, a teologia pós-moderna da revelação apresenta a necessidade de voltar às fontes da pregação de Jesus na Galileia sobre "o final dos tempos". E a partir daí propõe reler também as intuições de Paulo de Tarso sobre a "contração do tempo" (1Co 7,29) que leva a efeito o Messias e, junto dele, todos os justos da história na oferenda de sua vida.

A redenção é, então, tempo *kairológico* ou de graça como *tempo oportuno* de redenção, possibilitado na história pelos justos. Eles e elas são os que abrem uma fenda de esperança no muro do ódio por meio do perdão que aponta para a reconciliação.

O círculo fatal do ressentimento pôde romper-se em toda a sua radicalidade pela oferenda da vida "de uma vez só" (Hb 8,27) realizada pelo Messias Jesus, ao longo de toda a sua vida, mas de maneira plena e consumada na cruz, onde se entregou até o último suspiro e assim entregou o Espírito à humanidade ferida para resgatá-la das garras da morte.

Finitude
Categoria ontológica que designa o caráter limitado do mundo criado, próprio da imanência. Em seu sentido fenomenológico, aponta para a vivência da subjetividade de descobrir suas potências e seus limites, tanto na ordem do conhecimento como na ordem da liberdade, com seus erros e com suas realizações históricas.

Em sua dimensão ontológica relacional, a finitude do criado se traduz na experiência humana como consciência de um ego (sujeito, subjetividade, ou como traduzido em diversos contextos culturais) em face da alteridade do próximo (H. Cohen), do cosmos e da divindade.

A fenomenologia da alteridade (E. Levinas) e a hermenêutica moderna (P. Ricoeur) desenvolveram, na segunda metade do século XX, as chaves teóricas principais para compreender a finitude como condição inevitável do humano: uma subjetividade que descobre o horizonte da significação como permanente e inacabada tarefa de compreensão do sentido do mundo, de si mesma e do transcendente como caminho de conhecimento e de liberdade.

Gratuidade
Experiência própria da subjetividade em relação de abertura constitutiva à outridade enquanto "fundo amoroso do real" (D. Tracy). Antes que uma virtude ética ou um valor moral, a gratuidade é um *estágio* da existência em devir de doação. Saber-se incondicionalmente amado pelos outros e pelo Outro constitui o fundo ontológico da experiência de estar no mundo.

A essa experiência originária da gratuidade vivida pela subjetividade, a teologia a denomina *vida teologal*, já que é a vivência da vida divina no seio do humano, prévia a toda categorização pela linguagem ou pela ação.

A teologia cristã deduz esta categoria ontológica da graça do Messias Jesus, sobretudo a partir da hermenêutica instaurada por São Paulo em sua compreensão da universalidade do amor do Messias Jesus como um *ágape* ou amor messiânico, não recíproco, assimétrico e incondicional (1Co 12,31-13, 13) que transformou qualitativamente a história humana, desde Adão e Eva até a nova criação acontecida na páscoa do "Crucificado que vive".

Interindividualidade
Conceito proposto por René Girard para explicar o mecanismo de reciprocidade violenta que se instaura nas relações intersubjetivas dominadas pelo anseio narcisista de imitação de identidade. Mas, como a relação ao outro é de ordem especular, quer dizer, a partir de um modelo que como um espelho triangula a admiração ao outro, então o processo se torna mais complexo. Tal modelo de imitação é conformado pelos ideais, pelos valores, pelas filias e pelas fobias que uma cultura vai legando a seus membros. O desejo mimético se encontra, portanto, como origem da cultura.
Em tal processo de imitação, a relação ao outro se configura como rivalidade mimética que, cedo ou tarde, gerará um conflito de rivalidade pela posse de um bem comumente desejado ou, em sua fase mais aguda, um desejo do desejo do outro.
Na América Latina, João Cezar de Castro Rocha propôs no último lustro a ideia de "interindividualidade coletiva" para explicar o processo de construção das identidades latino-americanas em sua relação mimética com as identidades europeias. Sugere assim uma reciprocidade crítica e não violenta como nova fase da inter-relação entre povos e culturas assimétricas onde prevaleça o direito à coexistência na diversidade.

Intersubjetividade
Categoria moderna de origem hegeliana para dar razão do complexo processo dialético do mútuo reconhecimento dos contrários, no seio da história, como um horizonte apenas esboçado como utopia e promessa de redenção.
A fenomenologia pós-hegeliana, em particular a escola francesa de hermenêutica e a alemã da ação comunicativa, assume esse legado para pensar *os caminhos do reconhecimento* para as sociedades moderno-tardias defrontadas com o dilema da memória das vítimas e a justiça diante dos verdugos. Hoje, em plena aldeia global, a humanidade habita o mundo como sobrevivente de colapsos históricos e como herdeira da oferenda da vida realizada

pelos justos da história. Uma solidariedade rememoradora destes processos é imprescindível para a construção do espaço público global.

O problema da intersubjetividade é apresentado pelo pensamento pós-moderno nas sociedades democráticas liberais como uma urgente tarefa de *inclusão* da diversidade negada pela razão instrumental totalitária, a partir da práxis dos sujeitos fracos que assumem sua marginalidade como ponto de partida de uma "mudança de mundo".

Mútuo reconhecimento

Horizonte da redenção, como contribuição hebreia e cristã ao mundo moderno, no meio de uma história fraturada e cruenta, que é traduzida em utopia intra-histórica pelo pensamento filosófico hegeliano. Este conceito foi pensado no marco da dialética como lei da história, onde os opostos entram em contradição até o momento crucial da possível superação do conflito.

Diante do desafio da guerra, da violência e do triunfo dos verdugos como aparente lei da história, o mútuo reconhecimento foi proposto em meados do século XX por Theodor Adorno como paradoxo da história. Paul Ricoeur assumiu a *mutualidade* como o horizonte razoável para alcançar uma memória ditosa depois do traumatismo de Auschwitz, tornando possível uma história contada pelos sobreviventes e abrir o horizonte do esquecimento como possibilidade de um futuro diferente.

O *difícil perdão* como categoria propriamente *teológica* desponta como aurora a que pode aspirar a humanidade nestes tempos incertos de espiral da violência em que prossegue o triunfo dos verdugos e em que se dá, apesar disso, a perseverante oferenda da vida por parte dos justos e inocentes para construir "outro mundo possível".

Niilismo

No contexto pós-moderno, o niilismo designa a *vivência do vazio* que constitui a origem da linguagem e da ação. Expressa relação direta ao ateísmo constitutivo do Ocidente como relato da *kénosis* ou abaixamento do Logos divino em sua encarnação (G. Vattimo) segundo a narrativa cristã. Por isso, o niilismo implica a crítica aos ídolos modernos que pretendem substituir esse "fundo sem fundo" do real: a ciência, o Estado e a religião que suplantam o acontecimento originário.

Em um sentido pós-moderno, "o nada" é o reduto do ato de *dizer* prévio a toda significação (J. Derrida), do existir como ser-em-relação enquanto oquidão e abertura (Jean-Luc Nancy) que "declosiona" - ou faz voltar à sua origem prévia todo sistema - qualquer pretensão narcisista de autoafirmação do ego individual com vontade de domínio.

Em sua dimensão apofática, o mistério divino (a *deitas* do Mestre Eckhart seguindo a Dionísio Areopagita com sua ideia de Deus como *ser supraessencial*) é abordado de maneira niilista pela teologia pós-moderna como o retorno à mística do inapreensível, imanipulável e indizível do mistério amoroso do real, de que foram portadoras as sabedorias religiosas da humanidade, mas que hoje requer a formulação de um novo paradigma.

Perdão

O sentido *teológico* pós-moderno do perdão vai além de uma visão moralizante própria da teologia apologética do metarrelato de cristandade. Designa a *existência em doação* como incessante processo de reconhecimento e de inclusão do outro na vida própria. Quer dizer, como gesto originário de existir com os outros num processo de dádiva e de per-dom. Designa, assim, um estágio da existência possibilitado pela *Ruah* divina que inabita os justos e lhes devolve "o olhar do inocente", segundo aquela antiga expressão da teologia ortodoxa, como imagem indelével de Deus inscrita na condição humana.

Falar de perdão nesses termos vai até além da utopia moderna do perdão intra-histórico, sempre posposto pela lógica da reciprocidade violenta. Segundo a teologia, é preciso reconhecer que somente na reconciliação que procede da "vítima perdoadora" (J. Alison) se instaura já de maneira escatológica, quer dizer, real mas incipiente no coração da história violenta, uma *nova ordem de existência* que antecipa o tempo final da redenção.

Reconciliação

É o horizonte de realização próprio do mútuo reconhecimento.

A ideia teológica de reconciliação expressa a inteligência do mundo à luz do superabundante ser amoroso que é Deus (São Agostinho e S. Bulgakov). Nesse sentido, a lei da história não radica, como o afirmou a dialética da Ilustração, no triunfo dos verdugos à custa do aniquilamento dos justos (Th. Adorno e M. Horkheimer), mas na "paz transcendental" instaurada pelos justos por sua práxis como contraética, contraontologia e contra-história (John Milbank) que vão a contrapelo da lógica da identidade.

Em chave teológica mimética, a reconciliação passa pelo rebaixamento do ressentimento (J. Alison) como participação na "inteligência da vítima" que Jesus de Nazaré fez possível em sua páscoa, depois de sua morte na cruz. Esta superação do círculo fatal da rivalidade é possível somente como fruto da vida teologal que procede das "feridas que nos curam" (Is 53,5), segundo aquela paradoxal frase do segundo Isaías escrita no meio do colapso do exílio na Babilônia.

A vulnerabilidade do justo aniquilado pela cobiça dos poderosos torna-se, assim, princípio de reconciliação e, por seu fundo humano-divino de gratuidade, atualização da mudança de mundo presente já na história como redenção.

Reciprocidade

A relação intersubjetiva entre pessoas ou coletividades se desenvolve no seio da história como uma esmagadora lógica de identidade que busca dominar o contrário e diferente. Segundo a teoria mimética, esta é a chave para a explicação antropológica do fenômeno da violência como desejo de imitação subvertido: em vez de reconhecer ao outro em sua semelhança como próximo e em sua diferença como ser em devir próprio, subjuga-se, maltrata-se e aniquila-se o mesmo outro. O desejo mimético ficou assim preso na "mentira de Satã" (R. Girard), quer dizer, na crença de que é preciso sacrificar alguém para que o grupo sobreviva.

Um processo sacrifical que vem desde o mítico Caim assassinando seu irmão Abel, até Chaim Rumkowski, o triste sobrevivente judeu, líder do *ghetto* de Lodz, na Polônia, que entregou os fracos para resgatar aos fortes.

A superação da reciprocidade violenta é possível somente graças aos "justos que entregam sua vida pelos demais" (H. Peukert) e à instauração do perdão como relação intersubjetiva de redenção que procede do "justo injustamente aniquilado" (G. Gutiérrez).

Nesse sentido *teológico*, a escatologia cristã seria a vivência da temporalidade redimida de seu *pathos* caimito. Tal experiência é vivida pelos justos e inocentes que "contraíram o tempo" (São Paulo) e já vivem no presente o juízo deste mundo corrupto com a denúncia de seus ídolos e, sobretudo, por meio da paz que procede da cidade de Deus (J. Milbank).

Revelação

Em um sentido filosófico próprio da fenomenologia moderna, a revelação é a manifestação da transcendência no seio da imanência, em particular, nas potências da subjetividade como a linguagem e a ação, o conhecimento e a liberdade. Nas palavras de Emmanuel Levinas, a revelação acontece como *experiência originária* de abertura à alteridade que se instaura graças ao clamor e ao rosto do outro.

Para a teologia moderna da libertação, a revelação divina acontece sempre a partir das margens da história, tendo como primeiros interlocutores os deserdados da terra, mas convocando a todos a uma experiência de redenção que inclui a criação toda, que "geme e sofre as dores do parto até o presente" (Rm 8:22).

A revelação em seu sentido pós-moderno – niilista e antissistêmico – é a subversão do mundo corrupto produzido pela cobiça do metarrelato da razão instrumental moderna. Tal processo suscita o aparecimento de uma "mudança de mundo" a partir das vítimas sistêmicas. São elas as que revertem a destruição a partir de suas feridas, mostrando o "poder do não poder" como princípio de vida nova, enquanto chamado à solidariedade "de baixo e do reverso" (S. Marcos) da história de dominação e de ódio.

Tal ideia de revelação não é explicável senão na lógica da doação evidenciada pela páscoa de Jesus e por sua condição de Crucificado ressuscitado. O símbolo de tal revelação se situa na fronteira do discurso como um oxímoro ou metáfora em aparência contraditória que é em verdade surpreendente: o "sepulcro vivificante" do Galileu que, em seu vazio, é indício do mundo novo vindo de Deus.

Sacrifício
Designa o processo de falsa resolução do desejo mimético que faz crescer a espiral de violência como "mentira de Satã" (R. Girard). O argumento de Caifás ("é melhor que um morra em lugar de todos", Jn 18,14) é desmascarado pela teoria mimética como uma falsa justificação da violência que surge da rivalidade.

Na história da humanidade, desde que temos notícia, o sacrifício de um bode expiatório, o sacrifício de um acusado pela "unanimidade do todos contra um", manteve "controlada" a violência. Por meio do contágio mimético próprio da turba enfurecida, justificam-se os sacrifícios, seja como ritos de purificação e de expiação por meio de uma vítima vicária, seja como o castigo exemplar da pena de morte e da tortura nas sociedades "civilizadas".

A cruz de Jesus de Nazaré – como cume de uma contra-história vinda de Deus (J. Milbank) que percorre como rio subterrâneo todas as selvas da história de aniquilação dos inocentes – desvela essa mentira e enlouquece a Satã (R. Girard).

Por isso, a humanidade está diante hoje da única alternativa decisiva para vencer a espiral de ódio: ou sacrificar os outros perpetuando a mentira de Satã, ou bem viver como oferenda de si imitando ao Messias Jesus. Ainda que este último gesto conduza à morte, será primícia de vida nova.

Subjetividade
A crise do sujeito cartesiano moderno - como emblema do metarrelato do Ocidente - deu passagem ao conceito de subjetividade desenvolvido pela fenomenologia posterior a Hans-Georg Gadamer e Martin Heidegger em chave de ontologia relacional, quer dizer, de constituição da pessoa na rede de relações que caracterizam em seu estar-no-mundo.

Pondo em diálogo a razão da identidade própria de Atenas com a racionalidade da alteridade surgida de Jerusalém, Emmanuel Levinas - seguindo a Hermann Cohen e a uma plêiade de pensadores judeus do século XX - desenvolveu a ideia de subjetividade como abertura à transcendência, quer dizer, uma ontologia enquanto ética originária. De outra perspectiva, mais centrada no diálogo com a filosofia analítica e da linguagem, Paul Ricoeur e

Jean-Marc Ferry analisaram posteriormente a subjetividade no marco de uma filosofia da vontade, enfrentando os dilemas da finitude, da culpabilidade e das gramáticas da inteligência e da ação.

Daí que a subjetividade pós-moderna surja como *afirmação da diferença* (J. Derrida) e como processo de declosão (Jean-Luc Nancy) permanente do estarmos lançados no devir da história e expectantes no perpétuo ato do *dizer*, prévio a toda significação e a toda ação. A partir desta *abertura radical* do ser, vive-se o erotismo, a comensalidade, bem como a política e a experiência mística de contemplação: sempre como estado de alerta e vigilância de uma existência em doação. Tal é uma chave imprescindível para uma interpretação cristã pós-moderna da subjetividade redimida.

Transcendência

Dimensão do real que ultrapassa as coordenadas do espaço-tempo e que as religiões designam como ordem própria da divindade.

A filosofia moderna se debate contra essa ideia desde as suas origens cartesianas e empiristas para afirmar a imanência como única ordem de realidade. Depois de Immanuel Kant, a reflexão filosófica ilustrada assumiu esta categoria pela via da razão prática e das experiências ética e estética que a conformam.

Mas o giro linguístico da razão moderna tardia, a partir de Ludwig Wittgenstein, apelou para a transcendência como expressão e jogo da linguagem e da ação, porém sempre na ordem da finitude e da história.

Para a filosofia da religião surgida na modernidade tardia, etapa mais desenvolvida do pensamento ocidental, a transcendência designa o *fundo inapreensível do real* onde surgem alvores de uma eternidade. Acontece como "religação com a transcendência" (A. Torres-Queiruga), enquanto fulgor de outra ordem de existência relacionada com a fonte mesma do ser.

A transcendência torna-se, assim, o correlato filosófico da vida divina que as religiões e sabedorias espirituais da humanidade celebraram como presente e atuante no secreto da subjetividade e no coração da história para levá-la à sua plenitude como redenção. A teologia fundamental moderno-tardia apresenta a transcendência como a categoria-chave para dar razão da revelação que acontece na subjetividade e na história.

Vítima

A teoria mimética desenvolvida por René Girard apresentou, há meio século, uma leitura *antropológica* do processo de rivalidade que gera sacrifícios para a estabilidade de um grupo. Assim, as vítimas são aquelas pessoas – o mais das vezes as mais vulneráveis e frágeis – que são sacrificadas em prol da suposta paz do grupo. Assim, por exemplo, o contágio mimético estabelecido por uma turba contra uma vítima acusada de algum delito funciona como um *pharmakon* para aliviar o ressentimento focalizando-o num bode expiatório.

Em diálogo crítico com René Girard, Jean-Pierre Dupuy propôs, em princípios do século XXI, o conceito de "vítimas sistêmicas" para designar as massas que são sacrificadas em prol da globalização do mercado e invisibilizadas como dejetos de uma sociedade moldada pela cobiça. Os efeitos devastadores da crise mimética que vimos em décadas recentes são representados pela *Shoah* e pelas vítimas das catástrofes nucleares de Chernobyl e Fukushima.

Em debate com essa ideia, o pensamento antissistêmico na América Latina – desde Ivan Illich até Franz Hinkelammert e Jean Roberto – e em outros continentes (M. Rahmena) apresenta o conceito de vítima sistêmica em sua acepção de vítimas de processos estruturais de injustiça, de iniquidade e de exclusão que tomou as rédeas de sua própria história em busca de autonomia social, cultural e política.

A Bíblia seria, segundo René Girard, a narrativa das vítimas onde Deus está ausente desse processo de exclusão sistemática e nada tem que ver com os sacrifícios; mais ainda, delata-os como mentira e perversão do culto verdadeiro de adoração de sua glória. Pelo contrário, desde Abel até Jesus de Nazaré, a Bíblia hebreia, junto dos Evangelhos e com as cartas cristãs, falam da contra-história (J. Milbank) que Deus escreve com a comunidade dos justos para reverter esses processos de escalada de violência na solidariedade que se tece a partir dos excluídos que conseguem superar o muro do ressentimento. O processo vitimário se metamorfoseia então em processo de sanação a partir das feridas da exclusão.

Vida teologal

O dinamismo da gratuidade que procede do ser superabundante da Sabedoria divina inspira as potências de experiência da subjetividade (a clássica tríade fé, esperança e caridade reinterpretada) para vivenciar a redenção no coração da história violenta da humanidade.

Dessa maneira, a subjetividade crente se vê transfigurada por uma aproximação ao mundo que é a *fé* como olhar de outro mundo possível. Trata-se de uma verdadeira compreensão inovadora do processo vitimário como luz para descobrir o sentido de outros modos de existência que não se baseiem no medo, na cobiça ou na prepotência.

A *esperança* como nova forma de resistência à história de dominação vivida pelos justos e pelos inocentes da história violenta da humanidade. Tal prática de contra-história leva a seu paroxismo a utopia de um mundo novo para convertê-la em "mudança de mundo": o que procede do ato de superação do ressentimento que vivem as vítimas que perdoam, enquanto instauram relações de não reciprocidade violenta e práticas de amor universal inclusivo.

Finalmente, a *caridade* surge como expressão da superabundância do amor incondicional, assimétrico e universal, num contexto de permanente mimetismo violento. A subjetividade pós-moderna se vê, assim, acompanhada pelo fulgor da gratuidade para entrar em outra ordem de existência "como se" o mal e o sofrimento não existissem. Não porque se neguem seus efeitos perversos e devastadores, de si evidentes e escandalosos, mas porque se relativizam diante da preeminência da *Sophia* divina, que prepara um banquete para nutrir a todos.

Por fim, trata-se de uma *vida teologal* que não é negação do mundo, mas, pelo contrário, sua transfiguração. Não supressão do desejo mimético, mas mudança de modelo por imitar: não a Satã, mas ao Messias. Anuncia não a reciprocidade violenta, mas a gratuidade incondicional. Vive não a lei de talião, mas a lei subversiva do Sermão da montanha.

Dessa maneira, a Cidade de Deus como presença escatológica do amor divino acontece já na vivência dos cidadãos dessa *comunidade escatológica* que, no meio do muro do ódio, abre fissuras para a paz.

Vulnerabilidade

Designa a condição do sujeito fraco pós-moderno (G. Vattimo) que assume sua finitude e sua exclusão como ponto de partida para uma ação e para um pensamento *afirmativos* de sua diferença. De origem fenomenológica posterior a Martin Heidegger, esse conceito também foi desenvolvido pela hermenêutica para descrever os estágios de constituição da subjetividade moderna tardia.

As subjetividades pós-modernas buscam, portanto, afirmar seu direito à diferença e viver na permanente ressignificação das identidades, dos papéis e das funções de gênero, de crença, de valores morais e de opções de vida. Ser vulnerável não é, portanto, uma fatalidade, mas um destino histórico revertido em defesa da afirmação da diferença, com os direitos e com os deveres que implica.

Em seu sentido *teologal*, a vulnerabilidade extrema é assumida por Deus mediante sua *kénosis* ou abaixamento na encarnação de seu Logos, realizado como acontecimento histórico numa província marginal do Império Romano da Palestina do século I. Esse processo encarnacional vivido por Jesus de Nazaré como "judeu marginal" (J. Meier) e como Messias crucificado (São Paulo) será a pedra de toque para a *theosis* ou deificação vivida pelo Crucificado vivente como resposta amorosa de seu *Abba*, depois de sua entrega até o último suspiro na cruz.

A albor da páscoa aponta então para a *vulnerabilidade redimida*. A narrativa cristã primitiva retoma aquele magistral oximoro (ou metáfora em aparência contraditória) da tradição hebreia: "as feridas do justo nos curaram" (Is 53,5). A partir daí, compreende a radicalidade da oferenda de Jesus na cruz, encontrando seu pleno sentido à luz dos relatos de aparição do Crucificado que vive na "alva porcelana do Aberto" (J. Sicilia).

Assim, a vulnerabilidade é princípio de uma nova ordem de redenção que inclui a todos, sempre a partir das vítimas não ressentidas, para convidar também aos verdugos a mudar de coração. Então, a redenção é "contração do tempo" e vivência de paz com justiça, com perdão e com reconciliação.

bibliografia

AGAMBEN, Giorgio. *Homo Sacer*. Barcelona: Pre-Textos, 1999; *Homo Sacer II, 1*. Barcelona: Pre-Textos, 2004.
_____. *Le Temps Qui Reste. Un Commentaire de l'Épître aux Romains*. Paris: Payot & Rivages, 2004.
_____. *El Reino y la Gloria. Por una Genealogía Teológica de la Economía y el Gobierno*. Valencia: Pre-Textos, 2008.
_____. "Deus não morreu. Ele tornou-se dinheiro". Instituto Humanitas Unisinos. São Paulo, ago. 2012. Disponível em: http://www.ihu.unisinos.br/noticias/512966-giorgio-agamben
AGUIRRE MONASTERIO, Rafael; RODRÍGUEZ CARMONA, Antonio. *Evangelios Sinópticos y Hechos de los Apóstoles*. Estella: Verbo Divino, 1992.
_____. *Ensayo sobre los Orígenes del Cristianismo. De la Religión Política de Jesús a la Religión Doméstica de Pablo*. Estella: Verbo Divino, 2001.
_____. *Así Empezó el Cristianismo*. Estella: Verbo Divino, 2011.
AGUSTÍN DE HIPONA. *De Libero Arbitrio*. Paris: Desclée De Brouwer; Éd. Études Agustiniennes, 1976.
_____. *Sancti Augustini Confessionum*. Ed. de M. Skutella. Paris: Desclée De Brouwer; Études Agustiniennes, 1962. [Versão em castelhano: *Confesiones*. Madrid; Biblioteca de Autores Cristianos, 1974.]
ALISON, James. *Raising Abel: The Recovering of the Eschatological Imagination*. New York: Crossroad, 1996.
_____. *Being Saved and Being Wrong*, 1999. Disponível em: http://jamesalison.co.uk/texts/eng18.html.
_____. "De Vuelta al Perdón: La Victoria Como Reconciliación". *On Being Liked*. London: DLT, 2003,

cap. 3. Texto em castelhano do próprio autor em seu portal na rede. Disponível em: http://www.jamesalison.co.uk/texts/cas20.html. Acesso em: 15 jul. 2016.

_____. "Entre las Piedras y el Polvo, la Teología". In: *Una Fe Más Allá del Resentimiento*. Barcelona: Herder, 2003, p. 51-85.

_____. "'He Opened Up to Them Everything in the Scriptures Concerning Himself' *(Lk 24, 27b):* How Can We Recover Christological and Ecclesial Habits of Catholic Bible Reading?", 2007. Disponível em: http://jamesalison.co.uk/texts/eng49.html.

_____. *The Joy of Being Wrong. Original Sin through Easter Eyes*. London: Crossroad, 2008.

_____. "Carta a un Joven Católico Gay". *Concilium*, n. 324, fev. 2008.

_____. "Los Cambios de Tono en la Voz de Dios. Entre el Deseo Divino y la Marea Humana". In: *¿Cristianismo Posmoderno o Postsecular? Por una Interpretación Teológica de la Modernidad Tardía*. Coord. Carlos Mendoza-Álvarez. México: Universidad Iberoamericana, 2008, p. 39-53.

_____. *Jesus, the Forgiving Victim. Listening for the Unheard Voice*, 2012. Disponível em: http://forgivingvictim.com/home/the-course/introduction/.

ANTONELLO, Pierpaolo (ed.). *Gianni Vattimo and René Girard, Christianity, Truth, and Weakening Faith: A Dialogue*. New York: Columbia University Press, 2010.

ARENDT, Hannah. *Sobre la Violencia*. Madrid: Alianza Editorial, 2005.

ARISTÓTELES. *Ética a Nicômaco*. São Paulo: Edipro, 2014.

ASKANI, Hans-Christoph (ed.) et al. *Où Est la Vérité? La Théologie aux Défis de la Radical Orthodoxy et de la Déconstruction*. Genève: Labor et Fides, Lieux Théologiques, 2012.

AQUINO, María Pilar; GOIZUETA, Roberto (eds.). *Theology: Expanding the Borders*. Twenty-Third Publications, 1998.

AQUINO, María Pilar; José ROSADO-NUNES, María (eds.). *Feminist Intercultural Theology: Latina Explorations for a Just World*. New York: Orbis Books, 2007.

ARJAKOVSKY, Antoine. "Glorification and the Name and Grammar of Wisdom (Sergei Burgakov and Jean-Marc Ferry)". In: PABST, Adrian (ed.). *Encounter Between Eastern Orthodoxy and Radical Orthodoxy: Transfiguring the World Throug the Word*. Aschgate, 2009. Disponível em: http://site.ebrary.com/lib/alltitles/docDetail.action?docID=10276581&ppg=61. Acesso em: 15 jul. 2016.

Ashley, Benedict M. *The Dominicans*. Collegeville: The Liturgical Press, 1990.

Bede the Venerable. *Excerpts from the Works of St. Augustin on the Letter from the Blessed Apostle Paul*. Ed. Leinenweber, John Kalamazoo: Cistercian Publications, 1999.

Benjamin, Walter. *Conceptos de Filosofía de la Historia*. Madrid: Taurus, 1973.

Bochet, Isabelle. "Imago". In: Mayer, Cornelius (ed.). *Augustinus Lexikon*. Basel: Verlag Scwabe, 2006, vol. 3, col. 512.

Boff, Leonardo. *Jesucristo el Liberador. Ensayo de Cristología Crítica para Nuestro Tiempo*. Santander: Sal Terrae, 1986.

Borg, Marcus J.; Crossan, John Dominic. *The First Paul: Reclaiming the Radical Visionary behind the Church Conservative Icon*. New York: Harper One, 2009.

Boswell, John. *Christianity, Social Tolerance, and Homosexuality: Gay People in Western Europe from the Beginning of the Christian Era to the Fourteenth Century*. Chicago: University Press, 1980.

Bravo, Carlos. *Galilea Año 30. Historia de un Conflicto (Para Leer el Relato de Marcos)*. México: Centro de Reflexión Teológica, 1988.

_____. *Galilea Año 30. Para Leer el Evangelio de Marcos*. Córdoba: El Almendro, 1991.

Brighenti, Agenor e Merlos, Francisco (eds.). *O Concílio Vaticano II. Batalha Perdida ou Esperança Renovada?* São Paulo: Paulus, 2014.

Brighenti, Agenor; Hermano, Rosario (eds.). *La Teología de la Liberación en Prospectiva. Congreso Continental de Teología, São Leopoldo, RS, Brasil, 07-11 de octubre de 2012, Conferencias y paneles*. Bogotá: Paulinas, 2013.

Brodie, Thomas L. *The Crucial Bridge. The Elijah-Elisha Narrative as an Interpretive Synthesis of Genesis-Kings and a Literary Model for the Gospels*. Collegeville: The Liturgical Press, 2000.

Brown, Peter. "The Rise and Functions of the Holy Man in Late Antiquity". *The Journal of Roman Studies*, vol. 61, 1971.

Burbano Alarcón, Mauricio. "La Teoría Mimética de René Girard y su Aporte para la Comprensión de la Migración". *Revista Universita Philosophica*, ano 27, n. 55, dez. 2010.

Capelle, Philippe (ed.). *Expérience Philosophique et Expérience Mystique*. Paris: Cerf, 2005

Caputo, John. "Toward a Postmodern Theology of the Cross". In: Westphal, Merold (ed.). *Postmodern Philosophy and Christian Thougth*. Bloomington: Indiana Press University, 1999.

Carson, D. A. *Becoming Conversant with the Emergind Church. Understanding a Movement and Its Implications*. Grand Rapids: Zondervan, 2005.

Cary, Philip. *Augustine's Invention of the Inner Self: The Legacy of a Christian Platonist*. New York: Oxford University Press, 2000, p. 232. Disponível em: http://site.ebrary.com/lib/alltitles/docDetail.action?docID=10272927&ppg=163. Acesso em: 15 jul. 2016.

Castillo Peraza, Carlos. *El Porvenir Posible*. México: Fondo de Cultura Económica, 2007.

Cerfaux, Lucien. *Le Chrétien dans la Théologie Paulinienne*. Paris: Cerf, 1962.

Charlesworth, James H. (ed.). *Jesus and Archaeology*. Grand Rapids: Eerdmans Publishing, 2006.

Cohen, Herman. *El Prójimo. Cuatro Estudios sobre la Correlación de Ser Humano a Ser Humano según la Doctrina del Judaísmo*. Madrid: Anthropos, 2004.

Comandancia General del Ezln. *Comunicado del Comité Clandestino Revolucionario Indígena del 21 de diciembre del 2012*. México, 2012. Disponível em: http://enlacezapatista.ezln.org.mx/2012/12/21/comunicado-del-comite-clandestino-revolucionario-indigena-comandancia-general-del-ejercito-zapatista-de-liberacion-nacional-del-21-de-diciembre-del-2012/. Acesso em: 15 jul. 2016.

_____. *Comunicado Ellos y Nosotros. VI. Las Miradas. Parte 5: Mirar la Noche en Que Somos. (De la Luna Nueva al Cuarto Creciente)*, 13 de fevereiro de 2013. Disponível em: http://enlacezapatista.ezln.org.mx/2013/02/13/ellos-y-nosotros-vi-las-miradas-parte-5-mirar-la-noche-en-que-somos-de-la-luna-nueva-al-cuarto-creciente/. Acesso em: 15 jul. 2016].

Corbí, Marià. *Religión sin Religión*. Madrid: PPC, 1996.

Credo Reference. "Galilee". In: *Atlas of the Bible*, Andromeda, 1985. Disponível em: http://avoserv.library.fordham.edu/login?url=htpp://www.credoreference.com/entry/andatbib/galilee. Acesso em: 15 jul. 2016.

Dart, John. *Decoding Mark*. Harrisburg: Trinity Press, 2003.

De Castro Rocha, João Cezar. "Historia Cultural Latinoamericana y Teoría Mimética. ¿Por una Poética de la Emulación?". In: *Universitas Philosophica*, Bogotá, ano 27, n. 55, p. 105-21, dez. 2010. Disponível em: http://revistas.javeriana.edu.co/index.php/vniphilosophica/article/view/11049. Acesso em: 15 jul. 2016.

_____. *Machado de Assis: Por una Poética da Emulação*. São Paulo: Civilização Brasileira, 2013.

_____. *¿Culturas Shakespearianas? Teoría Mimética y América Latina*. Guadalajara: Cátedra Kino/ SUJ, 2014.

DE LA CRUZ, Sor Juana Inés. Romance 48. In: MÉNDEZ PLANCARTE, Alfonso (ed.). *Obras Completas de Sor Juana Inés de la Cruz. Lírica Personal*. T. I. México: Fondo de Cultura Económica, 1988.

DE LA TORRE, Miguel A.; FLOYD-THOMAS, Stancey M. *Beyond the Pale. Reading Theology from the Margins*. Louisville: Westminster John Knox Press, 2001.

DELTHLOFF, Klaus. "Accelerazioni e Frenata nel Mesianismo Ebraico del XX Secolo". In: NICOLETTI, Michele (dir.). *Il Katéchon (2Ts 2,6-7) e l'Anticristo. Teologia Politica di Fronte al Mistero dell'Anomia*. Brescia: Morcelliana, 2009, p. 166-67.

DERRIDA, Jacques; MARION, Jean-Luc. "Sur le Don". In: CAPUTO, J. D.; SCANLON, M. J. (eds.). *God, the Gift, and Post Modernism*. Bloomington: Indiana University Press, 1999.

DOBLES OROPEZA, Ignacio. "Reconciliación, Perdón, Impunidad". In: COLECTIVO COSTARRICENSE DE PSICOLOGÍA DE LA LIBERACIÓN. *Textos*, San José. Disponível em: http://psicologialiberacioncr.org/pag/wp-content/textos/Reconciliacion%20Perdon%20Impunidad.Dobles.pdf. Acesso em: 24 jun. 2013.

DONFRIED, Karl Paul. *Paul, Thessalonica and the Early Christianity*. Grand Rapids: Eerdmans, 2002.

DUNN, James D. G. (ed). *The Cambridge Companion to St. Paul*. Cambridge: Cambridge University Press, 2003.

DUPUY, Jean-Pierre. *Pour un Catastrophisme Éclairé*. Paris: Payot, 2002.

_____. *L'Avenir de l'Économie. Sortir de l'Écomystification*. Paris: Flammarion, 2012.

_____. "La Crisis y lo Sagrado". In: MENDOZA-ÁLVAREZ, Carlos (comp.). *Caminos de Paz: Teoría Mimética y Construcción Social*. México: UIA, 2015.

DUQUOC, Christian. *Cristología II. Ensayo Dogmático sobre Jesús de Nazaret el Mesías*. Salamanca: Sígueme, 1974.

_____. *Jesús, Hombre Libre*. Salamanca: Sígueme, 1984.

_____. *Mesianismo de Jesús y Discreción de Dios. Ensayo sobre los Límites de la Cristología*. Madrid: Cristiandad, 1990.

Dussel, Enrique Domingo. *Hipótesis para una Historia de la Iglesia en América Latina*. Barcelona: Estela-Iepal, 1967.

_____. *Caminos de Liberación Latinoamericana I. Interpretación Histórico-Teológica de Nuestro Continente Latinoamericano*. Buenos Aires: Latinoamérica, 1972.

_____. "*1492: El encubrimiento del Otro. Hacia el Origen del Mito de la Modernidad*". Bolívia: Plural Editores-Facultad de Humanidades UMSA, 1994.

_____. *Política de la Liberación. Historia Mundial y Crítica*. Madrid: Trotta, 1997.

_____. Mendieta, Eduardo e Bohórquez, Carmen (eds.). *Pensamiento Filosófico Latinoamericano, del Caribe y Latino. Historia, Corrientes, Temas y Filósofos (1300-2000)*. México: Siglo XXI, 2010.

_____. *Pablo de Tarso en la Filosofía Política Actual. Y Otros Ensayos*. México: Ediciones Paulinas, 2012.

Echegaray, Hugo. *La Práctica de Jesús*. Lima: Centro de Estudios y Publicaciones, 1986.

Echeverría, Bolívar. "Benjamin: La Condición Judía y la Política". In: Echeverría, Bolívar (comp.). *La Mirada del Ángel. En Torno a las Tesis sobre la Historia de Walter Benjamin*. México: Era, 2005, p. 9-21. Disponível em: http://www.bolivare.unam.mx/mirada.html. Acesso em: 15 jul. 2016.

_____. "El Ángel de la Historia". In: *Vuelta de Siglo*. México: Era, 2006, p. 117-31. Disponível em: http://www.bolivare.unam.mx/vuelta.html. Acesso em: 15 jul. 2016.

Eckhart, Maestro. *Granum Sinapis de Diuinitate Pulcherrima, III*. In: Vega, Amador. *Tres Poetas del Exceso. La Hermenéutica Imposible en Eckhart, Silesius y Celan*. Barcelona: Fragmenta Editorial, 2011, p. 17-54.

Edo, Pablo. "Cronologías Paulinas. Un Estado de la Cuestión". *Scripta Theologica*, vol. 42, Issue 1, p. 177-98, 2009.

Elizondo, Virgilio. *Jesús de Galilea. Un Dios de Increíbles Sorpresas*. Chicago: Loyola Press, 2007.

_____. *Galilean Journey. The Mexican-American Promise*. New York: Orbis Books, 2000.

Evans, Craig E. *Jesus and His World. The Archaeological Evidence*. Louisville: Westminster John Knox Press, 2012.

Ferry, Jean-Marc. *Les Puissances de l'Expérience*, 2 vols. Paris: Cerf, 1992.

_____. *Les Grammaires de l'Intelligence*. Paris: Cerf, 2004.

Forestell, J. Terence. "Las Cartas a los Tesalonicenses". In: Fitzmayer, Joseph A.; Murphy, Roland E.; Brown, Raymond E. (eds.). *Comentario Bíblico San Jerónimo*, t. III, Nuevo Testamento I. Madrid: Cristiandad, 1972, p. 575-76.

Freud, Sigmund. "Lecciones Introductorias al Psicoanálisis (1916-1917)". In: *Obras completas*, vol. XVI. Buenos Aires/Madrid: Amorrortu, 1976.

_____. "Nuevas Lecciones Introductorias al Psicoanálisis (1932)". In: *Obras completas*, t. III. México: Siglo XXI, 2012, p. 3101-206.

Freyne, Sean. *Galilee, Jesus and the Gospels. Litterary Approaches and Historical Investigations*. Philadelphia: Fortress Press, 1988.

_____. *Galilee and Gospel: Collected Essays*. Tübingen: Mohr Siebeck, 2000.

_____. "Archaeology and the Historical Jesus". In: Charlesworth, James H. (ed.). *Jesus and Archaeology*. Grand Rapids: William B. Eerdmans Publishing Co., 2006.

Gabellieri, E. "Simone Weil: Raison Philosophique et Amour Surnaturel". In: Capelle, Philippe. *Expérience Philosophique et Expérience Mystique*. Paris: Cerf, 2005, p. 207-20.

Geffré, Claude. "Théologie de l'Incarnation et Théologie des Signes des Temps". In: Doré, Joseph; Fantino, Jacques. *Marie-Dominique Chenu. Moyen Âge et Modernité*. Paris: Centre d'Études du Saulchoir, 1997, p. 131-53.

Gerzovich, Diego. "Fragmentos sobre el Tiempo en Walter Benjamin. Tragedia, Historia, Apocalipsis". *Revista de Teología Crítica*, Buenos Aires, p. 102-07, 2010.

Giesen, Heinz. "Eschatology in Philippians". In: NN. (ed.). *Paul and His Theology*. Leuven: Brill Academic Publishers, p. 217-72.

Girard, René. *Veo a Satán Caer Como el Relámpago*. Madrid: Anagrama, 2002.

_____. *Achever Clausewitz*. Paris: Carnets Nord, 2007.

Girard, René; Antonello, Pierpaolo; De Castro Rocha, João Cezar. *Evolution and Conversion. Dialogues on the Origins of Culture*. New York: Continuum, 2007.

Godwin Phelps, Teresa. *Después de la Violencia y la Opresión: Es Posible Crear Justicia*. León: Sistema Universitario Jesuita/Cátedra Kino, 2007.

GOETHE. *Fausto.* Barcelona: Juan Oliveres Editor, 1865.

GOIZUETA, Roberto. "Resisting the Frontier, Meeting at the Border". In: LONG, Michael G. (ed.). *Resist! Christian Dissent for the 21st Century.* New York: Orbis Books, 2008.

GONZÁLEZ CASANOVA, Pablo. "Otra Política, Muy Otra. Los Zapatistas del Siglo XXI". In: SÁNCHEZ, Raymundo. *Seminario Planeta Tierra: Movimientos Antisistémicos.* San Cristóbal de Las Casas, CIDECI, 1º de janeiro de 2013. Disponível em: http://www.jornada.unam.mx/2013/01/26/politica/002n1pol#. Acesso em: 15 jul. 2016.

GOROSTIZA, José. "Muerte sin Fin". *Poesías.* México: Fondo de Cultura Económica, 1964.

GOWLER, David B. *What are They Saying about the Historical Jesus?* New York: Paulist Press, 2007.

GRAABE, Lester L. *Introduction to Second Temple Judaism: History and Religion on the Jews in the time of Nemiah, the Maccabees, Hillel and Jesus.* London: Continuum, 2010, p. 167. Disponível em: http://site.ebrary.com/lib/alltitles/docDetail.action?docID=10427114&ppg=105. Acesso em: 15 jul. 2016.

GREER, Robert C. *Mapping Postmodernism. A Survey of Christian Options.* Downers Grove: InterVarsity Press, 2003.

GUTIÉRREZ, Gustavo. *Teología de la Liberación. Perspectivas.* Lima: CEP, 1972.

HANSON, K. C.; OAKMAN, Douglas. *Palestine in the Time of Jesus. Social Structures and Social Conflicts.* Minneapolis: Fortress Press, 2007.

HEALY, Mary. "The Gospel of Mark". In: WILLIAMSON, Peter S.; HEALY, Mary (eds.). *Catholic Commentary on Sacred Scripture.* Grand Rapids; Baker Academic, 2008, p. 257-73.

HERNÁNDEZ NAVARRO, Luis. "CIDECI y la Resistencia Indígena". *La Jornada,* 26 de outubro de 2010. Disponível em: http://www.jornada.unam.mx/2010/10/26/index.php?section=opinion&article=019a1pol. Acesso em: 15 jul. 2016.

HICK, John; KNITTER, Paul (eds.). *The Myth of Christian Uniqueness. Toward a Pluralistic Theology of Religions.* New York: Maryknoll, 1998.

HINKELAMMERT, Franz. *Crítica de la Razón Utópica.* Bilbao: Desclée de Brouwer, 2002.

HODGSON, W. N. "Christian Conversion and Reflections on the Supernatural". In: HOLLINGWORTH, Miles. *Saint*

Augustine of Hippo: An Intellectual Biography. New York: Oxford University Press, 2013, p. 171-203. Disponível em: http://site.ebrary.com/lib/alltitles/docDetail.action?docID=10694348&ppg=192. Acesso em: 15 jul. 2016.

HOINACKI, Lee; MITCHAM, Carl (eds.). *The Challenges of Ivan Illich.* New York: State University of New York Press, 2002.

HOLLOWAY, John. *Cambiar el Mundo sin Tomar el Poder.* Caracas: Vadell Hermanos Editores, 2005.

_____. *Doce Tesis sobre el Anti-poder.* Benemérita Universidad Autónoma de Puebla, 2011. Disponível em: http://www.johnholloway.com.mx/2011/07/30/doce-tesis-sobre-el-anti-poder/. Acesso em: 15 jul. 2016.

ILLICH, Ivan. *Celebration of Awareness. A Call for Institutional Revolution.* New York: Doubleday & Co., 1970.

_____. *Energía y Equidad.* México: Posada, 1978. Disponível em: http://www.ivanillich.org.mx/LiEnergia.htm#anchor733877. Acesso em: 15 jul. 2016.

_____. *La convivencialidad.* México: Joaquín Mortiz/Planeta, 1985.

JUEL, Donald H. *Shaping the Scriptural Imagination. Truth, Maening, and the Theological Interpretation of the Bible.* Ed. Shane Berg e Matthew L. Skinner. Waco: Baylor University Press, 2011.

KELLER, James E. "Notes on the Program *Les Offrandes Oubliées: Méditation Symphonique pour Orchestre* [Olivier Messiaen]", New York, *Playbill,* New York Philarmonic, abr. 2013.

KIRWAN, Michael. "The Philosophy Behind Desire as Mimetic Theory". In: *Paying Attention to the Sky. Blog at Wordpress,* julho de 2012. Disponível em: http://payingattentiontothesky.com/category/rene-girard-2/. Acesso em: 14 out. 2013.

KNAPP, Markus e KOBUSCH, Theo. *Religion – Metaphysik (kritik) – Theologie im Kontext der Moderne/Postmoderne.* Berlin: Walter de Gruyter, 2001.

KNITTER, Paul. *Introducing Theologies of Religions.* New York: Orbis Books, 2002.

KOESTER, Helmut. *Paul and His World. Interpreting the New Testament in its Context.* Minneapolis: Fortress Press, 2007.

KRAUZE, Enrique. *Siglo de los Caudillos.* Barcelona: Tusquets Editores, 2009.

LASSALLE-KLEIN, Robert Anthony. *Jesus of Galilee. Contextual Christology for the 21st Centrury.* New York: Orbis Books, 2011.

LEE, Michael. *Bearing the Weight of Salvation: The Soteriology of Ignacio Ellacuria*. New York: Crossroad, 2008.

LEFEBVRE, Philippe. *Livres de Samuel et Récits de Résurrection. Le Messie Ressucité 'selon les Écritures'*. Paris: Cerf, 2004.

LEGORRETA, José de Jesús (ed.). *Religión y Secularización en una Sociedad Postsecular*. México: Universidad Iberoamericana, 2010.

LEVINAS, Emmanuel. *Totalité et Infini. Essai sur l'Extériorité*. Paris: PUF, 1990.

_____. *Autrement qu'Être, Au Au-delà de l'Essence*. Paris: Le Livre de Poche, Biblio Essais, 1990.

LESSING, G. E. *Fragments from Reimarus. Brief Critical Remarks on the object of Jesus and his Disciples as Seen in the New Testament*. London/Edinburgh: Williams & Norgate, 1879.

LINDBECK, Kristen H. *Elijah and the Rabbis. Story and Theology*. New York: Columbia University Press, 2010.

LONGENECKER, Bruce W. *2 Esdras*. Sheffield: Sheffield Academic Press, 1995.

LÓPEZ HERNÁNDEZ, Eleazar. "Caminos de la Teología India". México: Cenami, 1997, p. 2. Disponível em: http://usuaris.tinet.cat/fqi_sp02/docum_sp.htm. Acesso em: 15 jul. 2016.

MAN, Ronen. "La Microhistoria Como Referente Teórico-Metodológico. Un Recorrido por Sus Vertientes y Debates Conceptuales". In: *Historia Actual Online* (HAO), n. 30, inverno de 2013, p. 167-73. Disponível em: http://www.historia-actual.org/Publicaciones/index.php/haol/article/viewFile/822/657. Acesso em: 15 jul. 2016.

MARIÁTEGUI, Carlos. "Bien Vivir: Entre el 'Desarrollo' y las Des/colonialidad del Poder". *Primer Encuentro del Buen vivir*. Puebla: Benemérita Universidad Autónoma de Puebla, 2010. http://encuentrodelbuenvivir.blogspot.com/p/contribuciones-academicas.html. Acesso em: 15 jul. 2016.

MARION, Jean-Luc. *The Idole and Distance. Five Studies*. New York: Fordham University Press, 2001.

MARXSEN, Willi. *El Evangelista Marcos. Estudio sobre la Historia de la Redacción del Evangelio*. Santander: Sígueme, 1981.

MATE, Reyes. *Medianoche en la Historia. Comentarios a las Tesis de Walter Benjamin sobre el Concepto de Historia*. Madrid: Trotta, 2006.

MEEKS, Wayne A.; FITZGERALD, John T. (eds.). *The Writings of Saint Paul, a Norton Critical Edition*. New York: Norton, 2007.

Méndez Montoya, Ángel. *El Festín del Deseo. Hacia una Teología Alimentaria de la Creación*. México: Editorial Jus, 2011.

Mendoza-Álvarez, Carlos. *Deus Liberans. La Revelación Cristiana en Diálogo con la Modernidad. Los Elementos Fundacionales de la Estética Teológica*. Fribourg: Éditions Universtaires, 1996.

_____. "La Esperanza como Apocalipsis. Conversación de Carlos Mendoza con René Girard". In: *Letras Libres*, 5 de abril de 2008. México. Disponível em: http://www.letraslibres.com/blogs/la-esperanza-como-apocalipsis. Acesso em: 15 jul. 2016.

_____. *Deus Absconditus. Désir, Mémoire et Imagination Eschatologique. Essai de Théologie Fondamentale Postmoderne*. Paris: Cerf, 2011.
[Traduzido ao español em edição privada: *El Dios Escondido de la Posmoderdnidad. Deseo, Memoria e Imaginación Escatológica. Ensayo de Teología Fundamental Posmoderna*. Guadalajara: Cátedra Kino/Sistema Universitario Jesuita, 2010. E ao português em edição comercial: *O Deus Escondido da Pós-Modernidade. Desejo, Memória e Imaginação Escatológica. Ensaio de Teologia Fundamental Pós-Moderna*. São Paulo: É Realizações, 2011.

_____. "El Colapso del Sujeto Posmoderno. Nihilismo y Mística. La Ruta Fenomenológica de la Subjetividad Expuesta". In: *Subjetividad y Experiencia Religiosa Posmoderna*. México: Universidad Iberoamericana, 2007, p. 81-113.

_____. (comp.). *Caminos de Paz: Teoría Mimética y Construcción Social*. México: Universidad Iberoamericana, 2015.

Meier John. *Jesús, un Judío Marginal*, 3 vols. Estella: Verbo Divino, 2002; Crossan, John Dominic. *Jesús, un campesino mediterráneo*, 2000.

Merton, Thomas. *Dialogues with Silence. Prayers & Drawings*. New York: Harper San Francisco, 2001.

Mesters, Carlos. *El Profeta Elías. Hombre de Dios, Hombre Del pueblo*. Disponível em: http://bibliotecasolidaria.blogspot.com/2012/09/coleccion-de-libros-de-carlos-mester.html. Acesso em: 15 jul. 2016.

Mesters, Carlos; Equipo Bíblico CRB. *Lectura Profética de la Historia*. Estella: Verbo Divino, 1999.

Metz, Iohann-Baptist. *Por una Cultura de la Memoria*. Madrid: Anthropos, 1999.

Milbank, John. *Being Reconciled. Ontology and Pardon*. New York: Routledge, 2003.

_____. *Teología y Teoría social. Más Allá de la Razón Secular*. Barcelona: Herder, 2004.

_____. "Forgiveness and Incarnation". In: CAPUTO, John (ed.). *Questioning God*, Bloomington: Indiana University Press, 2001, p. 109-10. Apud LUPO, Joshua Scott. "Can We Be Forgiven?: On 'Impossible' and 'Communal' Forgiveness in Contemporary Philosophy and Theology". *Religious Studies* (2010) Theses. Paper 27, p. 38. Disponível em: http://digitalarchive.gsu.edu/cgi/viewcontent.cgi?article=1026&context=rs_theses. Acesso em: 15 jul. 2016.

NANCY, Jean-Luc. *Au Lieu de Soi. L'Approche de Saint-Augustin*. Paris: PUF, 2004.

_____. *La Déclosion (Déconstruction du Christianisme, 1)*. Paris: Galilée, 2007.

_____. *L'Adoration (Déconstruction du Christianisme, 2)*. Paris: Galilée, 2010.

NICOLETTI, Michele (dir.). *Il Katéchon (2Ts 2,6-7) e l'Anticristo. Teologia Politica di Fronte al Mistero dell'Anomia*. Brescia: Morcelliana, 2009.

NOLAN, Albert. *Jesús Antes del Cristianismo*. Santander: Sal Terrae, 1989.

OAKMAN, Douglas. *The Political Aims of Jesus*. Minneapolis: Fortress Press, 2012.

ÖHLER, Markus. *Elia im Neuen Testament. Untersuchungen zur Bedeutung des alttestamentlichen Propheten im frühen Christentum*. Berlin/New York: Walter de Gruyter, 1997.

ORTIZ, Isabel e CUMMINS, Mathiew. *Desigualdad Global. La Distribución del Ingreso en 141 Países*, Unicef, 2012, p. 49-50. Disponível em: http://www.unicef.org/socialpolicy/files/Desigualdad_Global.pdf. Acesso em: 15 jul. 2016.

OSTOVICH, Steve T. "Paulinien Eschatology: Thinking and Acting in the Time that Remains". In: PARKER, Jo Alyson; HARRIS, Paul André; STEINECK, Christian (eds.). *The Study of Time*, vol. 13: *Limits ans Contraints*. Leiden: Brill Academic Publishers, 2010, p. 310. Disponível em: http://site.ebrary.com/id/10455154?ppg=336. Acesso em: 15 jul. 2016.

OVERHOLT, T. W. "Elijah and Elisha in the Context of Israelite Religion". In: REID, S. B. *Prophets and Paradigms: Essays in Honor of Gene M. Tucker*, JSOT Sup 229. Sheffield: Sheffield Academic Press, 1996, p. 91-111.

PAGET CLARKE, Nic. "Una Universidad sin Zapatos". *Motion Magazine*, 3 de setembro 2005. Disponível em:

http://www.inmotionmagazine.com/global/rsb_int_esp.html. Acesso em: 15 jul. 2016.

Paz, Octavio. "Hermandad". In: *Obras completas, Obra poética II, vol. XII (1969-1998)*. México: Fondo de Cultura Económica, 2004.

Phan, Peter. "The Experience of Migration in the United States as a Source for Intercultural Theoloy". Center for Migration Studies, *Migration, Religious Experience, and Globalization*, vol. 18, assunto 2, mar. 2003, p. 150. Disponível em: http://onlinelibrary.wiley.com/store/10.1111/j.2050-411X.2003.tb00320.x/asset/j.2050-411X.2003.tb00320.x.pdf?v=1&t=hcc4ei1h&ts=2745bbaece5f85946436d9b0511a4fa508a4f274. Acesso em: 24 jan. 2013.

Peukert, Helmut. *Teoría de la Ciencia y Teología Fundamental*. Barcelona: Herder, 2000.

Pitre, Brant. *Jesus, the Tribulation and the End of the Exil. Restoration Escathology and the Origin of the Atonement*. Gran Rapids: Baker Academic, 2005.

Pitts, Andrew W. "Unity and Diversity in Pauline Eschatology". In: Porter, Stanley E. "Paul as Jew, Greek and Roman: An Introduction". *Pauline Studies*, vol. 5: "Paul: Jew, Greek and Roman". Leiden: Brill Academic Publishers, 2008. Disponível em: http://site.ebrary.com/lib/alltitles/docDetail.action?docID=10349206&ppg=82. Acesso em: 15 jul. 2016.

Platón. "El Banquete". In: *Diálogos*. Madrid: Austral, 2007.

Plevnik, Joseph, *Paul and the End Time*. Mahwah: Paulist Press, 2009.

Porter, Stanley E. "Paul as Jew, Greek and Roman: An Introduction". *Pauline Studies*, vol. 5: "Paul: Jew, Greek and Roman". Leiden: Brill Academic Publishers, 2008. Disponível em: http://site.ebrary.com/lib/alltitles/docDetail.action?docID=10349206&ppg=17. Acesso em: 15 jul. 2016.

Price, Robert M. *Deconstructing Jesus*. New York: Prometheus, 2000, p. 293. Disponível em: http://www.robertmprice.mindvendor.com. Acesso em: 15 jul. 2016.

Pyper, Hugh S. "The Secret of Succession: Elijah, Elisha, Jesus, and Derrida". In Adam, A. K. M. (ed.). *Post-Modern Interpretation of the Bible*. St. Louis, MO: Chalice Press, 2001, p. 55-66.

Quezada, Javier (coord.). *Dios Clemente y Misericordioso. Enfoques Antropológicos. Homenaje a Barbara Andrade*. México: Universidad Iberoamericana, 2012.

Quintana, Laura; Vargas, Julio (comps.). *Hannah Arendt. Política, Violencia, Memoria*. Bogotá: Ediciones Uniandes, 2012.

Rabkin, Yakiv M. *La Amenaza Interior. Historia de la Oposición Judía al Sionismo*. Euskal Herria: Hiru, 2006.

Ricoeur, Paul. *Tiempo y Narración. I. Configuración del Tiempo en el Relato Histórico*. México: Fondo de Cultura Económica, 1995.

_____. *Tiempo y Narración. El Tiempo Narrado*, vol. *III*. México: Siglo XXI, 1996.

_____. "The Bible and the Imagination". *Biblical Studies. William Rainey Harper Conference*, University of Chicago 1979, p. 2. Disponível em: http://www.fondsricoeur.fr/photo/Ricoeur%20-%20The%20Bible%20and%20the%20Imagination.pdf. Acesso em: 15 jul. 2016.

_____. "Memory and Forgetting". In: Keaney, Richard; Dooley, Mark; Apel, Karl-Otto. *Questioning Ethics: Contemporary Debates in Continental Philosophy*. London: Routdlegde, 1998, p. 313. Disponível em: http://site.ebrary.com/lib/alltitles/docDetail.action?docID=10056138&ppg=16. Acesso em: 15 jul. 2016.

_____. "Imagination, Testimony and Truth". In: Keaney, Richard; Dooley, Mark; Apel, Karl-Otto, *Questioning Ethics: Contemporary Debates in Continental Philosophy*, London: Routdlegde, 1998. Disponível em: http://site.ebrary.com/lib/alltitles/docDetail.action?docID=10056138&ppg=16. Acesso em: 15 jul. 2016.

_____. *La Metáfora Viva*. Madrid: Cristiandad/Trotta, 2001.

_____. *El Conflicto de Interpretaciones. Ensayos de Hermenéutica*. México: Fondo de Cultura Económica, 2003.

_____. *Del Texto a la Acción, Ensayos de Hermenéutica II*. México: Fondo de Cultura Económica, 2004.

_____. *La Memoria, la Historia, el Olvido*. México: Fondo de Cultura Económica, 2004.

_____. *Caminos del Reconocimiento. Tres Estudios*. México: Fondo de Cultura Económica, 2006.

_____. *Vivant Jusqu'à la Mort*. Paris: Seuil, 2007.

Riesner, R. *Paul's Early Period. Chronology, Mission Strategy, Theology*. Grand Rapids-Cambridge: Eerdmans Publishing Co., 1998.

Rietz, Henry W. M. "Reflections on Jesus' Eschatology in Light of Qumram". In: Charlesworth, James H. (ed.).

Jesus and Archaeology. Grand Rapids: Eerdmans Publishing, 2006, p. 186-205.

ROBERT, Jean; PAQUOT, Thierry (eds.). *Esprit* (ago/set. 2010). "Actualité d'Ivan Illich". Disponível em: http://www.esprit.presse.fr/archive/review/detail.php?code=2010_8/9. Acesso em: 15 jul. 2016.

ROBERT, Jean; RAHNEMA, Majid. *La Potencia de los Pobres*. San Cristóbal de Las Casas: CIDECI, 2012, p. 266. Disponível em: http://www.ivanillich.org.mx/Potenciapobres.pdf. Acesso em: 15 jul. 2016.

ROBLES, Amando. *Hombre y Mujer de Conocimiento. La Propuesta de Juan Matus y Carlos Castaneda*. San José de Costa Rica: Euna, 2006.

RUUSBROEC, Jan van. *Obras Escogidas*. Madrid: Biblioteca de Autores Cristianos, 1997.

_____. *Miroir du Salut Éternel*, cap. XXV: "De la Superesencia de la Verdad Superior". In RUYSBROECK, Jan van. *Oeuvres de Ruysbroeck l'Admirable*, Saint-Paul de Wisques. Disponível em: http://www.livres-mystiques.com/partieTEXTES/Ruysbroek/Ruysbroeck/Tome1/miroir.html. Acesso em: 15 jul. 2016. [tradução do A.].

_____. *L'Anneau ou la Pierre Brillante*, cap. XI: "De la Grande Différence Qui Existe entre la Clarté des Saints et Celle Même la Plus Haute Obtenue en Cette Vie". In: RUYSBROECK, Jan van. *Oeuvres de Ruysbroeck l'Admirable*. Saint-Paul de Wisques. Disponível em: http://www.livres-mystiques.com/partieTEXTES/Ruysbroek/Ruysbroeck/Tome3/anno8_14.html. Acesso em: 15 jul. 2016.

SABAU, Ana; DOMÍNGUEZ GALBRAITH, Pablo; QUINTANA NAVARRETE, Jorge. "La Corrupción de lo Mejor es lo Peor. Entrevista con Javier Sicilia". *Letras libres*, mar. 2013. Disponível em: http://www.letraslibres.com/revista/entrevista/entrevista-con-javier-sicilia. Acesso em: 15 jul. 2016.

SABIN, Marie Noonan. *Reopening the Word. Reading Mark as Theology in the context of Early Judaism*. New York: Oxford University Press, 2002.

SANDY, Brent D.; O'HARE, Daniel M. *Prophecy and Apocalyptic. An Annotated Bibliography*. Grand Rapids: Baker Academic, 2007.

SAWICKI, Marianne. C*rossing Galilee: Architectures of Contact in the Occupied Land of Jesus*. New York: Continuum, 2000.

SAVADOGO, Mohamadé. *Penser l'Engagement*. Paris: L'Harmattan, 2013.

Schillebeeckx, Edward. *Jesús. La Historia de un Viviente*. Madrid: Cristiandad, 1983.

Schüssler-Fiorenza, Francis. *Foundational Theology. Jesus and the Church*. New York: Crossroad, 1984.

Schüssler-Fiorenza, Elisabeth. *En Memoria de Ella. Una Reconstrucción Teológico-feminista de los Orígenes del Cristianismo*. Bilbao: Desclée de Brouwer, 1989.

Schnelle, Udo. *Apostle Paul. His Life and Theology*. Grand Rapids: Baker Academic, 2005.

Schmitt, Carl. *Political Theology: Four Chapter on the Concept of Sovereignity*. Chicago: University of Chicago Press, 1985.

Segundo, Juan Luis. *El Hombre de Hoy ante Jesús de Nazaret*, II/2. Madrid: Cristiandad, 1982.

Seitz, Christopher R. *Prophecy and Hermeneutics. Toward a New Interpretation to the Prophets*. Grand Rapids: Baker Academic, 2007.

Septuaginta: *id est Vetus Testamentum graece iuxta LXX interpretes* (edidit Alfred Rahlfs), Stuttgart: Württembergische Bibelanstalt, 1971. Disponível em: http://www.academic-bible.com/online-bibles/septuagint-lxx/read-the-bible-text/. Acesso em: 15 jul. 2016.

Sequeri, Pierangelo. *Il Dio Affidabile. Saggio di Teologia Fondamentale*. Brescia: Queriniana, 1996.

Shellington, V. George. *Jesus & Paul Before Christianity. Their World and Work in Retrospect*. Eugene: Casacade Books, 2011.

Sherwood, Yvonne. *The Prostitute and the Profet. Reading Hosea in the late Twentieth Century*. Glasgow: T&T Clarck, 2004.

Sicilia, Javier. "Lo Abierto". In: *Tríptico del Desierto*. México: Era, 2009.

_____. "Las Trampas de la Fe Democrática". *Letras Libres* 158, "Diálogo sobre la Democracia", fev. 2012. Disponível em: http://www.letraslibres.com/revista/dossier/dialogo-sobre-la-democracia?page=0,1. Acesso em: 15 jul. 2016.

Smith, J. " The Logic of Incarnation. Towards a Catholic Postmodernism". In: De Roo, Neal; Lightbody, Brian (eds.). *The Logic of Incarnation. James K. A. Smith's Critique of Postmoderne Religion*. Eugene: Pickwick, 2009.

Sobrino, Jon. *Cristología desde América Latina (Esbozo a Partir del Seguimiento del Jesús Histórico)*. México: CRT, 1976.

_____. *La Fe en Jesucristo. Ensayo desde las Víctimas*. Madrid: Trotta, 1999.

_____. "Hacer Teología en Nuestro Tiempo y en Nuestro Lugar". In: Brighenti, Agenor; Hermano, Rosario (eds.). *50 años del Vaticano II. Análisis y Perspectivas. Memorias del Congreso Continental de Teología, Unisinos, Brasil*. Bogotá: Ediciones Paulinas, 2013, p. 40-54.

_____. "O Absoluto é Deus, e o Coabsoluto São os Pobres". São Leopoldo, Instituto Humanitas de Unisinos, 29 de setembro de 2012. Disponível em: http://www.ihu.unisinos.br/entrevistas/514096-
-o-absoluto-e-deus-e-o-coabsoluto-sao-os-
-pobres-entrevista-especial-com-jon-sobrino.
Acesso em: 15 jul. 2016.

Solarte Rodríguez, Mario Roberto. "Mimesis and NonViolence. Some Reflections from Research and Action", *Revista Universita Philosophica*, ano 27, n. 55, p. 41-66, dez. 2010.

Subcomandante, Marcos. *Ellos y Nosotros. IV. Los Dolores de Abajo*. México, 24 de janeiro de 2013. Disponível em: http://enlacezapatista.ezln.org.mx/2013/01/24/ellos-y-nosotros-iv-los-dolores-de-
-abajo/. Acesso em: 15 jul. 2016.

_____. *La Sexta*. Chiapas, Ezln, 27 de janeiro de 2013. Disponível em: http://enlacezapatista.ezln.org.mx/2013/01/26/ellos-y-nosotros-v-la-sexta-2/. Acesso em: 15 jul. 2016.

Sztajnszrajber, Darío. "Posjudaísmo. Una Interpretación de lo Judío desde la Hermenéutica Posreligiosa de Gianni Vattimo". In: Mascaró, Luciano; Bertorello, Adrián (comps.). *Actas de las II Jornadas Internacionales de Hermenéutica 2011*. Buenos Aires: Proyecto Hermenéutica, 2012. Disponível em: http://www.proyectohermeneutica.org/pdf/ponencias/sztajnszrajber%20dario.pdf. Acesso em: 15 jul. 2016.

Talmud. *Tractate Sanhedrin*. Disponível em: http://www.come-and-hear.com/sanhedrin/. Acesso em: 15 jul. 2016.

Taubes, Jacob. *The Political Theology of Paul*. Stanford: Stanford University Press, 2003.

Terrell, Patricia Elyse. *Paul's Parallels. An Echoes Synopsis*. New York: Continuum Books, 2009.

Teske, Roland J. *Augustine of Hippo: Philosopher, Exegete, and Theologien: A Second Collection of Essays*. Milwaukee: Marquette University Press, 2013. Disponível em: http://site.ebrary.com/lib/alltitles/docDetail.action?docID=10292309&ppg=83. Acesso em: 15 jul. 2016.

Theissen, Gerd. *The New Testament. A Literary History*. Minneapolis: Fortress Press, 2012.

Theodoret of Cyrus. *The Last Days*. Apud Bede the Venerable. *Excerpts from the Works of St. Augustin on the Letter from the Blessed Apostle Paul*. Kalamazoo: Cistercian Publications, 1999, p. 337-38.

Torres-Queiruga, Andrés. *Constitución y Evolución del Dogma. La Teoría de Amor Ruibal y Su Aportación*. Madrid: Marova, 1977.

_____. *Repensar la Revelación. La Revelación Divina en la Realización Humana*, Madrid: Trotta, 2007.

_____. "Aclaración sobre Mi Teología. Respuesta a un Diagnóstico de Olegario González de Cardedal". *Iglesia Viva*, n. 235, p. 103-14, jul.-set., 2008.

_____. *Diálogo de las Religiones y Autocomprensión Cristiana*. Santander: Sal Terrae, 2009.

Tomás de Aquino. *Summa Theologiae*. Torino: Ed. Marietti, 1989.

Tracy, David. *The Analogical Imagination. Christian Theology and Culture of Pluralism*. New York: Crossroad, 1981.

Vattimo, Gianni. *El Fin de la Modernidad. Nihilismo y Hermenéutica de la Cultura Posmoderna*. Madrid: Gedisa, 1985.

Vega, Amador. *Tres Poetas del Exceso. La Hermenéutica Imposible en Eckhart, Silesius y Celan*. Barcelona: Fragmenta Editorial, 2011.

Victor Hugo. *Les Misérables*, t.1, l. VII, c. III. "Une Tempête sous un Crâne".

Vinolo, Stéphane. "Ipseidad y Alteridad en la Teoría del Deseo Mimético de René Girard: La Identidad como Diferencia". *Philosophica Xaveriana*, ano 27, n. 55, Bogotá, p. 17-39, dez. 2011. Disponível em: http://www.mottif.com/clientes/philosophica/pdf/55/01.pdf. Acesso em: 31 jan. 2013.

Viviano, Benedict. "Eschatology and the Quest for the Historical Jesus". *Oxford Handbook of Eschatology*. Oxford University Press, 2007. Disponível em: http://www.oxfordhandbooks.com/view/10.1093/oxfordhb/9780195170498.001.0001/oxfordhb-9780195170498-e-5. Acesso em: 15 jul. 2016.

Von Rad, Gerhard. *Teología del Antiguo Testamento. Vol. I Teología de las Tradiciones Históricas de Israel*. Salamanca: Sígueme, 1975.

Weil, Simone. *El Conocimiento Sobrenatural*. Madrid: Trotta, 2003.

_____. *A la Espera de Dios (1942)*. Madrid: Trotta, 1993.

Wells, David F. *Above All Earthly Pow'rs. Christ in a Postmodern World.* Leicester: InterVarsity Press, 2005.

Westphal, Merold. "Onto-theology, Metanarrative, Perspectivism, and the Gospel". In: Penner, Myron B. (ed.). *Christianity and the Postmodern Turn.* Grand Rapids: Brazos Press, 2005.

Whiterington, Ben III. *Jesus, Paul and the End of the World. A Comparative Study in New Testament Eschatology.* Downers Grove: InterVarsity Press, 1992.

Williams, Gareth. "Guerra Global y el Fin del Katechon: Cuatro Tesis sobre la Post-hegemonía". In: Berlangas Villacaña, José Luis; Castro Orellana, Rodrigo (comps.). *Posthegemonía: El Final de un Paradigma de la Filosofía Política Contemporánea en América Latina.* Madrid: Universidad Complutense, 2014. [Memorias del Curso de Verano Complutense, 2013, no prelo].

Wilson, Walter T. *Pauline Parallels. A Comprehensive Guide.* Louisville: KY, Westminster John Knox Press, 2009.

Xolocotzi, Ángel. *Fenomenología de la Vida Fáctica. Heidegger y Su Camino a 'Ser y Tiempo'.* México: Universidad Iberoamericana/Plaza y Valdés, 2004. Igualmente, pode se ver sua reflexão mais centrada no caráter onto-histórico do abandono que a subjetividade vivencia, em: "La Necesidad del Abandono. Aproximaciones al Pensar Ontohistórico" (2011). Disponível em: http://www.academia.edu/405064/La_necesidad_del_abandono._Aproximaciones_al_pensar_ontohistorico. Acesso em: 15 jul. 2016.

_____. *Fundamento y Abismo. Aproximaciones al Heidegger Tardío.* México: Benemérita Universidad Autónoma de Puebla/Porrúa, 2011.

Zaid, Gabriel. "Muerte y Resurrección de la Cultura Católica". In: *Ensayos sobre Poesía.* México: El Colegio Nacional, 2004, p. 297-343.

Zepeda, Conrado. "The Living Gospel". In: Shilson-Thomas, Annabel. *Livesimply. A Cafod Resource for Living.* London: Cafod, 2008. Pode-se ver a versão eletrônica desta história na p. 3 da liga. Disponível em: http://www.docstoc.com/docs/30839071/Conrado-Zepeda--Miramontes-SJ-lives-and-works-amongst-the. Acesso em: 31 jan. 2013.

breve explicação

Arnaldo Momigliano inspira nossa tarefa, já que a alquimia dos antiquários jamais se realizou: nenhum catálogo esgota a pluralidade do mundo e muito menos a dificuldade de uma questão complexa como a teoria mimética.

O cartógrafo borgeano conheceu constrangimento semelhante, como Jorge Luis Borges revelou no poema "La Luna". Como se sabe, o cartógrafo não pretendia muito, seu projeto era modesto: "cifrar el universo / En un libro". Ao terminá-lo, levantou os olhos "con ímpetu infinito", provavelmente surpreso com o poder de palavras e compassos. No entanto, logo percebeu que redigir catálogos, como produzir livros, é uma tarefa infinita:

> Gracias iba a rendir a la fortuna
> Cuando al alzar los ojos vio un bruñido
> Disco en el aire y comprendió aturdido
> Que se había olvidado de la luna.

Nem antiquários, tampouco cartógrafos: portanto, estamos livres para apresentar ao público brasileiro uma cronologia que não se pretende exaustiva da vida e da obra de René Girard.

Com o mesmo propósito, compilamos uma bibliografia sintética do pensador francês, privilegiando os livros publicados. Por isso, não mencionamos a grande quantidade de ensaios e capítulos de livros que escreveu, assim como de entrevistas que concedeu. Para o leitor interessado numa relação completa de sua vasta produção, recomendamos o banco de dados organizado pela Universidade de Innsbruck: http://www.uibk.ac.at/rgkw/mimdok/suche/index.html.en.

De igual forma, selecionamos livros e ensaios dedicados, direta ou indiretamente, à obra de René Girard, incluindo os títulos que sairão na Biblioteca René Girard. Nosso objetivo é estimular o convívio reflexivo com a teoria mimética. Ao mesmo tempo, desejamos propor uma coleção cujo aparato crítico estimule novas pesquisas.

Em outras palavras, o projeto da Biblioteca René Girard é também um convite para que o leitor venha a escrever seus próprios livros acerca da teoria mimética.

cronologia de René Girard

René Girard nasce em Avignon (França) no dia 25 de dezembro de 1923; o segundo de cinco filhos. Seu pai trabalha como curador do Museu da Cidade e do famoso "Castelo dos Papas". Girard estuda no liceu local e recebe seu *baccalauréat* em 1940.

De 1943 a 1947 estuda na École des Chartes, em Paris, especializando-se em história medieval e paleografia. Defende a tese *La Vie Privée à Avignon dans la Seconde Moitié du XVme Siècle*.

Em 1947 René Girard deixa a França e começa um doutorado em História na Universidade de Indiana, Bloomington, ensinando Literatura Francesa na mesma universidade. Conclui o doutorado em 1950 com a tese *American Opinion on France, 1940-1943*.

No dia 18 de junho de 1951, Girard casa-se com Martha McCullough. O casal tem três filhos: Martin, Daniel e Mary.

Em 1954 começa a ensinar na Universidade Duke e, até 1957, no Bryn Mawr College.

Em 1957 torna-se professor assistente de Francês na Universidade Johns Hopkins, em Baltimore.

Em 1961 publica seu primeiro livro, *Mensonge Romantique et Vérité Romanesque*, expondo os princípios da teoria do desejo mimético.

Em 1962 torna-se professor associado na Universidade Johns Hopkins.

Organiza em 1962 *Proust: A Collection of Critical Essays*, e, em 1963, publica *Dostoïevski, du Double à l'Unité*.

Em outubro de 1966, em colaboração com Richard Macksey e Eugenio Donato, organiza o colóquio internacional "The Languages of Criticism and the Sciences of Man". Nesse colóquio participam Lucien Goldmann, Roland Barthes, Jacques Derrida, Jacques Lacan, entre outros. Esse encontro é visto como a introdução do estruturalismo nos Estados Unidos. Nesse período, Girard desenvolve a noção do assassinato fundador.

Em 1968 transfere-se para a Universidade do Estado de New York, em Buffalo, e ocupa a direção do Departamento de Inglês. Principia sua colaboração e amizade com Michel Serres. Começa a interessar-se mais seriamente pela obra de Shakespeare.

Em 1972 publica *La Violence et le Sacré*, apresentando o mecanismo do bode expiatório. No ano seguinte, a revista *Esprit* dedica um número especial à obra de René Girard.

Em 1975 retorna à Universidade Johns Hopkins.

Em 1978, com a colaboração de Jean-Michel Oughourlian e Guy Lefort, dois psiquiatras franceses, publica seu terceiro livro, *Des Choses Cachées depuis la Fondation du Monde*. Trata-se de um longo e sistemático diálogo sobre a teoria mimética compreendida em sua totalidade.

Em 1980, na Universidade Stanford, recebe a "Cátedra Andrew B. Hammond" em Língua, Literatura e Civilização Francesa. Com a colaboração de Jean-Pierre Dupuy, cria e dirige o "Program for Interdisciplinary Research", responsável pela realização de importantes colóquios internacionais.

Em 1982 publica *Le Bouc Émissaire* e, em 1985, *La Route Antique des Hommes Pervers*. Nesses livros, Girard principia a desenvolver uma abordagem hermenêutica para uma leitura dos textos bíblicos com base na teoria mimética.

Em junho de 1983, no Centre Culturel International de Cerisy-la-Salle, Jean-Pierre Dupuy e Paul Dumouchel organizam o colóquio "Violence et Vérité. Autour de René Girard". Os "Colóquios de Cerisy" representam uma referência fundamental na recente história intelectual francesa.

Em 1985 recebe, da Frije Universiteit de Amsterdã, o primeiro de muitos doutorados *honoris causa*. Nos anos seguintes, recebe a mesma distinção da Universidade de Innsbruck, Áustria (1988); da Universidade de Antuérpia, Bélgica (1995); da Universidade de Pádua, Itália (2001); da Universidade de Montreal, Canadá (2004); da University College London, Inglaterra (2006); da Universidade de St Andrews, Escócia (2008).

Em 1990 é criado o Colloquium on Violence and Religion (COV&R). Trata-se de uma associação internacional de pesquisadores dedicada ao desenvolvimento e à crítica da teoria mimética, especialmente no tocante às relações entre violência e religião nos primórdios da cultura. O Colloquium on Violence and Religion organiza colóquios anuais e publica a revista *Contagion*. Girard é o presidente honorário da instituição. Consulte-se a página: http://www.uibk.ac.at/theol/cover/.

Em 1990 visita o Brasil pela primeira vez: encontro com representantes da Teologia da Libertação, realizado em Piracicaba, São Paulo.

Em 1991 Girard publica seu primeiro livro escrito em inglês: *A Theatre of Envy: William Shakespeare* (Oxford University Press). O livro recebe o "Prix Médicis", na França.

Em 1995 aposenta-se na Universidade Stanford.

Em 1999 publica *Je Vois Satan Tomber comme l'Éclair*. Desenvolve a leitura antropológica dos textos bíblicos com os próximos dois livros: *Celui par qui le Scandale Arrive* (2001) e *Le Sacrifice* (2003).

Em 2000 visita o Brasil pela segunda vez: lançamento de *Um Longo Argumento do Princípio ao Fim. Diálogos com João Cezar de Castro Rocha e Pierpaolo Antonello*.

Em 2004 recebe o "Prix Aujourd'hui" pelo livro *Les Origines de la Culture. Entretiens avec Pierpaolo Antonello et João Cezar de Castro Rocha*.

Em 17 de março de 2005 René Girard é eleito para a Académie Française. O "Discurso de Recepção" foi feito por Michel Serres em 15 de dezembro. No mesmo ano, cria-se em Paris a Association pour les Recherches Mimétiques (ARM).

Em 2006 René Girard e Gianni Vattimo dialogam sobre cristianismo e modernidade: *Verità o Fede Debole? Dialogo su Cristianesimo e Relativismo*.

Em 2007 publica *Achever Clausewitz*, um diálogo com Benoît Chantre. Nessa ocasião, desenvolve uma abordagem apocalíptica da história.

Em outubro de 2007, em Paris, é criada a "Imitatio. Integrating the Human Sciences", (http://www.imitatio.org/), com apoio da Thiel Foundation. Seu objetivo é ampliar e promover as consequências da teoria girardiana sobre o comportamento humano e a cultura. Além disso, pretende apoiar o estudo interdisciplinar da teoria mimética. O primeiro encontro da Imitatio realiza-se em Stanford, em abril de 2008.

Em 2008 René Girard recebe a mais importante distinção da Modern Language Association (MLA): "Lifetime Achievement Award".

Em 4 de Novembro de 2015, René Girard faleceu em Palo Alto, California.

bibliografia de René Girard

Mensonge Romantique et Vérité Romanesque. Paris: Grasset, 1961. [*Mentira Romântica e Verdade Romanesca*. Trad. Lília Ledon da Silva. São Paulo: É Realizações, 2009.]

Proust: A Collection of Critical Essays. Englewood Cliffs: Prentice Hall, 1962.

Dostoïevski, du Double à l'Unité. Paris: Plon, 1963. [*Dostoiévski: do Duplo à Unidade*. Trad. Roberto Mallet. São Paulo: É Realizações, 2011.]

La Violence et le Sacré. Paris: Grasset, 1972.

Critique dans un Souterrain. Lausanne: L'Age d'Homme, 1976.

To Double Business Bound: Essays on Literature, Mimesis, and Anthropology. Baltimore: Johns Hopkins University Press, 1978. (Este livro será publicado na Biblioteca René Girard)

Des Choses Cachées depuis la Fondation du Monde. Pesquisas com Jean-Michel Oughourlian e Guy Lefort. Paris: Grasset, 1978.

Le Bouc Émissaire. Paris: Grasset, 1982.

La Route Antique des Hommes Pervers. Paris: Grasset, 1985.

Violent Origins: Walter Burkert, René Girard, and Jonathan Z. Smith on Ritual Killing and Cultural Formation. Org. Robert Hamerton-Kelly. Stanford: Stanford University Press, 1988. (Este livro será publicado na Biblioteca René Girard)

A Theatre of Envy: William Shakespeare. New York: Oxford University Press, 1991. [*Shakespeare: Teatro da Inveja*. Trad. Pedro Sette-Câmara. São Paulo: É Realizações, 2010.]

Quand ces Choses Commenceront... Entretiens avec Michel Treguer. Paris: Arléa, 1994. [*Quando Começarem a Acontecer Essas Coisas: Diálogos com Michel Treguer*. Trad. Lília Ledon da Silva. São Paulo: É Realizações, 2011.]

The Girard Reader. Org. James G. Williams. New York: Crossroad, 1996.

Je Vois Satan Tomber comme l'Éclair. Paris: Grasset, 1999.

Um Longo Argumento do Princípio ao Fim. Diálogos com João Cezar de Castro Rocha e Pierpaolo Antonello. Rio de Janeiro: Topbooks, 2000. Este livro, escrito em inglês, foi publicado, com algumas modificações, em italiano, espanhol, polonês, japonês, coreano, tcheco e francês. Na França, em 2004, recebeu o "Prix Aujourd'hui".

Celui par Qui le Scandale Arrive: Entretiens avec Maria Stella Barberi. Paris: Desclée de Brouwer, 2001. [*Aquele por Quem o Escândalo Vem*. Trad. Carlos Nougué. São Paulo: É Realizações, 2011.]

La Voix Méconnue du Réel: Une Théorie des Mythes Archaïques et Modernes. Paris: Grasset, 2002. (Este livro será publicado na Biblioteca René Girard)

Il Caso Nietzsche. La Ribellione Fallita dell'Anticristo. Com colaboração e edição de Giuseppe Fornari. Gênova: Marietti, 2002.

Le Sacrifice. Paris: Bibliothèque Nationale de France, 2003. [*O Sacrifício*. Trad. Margarita Maria Garcia Lamelo. São Paulo: É Realizações, 2011.]

Oedipus Unbound: Selected Writings on Rivalry and Desire. Org. Mark R. Anspach. Stanford: Stanford University Press, 2004.

Miti d'Origine. Massa: Transeuropa Edizioni, 2005. (Este livro será publicado na Biblioteca René Girard)

Verità o Fede Debole. Dialogo su Cristianesimo e Relativismo. Com Gianni Vattimo. Org. Pierpaolo Antonello. Massa: Transeuropa Edizioni, 2006.

Achever Clausewitz (Entretiens avec Benoît Chantre). Paris: Carnets Nord, 2007. [*Rematar Clausewitz: Além Da Guerra*. Trad. Pedro Sette-Câmara. São Paulo: É Realizações, 2011.]

Le Tragique et la Pitié: Discours de Réception de René Girard à l'Académie Française et Réponse de Michel Serres. Paris: Editions le Pommier, 2007. [*O Trágico e a Piedade*. Trad. Margarita Maria Garcia Lamelo. São Paulo: É Realizações, 2011.]

De la Violence à la Divinité. Paris: Grasset, 2007. Reunião dos principais livros de Girard publicados pela

Editora Grasset, acompanhada de uma nova introdução para todos os títulos. O volume inclui *Mensonge Romantique et Vérité Romanesque, La Violence et le Sacré, Des Choses Cachées depuis la Fondation du Monde* e *Le Bouc Émissaire*.

Dieu, une Invention?. Com André Gounelle e Alain Houziaux. Paris: Editions de l'Atelier, 2007. [*Deus: uma invenção?* Trad. Margarita Maria Garcia Lamelo. São Paulo: É Realizações, 2011.]

Evolution and Conversion. Dialogues on the Origins of Culture. Com Pierpaolo Antonello e João Cezar de Castro Rocha. London: The Continuum, 2008. [*Evolução e Conversão*. Trad. Bluma Waddington Vilar e Pedro Sette-Câmara. São Paulo: É Realizações, 2011.]

Anorexie et Désir Mimétique. Paris: L'Herne, 2008. [*Anorexia e Desejo Mimético*. Trad. Carlos Nougué. São Paulo: É Realizações, 2011.]

Mimesis and Theory: Essays on Literature and Criticism, 1953-2005. Org. Robert Doran. Stanford: Stanford University Press, 2008.

La Conversion de l'Art. Paris: Carnets Nord, 2008. Este livro é acompanhado por um DVD, *Le Sens de l'Histoire*, que reproduz um diálogo com Benoît Chantre. [*A Conversão da Arte*. Trad. Lília Ledon da Silva. São Paulo: É Realizações, 2011.]

Gewalt und Religion: Gespräche mit Wolfgang Palaver. Berlim: Matthes & Seitz Verlag, 2010.

Géométries du Désir. Prefácio de Mark Anspach. Paris: Ed. de L'Herne, 2011.

bibliografia selecionada sobre René Girard[1]

BANDERA, Cesáreo. *Mimesis Conflictiva: Ficción Literaria y Violencia en Cervantes y Calderón.* (Biblioteca Románica Hispánica – Estudios y Ensayos 221). Prefácio de René Girard. Madrid: Editorial Gredos, 1975.

SCHWAGER, Raymund. *Brauchen Wir einen Sündenbock? Gewalt und Erläsung in den Biblischen Schriften.* Munique: Kasel, 1978.

DUPUY, Jean-Pierre e DUMOUCHEL, Paul. *L'Enfer des Choses: René Girard et la Logique de l'Économie.* Posfácio de René Girard. Paris: Le Seuil, 1979.

CHIRPAZ, François. *Enjeux de la Violence: Essais sur René Girard.* Paris: Cerf, 1980.

GANS, Eric. *The Origin of Language: A Formal Theory of Representation.* Berkeley: University of California Press, 1981.

AGLIETTA, M. e ORLÉAN, A. *La Violence de la Monnaie.* Paris: PUF, 1982.

OUGHOURLIAN, Jean-Michel. *Un Mime Nomme Desir: Hysterie, Transe, Possession, Adorcisme.* Paris: Éditions Grasset et Fasquelle, 1982. (Este livro será publicado na Biblioteca René Girard)

DUPUY, Jean-Pierre e DEGUY, Michel (orgs.). *René Girard et le Problème du Mal.* Paris: Grasset, 1982.

---

[1] Agradecemos a colaboração de Pierpaolo Antonello, do St John's College (Universidade de Cambridge). Nesta bibliografia, adotamos a ordem cronológica em lugar da alfabética a fim de evidenciar a recepção crescente da obra girardiana nas últimas décadas.

DUPUY, Jean-Pierre. *Ordres et Désordres*. Paris: Le Seuil, 1982.

FAGES, Jean-Baptiste. *Comprendre René Girard*. Toulouse: Privat, 1982.

MCKENNA, Andrew J. (org.). *René Girard and Biblical Studies* (*Semeia* 33). Decatur, GA: Scholars Press, 1985.

CARRARA, Alberto. *Violenza, Sacro, Rivelazione Biblica: Il Pensiero di René Girard*. Milão: Vita e Pensiero, 1985.

DUMOUCHEL, Paul (org.). *Violence et Vérité – Actes du Colloque de Cerisy*. Paris: Grasset, 1985. Tradução para o inglês: *Violence and Truth: On the Work of René Girard*. Stanford: Stanford University Press, 1988.

ORSINI, Christine. *La Pensée de René Girard*. Paris: Retz, 1986.

To Honor René Girard. Presented on the Occasion of his Sixtieth Birthday by Colleagues, Students, Friends. Stanford French and Italian Studies 34. Saratoga, CA: Anma Libri, 1986.

LERMEN, Hans-Jürgen. *Raymund Schwagers Versuch einer Neuinterpretation der Erläsungstheologie im Anschluss an René Girard*. Mainz: Unveräffentlichte Diplomarbeit, 1987.

LASCARIS, André. *Advocaat van de Zondebok: Het Werk van René Girard en het Evangelie van Jezus*. Hilversum: Gooi & Sticht, 1987.

BEEK, Wouter van (org.). *Mimese en Geweld: Beschouwingen over het Werk van René Girard*. Kampen: Kok Agora, 1988.

HAMERTON-KELLY, Robert G. (org.). *Violent Origins: Walter Burkert, Rene Girard, and Jonathan Z. Smith on Ritual Killing and Cultural Formation*. Stanford: Stanford University Press, 1988. (Este livro será publicado na Biblioteca René Girard)

GANS, Eric. *Science and Faith: The Anthropology of Revelation*. Savage, MD: Rowman & Littlefield, 1990.

ASSMANN, Hugo (org.). *René Girard com Teólogos da Libertação: Um Diálogo sobre Ídolos e Sacrifícios*. Petrópolis: Vozes, 1991. Tradução para o alemão: *Gätzenbilder und Opfer: René Girard im Gespräch mit der Befreiungstheologie*. (Beiträge zur mimetischen Theorie 2). Thaur, Münster: Druck u. Verlagshaus Thaur, LIT-Verlag, 1996. Tradução para o espanhol: *Sobre Ídolos y Sacrificios: René Girard con Teólogos de la Liberación*. (Colección Economía-Teología). San José, Costa Rica: Editorial Departamento Ecuménico de Investigaciones, 1991.

ALISON, James. *A Theology of the Holy Trinity in the Light of the Thought of René Girard*. Oxford: Blackfriars, 1991.

RÉGIS, J. P. (org.). *Table Ronde Autour de René Girard*. (Publications des Groupes de Recherches Anglo-américaines 8). Tours: Université François Rabelais de Tours, 1991.

WILLIAMS, James G. *The Bible, Violence, and the Sacred*: Liberation from the Myth of Sanctionated Violence. Prefácio de René Girard. San Francisco: Harper, 1991.

LUNDAGER JENSEN, Hans Jürgen. *René Girard*. (Profil-Serien 1). Frederiksberg: Forlaget Anis, 1991.

HAMERTON-KELLY, Robert G. *Sacred Violence: Paul's Hermeneutic of the Cross*. Minneapolis: Augsburg Fortress, 1992. [*Violência Sagrada: Paulo e a Hermenêutica da Cruz*. Trad. Maurício G. Righi. São Paulo: É Realizações, 2012.]

MCKENNA, Andrew J. (org.). *Violence and Difference: Girard, Derrida, and Deconstruction*. Chicago: University of Illinois Press, 1992.

LIVINGSTON, Paisley. *Models of Desire: René Girard and the Psychology of Mimesis*. Baltimore: The Johns Hopkins University Press, 1992.

LASCARIS, André e WEIGAND, Hans (orgs.). *Nabootsing: In Discussie over René Girard*. Kampen: Kok Agora, 1992.

GANS, Eric. *Originary Thinking: Elements of Generative Anthropology*. Stanford: Stanford University Press, 1993.

HAMERTON-KELLY, Robert G. *The Gospel and the Sacred: Poetics of Violence in Mark*. Prefácio de René Girard. Minneapolis: Fortress Press, 1994.

BINABURO, J. A. Bakeaz (org.). *Pensando en la Violencia: Desde Walter Benjamin, Hannah Arendt, René Girard y Paul Ricoeur*. Centro de Documentación y Estudios para la Paz. Madrid: Libros de la Catarata, 1994.

MCCRACKEN, David. *The Scandal of the Gospels: Jesus, Story, and Offense*. Oxford: Oxford University Press, 1994.

WALLACE, Mark I. e SMITH, Theophus H. *Curing Violence: Essays on René Girard*. Sonoma, CA: Polebridge Press, 1994.

BANDERA, Cesáreo. *The Sacred Game: The Role of the Sacred in the Genesis of Modern Literary Fiction*. University Park: Pennsylvania State University Press, 1994. [*Teoria Mimética – Conceitos Fundamentais*. Trad. Ana Lúcia Correia da Costa. São Paulo: É Realizações, 2015.]

ALISON, James. *The Joy of Being Wrong: An Essay in the Theology of Original Sin in the Light of the Mimetic Theory of René Girard*. Santiago de Chile: Instituto Pedro de Córdoba, 1994. [*O Pecado Original à Luz da Ressurreição: a Alegria de Descobrir-se Equivocado*. Trad. Maurício G. Righi. São Paulo: É Realizações, 2011.]

LAGARDE, François. *René Girard ou la Christianisation des Sciences Humaines*. New York: Peter Lang, 1994.

TEIXEIRA, Alfredo. *A Pedra Rejeitada: O Eterno Retorno da Violência e a Singularidade da Revelação Evangélica na Obra de René Girard*. Porto: Universidade Católica Portuguesa, 1995.

BAILIE, Gil. *Violence Unveiled: Humanity at the Crossroads*. New York: Crossroad, 1995.

TOMELLERI, Stefano. *René Girard. La Matrice Sociale della Violenza*. Milão: F. Angeli, 1996.

GOODHART, Sandor. *Sacrificing Commentary: Reading the End of Literature*. Baltimore: Johns Hopkins University Press, 1996.

PELCKMANS, Paul e VANHEESWIJCK, Guido. *René Girard, het Labyrint van het Verlangen: Zes Opstellen*. Kampen/Kapellen: Kok Agora/Pelcckmans, 1996.

GANS, Eric. *Signs of Paradox: Irony, Resentment, and Other Mimetic Structures*. Stanford: Stanford University Press, 1997.

SANTOS, Laura Ferreira dos. *Pensar o Desejo: Freud, Girard, Deleuze*. Braga: Universidade do Minho, 1997.

GROTE, Jim e MCGEENEY, John R. *Clever as Serpents: Business Ethics and Office Politics*. Minnesota: Liturgical Press, 1997. [*Espertos como Serpentes: Manual de Sobrevivência no Mercado de Trabalho*. Trad. Fábio Faria. São Paulo: É Realizações, 2011.]

FEDERSCHMIDT, Karl H.; ATKINS, Ulrike; TEMME, Klaus (orgs.). *Violence and Sacrifice: Cultural Anthropological and Theological Aspects Taken from Five Continents*. Intercultural Pastoral Care and Counseling 4. Düsseldorf: SIPCC, 1998.

SWARTLEY, William M. (org.). *Violence Renounced: René Girard, Biblical Studies and Peacemaking*. Telford: Pandora Press, 2000.

FLEMING, Chris. *René Girard: Violence and Mimesis*. Cambridge: Polity, 2000.

ALISON, James. *Faith Beyond Resentment: Fragments Catholic and Gay*. London: Darton, Longman & Todd, 2001. Tradução para o português: *Fé Além do Ressentimento: Fragmentos Católicos em Voz Gay*. São Paulo: É Realizações, 2010.

ANSPACH, Mark Rogin. *A Charge de Revanche: Figures Élémentaires de la Réciprocité*. Paris: Editions du Seuil, 2002. [*Anatomia da Vingança: Figuras Elementares da Reciprocidade*. Trad. Margarita Maria Garcia Lamelo. São Paulo: É Realizações, 2012.]

GOLSAN, Richard J. *René Girard and Myth*. New York: Routledge, 2002. [*Mito e Teoria Mimética: Introdução ao Pensamento Girardiano*. Trad. Hugo Langone. São Paulo: É Realizações, 2014.]

DUPUY, Jean-Pierre. *Pour un Catastrophisme Éclairé. Quand l'Impossible est Certain*. Paris: Editions du Seuil, 2002. [*O Tempo das Catástrofes: Quando o Impossível É uma Certeza*. Trad. Lília Ledon da Silva. São Paulo: É Realizações, 2011.]

JOHNSEN, William A. *Violence and Modernism: Ibsen, Joyce, and Woolf*. Gainesville, FL: University Press of Florida, 2003. [*Violência e Modernismo: Ibsen, Joyce e Woolf*. Trad. Pedro Sette-Câmara. São Paulo: É Realizações, 2011.]

KIRWAN, Michael. *Discovering Girard*. London: Darton, Longman & Todd, 2004. [*Teoria Mimética – Conceitos Fundamentais*. Trad. Ana Lúcia Correia da Costa. São Paulo: É Realizações, 2015.]

BANDERA, Cesáreo. *Monda y Desnuda: La Humilde Historia de Don Quijote. Reflexiones sobre el Origen de la Novela Moderna*. Madrid: Iberoamericana, 2005. [*Despojada e Despida: A Humilde História de Dom Quixote*. Trad. Carlos Nougué. São Paulo: É Realizações, 2011.]

VINOLO, Stéphane. *René Girard: Du Mimétisme à l'Hominisation, la Violence Différante*. Paris: L'Harmattan, 2005. [*René Girard: do Mimetismo à Hominização*. Trad. Rosane Pereira e Bruna Beffart. São Paulo: É Realizações, 2012.]

INCHAUSTI, Robert. *Subversive Orthodoxy: Outlaws, Revolutionaries, and Other Christians in Disguise*. Grand Rapids, MI: Brazos Press, 2005. (Este livro será publicado na Biblioteca René Girard)

FORNARI, Giuseppe. *Fra Dioniso e Cristo. Conoscenza e Sacrificio nel Mondo Greco e nella Civiltà Occidentale*. Gênova-Milão: Marietti, 2006. (Este livro será publicado na Biblioteca René Girard)

ANDRADE, Gabriel. *La Crítica Literaria de René Girard*. Mérida: Universidad del Zulia, 2007.

HAMERTON-KELLY, Robert G. (org.). *Politics & Apocalypse*. East Lansing, MI: Michigan State University Press, 2007. (Este livro será publicado na Biblioteca René Girard)

LANCE, Daniel. *Vous Avez Dit Elèves Difficiles? Education, Autorité et Dialogue.* Paris, L'Harmattan, 2007. (Este livro será publicado na Biblioteca René Girard)

VINOLO, Stéphane. *René Girard: Épistémologie du Sacré.* Paris: L'Harmattan, 2007. (Este livro será publicado na Biblioteca René Girard)

OUGHOURLIAN, Jean-Michel. *Genèse du Désir.* Paris: Carnets Nord, 2007. (Este livro será publicado na Biblioteca René Girard)

ALBERG, Jeremiah. *A Reinterpretation of Rousseau: A Religious System.* New York: Palgrave Macmillan, 2007. (Este livro será publicado na Biblioteca René Girard)

DUPUY, Jean-Pierre. *Dans l'Oeil du Cyclone – Colloque de Cerisy.* Paris: Carnets Nord, 2008. (Este livro será publicado na Biblioteca René Girard)

DUPUY, Jean-Pierre. *La Marque du Sacré.* Paris: Carnets Nord, 2008. (Este livro será publicado na Biblioteca René Girard)

ANSPACH, Mark Rogin (org.). *René Girard.* Les Cahiers de l'Herne n. 89. Paris: L'Herne, 2008. (Este livro será publicado na Biblioteca René Girard)

DEPOORTERE, Frederiek. *Christ in Postmodern Philosophy: Gianni Vattimo, Rene Girard, and Slavoj Zizek.* London: Continuum, 2008.

PALAVER, Wolfgang. *René Girards Mimetische Theorie. Im Kontext Kulturtheoretischer und Gesellschaftspolitischer Fragen.* 3. Auflage. Münster: LIT, 2008.

BARBERI, Maria Stella (org.). *Catastrofi Generative - Mito, Storia, Letteratura.* Massa: Transeuropa Edizioni, 2009. (Este livro será publicado na Biblioteca René Girard)

ANTONELLO, Pierpaolo e BUJATTI, Eleonora (orgs.). *La Violenza Allo Specchio. Passione e Sacrificio nel Cinema Contemporaneo.* Massa: Transeuropa Edizioni, 2009. (Este livro será publicado na Biblioteca René Girard)

RANIERI, John J. *Disturbing Revelation – Leo Strauss, Eric Voegelin, and the Bible.* Columbia, MO: University of Missouri Press, 2009. (Este livro será publicado na Biblioteca René Girard)

GOODHART, Sandor; JORGENSEN, J.; RYBA, T.; WILLIAMS, J. G. (orgs.). *For René Girard. Essays in Friendship and in Truth.* East Lansing, MI: Michigan State University Press, 2009.

ANSPACH, Mark Rogin. *Oedipe Mimétique.* Paris: Éditions de L'Herne, 2010. [*Édipo Mimético.* Trad. Ana Lúcia Costa. São Paulo: É Realizações, 2012.]

Mendoza-Álvarez, Carlos. *El Dios Escondido de la Posmodernidad. Deseo, Memoria e Imaginación Escatológica. Ensayo de Teología Fundamental Posmoderna.* Guadalajara: ITESO, 2010. [*O Deus Escondido da Pós-Modernidade: Desejo, Memória e Imaginação Escatológica.* Trad. Carlos Nougué. São Paulo: É Realizações, 2011.]

Andrade, Gabriel. *René Girard: Un Retrato Intelectual.* 2010. [*René Girard: um Retrato Intelectual.* Trad. Carlos Nougué. São Paulo: É Realizações, 2011.]

índice analítico

Ação
  comunicativa, 89
Aldeia
  global, 25, 256, 330, 332, 336, 356
Alteridade, 45, 280, 298
  inalcançável, 347
  relação de, 361
Altermundismo, 371
Amor
  assimétrico, 316
    e não recíproco, 431
  de doação, 67
  incondicional, 22
  incondicionalidade do, 316
  transcendência do, 272
Anorexia, 330
Antimessianismo, 241
Antropologia
  do desejo, 62
  teológica, 307, 333
Apocalipse
  de Marcos, 146
  de Parusia, 117
  de ressurreição, 117
Apologética
  paulina, 105
Aufhebung, 73
Autogoverno, 52
Bulimia, 330

Capitalismo
  corporativo globalizado, 53
  neoliberal, 296
    na América Latina e no Caribe, 297
Caracóis
  zapatistas, 52
Caridade, 432, 439, 448
  virtude teologal da, 433-34
Catástrofe
  cenário de, 25
Civilização
  crise da, 46
Coletivos
  redes de, 87
Complexidade
  lugar epistêmico de, 179
Comunidade
  escatológica
    história da, 253
  messiânica, 95, 129, 250, 255
  protocristã, 155
Comunidades
  cristãs
    queer, 202
  protocristianas, 238
  protopaulinas, 255

Concílio Vaticano II, 186, 258, 260, 335
Concreção
  histórica, 294
  e esperança para as vítimas, 294
Contágio
  mimético, 303
Contração
  do tempo, 423, 431, 446, 455
Contra-história, 411, 440
Conversão, 450
  experiência da, 229
Crise
  mimética, 356
Cristianismo
  como espiritualidade e práxis da encarnação, 411
  como tradição da encarnação, 411
  contribuição antropológica do, 424
  defesa do, 120
  desconstrução do, 75
  e temporalidade messiânica, 78
  gênese do, 180
  hermenêutica do, 263, 268

história do, 261
legado do, 101
moderno, 260
na aldeia global, 330
originalidade do, 98
sem religião, 410
sentido atual, 36
socialista, 186
terceiro milênio do, 304
Cristologia, 297
  ascendente, 239
  descendente, 239
  histórica, 239
  moderna, 186
  pneumatológica, 239
Cultura
  origens da, 354, 362
Democracias
  liberais
    crise das, 25
Desconstrução, 40, 74, 252, 400, 409
  do cristianismo, 40
  dos gestos proféticos, 400
  niilista, 33
  niilista pós-moderna, 437
  pós-moderna, 431
Desconstrucionismo
  niilista, 159
Desejo
  ambiguidade do, 45, 361
  condição sacrifical do, 69
  conflitivo, 327
  definição de, 340
  desconstrução do, 337
  desconstruído, 62, 448
  de vingança, 377
  dinamismo do, 336
  experiência do, 337
  mecanismos pré-racionais do, 342
  mimético, 308, 311, 344, 359, 431
    antropologia do, 445
    como sacrifical, 344

Deus
  como realidade última, 272
  presença silenciosa de, 262
  silêncio de, 255
Deus Ineffabilis, 39
Discurso
  messiânico, 111
Diversidade
  cultura da, 371
Doação, 18, 44, 67, 359
  ato de, 440
  ontologia da, 32
Eclesiocentrismo
  superação do, 239
Ego
  colapso do, 344
Elias
  como profeta do messianismo, 215
  escatologia do profeta, 236
  retorno de, 214, 230
Emulação, 309
  poética, 71
  e teoria mimética, 71
Erotismo, 354
Escatologia, 431
  cristã, 30
  cristã pós-moderna, 78
  da restauração, 234
  diferida, 119
  hebreia, 30
  inovadora de Paulo, 168
  jesuânica, 31
  judia, 125
  paulina, 111, 160
  pós-moderna, 310
  sui generis de Jesus, 222
Eschaton, 250
Espaço
  público pós-secular, 320
Esperança
  messiânica, 429
Estética
  Teológica, 14

Ética, 89
Eurocentrismo, 90
Evangelho
  de Marcos
    estrutura do, 142
Exegese
  feminista pós-patriarcal, 207
  pré-conciliar, 98
Existência
  mistério da, 39
Experiência
  da misericórdia, 297
  do Crucificado que vive, 305
  metafísica, 307
  mística, 438
Exploração
  social, 13
Farisaísmo, 219
Fariseus, 231-32
Fé
  cristã
    nascimento da, 243
    experiência da, 391
    realismo da, 37
  teologal, 415
    como confiança incondicional, 416
    como experiência hermenêutica, 273
    em chave pós-moderna, 412
    experiência, 415
Fenomenologia, 33
Filosofia
  da libertação, 434
Finitude, 362, 422, 440, 450
Futuro
  messiânico, 401
Galileia
  multicultural, 204
  província periférica do Império Romano, 250
Globalização, 83, 262
  cultural, 268

Globalizção, 449
Gratuidade, 30
Hermenêutica
  bíblica
    em chave mimética, 305
  filosófica
    pós-moderna, 244
  pós-moderna
    dos relatos
      evangélicos, 400
História
  a partir de suas
    margens, 374
  consumação da, 427
  fragmentada da
    humanidade, 449
  negatividade da, 268, 270, 280, 286
Holocausto, 41, 256
  planetário, 53
  vítimas do, 76
Humanidade
  orfandade assumida, 75
Identidade
  hebreia
    terra, templo e Torá, 221
Igreja
  sem religião, 411
Iimaginação
  como poiesis, 396
Ilustração, 185
  filosofia alemã da, 263
Imaginação
  analógica, 265
  criadora, 405
  criativa, 395
  escatológica, 203, 305, 316, 335, 385, 399, 401, 406
  estatuto epistemológico da, 394
  poética, 244, 250, 385, 395, 402
    de feição messiânica e escatológica, 248

definição de, 247
messiânica, 248
potência prospectiva
  da, 396
profética pós-moderna, 401
versão tomista da, 394
Imediatismo
  diferido, 111
  imediato, 111, 123
  mediato, 123
Imitação, 309, 395
  perversa, 352
In-betweenness, 72
Interdividualidade, 70
  coletiva, 70-72
Interpretação
  cristã da condição
    humana, 250
Intersubjetividade
  construção da, 91
  histórica, 311
  latino-americana, 71
Intertextualidade, 246
Jesus
  antimessianismo de, 236, 424
  e intertextualidade, 246
  enfrenta os fariseus, 233
  hisórico
    estilo inovador de
      pregação itinerante, 201
  histórico, 181, 185-88, 195, 237, 255
  e seu caráter
    transcultural, 195
  messianismo do, 237
  questão do, 238
  volta ao, 239
  imaginação poética de, 31, 244, 248
  messianismo de, 235, 240
  novidade antimessiânica
    de, 187
  novidade escatológica
    de, 187

prosseguimento de, 291
Judaísmo
  piedoso, 250
  popular, 250
Kairós, 115
Katechon, 97, 99, 104, 123, 386, 425-26
Kénosis, 76
Liberdade
  divina, 36
  humana, 36
Linchamento, 17
Literatura
  protopaulina, 102
Maiêutica
  histórica, 274, 276
Marginalidade
  narrativas de, 375
  no centro, 371
Marginalização, 13
Memória, 365, 431
  análise moderna da, 364
  das vítimas, 371, 385
  dimensão curativa da, 377
  ditosa, 367
  exercício da, 369, 391
  histórica, 375
  negação da, 368
  patologias da, 365
  subversiva, 370, 373
Messianismo
  davídico, 241
  de Elias, 244
  de Israel, 209
  de Jesus, 241, 244
    originalidade do, 198
  de Jesus de Nazaré, 197
  desconstrução do, 253
  escatológico, 169, 211
  hebreu, 387
  judeu, 182, 243
  político, 371, 424
  pré-davídico, 213
  social, 192
Messias
  papel do, 234

Metafísica
  do ser superabundante, 321
  negativa, 38
Metáfora
  viva, 404
Método
  histórico-crítico, 98, 220
Migração
  hispânica nos Estados Unidos, 72
Mimetismo, 309, 354
  não violento, 383
  sacrifical, 312
  sacrificial
  superação do, 312
Mito, 395
Modelo, 356, 358
Modernidade, 14
  crise da, 14, 184
  em sua última fase de desconstrução, 455
  escombros da, 23
  instrumental, 80, 445
  ruínas da, 303
  tardia, 18, 30, 32, 55, 280, 344, 381, 394
  tecnocientífica, 48
Moderno
  crise do sujeito, 319
Movimentos
  antissistêmicos, 250
Mudança
  de mundo, 207, 418, 434, 445
Mundo
  mudança de, 46, 84, 254, 269, 305, 318, 377, 381, 385, 387, 409
  presença de Deus no, 272
Narrativa
  cristã, 402, 406
  do corpo vulnerável, 305
  existencial, 434
  fraca, 371
  niilista pós-moderna, 422
  pós-moderna, 378

pós-moderna da história, 385
Niilismo, 14, 64, 97, 360
  apofático, 43
  pós-moderno, 43, 73, 75, 358
Novidade
  messiânica, 106
Ocidente
  desfundamento do, 74
  gênese cultural do, 185
Ontologia
  da diferença, 38
  relacional, 311
Orfandade, 76
  sentido da, 78
Origem
  mistério da, 35
  sem origem, 65
Ortodoxia
  radical, 319, 322, 381
Outridade, 61
  abertura à, 74
Parusia, 97
  sentido teológico da, 99
Pensamento, 381
  analítico anglo-saxão, 263
  antissistêmico, 30, 44, 48, 54, 92, 184, 252, 436, 445
  antropológico
  de Bartolomeu de las Casas, 397
  holístico pós-colonial, 90
  messiânico, 269
  de São Paulo, 161
  pós-colonial, 91
  pós-hegemônico, 207, 386
  pós-metafísico, 38
  pós-moderno, 55, 333
  pós-secular, 386
  teológico
  pós-moderno, 169
  zapatista, 88

Perdão, 379
  caráter messiânico e utópico do, 381
  dimensão
  comunitária do, 380
  teológica do, 380
  questão do, 379
  teologia pós-moderna do, 385
Pessoa
  caráter relacional da, 298
Pluralismo, 264
  cultural, 85, 256, 268
  epistemológico, 321
  religioso, 85, 268
Poética
  da emulação, 49, 70, 91, 309
  latino-americana, 49
Poiesis, 394
  messiânica, 401
Pós-modernidade, 14
  ruínas da, 44
Potência
  dos pobres, 436
Povos
  originários, 27
Princípio
  misericórdia, 292
Profecia, 397
  como ato hermenêutico, 397
Profetismo
  de Elias, 197, 213, 219
  messiânico
  escatológico, 251
  primitivo de Elias, 250
Prosseguimento, 287
Protocomunidades
  cristãs, 182
Psicologia
  da libertação, 380
Querigma, 237
  da fé cristã, 243
  da ressurreição, 242
  primitivo do cristianismo, 238

Racionalidade
  antissistêmica, 54
Razão
  antissistêmica, 52
  cordial, 286, 332
  crítica, 16, 354, 370
    esgotamento da, 92
    rigor da, 90
    desconstrução da, 61
  instrumental
    crítica da, 49
    império da, 258
    reducionismos da, 91
  moderna, 41, 84, 342, 401
  pós-moderna, 38, 97,
    240, 335, 397
  judia, 399
  pós-secular, 18, 368,
    386, 388
  prática, 85
  senciente, 291
  subversão da, 44
  tecnocrática, 46
  utópica
    crítica da, 52
Realismo
  cristão, 37
Reciprocidade
  violenta, 428
Reconciliação, 359
  universal, 26
Redenção, 17
  partir do ínfimo, 17
Reinocentrismo, 239
Relativismo
  perspectivista, 42
Religião
  sem sacrifício, 371
Ressentimento, 17, 312
  além do, 27
  força do, 46
  superação do, 383
Ressurreição, 310
Retórica
  deliberativa, 119
Revelação, 14, 35
  atualidade da, 27

como acontecimento
  hermenêutico, 273
como desconstrução da
  razão dominante, 335
como encontro, 282
como experiência de
  plenitude, 280, 282
como maiêutica
  histórica, 276
divina, 14
  como processo
    hermenêutico, 271
  no seio da história, 26
  e rivalidade, 309
  experiência da, 275
  hermenêutica da, 295
  ideia de, 275
  heurística da ideia de, 81
  repensar a ideia de, 260
  teoria pós-moderna da,
    262
  verdade da, 335
Rivalidade, 17, 54, 298,
  309, 327, 354, 411, 427
  além da, 27
  contextos de, 427
  desconstruir a, 383
  dos monoteísmos, 399
  espiral de, 356
  lógica da, 334
  mecanismos da, 309
  mimética, 429, 436
  processos de, 383
  superação da, 310, 357
Romantismo
  filosofia alemã do, 263
Ruína, 15, 29
Ruptura
  epistêmica, 54
Sacrifício, 45, 344, 354
  em escala global, 54
Satã
  como o Acusador, 101
Ser
  abertura do, 79
Simbolismo
  do pão compartilhado, 208

Sistema
  sacrificial da
    globalização, 71
Situação
  como emergência do
    estranho, 265
Socialismo
  cristão, 177
  histórico
    ruínas do, 424
Sociedade
  inclusiva, 311
Sofrimento
  físico, 13
Solipsismo, 322
Soteriologia, 239
Subjetividade
  compreensão da, 264
  desconstruída, 32, 61,
    406, 441, 448
  imanência da, 366
  messiânica, 443
  pós-moderna, 29, 32,
    370, 406, 420
  fraturas da, 249
  presença de Deus na,
    272
  vulnerável, 61, 306,
    323, 335
  narrativa da, 319
  pós-moderna, 286
Sujeito
  fraco pós-moderno, 376
  moderno, 240
    colapso do, 75
  pós-moderno
    vulnerabilidade do, 308
Templo
  função do, 229
  sacralidade do, 227
Tempo
  do fragmento, 303-04,
    439
  final ideia do, 101
  messiânico, 31, 101,
    122, 133, 143, 167,
    423, 427, 435, 455

de Walter Benjamin, 163
recepção pós-moderna do, 158
sentido universal do, 105
Temporalidade
desconstruída, 78
escatológica, 171
mudança de, 60
nova, 59, 69
outra, 59
Teocentrismo
retorno ao, 159, 320
volta ao, 319
Teologia
alimentar, 329
apofática, 81
católica
da manifestação, 263
moderna, 259, 303
cristã, 431
cristã do século XX, 256
da imaginação, 392
da justificação, 105
da libertação, 17, 187, 191, 239, 267
origens da, 289
da libertação latino-americana, 257
da prosperidade, 50
da revelação, 31, 173, 252, 262
como maiêutica histórica, 280
da segunda metade do século XX, 261
pós-moderna, 30, 404
de inspiração mimética, 383
do cotidiano dos excluídos, 304
do fim dos tempos, 195, 445
feminista, 207
força narrativa da, 77
fundamental

pós-conciliar, 274
pós-moderna, 68
indígena, 375
intercultural, 73
liberal
europeia, 289
mimética, 314
moderna
depois de Auschwitz, 418
norte-americana, 266
origens da, 256
ortodoxa
do Oriente cristão, 283
patrística, 324
política
europeia, 257
pós-conciliar, 287
pós-moderna, 15, 195, 303, 305, 311, 313
da não violência, 381
da revelação, 256
da subjetividade vulnerável, 311
do fim dos tempos, 383
pós-secular, 319
protestante do querigma, 263
protopaulina, 31, 250, 446
do fim dos tempos, 107
queer, 319
Teoria mimética, 33, 45, 62, 70, 308, 310, 333, 356, 362, 383, 429
revisão da, 425
Terrorismo
globalizado, 357
Theosis, 110
Totalidade
metarrelatos de, 29
relato de, 27
Totalitarismo, 25, 373
Tradição
escrita, 231
mística

apofática, 65
oral, 231
sapiencial da opção pelos pobres, 290
Triângulo
mimético, 70
Ultimidade, 284
da revelação, 284
Verbo, 36
encarnação do, 78
Vergonha
como lugar antropológico e teológico, 305, 308, 310
Vida
teologal, 21, 36, 41, 43, 261, 272, 281, 307, 333-36, 388, 406, 443, 456
aquém da, 439
como esperar sem esperar nada, 457
desconstruída, 406
fonte originária da, 452
Violência, 19, 411
escalada da, 28
escalada de, 101
espiral da, 26
global, 30
mecanismos da, 374
mimética, 16, 355
processos de, 298
sacrifical, 45
sistêmica, 377
Virtudes
teologais, 407
Vítima
esperança da, 289
inteligência da, 314
memória da, 336
perdoadora, 16, 32, 312-13, 316-17, 358, 400, 427, 448
que perdoa, 310
sistêmica, 27, 53
sofrimento da, 45
voz da, 26
Zapatismo, 41, 50, 82, 92

índice onomástico

Adorno, Theodor W., 367
Agamben, Giorgio, 16, 39, 55-56, 65, 74-75, 80-81, 95-97, 128, 133-34, 160, 161-62, 167-68, 330, 386
Agostinho, 40, 43, 120-21, 166, 321, 341, 351, 353, 362, 365, 390-93, 416
Aguirre, Rafael, 141, 182, 192
Allison, James, 138
Andrade, Oswald de, 70, 360
Anselmo, Mestre, 43
Antipas, Herodes, 190, 193-94, 200, 203, 219
Aquino, Pilar, 14, 38, 43, 72, 339-40, 388, 397
Arendt, Hannah, 365, 373
Areopagita, Dionísio, 37, 43
Assis, Machado de, 49, 70
Atrián, Maria Teresa, 23
Badiou, Alain, 163
Balthasar, Urs Von, 14, 278
Barragán, Javier, 261
Batista, João, 134-35, 177, 194, 197, 201, 214, 216-20, 224, 240, 244

Bayardo, José, 23
Benjamin, Walter, 16, 49, 97, 162-66, 168, 170, 330, 344, 367, 373-74, 440, 455
Boff, Clodovis, 296
Boff, Leonard, 187
Bonhoeffer, Dietrich, 410-11
Borges, Jorge Luis, 70, 501
Borg, Marcus J., 133
Boswell, John, 201
Boyarin, Daniel, 163
Bravo, Carlos, 140, 187
Breton, André, 367
Brighenti, Agenor, 22, 240, 335
Brown, Peter, 104, 137, 221
Buber, Martin, 70
Bulgacov, Sergei, 323, 396, 435
Burns, David, 177-78
Caballero, José Luis, 22
Calígula, Caio, 99, 155
Carchia, Gianni, 161
Casanova, Pablo González, 86-87
Casas, Bartolomé de Las, 397

Casas, Frei Bartolomeu de las, 14
Cea, Alicia, 23
Cerfaux, Lucien, 98-100, 117, 119, 126-27, 129
César, 114, 118, 125
Chávez, Mónica, 22, 261
Chenu, P., 259
Ciro, Teodoreto de, 121
Cohen, Hermam, 74, 164, 203
Conde, Héctor, 23
Crossan, John Dominic, 133, 184
Cruz, Juana Inés de la, 79-80, 101, 426, 430
Cuéllar, Daniel, 23
Derrida, Jacques, 39-40, 57-59, 61, 241, 348-49, 351, 353, 379, 401
Donfried, Karl Paul, 117-20
Dosa, Hanina ben, 197, 230
Dunn, James, 103
Dupuy, Jean-Pierre, 53, 97, 356
Duquoc, Christian, 186, 235-36, 259-60
Dussel, Enrique, 90-91, 98, 370, 434

Echeverría, 49
Eckhart, Mestre, 43, 65-66, 142, 417, 436, 440-41
Edo, Pablo, 102-05
Elizondo, Virgilio, 22, 187
Ellacuría, Ignacio, 287-88, 290
Ellul, Jacques, 51
Epífanes, Antíoco, 154
Epifânio, Antíoco, 99
Evans, Craig, 190, 196, 200, 204, 212
Fernandes, Márcio Luiz, 22
Ferry, Jean-Marc, 14, 85, 333, 395-96
Fraser, J. T., 163
Freud, Sigmund, 185, 268, 341-43, 364, 374
Freyne, Sean, 180-81, 188-89, 193-94, 197, 199, 200, 204-07, 210, 222-26, 228, 230, 232, 234, 242
Gadamer, Hans-George, 264, 267, 275, 280
García Márquez, Gabriel, 70
Gasset, José Ortega y, 275
Geffré, Claude, 259
Gerzovich, Diego, 164, 165, 166
Gibellini, R., 14
Girard, René, 15-16, 30, 45, 53, 66, 92, 96-97, 100-01, 236, 307-08, 310-12, 333, 344-45, 354-55, 357, 383, 425-26, 429, 460, 477, 508
Goizueta, Roberto, 72
Gorostiza, José, 63
Gowler, David, 137-38, 176
Groody, Daniel, 22
Gutiérrez, Gustavo, 191, 239-40, 289-90

Habermas, Jürgen, 97, 373-74
Hegel, Georg Wilhelm Friedrich, 37, 45, 55, 60, 73, 278-79, 311, 354-55
Heidegger, Martin, 37, 40, 59-60, 65, 66, 72, 162, 348-49, 455
Hernández, Eleazar López, 54, 376, 490
Hinkelammert, Franz, 52, 91, 98
Hinze, Brad, 21
Hölderlin, Friedrich, 36, 39
Husserl, Edmund, 349
Illich, Ivan, 46-47, 48, 53-54, 91, 410
Jennings, Theodor, 163
Johnson, Elisabeth, 21
Josefo, Flávio, 99, 155, 215, 227
Judas, o Galileu, 189, 197, 204, 227, 241
Junior, Dilson Daldoce, 23
Kant, Immanuel, 293
Kierkegaard, Søren, 367
Knitter, Paul, 239
Knox, 103
Koester, Helmut, 114-15, 116-17, 122-23
Koopmann, Robert, 21
Kozlowski, John Chysostom, 23
Krauze, Enrique, 382, 424
Langlois, John, 21
Lauriers, Michel-Louis Guérard de, 417
Lavista, Mario, 261
Lefebvre, Philippe, 208
Leibniz, 365
Levinas, 14, 16, 44, 59, 70, 209, 310, 345-46, 387, 453, 460, 462
Maldonado, Alejandro, 23

Marcos, Subcomandante, 50, 82-84, 13-44, 146-47, 153-55, 157-59, 187, 189, 200, 207, 217-20, 230, 446, 463
Mariátegui, Juan, 86
Marion, Jean-Luc, 36, 44, 58-59, 66, 349, 351-55
Marx, Karl, 185, 268
Marxsen, Willi, 139
Medina, Paulo, 23
Meier, John, 184
Méndez, Ángel, 23, 80, 208, 323-24, 326, 329, 331, 419, 435
Merton, Thomas, 408, 415, 439-40
Metz, Iohann-Baptist, 168, 373, 374, 426
Milbank, John, 16, 58, 97, 159, 319-21, 323, 378-79, 435
Monsiváis, Carlos, 70, 371
Mora, Gabriel Chávez de la, 261
Müller, Andreas Uwe, 22
Murphy-O'Connor, J., 104
Nancy, Jean-Luc, 22, 40, 59-62, 65, 75-76, 78-79, 347-48, 350, 357, 409, 415, 453
Nietzsche, Friedrich, 37, 66, 185, 236, 268, 344-45
Nóbrega, Degislando de, 22
Nolan, Albert, 186-87
Oakmam, Douglas, 185
Oropeza, Ignacio Dobles, 380
Ostovich, Steve, 162-63, 166, 168
Pannenberg, Wolfhart, 275, 278
Papias de Hierápolis, 140
Paulo de Tarso, 95, 97-98, 102-03, 118, 136, 163, 406, 412, 421, 427, 433

Paz, Octavio, 404-05
Peukert, Helmut, 377-78
Phan, Peter, 73
Pitts, Andrew W., 112-13, 132-33
Plevnik, Joseph, 106
Porter, Stanley, 104, 112
Ptolomeo, Claudio, 404
Quirino, Públio Sulpício, 227
Rad, Gerhard von, 220
Rahmena, Majid, 50, 51
Rahner, Karl, 275, 299, 335, 360
Ratzinger, 97, 160
Reimarus, Hermam Samuel, 184
Ricoeur, Paul, 78, 174, 194, 244-47, 264, 268, 275, 280, 333, 364-66, 368, 371-72, 387, 395, 404, 429, 446
Riesner, Rainer, 103
Robert, Jean, 48, 50, 51
Rocha, João Cezar de Castro, 22, 49, 70-71, 236, 309, 345, 426, 459, 484
Romero, José Rubén, 23, 416
Rubens, Pedro, 22
Ruibal, Amor, 275, 281-82, 307
Ruusbroec, Jan van, 402
Sabin, Marie Noonam, 141, 143-44, 146, 148, 155
Sánchez, Raimundo, 22, 54, 87
Sanders, E. P., 138
Santo Agostinho, 120, 121, 166, 321, 351, 365, 390-93
Sawicki, Marianne, 181, 185, 207
Scannone, Juan Carlos, 98
Schelling, Friedrich 55, 117

Schillebeeckx, Edwars, 182-83, 186, 236-38, 243-44, 276, 335, 426
Schmitt, Carl, 163
Schnelle, Udo, 105
Schweitzer, Albert, 112, 185
Segundo, Juan Luis, 187
Servitje, Mari Carmem, 22
Shellington, George, 191-92, 194-96, 200, 212, 225, 227
Sicilia, Javier, 23, 261, 382-83, 410-11, 457
Sobrino, Jon, 18, 31, 187, 240, 262, 287-303
Solarte, Roberto, 22, 357
Theissen, Gerd, 138-39, 154, 157-58, 193, 230
Tillich, Paul, 266-67, 401
Tomás de Aquino, 14, 37, 43, 339-40, 388, 397
Torres-Queiruga, Andrés, 18-19, 22, 31, 262, 274-82, 284-86, 307, 334, 360-61, 414
Tracy, David, 18, 31, 257, 262-75, 288
Tyrrell, George, 281
Ureña, Pedro Henrique, 70
Vattimo, Gianni, 66, 97, 357, 399
Vázquez, Juan Jesús, 23
Vázquez, Judith, 23
Veja, Amador, 66, 441
Velázquez, P., 261
Vinolo, Stéphane, 66
Wagner, Walter, 21
Weil, Simone, 417-18, 437-38
White, Pastor, 177
Xirau, Ramón, 261
Xolocotzi, Ángel, 40, 72
Zaid, Gabriel, 261
Zakkai, Rabí Johannan ben, 148, 230
Zepeda, Conrado, 23, 67
Zubiri, Xavier, 290

biblioteca René Girard*

coordenação João Cezar de Castro Rocha

Dostoiévski: do duplo à unidade
René Girard

Anorexia e desejo mimético
René Girard

A conversão da arte
René Girard

René Girard: um retrato intelectual
Gabriel Andrade

Rematar Clausewitz: além Da Guerra
René Girard e Benoît Chantre

Evolução e conversão
René Girard, Pierpaolo Antonello e João Cezar de Castro Rocha

Violência sagrada
Robert Hamerton-Kelly

O tempo das catástrofes
Jean-Pierre Dupuy

Édipo mimético
Mark R. Anspach

"Despojada e despida": a humilde história de Dom Quixote
Cesáreo Bandera

René Girard: do mimetismo à hominização
Stéphane Vinolo

Quando começarem a acontecer essas coisas
René Girard e Michel Treguer

Aquele por quem o escândalo vem
René Girard

O pecado original à luz da ressureição
James Alison

O Deus escondido da pós-modernidade
Carlos Mendoza-Álvarez

O sacrifício
René Girard

O trágico e a piedade
René Girard e Michel Serres

Deus: uma invenção?
René Girard, André Gounelle e Alain Houziaux

Violência e modernismo
William A. Johnsen

Espertos como serpentes
Jim Grote e John McGeeney

Anatomia da vingança
Mark R. Anspach

Mito e teoria mimética
Richard J. Golsan

Além do desejo
Daniel Lance

Teoria mimética: conceitos fundamentais
Michael Kirwan

O Rosto de Deus
Roger Scruton

Mímesis e invisibilização social
Carlos Mendoza-Álvarez e José Luís Jobim

* A Biblioteca reunirá cerca de 60 livros e os títulos acima seão os primeiros publicados.

Conheça mais um título da Biblioteca René Girard

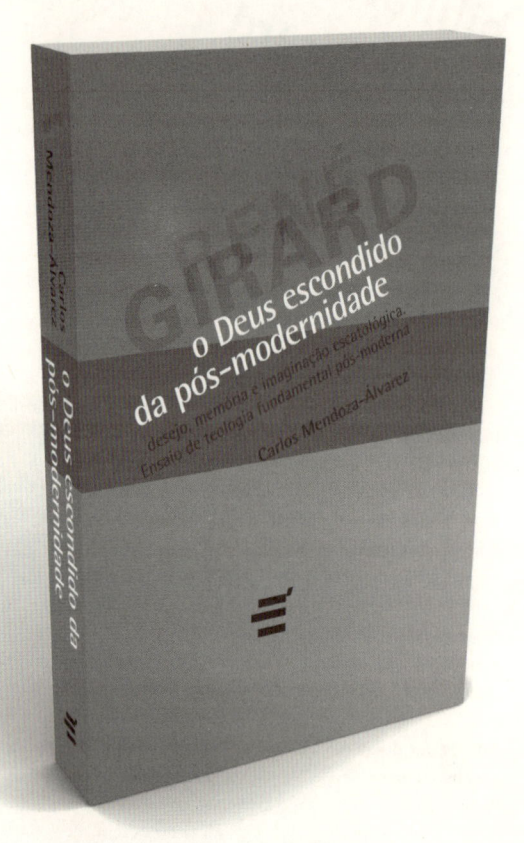

O Deus escondido da pós-modernidade
desejo, memória e imaginação escatológica.
Ensaio de teologia fundamental pós-moderna

Carlos Mendoza-Álvarez

Como falar de Deus numa época que se debate entre o nada e o retorno ao fundamento? Depois de traçar um possível diagnóstico da situação cultural em que vivemos, o autor propõe as linhas de uma nova teologia fundamental. Para isso, dialoga com a teologia política europeia (Metz, Moltmann), a teologia da libertação (Gutierrez, Dussel) e o pensamento girardiano.

- facebook.com/erealizacoeseditora
- twitter.com/erealizacoes
- instagram.com/erealizacoes
- youtube.com/editorae
- issuu.com/editora_e
- erealizacoes.com.br
- atendimento@erealizacoes.com.br